O retorno

O retorno

psicografia de
Eliana Machado Coelho

pelo espírito
Schellida

LÚMEN
EDITORIAL

O Retorno
pelo espírito Schellida
psicografia de Eliana Machado Coelho

Copyright @ 2007-2025 by Lúmen Editorial Ltda.

16ª edição - Julho de 2025

Coordenação editorial: Ronaldo A. Sperdutti
Preparação de originais: Eliana Machado Coelho
Revisão: Profª Valquíria Rofrano
Correção digitalizada da revisão: Eliana Machado Coelho
Diagramação: Sheila Fahl / Casa de Ideias
Arte da Capa: Daniel Rampazzo / Casa de Ideias
Impressão e acabamento: Renovagraf

Dados Internacionais de Catalogação na Publicação (CIP)
(Câmara Brasileira do Livro, SP, Brasil)

Schellida (Espírito).
O retorno / pelo espírito Schellida ; psicografia de Eliana Machado
Coelho. — São Paulo : Lúmen, 2007.

1. Espiritismo 2. Psicografia 3. Romance espírita
I. Coelho, Eliana Machado. II. Título.

07-0906   CDD-133.93

Índices para catálogo sistemático:
1. Romances espíritas psicografados : Espiritismo   133.93

LÚMEN
EDITORIAL

Av. Porto Ferreira, 1031- Parque Iracema
CEP 15809-020 - Catanduva/SP
17 3531.4444 | 17 99257.5523

www.lumeneditorial.com.br | atendimento@lumeneditorial.com.br
www.boanova.net | boanova@boanova.net

Proibida a reprodução total ou parcial desta
obra sem prévia autorização da editora
Impresso no Brasil – Printed in Brazil

Índice

Primeira Parte 7
Capítulo 1 – Encontro 9
Capítulo 2 – Religião 24
Capítulo 3 – Conhecimento 46
Capítulo 4 – Cultura 64
Capítulo 5 – Premonição 83
Capítulo 6 – Sonho 109
Capítulo 7 – Torturas 135
Capítulo 8 – Resignação 157
Capítulo 9 – Amor 178
Capítulo 10 – Renúncia 190
Capítulo 11 – Fascinação 216
Capítulo 12 – Laços 241
Capítulo 13 – Vingança 254

Segunda Parte 267
Capítulo 1 – Reencontro 269
Capítulo 2 – Sensibilidade 289
Capítulo 3 – Fobia 301
Capítulo 4 – Conseqüências 326

Capítulo 5 – Amparo 343
Capítulo 6 – Médiuns 359
Capítulo 7 – Desobsessão 380
Capítulo 8 – Educação 395
Capítulo 9 – Desequilíbrio 413
Capítulo 10 – Reconciliação 439
Capítulo 11 – Realizações 459

Paranormalidade, Animismo e Mediunidade 473

Primeira parte

1

Encontro

1.888.

A brisa soprava úmida e fria na face serena daquele jovem que contemplava o céu em busca de alguma estrela no firmamento londrino que, devido ao constante nevoeiro, teimosamente recusava exibir-se.

Bem perto, a *Estação Ferroviária Vitória* anunciava com o apito estridente a partida de mais um trem. Aquele som agudo do apito era o aviso do comboio que rumaria para outra parte do Reino Unido. A elegante estação foi caprichosamente arquitetada e enriquecida de detalhes com foscos desenhos nas grandes vidraças que, além de embelezar o luxuoso saguão, também protegia os usuários do frio cortante de Londres.

Segurando o chapéu de aba curta em sinal de cortesia, o jovem Henry saudou as senhoras que passavam risonhas em conversação animada. Junto delas, Margarida, uma bela moça de olhar meigo, furtou-se à prosa para observar melhor aquele cavalheiro.

Ao trocarem olhar radiante, talvez por distração, Margarida tropeçou em uma pedra saliente do calçamento da rua. Curvando-se delicadamente deixou escapar um leve gemido ante a forte dor. Prontamente, apressando os passos ao encontro da jovem, Henry amparou-a com generosidade e até satisfação.

— Machucou-se? — indagou o cavalheiro cortês e solícito.

— Foi somente uma torção — explicou a moça com os olhos úmidos tentando disfarçar a dor.

Rosa Maria, a jovem madrasta de Margarida, interveio salientando muito educada e com sua voz meiga:

— Pode ser somente uma torção, mas com certeza nada suave. O transtorno desfigurou-a. Veja! — surpreendeu-se.

Solicitando permissão, Henry, com extrema delicadeza, laçou um dos braços de Margarida sobre seu ombro e segurando-a pela cintura, ergueu-a com facilidade, tomando-a em seus braços. Exibindo firmeza, caminhou até a praça onde a assentou no banco de suaves contornos.

As acompanhantes seguiram-lhe de perto e, curiosas pela presteza do jovem rapaz, ficaram observando atentas.

Pedindo licença, Henry afastou o amontoado de tecido que compunha o longo vestido comprido e, segurando gentilmente o pé que Margarida machucou, tirou-lhe a botinha de cano curto com abotoamento lateral tocando-lhe o pé para examinar e sentir alguma protuberância.

Com um dos joelhos no chão, colocou o pé da jovem no outro que somente flexionou para apoiar observando melhor a contusão.

— Ai!... — gemeu a moça instintivamente ante a dor, envergando-se suavemente, sem agravar com expressões.

— Não creio que seja grave, não me parece fraturado. Creio mesmo ter sido uma torção forte. Tente firmar o pé no chão — pediu Henry estendendo no piso um lenço que tirou rapidamente da lapela para a admirável moça colocar o pé sobre ele.

Logo na primeira tentativa, Margarida se dobrou pela dor.

— Também!... — exclamou Dolores, uma das acompanhantes e tia de Margarida. — Não olha por onde anda!

— Dolores — justificou Rosa Maria com brandura —, a iluminação é fraca. Além do que, o alto relevo do calçamento nos faz tropeçar com facilidade. Pondere! — acentuou a jovem madrasta gentil tomando a defesa de sua enteada.

— Estamos com pressa! Gonzáles deve estar preocupado com vocês! Precisamos ir logo! — tornou Dolores ainda mais irritada.

Henry não podia ouvir a conversa que se fez paralela aos seus socorros. Ele se encantou com aquela moça!

— Ei, rapaz?! — perguntou Dolores deixando exalar o ciúme por verificar o interesse daquele moço por Margarida. — Rapaz?! — insistiu ao ver que o jovem não a ouvia.

— A sua ordem, senhora! — atendeu Henry esboçando um agradável sorriso, simultaneamente ao inclinar da cabeça colocando-se prontamente à disposição.

— Como pode afirmar o que ela tem? Por acaso é médico?

— Ainda não! — respondeu ele animado. — Estou no quinto ano da escola de Medicina. Fora isso, sempre que posso, acompanho o atendimento de meu pai, conceituado e experiente doutor, que clinica nesta cidade há longos anos. A meu ver, não há fratura. Não obstante, terá de deter-se com leve imobilização temporária a fim de se recuperar mais rapidamente. Creio que como está não poderá andar. A dor há de ser aguda. — Virando-se para Margarida, indagou: — Mora longe?

Respondendo na vez da enteada, Rosa Maria informou por precaução:

— Um pouco! Tendo em vista a dificuldade que teremos com Margarida nessas condições... Nem sei o que fazer!

Sempre prestativo, Henry prontificou-se novamente:

— Irei em busca de um carro!

Levantando-se, após generosamente apoiar o pé da moça sobre o calçado, Henry saiu à procura de uma carruagem para que pudesse servi-las.

Na ausência do rapaz, Dolores indignava-se com o ocorrido, insinuando que havia sido proposital por parte de Margarida.

— Se olhasse por onde anda, isso não aconteceria. Parece enfeitiçada! Não deixou de olhá-lo por um só segundo!

— Não é como diz, Dolores! — defendeu a madrasta da jovem. — Por favor, ninguém se acidenta porque o quer. Tenha bom senso!

— Nunca vi alguém como você, Rosa Maria! Por que justifica tudo a favor de Margarida?

— Procuro agir com justiça, Dolores. Não vejo motivos para condená-la assim como o faz. Poderia eu lhe perguntar: Por que a agride tanto? De certo a inveja a encobre para que não enxergue a verdade, deixando ressaltar a vaidade e a incompreensão!

— Ofende-me com tais palavras, Rosa! O que quer? Romper nossa amizade?! Se assim o é...

Sem mais palavras, Dolores enlaçou-se nos braços das duas outras moças acompanhantes, que eram suas filhas, mas não se pronunciaram, dando as costas à Rosa Maria e Margarida, deixando-as ali mesmo, sem hesitar.

— O que faremos? — preocupou-se Margarida.

Sem saber o que fazer, Rosa Maria pediu calma enquanto procurava criar alguma idéia. A noite já se acentuava e nenhum transeunte circulava pelo local. Preocupada, Rosa Maria olhava por toda volta. Afastando-se um pouco, ela caminhava para lá e para cá, segurando seu longo vestido preto de fino trato que exibia sua boa classe social pelos detalhes em bordados caprichosos, formando pequenas florezinhas com fitinhas de seda no mesmo tom e, num toque final de elegância, do delicado chapéu caía graciosa renda, cobrindo-lhe metade do rosto.

O *fog*¹ aumentava, umedecendo-lhe as vestes e o sobretudo pesado de lã abotoado na altura do pescoço, descendo-lhe até abaixo da cintura.

De repente fazia-se ouvir ao longe o som do atrito das patas dos cavalos no chão, tranqüilizando o coração de ambas. Alteando-se na ponta dos pés, Rosa Maria esticou-se procurando ver a carruagem surgir do centro da densa neblina. Mais aliviadas, elas assistiram à condução estacionar próximo delas.

Do estribo da cabina, Henry desceu sorridente e cortês indo na direção das duas.

O boleeiro segurou a porta a fim de deixá-la aberta. O jovem, tomando Margarida em seus braços como um perfeito cavalheiro, acomodou-a no interior da boléia, auxiliando, em seguida, a madrasta da moça a subir no transporte trazido por ele. Entrando somente depois de dar orientações ao cocheiro sobre as informações recebidas de Rosa Maria que indicava o local onde residiam.

No interior da carruagem eles não trocaram palavras, enquanto o trotar dos cavalos embalava-os suavemente.

Não demorou muito e chegaram frente à galanteadora residência com paredes primorosamente revestidas de pedras cinza onde grandes portais de ferro fundido, trabalhados em graciosos arabescos, ornavam as imponentes portas de madeira maciça, ladeadas com amplas janelas decoradas com cortinas bem dispostas que exibiam o primor da fachada residencial.

Frente à casa, estava um austero senhor aguardando ansioso. Bem trajado, o homem desfilava inquieto, tirando a todo momento do bolsinho do colete, o relógio que pendia em uma corrente, para se atualizar precisamente do atraso.

---

[1] Nota da Autora Espiritual: Fog (*fóg*) Nevoeiro espesso, que chega quase até o chão. Nome dado ao famoso nevoeiro londrino.

Na parada da carruagem, Henry desceu primeiro, amparou com modos educados e gentis, a mão de Rosa Maria que, aceitando delicadamente a ajuda, preocupou-se logo com o olhar indefinido de seu esposo.

Indo em sua direção, Henry auxiliava Margarida a descer, enquanto Rosa Maria procurava sondar a opinião do senhor, seu marido, antecedendo suas demonstrações de sentimentos, uma vez que o conhecia e já sabia de seus modos um tanto rústicos quanto a episódios desse tipo.

Impetuoso, antes das argumentações da esposa, o senhor Gonzáles, com maneiras precárias, interrogou gravemente:

— Já era hora! Não se importa com minha preocupação?! São relaxados os seus cuidados, senhora Rosa Maria!

— Perdoe-me, marido — pediu humildemente a jovem senhora que mais parecia ser sua filha. — Não presumi tanta demora. Tivemos um incidente: Margarida machucou-se e não conseguia andar. O jovem cavalheiro propôs ajuda e só então conseguimos meios de transportar-nos até aqui.

Henry, um tanto apreensivo, tendo em vista a recepção nada gentil, parou sem reação aguardando oportunidade para as devidas apresentações.

Caminhando para próximo da carruagem, o senhor Gonzáles reclamava:

— Já adverti! Temos nossos próprios meios de transporte. Não deveriam caminhar a sós e sem os cuidados de que dispomos!

Mais brando, dirigindo-se à filha paralisada junto à porta da condução, perguntou com generosidade paterna, impecável:

— O que ocorreu, Margarida?

Descalçada, a jovem ergueu levemente o vestido, exibindo-lhe o local machucado que mal poderia ser visto com aquela luminosidade.

— Não consigo andar — alegou Margarida com voz suave, quase chorosa. — Machuquei-me sem querer. Rosa Maria não teve culpa pelo nosso atraso.

Pouco se importando com a presença de Henry, o senhor Gonzáles aproximou-se da filha, segurou-lhe a mão e inclinando-se tentou examiná-la mais de perto. Ao conduzi-la, amparando-a pelo braço, Margarida curvou-se pela dor aguda que a castigou impiedosamente. De pronto, Henry segurou a moça com delicados cuidados, pois ela quase caiu.

Corpulento, o senhor Gonzáles estudou uma forma de carregar a filha nos braços, mas, vendo-se desajeitado e ofegante, solicitou:

— Rosa Maria, chame um criado!

Pela primeira vez desde que chegou, Henry se manifestou prestativo como sempre:

— Perdoe-me, senhor. Se me permite, posso levá-la para dentro de sua casa.

Atordoado e indeciso, com gesto singular, o senhor Gonzáles permitiu ante a educação do rapaz:

— Com cuidado! — ainda pediu o pai.

— Certamente! — afirmou o jovem cavalheiro satisfeito.

Tomando novamente Margarida em seus braços, cuidadosamente Henry adentrou a residência dos Gonzáles prestando os mais suaves e gentis encargos à jovem acidentada.

— Coloque-a aqui — solicitou Rosa Maria, indicando um divã que enfeitava uma das salas onde se exibia excelente bom gosto, a observarem-se os quadros valiosos pendentes nas paredes em tom claro, contrastando com as cores escuras dos grossos tapetes de não tão menor valor. Podiam-se notar lindos vasos de porcelana com flores frescas e aromadas, além dos adornos de cristais que enriqueciam os móveis e mostravam o luxo da nobre residência.

Ainda inquieto, o senhor Gonzáles dirigindo-se à jovem esposa, indagando-a em tonalidade média de voz:

— De quem se trata? — perguntou indicando o rapaz com apontamento singular.

Instante em que uma angústia instalou-se no peito de Rosa Maria que não sabia responder nem o nome do moço. Certamente não encontraria, tão rápido, explicações satisfatórias que contentassem seu esposo. Como ela teria aceitado estar com alguém que até o nome ignorava?

Depois de acomodar Margarida no divã, socorrendo Rosa Maria, Henry prontamente e sem proporcionar mais constrangimentos à jovem senhora, apresentou-se:

— Sou Henry Russel a seu dispor! — inclinando meio corpo, em gesto cortês, bem a costume da época.

O senhor Gonzáles retribuiu a apresentação e o cumprimento, logo direcionando preocupação à filha:

— Precisamos chamar um médico, Rosa Maria! — intimou o senhor. — Mande um criado de confiança, em nossa diligência, à casa de um doutor. Quero que Margarida seja atendida hoje mesmo.

— Se me permite, senhor! — interferiu Henry novamente. — Meu pai pode vir atendê-la.

— Quem é seu pai, filho? — tornou o senhor.

— O doutor David Russel, conceituado médico, há tempos, nessa cidade.

— Não conheço muitos por aqui... Somos oriundos de Madri, Espanha. Passamos pela França, residimos em Paris por cinco anos e mudamos para Londres a menos de um ano.

— Se o senhor me permitir, darei ordens ao cocheiro para que o traga o quanto antes! — insistiu Henry.

O senhor Gonzáles ficou pensativo, mas, ao observar melhor o simpático rapaz, que se tratava de alguém com boa linhagem, concluiu pelos seus trajes e esmero exibido sem orgulho.

Usando um terno de casimira inglesa, muito bem passado, e botas polidas, Henry possuía uma elegância natural que completava harmoniosamente seu bom porte, inspirando confiança em todos, principalmente pela exímia educação.

Mais amável, o pai de Margarida, cuidadoso e preocupado, falou sem afetação:

— Acompanha seu pai enquanto este consulta?

— Sim, senhor! — confirmou Henry. — Quando estou na cidade, claro. Estudo Medicina há cinco anos, em breve estarei formado.

— Onde estuda, rapaz? — argüiu o senhor Gonzáles com ar curioso e muito interessado.

— Na Universidade de Oxford! Um dos grandes centros culturais do Reino Unido e de todo o mundo.

Pendendo com a cabeça vagarosamente, o anfitrião confessou:

— Não sei muito bem onde fica Oxford, apesar de conhecer, de certa forma, o seu país. Embora tenha ouvido falar muito dessa cidade, não me lembro de ter passado por ela.

— A cidade de Oxford situa-se na planície do curso superior do rio Tâmisa. Fica a cem quilômetros a nordeste de Londres. Tendo em vista as obras públicas que vêm sendo sucessivamente realizadas, o rio Tâmisa oferece navegabilidade de Oxford até a foz.

— O rio Tâmisa! É esse que banha Londres? Perdoe-me a ignorância, sou um homem rude.

— Não tenho pelo que lhe perdoar, senhor. Mas sim, o rio que nos banha é o Tâmisa. Ele nasce nas colinas de Cotswold, passa por seis condados ingleses no decorrer de seu longo curso antes de desaguar no Mar do Norte, logo depois de cortar Londres.

— Mas as águas desse rio são um verdadeiro esgoto! — reclamou o pai de Margarida, franzindo o semblante repugnado.

— Há cerca de uns trinta anos, o rio Tâmisa vem sendo poluído principalmente próximo e depois dos condados que despejam em seu leito caudaloso, todos os detritos industriais e residenciais. Motivo da mortandade dos peixes e impureza da água. Infelizmente, o rio Tâmisa é nossa principal fonte de abastecimento. Isso é um perigo constante — lamentou Henry. — Pestes e epidemias podem assolar a qualquer instante essa cidade.

— Quando vem a Londres, navega por ele?

— Até próximo do segundo condado sim. Dali por diante, o odor, bem como a paisagem, em nada me agrada. Tomo, para o restante do caminho, o trem a vapor.

O senhor Gonzáles achou interessante as instruções do jovem, porém precisou interromper a aula:

— Agradeço suas explicações, filho. Mas preocupemo-nos agora com Margarida.

— Como não! — surpreendeu-se o rapaz que percebeu alongar-se na conversa.

Henry tomou a iniciativa e deu ordens ao boleeiro que aguardava na carruagem para retornar com seu pai. Antes da chegada do doutor David Russel, pai de Henry, eles ainda trocaram informações sobre a mais rica e famosa cidade do mundo naqueles tempos: Londres.

Observando o interesse do senhor Gonzáles por aquela capital, Henry não economizou seus conhecimentos. Enquanto que o pai da moça, estando impressionado com o rapaz, não inibiu suas curiosidades:

— Gosto muito dessa cidade, meu jovem! — afirmou o senhor Gonzáles. — Não tenho por ela somente interesses financeiros que a expansão do comércio marítimo nos proporciona aos negócios, por eu ser empreendedor, entende? Não somente a Inglaterra, mas todo o Reino Unido, encanta-me! Preocupou-me a atenção que deu, em instantes atrás, ao rio Tâmisa pelo fato de estarmos tão próximos dele e dispostos às pestes e epidemias. O que pode acrescentar a isso para esclarecer-me melhor?

— Devemos admitir — justificou Henry —, que Londres é a cidade mais rica do mundo e também a mais populosa. Isso é de longa data. Veja, não podemos conceber Londres como ela é hoje sem o rio Tâmisa que, desde o Mar do Norte onde deságua, constitui importante artéria fluvial para nossas indústrias, devido ao seu estuário.

— "Estu... es..." o quê?! Não estou acostumado a todos os termos do seu idioma, rapaz. Desde garoto sempre viajei e, de certa forma, domino o inglês, o francês e o italiano. Isso devido à companhia de meu pai que me fazia, desde cedo, integrar-me com palavras não usuais no dia a dia. Entretanto algumas vezes me vejo em dificuldades. Fale-me de modo a entender com facilidade, pois o teor desse assunto interessa-me muito.

— Estuário... deixe-me ver... — refletiu o jovem Henry, animado em esclarecer e impressionar. — Estuário é a parte do rio ou mar que invade terra adentro como um braço, assim formando o porto de Londres, indispensável ao nosso comércio e, porque não dizer, ao comércio de todo o Reino Unido da Grã-Bretanha, uma vez que ele atinge o coração da Inglaterra! — Henry fez breve pausa, tentando reconhecer as impressões do seu interlocutor, depois prosseguiu: — Embora o rio Tâmisa tenha seu nível fluvial regular, já tivemos registradas grandes inundações quando as chuvas prolongadas e a brusca fusão da neve coincidem com a maré alta, o que, literalmente falando, alaga o centro de Londres o qual já está praticamente ao nível do mar. — Sem trégua, prosseguiu: — Como o senhor já deve ter ouvido falar, nos anos de 1664 e 1665 uma pandemia matou mais de 75.000 londrinos! A peste epidêmica assolou-nos, principalmente pela superpopulação que aqui se aglomerava em busca de ofertas, empregos e melhor qualidade de vida.

Atualmente, como podemos ver, experimentamos um aumento populacional crescente, pois, desde os séculos XVII e

XVIII, vimo-nos diminuídos das epidemias pelos movimentos de divulgações e orientações que conscientizaram a população a adotar hábitos de higiene. Isso diminuiu a mortalidade e, tendo em vista a manutenção da taxa de natalidade tradicional, dá-se hoje, não só em Londres, mas em todo o país, uma explosão demográfica. É certo que, desde o século XVIII, a evolução industrial permitiu a orientação sobre uma alimentação mais adequada, dando-nos uma qualidade de vida melhor. Mas com tanta gente a nos rodear, como encararíamos hoje a mesma epidemia que ocorreu nos anos 1664 e 1665? Ela atingiu grande índice de mortos pela superpopulação. Naquela época o número de habitantes em Londres não chegava perto do que temos agora. Por isso podemos dizer que seria uma verdadeira catástrofe se um pequeno foco de peste se instalasse em Londres e, coincidentemente, o Tâmisa, já tão infectado com a poluição, transbordasse com o derretimento da neve ou das chuvas constantes.

O rio Tâmisa nos serve muito, entretanto uma inundação com as condições "orgânicas" atuais desse rio, com essa cidade tão populosa, uma epidemia seria uma desgraça para todos nós. Como o senhor mesmo disse, ele é um esgoto a céu aberto.

— Interessante! Eu nunca pensei nisso.

A chegada do doutor David Russel interrompeu-os.

Toda a atenção voltou-se novamente para Margarida que apreciava o assunto, bem como o rapaz falante, sem se manifestar.

O doutor David Russel foi conduzido por um dos empregados da casa até a sala onde todos estavam.

Acompanhado de seu outro filho mais velho, Robert, o médico educadamente direcionou olhar indagador ao filho Henry, que compreendeu imediatamente a gesticulação e, levantando-se, tratou de fazer as devidas apresentações de seus familiares, bem como detalhar ao pai o acidente ocorrido com Margarida, o que gerou a necessidade de seus cuidados.

Com polimento nobre de um verdadeiro cavalheiro londrino, autêntico do século XIX, o doutor David Russel pôs-se a examinar sua paciente.

Enquanto todos, muito atenciosos, circundavam Margarida, ao acaso Robert, irmão de Henry, espionava, sem perceber, detalhes da luxuosa moradia. Não contendo a curiosidade, ele afastou-se de todos e se pôs a olhar minuciosamente os pormenores mais delicados.

Vagando o olhar, ele deixou seus passos seguirem sua contemplação, admirado com tantos detalhes miúdos nos lustres, enfeites e cortinas.

Encantou-se com os quadros e principalmente com o grande carrilhão[2] espanhol.

Tal artefato era colocado com destaque no centro de uma das paredes mais notáveis à visão.

Parou junto ao piano de calda, aberto, e arriscou algumas notas de uma romântica melodia, tão em moda naquela época: um lindo Noturno de Chopin, um músico polonês que procurava transferir as nuanças de todos os sentimentos de sua alma e coração para a música composta e executada por ele com magistral desenvoltura.

Atraída pelo som das notas dedilhadas, Rosa Maria direcionou-se até a suntuosa sala de estar onde Robert se encontrava, surpreendendo-o com a pergunta:

— Gosta de música?! — expressou-se com satisfação e sorriso. Vendo-o sobressaltar-se pelo susto, Rosa Maria logo se desculpou: — Perdoe-me! Não tive a intenção...

— Sou eu quem deve desculpas — retribuiu Robert, educadamente. — Não deveria invadir a residência alheia sem convite, especulando detalhes. Respondendo-lhe a pergunta: sim,

---

[2] N.A.E.: Carrilhão trata-se de um relógio grande de pedestal e pêndulo.

gosto muito de música, principalmente as românticas e suaves, que elevam a alma e dão à nossa imaginação um transporte indizível à verdadeira harmonia e bem-estar.

— Concordo totalmente! — animou-se Rosa Maria que quase não encontrava com quem dividir seus conhecimentos sobre a arte e a música.

Robert, muito admirado por ser um profundo conhecedor, indagou:

— A quem pertence esse piano? Ele é de uma ótima procedência, fabricado por um artesão de primeira! Não só um artesão, mas um verdadeiro pai! Caprichou em cada detalhe como se o instrumento fosse o único e último, ou confeccionado especialmente para um exímio artista tocá-lo! Sua aparência é nobre e clássica. E o som!... Muito bem afinado!

Inibida, tendo em vista a súbita empolgação do cavalheiro, a jovem senhora informou:

— Foi um presente de meu pai em um de meus aniversários, há certo tempo, claro. Gostaria muito de que Margarida se interessasse por ele, mas que ilusão! Ela gosta mesmo é de ouvir. Ah!... Isso sim.

Sem perceber, amante da arte e da música, Robert deixou sua empolgação dominar e, num impulso, falou expressando um brilho no olhar, ansioso no desejo pessoal:

— Gostaria de ouvi-la tocar!

Neste instante, ouve-se a voz alteada do senhor Gonzáles chegar até aquele recinto.

— Rosa Maria! Preciso de você, mulher!!!

Com delicado gesto de cortesia, a jovem senhora pediu licença antes de se retirar apressadamente para atender a solicitação de seu esposo.

Robert vagou na mente a idéia de poder contemplar uma bela melodia tocada naquele piano, pois imaginava ser agradável povoar os pensamentos de sonhos com indelével melodia executada por tão graciosas mãos.

Não dando importância mais aos pensamentos, o cavalheiro foi impelido a retornar a outra sala onde todos se reuniam para os cuidados com Margarida.

2

Religião

Atendendo ao chamado do marido, Rosa Maria verificou que necessitava dar ordens na cozinha, pois os visitantes, por insistência do senhor Gonzáles, aceitaram o convite para o jantar.

Era uma forma do pai de Margarida demonstrar que estava satisfeito e grato com os cuidados carinhosos prestados pelos serviços médicos para com sua filha.

Logo depois, em meio à conversação animada entre os moradores da casa e os convidados, o mordomo, educadamente treinado, veio anunciar que o jantar estava pronto para ser servido no salão.

O casal Rosa Maria e senhor Gonzáles tomou a dianteira, indicando o caminho para a sala de jantar. O doutor David Russel e seu filho Robert seguiram, lado a lado, enquanto Henry ajudava Margarida, que apresentava dificuldade devido à imobilização de seu pé feita pelo médico experiente. A jovem precisou de alguém para auxiliá-la a chegar ao seu lugar à mesa.

O local reservado às refeições exibia muito requinte.

A grande mesa era ornada com fina toalha de linho bege bem claro, ressaltando delicados bordados em alto relevo num tom levemente mais forte, formando graciosos raminhos de flor. As baixelas de prata, muito bem decoradas pelos próprios alimentos que seriam servidos, mostravam arte.

Os pratos de porcelana inglesa e os talheres foram impecavelmente dispostos nos lugares que seriam ocupados por cada um. A saber: nas pontas da mesa, os donos da casa; à direita da senhora, o doutor David Russel; à esquerda Robert, e Henry em frente à Margarida.

Castiçais de prata brilhavam à luz das velas, completando a rica mesa de jantar dos Gonzáles.

Uma criada, bem alinhada, servia-os com destreza, acompanhada de perto pelo solícito mordomo, imagem perfeita de um *gentleman*[3], tão a gosto dos costumes ingleses que o senhor Gonzáles procurava assimilar.

No decorrer da conversa que seguia, o doutor David Russel comentou:

— Perdoe minha curiosidade, porém é difícil não notar o sotaque francês que a Senhora Rosa Maria apresenta. Por acaso viveu na França ou conviveu muito com franceses?

Timidamente a jovem senhora respondeu:

— Sou francesa. É essa a razão do meu sotaque.

Desculpando-se novamente, o doutor Russel questionou:

— É interessante o nome Rosa Maria em uma francesa. — Depois de pequena pausa, acrescentou: — Observando melhor vejo que os traços fisionômicos vossos correspondem às características daquele povo.

Esclarecendo a situação, o senhor Gonzáles com seus modos um tanto rudes, mas tentando ser gentil, salientou:

— O nome real de minha esposa é Rose Marie. Mas não gosto do idioma francês ou pronúncias onde eu tenha que adotar

---

[3] N.A.E.: *gentleman*: cavalheiro inglês.

modos delicados. Por essa razão, desde que nos casamos, eu a chamo de Rosa Maria. Sinto-me melhor assim!

Por causa desse assunto, em que a espontaneidade do senhor Gonzáles não media a indelicadeza de referir-se dessa maneira ao idioma francês, ninguém percebeu a alegria que Margarida deixava transparecer e o brilho do olhar endereçado a Henry, que correspondia do mesmo modo quando se entreolhavam durante o jantar.

Após a refeição, todos foram à sala de estar para os licores e também tolerar o desagradável charuto do senhor Gonzáles.

Não demorou muito e, por insistência de Margarida, Rosa Maria teve de executar uma música ao piano.

Diante da proposta da jovem, Robert foi o primeiro a incentivar o feito. Ele estava muito desejoso para apreciar uma melodia. Seu coração batia forte enquanto ouvia a música encantadora que a jovem senhora tocava tão bem, parecendo transportar sua alma gentil para as pontas dos dedos ao fazer vibrar cada tecla do piano.

As horas passaram alegres para todos, porém pelo seu adiantamento, o doutor David Russel, achou por bem retirar-se com os filhos, não se esquecendo de recomendar à sua paciente, seguir rigorosamente as instruções quanto às compressas e fricções com o preparo pastoso que ele lhe receitou.

Todos se despediram amavelmente, mas não resistindo Henry pediu permissão ao senhor Gonzáles para voltar no dia seguinte a fim de visitar Margarida e saber de suas melhoras. Tal solicitação do rapaz fartou os pensamentos da jovem de expectativas e sonhos românticos.

A experiência de vida do senhor Gonzáles, somada à sua astúcia, fê-lo identificar imediatamente as intenções do jovem rapaz para com sua filha.

Moldando um semblante compassivo e agradável, ele concordou com a visita, uma vez que observou em Henry virtudes indispensáveis a um pretendente de seu gosto.

Com a saída dos convidados, a família Gonzáles recolheu-se para dormir.

No quarto de Margarida, muito bem decorado ao estilo inglês da época, Rosa Maria e uma criada auxiliavam a moça a se trocar para dormir.

Muito bem aconchegada, envolta nas cobertas quentes, Margarida estendia-se na luxuosa cama onde um dossel[4] rosa-claro, em seda, todo franzido, amarrados com babadinhos e laçarotes, decoravam o leito princesal.

Os olhos da jovem brilhavam enquanto seus pensamentos deslumbravam-se com as recordações de Henry, ao ponto dela nem incomodar-se mais com o ferimento.

Rosa Maria, percebendo o encantamento de sua enteada, aproveitou a saída da empregada e, com satisfação, aguçou ainda mais a imaginação da moça. Sentando-se na cama de Margarida, observando-a enquanto alinhava os longos cabelos da moça, desfazendo-lhe as tranças e deitando-os na frente do corpo, do colo até próximo da cintura, sorridente comentou:

— Henry também ficou encantado com você, Margarida!

— Você jura?!!! — duvidou a jovem desejosa de uma confirmação.

— É evidente que sim! Creio que até seu pai percebeu!

— Papai?!

— Sim, claro! Olhei-o muito bem quando Henry solicitou permissão para retornar aqui amanhã — riu de modo gracioso.

— Mas papai...

Tomando-lhe a dianteira da palavra, Rosa Maria atalhou-a e argumentou:

— Se houve concessão por parte do senhor Gonzáles, é lógico que ele simpatizou com o rapaz e aprovou seu comportamento!

---
[4] N.A.E.: dossel: armação ornamental, forrada e franjada, que se coloca como ornamento sobre camas, muito usada no passado.

No sorriso de Margarida podia-se notar a estampa dos sonhos que acompanham os pensamentos juvenis das moças casadoiras[5].

Rosa Maria, chamando-a para a realidade, despertou-a do sonho.

— Gostou dele, não foi? — tornou a madrasta.

— Você nem imagina, Rosa Maria! Nem imagina!!! — Suspirando fundo, falou encantada: — Nunca tive oportunidade de conhecer alguém assim, tão inteligente, delicado, fino...

— ...Educado! Prestativo! Atencioso! Cortês! Polido! Um verdadeiro cavalheiro londrino! — acrescentou Rosa Maria aos predicados que Margarida já havia ressaltado.

— Rosa, será?!...

— Será, o quê?! — questionou Rosa Maria com um sorriso um tanto maroto parecendo tão sonhadora quanto a moça, mas forjou um olhar inquieto para intrigar a ansiedade de sua enteada a qual considerava mais do que a uma irmã.

— Aaaah!... Você sabe... — disse com jeito mimoso.

— Não! Não sei, Margarida. Diga-me!!! Vamos! — exclamou Rosa Maria.

— Será que eu o agradei?!

— Que pergunta tola, Margarida! Se Henry não estivesse interessado em você, para que viria aqui amanhã?! — Nesse ponto da fala, Rosa Maria engrossou a voz arremedando e caricaturando a severidade do pai da moça dizendo: — Ah! Henry virá aqui amanhã para encarar o velho Gonzáles novamente porque se encantou com seu bigode!!!

Ambas riram gostosamente e Margarida refletiu:

— É verdade! Ah!... — suspirou esperançosa. Vagando os pensamentos, estancou-se diante de novos planos, afirmando:

---

[5] N.A.E.: Casadoiras são as mulheres que estão em idade de casar.

— Amanhã quero estar linda! Ajuda-me a escolher um vestido?! Que tal aquele azul de corpete bordado?!

— Aquele arrematado com rendas francesas, presenteadas por mim?! — respondeu a madrasta com certo charme para ressaltar sua participação na beleza da roupa.

— Sim!!! Claro!!!

— Na cintura, amarraremos uma grande fita e um belo laço completará a elegância da jovem donzela! — exclamou Rosa Maria como se sonhasse junto.

— E nos cabelos, Rosa?! — perguntou a jovem ansiosa para não esquecer nenhum detalhe.

— Eu mesma providenciarei esse arranjo! Tranqüilize-se, Margarida — afirmou generosa.

— Ah! Diga! Como será?... Já tem uma idéia?! — agitou-se Margarida impulsiva.

— Um arranjo enfeitado com mimosos miosótis azuis, para combinar com a cor de sua roupa — revelou a madrasta com natural delicadeza, descrevendo, imaginando-o pronto. — Amanhã cedo irei encomendar essa confecção a uma florista dos arredores que conheci semana passada. Ah! Ela tem "mãos de fada" para esse trabalho e de inigualável bom gosto — esclareceu Rosa Maria dando mais vida aos sonhos da moça.

Entusiasmada com a sugestão do traje e do arranjo, Margarida afirmou:

— Quero impressionar Henry. Puxa! Acho que me apaixonei! — confessou a jovem mostrando seus sentimentos com suaves risinhos.

Com alegria e satisfação figurando no rosto alvo e sereno, Rosa Maria contentava-se com a felicidade da enteada, prazerosamente, como se fosse a sua própria.

Madrasta e enteada harmonizavam-se muito nos gostos, nos sentimentos e nas confidências, união maior do que a de mãe e filha, como duas amigas fiéis. Até mesmo por causa da idade próxima, os pensamentos de ambas compatibilizavam-se.

E ficaram ali por mais algum tempo sonhando com o que fariam no dia imediato.

* * *

Na manhã seguinte Rosa Maria percebeu que Margarida quase não dormira, refletindo ansiosa sobre os últimos acontecimentos e sonhando com o futuro.

Bem cedo, a moça solicitou à criada que preparasse o quarto de banho, dando noções específicas sobre o aroma dos sais a ser utilizado na banheira.

— Vai banhar-se agora cedo, Margarida?! — perguntou Rosa Maria atenciosa.

— Por quê? Acha que não deveria?! — quis saber preocupada.

— Bem... é que...

— Henry não informou que horário viria visitar-me, ou deu a entender e eu não o ouvi?

— Não — respondeu a madrasta. — Creio que ele não mencionou nada sobre o horário que viria! — Refletindo um pouco, Rosa Maria concordou animada: — É isso mesmo! Lave-se agora! Arrume-se! Fique liiiiinda!!!

— Você me ajuda? — perguntou a enteada insegura.

— Quando foi que me neguei a você?! — respondeu Rosa Maria franzindo o semblante, com as mãos na cintura enquanto batia a ponta do pé no chão, brincando estar zangada. — Vamos! — anuiu a madrasta. — Aproveite minha ajuda, mergulhe nessa banheira e lavaremos muito bem esses cabelos!

— Meus cabelos?! — estranhou Margarida sem animação.

— É lógico!!! Eles estão carecendo de uma boa ensaboada!

— Dirigindo-se à empregada, solicitou: — Traga-me um chá de

ervas para banharmos, na última água, os cabelos de Margarida, eu os quero com muito brilho e bem sedosos.

Todos os cuidados foram tomados para que Margarida causasse uma boa impressão no rapaz, além da que já havia provocado.

Depois de arrumada, a jovem nem queria alimentar-se. Porém diante da insistência e orientação de sua protetora, aceitou fazer uma refeição.

Para Margarida, as horas pareciam não passar.

Bem mais tarde, ambas encontravam-se na sala de estar onde Rosa Maria tocava em seu piano uma bela música, procurando tirar a tensão ansiosa que já fazia Margarida transpirar, mesmo com o frio.

O bater da aldrava[6] fizeram ambas sobressaltarem.

A ansiedade lhes circulava nas veias, enquanto o mordomo atendia a porta.

Com classe, os dois cavalheiros anunciados, Robert e Henry, curvaram-se aos cumprimentos das damas.

Obedecendo, educadamente, às regras de cortesia, ambos se sentaram somente após a acomodação da dona da casa que, atenta, observou a polidez dos visitantes.

— E o senhor Gonzáles, não se encontra em casa? — perguntou Henry exibindo gentil educação.

— Saiu cedo para cuidar de negócios e prometeu retornar para o chá, mas ainda não chegou — justificou Rosa Maria.

Robert, muito sociável, questionou curioso:

— Obedecem ao costume britânico do "chá das cinco"?

— Sem dúvida — confirmou a jovem senhora com belo sorriso. — Mesmo quando não morávamos em Londres, seguíamos os costumes britânicos como o horário do famoso chá — res-

---

[6] N.A.E.: Aldrava: é uma argola de metal, geralmente bem polido, pendurado à porta, que era utilizado para anunciar a chegada de uma visita.

pondeu a senhora anfitriã com delicadeza francesa. — Sabem, o senhor Gonzáles, apesar de espanhol, é amante nato de todo o Reino Unido da ilha da Grã-Bretanha, especialmente da Inglaterra. Como podem ver, nenhum de nós usamos estilos espanhóis, principalmente o senhor Gonzáles.

— E a senhora — tornou Robert alongando o assunto —, adapta-se aos estilos e costumes de nosso país? Perdoe-me a curiosidade, mas é que sendo uma francesa, talvez conserve os sentimentos de rivalidades, comerciais e políticas, existentes entre a França e a Inglaterra que ocasionaram períodos de lutas quase ininterruptas entre os países até a derrota definitiva de Napoleão Bonaparte em junho de 1815, em Waterloo.

— Sou uma pessoa flexível, senhor Robert. Adapto-me a inúmeras circunstâncias e costumes, com facilidade. Também não creio que haja quaisquer sentimentos rancorosos entre meus compatriotas pela derrota de Bonaparte ou pela destruição das forças francesas.

— Perdoe-me novamente, *madame* — insistiu o cavalheiro educadamente. — Não estou querendo tentá-la ou desprestigiar a França. Sou grande admirador de seu país, principalmente pelas artes, pelos artistas. Além de médico, considero-me um apaixonado indescritível de tudo o que exibe beleza, sentimento, paixão... — Depois de breve pausa, tornou: — Mas não é muito comum vermos franceses adaptarem-se ou prestigiarem nossos costumes. De que lugar da França a senhora é?

— Da cidade de Reims. Já ouviu falar?

— Sim! — animou-se Robert. — Como poderia me esquecer? Reims!... É onde se localiza a Catedral de Notre-Dame[7], er-

---

[7] N.A.E.: A Catedral de Notre-Dame em Reims, mesmo danificada com os bombardeios da Primeira Guerra Mundial, foi restaurada. A mesma não deve ser confundida com a Catedral do mesmo nome, Notre-Dame, existente em Paris e às margens do Rio Sena cuja construção foi no mesmo século.

guida no século XIII. É uma das mais belas igrejas da França, na minha opinião por seu estilo gótico, que eu diria inigualável!... Eu a visitei! — disse com entusiasmo.

— A cidade de Reims distancia-se uns... 145 quilômetros a nordeste de Paris, é um dos centros mais produtores da região vinícola da França, com seus deliciosos vinhos e champanha. Assim como Londres, Reims situa-se às margens do rio Vesle e do canal Marne-Aisne — acrescentou a jovem senhora com satisfação por falar de algo que a animava.

— Se eu não estiver enganado, Reims foi fundada por romanos e o que resta deles hoje é somente um arco de triunfo. Estou certo?

— Certíssimo, senhor Robert! — sorriu.

— E ainda foi a partir do batizado do rei Franco Clóvis, no século V, que muitos outros monarcas franceses foram ali sagrados, como Carlos VII, em 1429.

— Estou surpresa, senhor Robert! Que cultura!

Ambos foram interrompidos por Henry que solicitou fazer nova imobilização no pé acidentado de Margarida, após uma fricção suave com o linimento, um preparo pastoso receitado por seu pai contra aquela dor muscular, alegando que esse tratamento deveria ser feito três vezes ao dia. Rosa Maria consentiu e auxiliou na acomodação da jovem.

Enquanto Henry dispensava atenção e cuidados à sua protegida, uma conversa paralela se fez novamente entre a senhora Gonzáles e o filho mais velho do doutor David Russel.

— Vejo que conhece muito sobre meu país, a França.

— Já residi em Paris a fim de estudo e aperfeiçoamento. Além disso, sou atraído por tudo o que é belo e novo. Invenções, por exemplo.

— O que a França traz de novidade a esse respeito que o interesse tanto, senhor? — perguntou ela.

— A criação de um veículo de três rodas em 1771 pelo francês Nicolas Joseph Cougnot! Movido a vapor, não necessita de trilhos ou cabos e gera a energia que ele próprio consome. Aperfeiçoado com quatro rodas pelo inglês Richard Trevithick em 1801. E outro inglês, Goldsworthy Gurney, foi o primeiro a colocar, durante certo tempo, três carros para servir às pessoas que mais os procuravam por diversão e para passeio pelos arredores de Londres.

— Acredita que esse tal de automóvel, um dia, será um meio de transporte mais eficiente do que os trens?

— Todo meio de transporte é útil e sempre será. Sem dúvida o automóvel será mais um a atender as necessidades das pessoas. O ser humano tende sempre a evoluir e aperfeiçoar seus inventos. Hoje, com relação aos veículos, todos os projetos baseiam-se no uso de caldeiras a vapor como fonte de energia para sua locomoção. Um dia, haveremos de ter carros mais rápidos e versáteis. Eu soube que um americano quase chegou a fazer, com um veículo, trinta quilômetros por hora! Não é incrível!

— Sim, realmente! — admirou-se a jovem senhora.

— Acredita no desenvolvimento e na elevação da inteligência do homem, bem como na evolução das coletividades, certo? — propôs Robert em pergunta.

— Sim, é claro — concordou a senhora.

— Eu também — prosseguiu o cavalheiro. — Tomemos a Inglaterra como exemplo e a comparemos com o restante do mundo. Os primeiros anos de reinado da rainha Vitória, que se iniciou em 1837, foram marcados por divergências de opiniões e interesses. O país sofreu muita agitação de 1838 até 1850, mas com um domínio incrível da situação, nossa rainha tomou em seus punhos as rédeas do comando e conduziu a Inglaterra magnificamente bem, erguendo-a com um sistema econômico sólido na pilastra do capitalismo, cada vez mais moderna, rica e industrializada. Como podemos ver, a Inglaterra vive um período de ouro, ela é uma potência industrial e colonialista em todos os continentes. Para mantermo-nos nesse ritmo de estabilidade, desenvolvimento social e intelectual a escolarização se tornou obrigatória desde 1870. Com esse ótimo sistema educacional, nosso índice de analfabetismo, hoje, é quase zero. Isso é evolução! É desenvolvimento!

Robert empolgava-se. Mesmo com o seu alongamento sobre as exposições de suas opiniões, Rosa Maria não fugiu ou esqueceu-se da pergunta ou da resposta e opinou:

— Sem dúvida que eu acredito na evolução do ser humano, como pessoa e como espírito. Entendo que a Inglaterra é um berço de cultura para o mundo. Veja, no ano de 1249 a Universidade de Oxford foi construída, em seguida a Universidade de Balliol em 1263 e Merton em 1264. Isso é evolução e desenvolvimento intelectual e, consequentemente, teremos um desenvolvimento social. Porém, preocupo-me com a nossa evolução como espíritos. O senhor não acredita que diante de tanto desenvolvimento criativo, político, cultural, entre outros, não devemos ter algo para desenvolver e evoluir como espíritos, para uma... libertação, vamos dizer assim?

— Perdoe-me, senhora Rosa Maria — pediu Robert. — Creio em Deus. Não sou católico. Não sou protestante. Não creio em santos nem em superstições ou mitos.

— Crer em Deus já é uma grande coisa, senhor Robert! É um excelente princípio. Não é comum uma pessoa acreditar em Deus e não crer em religião alguma. Há um porquê?

Robert parou, pensou um pouco e depois respondeu:

— É curioso! Nunca alguém me perguntou por que creio em Deus e não em religiões — observou ele atencioso e tentou justificar-se. — Deixe-me ver... Há longa data, povos e civilizações muito antigas já veneravam um criador ou protetor. Alguns acreditavam na existência de um Deus, o que é monoteísmo. É o que prega, de longa data, a religião judaica e em tempo mais remoto ainda um faraó egípcio, enquanto outros povos acreditavam na existência de vários deuses. Veja, a civilização romana, por exemplo, possuía uma organização política bem estruturada. Imperadores, senadores, governadores, isso bem antes de Cristo. Eles tinham muita cultura na época, no entanto inclinavam-se à crença de vários deuses, rendiam cultos e homenagens dentro dos próprios lares e templos diversos.

Rosa Maria o interrompeu e acrescentou:

— Mas com a passagem de Jesus pela terra onde Ele divulgou a existência de um único Deus, o Pai Celeste, houve uma verdadeira revolução religiosa que perdura até hoje. Isso porque o homem é egoísta e sempre quer ter razão em tudo o que pensa e fala, dificultando que alguém esclareça com simplicidade, ele cria mitos e rituais.

— Sim, eu sei disso senhora. O ser humano, não podendo ter ou admitir alguém acima dele, quis, pelo menos, estar ao lado de Deus, autonomeando-se "porta voz do Criador Eterno". Eu acredito em Jesus Cristo e procuro seguir Seus ensinamentos, mas sou contrário ao poderio de alguns que se intitulam "emissários" ou "advogados de Deus" como se houvesse um Império. Minha mãe era religiosa e muito fervorosa. Ela faleceu há cerca de treze anos e estendeu sua vida sempre nos ensinando noções sobre o certo e o errado, sobre os mandamentos e tudo mais. Porém, quando iniciei estudos mais arrojados da história do mundo, o que tenho de confessar ser um amante nato, vi, através da história, as arbitrariedades de um ser humano para com outro ser humano, com isso fiquei indignado.

— O senhor acredita que as dores e as destruições, muitas vezes, são necessárias para aprendermos e evoluirmos?

Depois de refletir um pouco sobre a pergunta da interlocutora, Robert avaliou:

— Atualmente, do meu ponto de vista, posso concordar com isso — revelou Robert demonstrando ser uma criatura flexível a novas idéias sensatas. Mas logo continuou: — O ser humano é uma criatura egoísta e vaidosa, esses dois atributos sempre foram os males do mundo em todos os tempos. O homem sempre quis escravizar o semelhante, isso ocorre desde que o mundo é mundo, porque, quando o ser humano tem alguém abaixo dele, ele se sente no poder. Acreditando que tem o domínio de tudo em suas mãos, ele quer governar, ser deus! Agora, o homem dotado de sabedoria verdadeira, ou seja, os mansos e humildes, sempre foram ultrajados pelos chamados inteligentes, dominadores que os escravizavam e humilhavam.

De repente, com a chegada de Jesus Cristo, como a senhora bem lembrou, houve um conflito entre a verdade e a crença da época, que admitia o domínio e a escravização, mas o Mestre esclarecia com amor e pregava igualdade.

Jesus Cristo sempre salientou que a caridade nos salvaria, que o perdão da nossa parte para com um irmão que nos tenha ofendido era essencial para entrarmos no "reino de Deus". Jesus Cristo deu muita ênfase ao amor para com todos os que nos consideram inimigos e nos caluniam.

— Senhor Robert, acredita estar preparado, hoje, para perdoar alguém, por mais cruel que essa pessoa lhe tenha sido?

— Sim, eu sou capaz de perdoar.

— É uma afirmação muito séria!

— Como Cristão, não no sentido de denominação religiosa, mas como um crente nos ensinamentos e práticas de Jesus, eu tenho que me forçar aos hábitos que Ele nos ensinou para futuramente ser uma ação bem natural e que não exija reflexão.

Rosa Maria, tomada por uma alegria espontânea, inebriante, foi impelida a repetir as palavras do Mestre Jesus, suavemente, como se estivesse declamando a mais bela poesia já ouvida:

— "Amai os vossos inimigos; fazei o bem aos que vos odeiam e orai pelos que vos perseguem e caluniam. Porque, se somente amar os que vos amam, que recompensa tereis disso? Se unicamente saudar os vossos irmãos, que fazeis com isso mais do que os outros? Não fazem o mesmo os pagãos? Sede, pois, perfeitos como perfeito é o vosso Pai Celestial." — Tomando fôlego, com leve sorriso de satisfação, a jovem senhora desfechou generosa com um único nome: — Jesus.

Robert ouvia encantado por ela lembrar-se tão exatamente das palavras do Mestre Jesus que vinha esclarecer melhor as suas explicações.

— É exatamente isso! — salientou o cavalheiro empolgado. — Jesus sempre pregou o perdão aos inimigos, o amor e a caridade a todos sem distinção. Muitos pensam que caridade é tirarmos algum valor e doar a outro. Que engano! Caridade não é somente isso. Muitas pessoas privilegiadas precisam da caridade como por exemplo: fazemos caridade quando ouvimos alguém, quando orientamos para o bem, para os bons pensamentos. Veja só, Jesus nunca admitiu ter uma religião nem criou qualquer uma. Ele sempre exemplificou as boas ações e os bons pensamentos, ensinou paz e mansuetude e mesmo assim o crucificaram por isso.

Eu acredito em Jesus Cristo, mas acho abuso o que fizeram e o que fazem em nome Dele e em nome de Deus, usando para isso a palavra religião.

A palavra religião tem origem no latim: *religio*, originária de *religare* que quer dizer: "ligar", "atar", "apertar" com referência a ligar o homem a Deus. Porém definindo as observações e as experiências que a história do mundo nos aponta como fato, vemos que as religiões têm como base fundamental a prestação de tributos, ou seja, pagamento em sinal de dependência e o estabelecimento de regras de submissão aos poderosos de sua cúpula, pois passam sempre a idéia ou o decreto de uma afirmação indiscutível que os fiéis não podem questionar, duvidar ou desejar saber mais. Qualquer outra forma de crer, de associar é errada, e muitos foram punidos por isso. As pessoas são escravizadas e nem percebem.

Interrompendo-o para somar uma explicação melhor, Rosa Maria argumentou:

— Essa forma de crer e de aceitar sem questionar, sem discutir, sem dar o direito de pensar, é dogma.

— Perfeitamente — concordou Robert. — Dogma é impor regras a cultos, cerimônias, rituais, crenças em algo como sendo verdadeiro e absoluto, sem dar explicações que justifiquem determinadas práticas. Eu diria até que isso é a fé cega daqueles que não possuem vontade de pensar e não desprendem de si ânimo para aprender. Em minha opinião, esses fiéis assinam um atestado de falta de inteligência quando não perguntam: "Por que tenho que fazer isso?" ou "Por que isso tem que ser dessa forma e onde está escrito ou justificado que tem de ser assim?"

Rosa Maria sorriu e Robert continuou:

— É verdade! — afirmou ele. — As pessoas se deixam escravizar sem questionar o "porquê", o motivo das coisas só pelo fato de aceitar ser, para elas, mais cômodo. Falo isso não somente pela religião Católica Apostólica Romana ou pela Igreja Católica do Oriente, mas pelo que vejo no Islamismo, Judaísmo, Budismo, Quakers ou Quacres, Comunhão Anglicana, Igrejas Batistas, Calvinistas, Congregacionais, Episcopal, Luteranas, Metodistas, Presbiterianas, Protestantes, Hindus etc... etc... etc...

— Senhor Robert, não acha que, por termos pessoas com idéias e culturas diferentes, necessitamos de várias religiões? Vejo que sua opinião é muito forte.

— Perdoe-me, senhora, mas penso assim — respondeu em tom suave e educado. — Sim, sem dúvida precisamos de vários tipos de religiões devido aos diversos níveis de entendimento. Mas vejo que as religiões fogem às resoluções básicas as quais se propuseram a princípio, que é a religação do homem com Deus.

Grande parte das religiões não enfoca as relações humanas de "amai uns aos outros", independente de quem seja esse outro. Não dão ênfase à evolução das criaturas com a prática de uma boa moral, boas atitudes e pensamentos adequados. Algumas religiões não deixam o ser humano organizar seus pensamentos na sua origem, na sua existência, na sua base racional. Outras induzem a criatura humana a render culto, práticas até incabíveis e criminosas de ritos, normas de conduta e instituições. Mas o pior é que as pessoas realizam tudo isso porque não raciocinam por si mesmas. É preferível deixar o raciocínio por conta dos ministros, sacerdotes ou encarregados desse tipo de prática. É como se não quisessem ter responsabilidade pelo que fazem.

Para sua evolução, o ser humano tem que buscar o conhecimento da verdade, o estudo para entender e praticar o que é bom para ele e para os outros.

— O senhor não acha que está sendo muito rigoroso?

— Não interfiro na religião de ninguém — riu. — Sou rigoroso para comigo mesmo e não para o que os outros devem fazer — justificou o cavalheiro com voz amável e muito ponderada.

— Perdoe-me a franqueza, senhora. Mas, diante do conhecimento que tenho, vejo que algumas religiões escravizam o homem e não libertam. Isso acontece quando impõem sistemas e normas éticas que nunca foram ditas ou mencionadas com bases verdadeiras que possuam fundamento. Observe que até o Budismo desenvolveu diversas classes de rituais contra os ensinamentos de Buda. E muitos budistas não sabem disso. Talvez eles não estudem nem questionem.

Assim como outras religiões que se dizem cristãs e dentro delas próprias encontram-se inúmeros fatores anticristo como a vaidade, em que dizem que somente eles serão salvos, além do orgulho ao desclassificarem as demais religiões e seitas, a falta de amor, quando não compreendem a pequenez do próximo e tantos outros fatores que escravizam o semelhante. Sabe, não consigo concordar com qualquer religião que determine o que eu deva fazer. Posso até concordar que uma religião mostre-me o caminho e deixe a minha transformação acontecer naturalmente à medida do meu entendimento.

— Senhor Robert, as religiões possuem o método que as pessoas escolhem para aprender. A pessoa é quem fica acomodada e estaciona na evolução.

— A culpa não é da religião, mas pode ser daqueles que a conduzem. Veja os caminhos absurdos tomados em nome da religação com Deus como O Santo Ofício ou Inquisição, que foi o nome dado a um tribunal eclesiástico que vigorou na Idade Média e início do Modernismo. Todas as pessoas suspeitas de se desviarem da ortodoxia católica eram julgadas hereges, isso por meados do ano 340 d.C., mais ou menos. Porém a maior inflamação dessa desventura, deu-se com vigor no século XIII. Bem no início do ano 1200, a Inquisição ressurgiu na Espanha e em Roma onde se adaptou em novos sistemas, mais cruéis e com grande poder, dinheito e exércitos.

A Igreja Católica Romana implicou com todo e qualquer movimento suspeito contra ela, ou seja, qualquer indicação que fizesse as pessoas pensarem e raciocinarem. Na metade do século XIII, apareceram muitos grupos considerados heréticos, suas teses religiosas subtendiam as causas sociais e isso foi considerado uma ameaça geral à sociedade, à igreja e por essa razão incontáveis pessoas suspeitas ou atuantes nesses movimentos foram executadas nas fogueiras ou por estrangulamento, a machadadas e outros métodos horríveis, mas isso depois de muita tortura.

Por não haver um tribunal Católico especializado para os casos que surgiam, uns diferentes dos outros, e diante de muitos fracassos para combater essas seitas, em 1231, o papa Gregório IX, criou o tribunal da Inquisição, que ficou ao encargo da "ordem dos dominicanos" e com o poder de investigar prender e julgar todos os suspeitos de heresia. Esse tribunal atuou principalmente no sul da França, norte da Itália, reino de Aragão ou Espanha, Alemanha, etc.

Não houve tribunal da Inquisição aqui na Inglaterra, mas sabe-se que por volta de 1320, o rei Henrique IV decretou a condenação de alguns rebeldes que exageraram na severidade de costumes que se diziam discípulos de Walter de Lollhard, esses foram condenados à fogueira. Depois disso, o monarca Henrique VIII, irritado porque o papa Clemente VII negou seu divórcio, conseguiu que o Parlamento subordinasse a igreja à coroa. Essa reforma doutrinária e litúrgica foi imposta mediante perseguição e pena de morte. Só a título de curiosidade, cabe lembrar que esse mesmo rei, Henrique VIII, mandou decapitar a própria esposa, Ana Bolena, por traição. Sabe-se que forjaram provas de seu adultério. O monarca Henrique VIII é conhecido como "barba azul", ele teve oito mulheres. Bem depois, no governo católico de Maria Tudor, passamos por cinco anos de período sangrento. Mas a rainha seguinte, Elizabeth I, restabeleceu a autoridade da Igreja Anglicana em 1559.

Era considerado heresia para a Inquisição: o judaísmo, o protestantismo, blasfêmia, feitiçaria, bigamia, ofensa aos costumes ou à fé. Não era permitido usar toalha limpa ou acender velas no começo do sábado. Era crime não jejuar no "dia do Perdão" ou da rainha Ester e recusar-se a comer peixe sem escamas ou carne de porco, pois tudo isso eram práticas de outras religiões. O tribunal da Inquisição aceitava denúncias de quem quer que fosse: crianças, mulheres e escravos, só que como testemunhas de acusação, de defesa, nunca!

— O senhor sabia que, ao acusado, não era informado o motivo pelo qual ele era preso nem quem o havia denunciado?!

— Diante da confirmação positiva de Robert com o balançar da cabeça, a jovem senhora continuou: — No julgamento, ele possuía um advogado que era determinado pelo próprio Tribunal da Inquisição ou Santo Ofício, que o iria julgar, submetendo-o a longos interrogatórios e torturas.

— Sem mencionar — continuou Robert — que os bens dos considerados hereges eram confiscados pela Inquisição, assim como sua residência era totalmente destruída. Penas das mais bárbaras eram aplicadas. No chamado "auto-de-fé", que era uma espécie de relatório onde o inquisidor lia publicamente a sentença. O acusado de crimes graves que não abjurasse as faltas, ou seja, renunciasse abandonando publicamente a crença, opinião da qual ele tivesse sido acusado, eram direcionados ao chamado "braço secular". O braço secular era uma espécie de departamento do tribunal da Inquisição que executava as penas, em geral, na fogueira. Os acusados de alguns crimes menos graves eram encaminhados para os serviços forçados nas galés que, de tão sofridas as condições, era o mesmo que pena de morte. Alguns papas, antes de 1200, repeliram a tortura, mas tudo era realizado impiedosamente contra a vontade desses. Entretanto o papa Inocêncio IV, em 1252, decretou novamente a tortura quando se duvidasse da verdade, o que sempre ocorria!

— enfatizou quase indignado. — A Inquisição ou Santo Ofício extrapolou os fins religiosos e invadiu o lado político.

— Um exemplo da Inquisição na política foi a condenação de Joana d'Arc à fogueira, em 1431 — interrompeu a senhora.

— Exato. Já na Espanha, para reprimir os judeus que formavam uma poderosa burguesia, os reis católicos Fernando de Aragão e Isabel de Castela solicitaram ao Papa da época o poder de denominarem inquisidores de sua confiança. Foi até criado um Conselho da Suprema e Geral Inquisição e o seu "governador" foi o Frei dominicano Tomás de Torquemada, fanático e cruel, ele condenou mais de duas mil pessoas à fogueira.

— Mas será que tudo isso não tem uma explicação? — interrompeu Rosa Maria muito afeiçoada em justificativas. — De repente, esse velho mundo necessitava dessas provações.

— Hoje eu não sei explicar exatamente, mas creio que poderia ser diferente. E quanto a esse continente estar necessitado de uma provação, o que me diz do novo mundo? As colônias da Espanha na América foram também invadidas pela Inquisição. Por volta de 1519, os primeiros inquisidores apostólicos chegaram por lá. Em Lima e no México foram criados tribunais Inquisidores. Até no Brasil, colonizado por Portugal, a Inquisição chegou. Mesmo não tendo instituído por lá um tribunal inquisidor, por volta do século XVI, o arquiduque Alberto da Áustria, inquisidor-mor de Portugal e de suas colônias, enviou ao Brasil um visitador a São Tomé, Cabo Verde, São Vicente, São Paulo, Bahia, Pernambuco, Rio de Janeiro. Os jesuítas e padres ou vigários, mesmo de outras ordens, auxiliavam na procura de acusados, prendiam, puniam e confiscavam os seus bens. Reviraram o Brasil! Prejudicaram, por séculos, a produção de açúcar e café, os principais produtos de exportação daquele país afetando o comércio gravemente. Muitas prisões foram efetuadas e os brasileiros eram retirados do país e encaminhados à Lisboa, julgados e condenados. Sei que no século XVIII cerca de duzentos e cinqüenta pessoas foram acusadas pela Inquisição. — Após breve pausa, manifestou: — Dizem que o Santo Ofício ou Inquisição teve seu fim por volta de 1834, mas eu duvido muito.

— Por quê?

— Em datas mais recentes, tivemos informações da atuação da Inquisição na Espanha.
— Quando se deu isso? — perguntou ela interessada.
— Há vinte e sete anos, em Madri, na Espanha — contou —, foi assim: um pedido de um senhor chamado Maurício Lachâtre, livreiro em Barcelona, de trezentos volumes dos livros sobre Espiritismo, escritos pelo Senhor Allan Kardec, foram interceptados. Tais livros iriam ser expostos à venda a fim de propagar conhecimento da nova Doutrina. Ao chegarem à Espanha, essas obras não foram entregues ao destinatário por ordem do bispo de Barcelona, que julgou esses livros perniciosos à fé católica.

Além disso, o clérigo inquiriu e tornou nulo o pedido do Senhor Kardec que reclamou a sua devolução e fundamentou sua recusa com uma resposta mais ou menos assim: "A Igreja Católica é Universal e, por esses livros serem contrários a fé católica, o governo não pode admitir que eles comecem a interferir e perverter a moral e a crença de outros países." Daí, como na Idade Média, o bispo de Barcelona fez queimar em praça pública, na manhã do dia nove de outubro de 1861, precisamente às dez horas e trinta minutos, as obras de Espiritismo por ele incriminadas. Temendo, a princípio, a multidão só ficou olhando. Após assistirem às chamas definharem, além de apanharem as cinzas restantes da fogueira, eles gritaram: "Abaixo a Inquisição!"

— Demonstrando conhecimento dos fatos, Robert completou:
— Fiquei sabendo, através de colegas da Universidade que, ao clarão dessa fogueira, o Espiritismo cresceu inesperadamente em toda Espanha e conquistou, aí, um grande número de adeptos.

A jovem senhora sorriu e nada comentou.

Nesse instante da conversa, eles foram interrompidos pelo mordomo pedindo licença e anunciando que o "chá das cinco" estava sendo servido na sala ao lado.

Todos se dirigiram para lá animados e alegres.

3

Conhecimento

Depois de apreciarem o verdadeiro ritual do "chá das cinco", todos retornaram à sala anterior onde Rosa Maria, muito curiosa e portadora de inúmeros motivos particulares, salientou:

— Admira-me sua cultura, senhor Robert. Locais, nomes, datas... Que presteza de inteligência e memória!

— Meu irmão, senhora — avisou Henry —, não é só dotado de excelente memória. Robert é grande estudioso, interessa-se pelos mais diversos assuntos. Além de médico formado em Oxford, ele doutorou-se em teologia também, em Wittenberg, Alemanha.

Com o olhar indicando grande surpresa, a jovem senhora surpreendeu-se ainda mais deslumbrada.

— Merece todo nosso respeito, senhor Robert. Que dedicação!

— Foram os fatos da vida que me fizeram buscar conhecimento — justificou-se um tanto acanhado.

— Sim senhora! — concordou Henry. — Mas isso justifica todo o conhecimento religioso que meu irmão possui. Invejo-o, no bom sentido, claro. Acho que não conseguiria levar em frente tanta dedicação. Também não lhe resta mais nada para preocupar-se. Não é mesmo, Robert?

Com um sorriso sem graça Robert concordou com seu irmão, sem ressaltar orgulho.

A súbita entrada do senhor Gonzáles tirou a atenção do assunto em vigor, pois todos se voltaram para os cumprimentos. O dono da casa ficou satisfeito com a presença dos cavalheiros, demonstrando isso num sorriso constante.

Minutos depois, o bater da aldrava na porta indicou a chegada de mais uma visita, que não se deixou anunciar pelo mordomo e adentrou a residência dos Gonzáles pela liberdade familiar.

Era Dolores, irmã do senhor Gonzáles, que na noite anterior havia abandonado, na praça, a cunhada Rosa Maria e a sobrinha Margarida, quando esta última machucou-se e aguardava os socorros de Henry.

— Ora! Ora! Vejo que têm visitas! — exclamou Dolores com um sorriso cínico estampado na face, mas reprovando em pensamento a presença dos cavalheiros. Mesmo reconhecendo Henry, ela demonstrou ignorá-lo. Depois dos cumprimentos e apresentações, Dolores salientou indicando Henry: — Você não é?...

— Sim, Dolores — afirmou Rosa Maria calma, porém descontente com o desdém da cunhada. — Henry é o rapaz que nos auxiliou ontem à noite, protegendo-nos com sua companhia, principalmente quando você e suas filhas nos abandonaram sozinhas àquela hora.

— Como "as abandonaram?!" — perguntou o senhor Gonzáles sem muitos cuidados ou modos educados na presença dos visitantes.

— Posso lhe contar sobre isso depois, senhor Gonzáles. Tranqüilize-se, tudo já foi resolvido — respondeu Rosa Maria com exímia polidez.

Depois de breve pausa, Dolores querendo atrair a simpatia dos visitantes, perguntou a Henry:

— Veio medicar sua paciente?

— Não senhora — respondeu o jovem sorrindo espontaneamente. — Não sou formado ainda. Porém meu pai já esteve aqui e a clinicou ontem mesmo. Hoje, eu e meu irmão viemos visitá-la e, caso houvesse algo errado, Robert, que já é médico, poderia examiná-la novamente e prestar-lhe os devidos socorros.

— Ah! Você também é médico? — espantou-se Dolores muito interessada.

— Sim senhora — confirmou o cavalheiro cortês.

— Então Medicina é uma tradição entre os homens de sua família? — tornou a irmã do senhor Gonzáles.

— Não exatamente — explicou o filho mais velho do doutor David Russel. — Nosso avô era mineiro. Ficou rico com isso. Medicina foi a primeira paixão do nosso pai.

— E a segunda?! — perguntou Dolores indiscretamente exibindo ironia.

— A segunda foi nossa mãe — retribuiu Robert dizendo a verdade, mas sorrindo com o canto dos lábios.

— E vocês decidiram agradá-lo?

— Não senhora. Nosso pai jamais nos imporia a realizar as suas vontades. Ele nos instrui, educa, ampara e aconselha, mas nos deixa livres para escolhermos de acordo com a nossa própria conclusão.

— Isso é maravilhoso! — concordou Dolores.

Dando o assunto por encerrado, Robert consultou seu irmão:

— Já é tarde, necessitamos ir para deixar a família mais à vontade!

— Não! É cedo! — exclamou Margarida subitamente, provocando ar de riso em Rosa Maria, sua gentil madrasta que escondeu o rosto para não ser visto.

Robert, mais experiente, sorriu amável, e ao exibir suas conclusões salientou amainando a empolgação da jovem:

— Não imagina quanta satisfação as damas nos proporcionaram nesta tarde. Fico muito feliz por me certificar que nossa conversa foi produtiva. Deduzo isso pela forma como se expressou agora. Contudo precisamos ir. Mas poderemos, com a permissão do senhor Gonzáles, marcar nova visita até que a senhorita esteja curada o suficiente para acompanhar seu pai e a senhora Rosa Maria à nossa residência a fim de retribuirmos a hospitalidade. Não é mesmo, Henry?

— Sem dúvida! — concordou o jovem muito animado. — Podemos vir novamente amanhã!

Corrigindo-o a tempo, Robert alertou:

— Por favor, meu irmão, "As amizades são como porcelanas, para que as porcelanas durem muito, pouco devemos nos servir delas." O pai da senhorita deve nos conceder permissão.

Sem entender a filosofia do provérbio popular da época, o senhor Gonzáles defendeu:

— Temos muitas porcelanas! Podem vir para um chá ou refeição quando quiserem! Irei recebê-los com imenso prazer!

Atenciosa, portando um doce sorriso, a jovem senhora interferiu gentilmente:

— Perdoe-nos, cavalheiros. Creio que devem entender que são muito bem-vindos.

— Sentimo-nos lisonjeados com o convite do senhor Gonzáles, senhora — disse Robert, interpretando a falta de conhecimento do anfitrião como elogio. Voltando-se a seu irmão, solicitou: — Vamos agora?

— Sim, claro — confirmou Henry, parecendo contrariado.

Em meio aos cumprimentos de despedida, o senhor Gonzáles salientou novamente a satisfação em recebê-los.

Empolgado, Henry afirmou que retornaria.

Enquanto os olhos de Margarida brilhavam, sua tia Dolores mirrava o olhar, espremendo as pálpebras exalando expressões estranhas, dignas de seus pensamentos venenosos.

Rosa Maria, de beleza encantadora, moldava uma simpatia muito natural e verdadeira. Não deixando de exibir seus interesses pessoais sobre conhecimentos e fatos históricos, ressaltou ao se despedir:

— Senhor Robert, se não for entediá-lo, gostaria que pudéssemos continuar com a conversa produtiva de seus conhecimentos gerais em sua próxima visita.

— "Entediá-lo?" — respondeu Henry, perguntando ao sorrir largamente. — Duvido muito! Uma das coisas mais difíceis de fazer é obter o silêncio de meu irmão quando o assunto é história ou artes.

— Ora, rapaz! — acrescentou o senhor Gonzáles rindo. — Duvido que ele possa ser comparado com minha mulher. Rosa Maria é fascinada por temas como esses. Quando começa com o assunto, não pára de falar.

— Se é que permitem minha defesa... — justificou-se Robert, sorridente. — Creio que trata-se de assunto salutar, melhor que muitos outros. Não concordam?

Dolores, tomando a frente na resposta, opinou:

— Sem dúvida alguma, doutor Robert! Melhor tratarem de fatos históricos e conhecimentos gerais do que fofoca.

— Perfeitamente, senhora. Mas, se me perdoa o pedido, entre amigos eu sempre peço que subtraiam o título de doutor, por favor.

— Grande homem! — salientou o dono da casa, estapeando-o amigavelmente nas costas.

Mediante o tratamento não habitual, Robert sorriu e encerrou as despedidas com toda cortesia britânica. Recebeu das mãos do mordomo o sobretudo, seu chapéu, o cachecol de lã, a elegante bengala e, verificando que seu irmão também havia pego seus apetrechos, sinalizou com um leve aceno de cabeça, chamando-o e retirando-se em seguida, acompanhado por Henry.

Após a partida dos irmãos, Dolores, com ironia e certo tom de voz exibindo desdém, comentou:
— Quanta cortesia!!!
— É evidente! São ingleses! — respondeu o senhor Gonzáles com ênfase e satisfação.
— Meu irmão, às vezes acho que você nasceu na família errada. Não! — argumentou Dolores — Nasceu no país errado!
— A reencarnação explica isso — acrescentou Rosa Maria sorridente e satisfeita.
— Somente isso pode justificar a paixão de Gonzáles por esse país tão... tão... — perdeu-se Dolores tentando encontrar termos para desprestigiar a Inglaterra. Não os encontrando, dissimulou mudando bruscamente o assunto: — Não vejo por que ostenta o carrilhão de papai no meio da sala! Ele não tem nada de inglês. Nem combina com a decoração britânica — retrucou referindo-se ao belo relógio de pêndulo.
— Não vou lhe dar esse carrilhão, Dolores!!! — irritou-se o dono da casa. — Você se desfez de todos os pertences do nosso pai! Esse carrilhão é meu!!!
— É um carrilhão espanhol!!! Você gosta do estilo britânico que...
— Chega, Dolores!!! Chega!!!
Apaziguando o clima que se inflamou rapidamente, a jovem senhora interferiu, dando outro rumo ao assunto:
— Realmente o povo britânico possui muita educação. Acho que o senhor Gonzáles aprecia muito isso, não é mesmo?
— Eu admiro muito. A propósito, hoje, pela manhã fui até o consultório médico do doutor David Russel — avisou o senhor Gonzáles.
Interrompendo-o, Dolores perguntou:
— Há outro irmão desses dois?!
— Não. O doutor David Russel é pai deles.

— Eles têm mais irmãos? — insistiu ela.
— Não sei. Você sabe se há outros filhos do doutor Russel, Rosa Maria? — perguntou o senhor Gonzáles.
— Para mim, ninguém contou nada. O senhor Robert comentou que a mãe morrera há uns treze anos, nada mais, além disso, foi acrescentado.
— Ah, Dolores! — zangou-se o irmão. — De que importa isso? — Tomando novamente o assunto, o senhor Gonzáles continuou: — Fui até o consultório porque ontem nem me lembrei de perguntar qual o preço da consulta! Que falta de educação da minha parte! Principalmente para com gente do nível dele!
— E quanto esse doutor cobrou? — perguntou Dolores muito curiosa, arregalando os olhos estampando grande expectativa enquanto aguardava a resposta.
— Nada!
— Nada?! — tornou a irmã pasmada.
— Nada! — confirmou o pai de Margarida, tornando a salientar: — Que homem educado! Ah! O Robert estava atendendo também.
— Ele não comentou nada sobre tê-lo visto. Aliás, o jovem Henry perguntou por você assim que chegou — explicou Rosa Maria.
— Nós não nos falamos lá no consultório — comentou o senhor Gonzáles. — Eu só vi a auxiliar do médico ir até a sala para encaminhar o próximo paciente, avisando que o doutor Robert o aguardava. Ele clinica separadamente de seu pai. É tudo bem organizado e luxuoso. Conversei um pouco com o doutor David e ele contou-me que já estão preparando uma sala para que o Henry também se acomode por lá quando se formar.
Somente quando o nome de Henry foi mencionado, Margarida desligou-se de seus sonhos e atentou para a conversa.
— É bom termos conhecidos médicos — disse Dolores.

— Interessada nos descontos das consultas, Dolores? — perguntou Rosa Maria sem maldade e em tom de brincadeira.

— Não! Lógico que não! — retrucou a cunhada com modos agressivos. — Posso pagar pelo que quero. Refiro-me a um médico de confiança. Não conhecemos nenhum nesta cidade.

— Então, Rosa Maria — tornou o Senhor Gonzáles —, o doutor David não quis cobrar, mesmo com a minha insistência. Ele disse que ficou satisfeito com a nossa recepção de ontem à noite e falou sobre a empolgação do filho Henry — sorriu o homem com satisfação.

Dolores ficou atenta, enquanto Rosa Maria, muito experiente, atalhou seu marido acreditando não ser o momento certo para aqueles detalhes.

— Realmente, senhor Gonzáles, o jovem é muito animado e prestativo. Para um estranho, Henry nos serviu muito bem. Preocupando-se em nos trazer até aqui e ainda mandando chamar seu pai para os cuidados com nossa menina.

— Bem lembrado! Que história foi aquela de Dolores tê-las abandonado sozinhas?! — inquiriu o senhor Gonzáles, recordando-se da conversa que não terminaram antes pela presença dos visitantes.

— Margarida estava com manha! — defendeu-se Dolores, antecipando qualquer explicação.

— O que aconteceu?! — insistiu o senhor, mais irritado.

Rosa Maria, sabendo que todos os fatos estavam a seu favor, tranqüilizou-se em silêncio, aguardando o desenrolar da história na versão da cunhada.

Rapidamente, Dolores tomou a dianteira na palavra e relatou:

— O moço, o tal de Henry, estava lá na praça olhando o "nada". Nós estávamos passando e Margarida não tirou os olhos dele, muito oferecida!

— Espere um pouco, Dolores! Oferecida não! Jamais vou admitir que fale isso de Margarida, você ofende sua honra! — defendeu a madrasta tomando posição firme a favor da enteada.

— Foi o que eu lhe contei, Gonzáles. Acha que iria mentir?! Margarida tanto ficou olhando para o rapaz que ele até tirou o chapéu para nos cumprimentar. Atordoada, Margarida não olhou por onde andava e tropeçou! Imediatamente ele veio pegá-la em seus braços, levando-a até um banco.

— Chega, Dolores! — determinou Rosa Maria com veemência. — Estou indignada com seu relato! Como pode?...

— Margarida estava fingindo! Qualquer um podia ver!

— Tia!!! Que calúnia!!!

Andando até bem próximo da enteada sentada no divã com as pernas estendidas e observando assustada o desenrolar da história, Rosa Maria levantou-lhe o amontoado de tecido que lhe compunha o longo vestido e exibiu:

— Veja por si mesma! Pode-se mentir com palavras, mas não com fatos. Mesmo com as faixas podemos observar nitidamente o inchaço do tornozelo e dos dedos que estão aparentes e até roxeados. Você vai dizer que bati nela para auxiliá-la na mentira? Margarida não tinha condições de andar, sua entorse foi séria e inspira cuidados ainda. Admita Dolores, você e suas filhas foram negligentes e egoístas. Abandonaram-nos lá e nem para chegarem aqui e avisarem seu irmão sobre o ocorrido. Precisamos da ajuda de um estranho!

— Já era tarde! — exclamou Dolores.

— Por isso mesmo! Já era tarde para ficarmos sozinhas na rua. Gonzáles estava preocupado. Como você mora somente a cinco residências daqui...

— Chega! — determinou o dono da casa. — Eu não gosto que vocês cheguem tarde. Já avisei sobre horário. Atrasa o jantar! Não gosto de atrasos! Quanto a você, Rosa Maria, conversaremos depois. Você sabe!

A mulher empalideceu e tentou defender-se:

— Senhor Gonzáles, já lhe expliquei tudo isso. Gostaria de não tomar o assunto novamente. A única coisa que peço, como regalia, é poder dispor livremente desses horários de reuniões e estudos. Já solicitei que nos acompanhasse — ressaltou ela humilhando-se com tom piedoso na voz.

— Não me interesso por espíritos! Nunca vou me interessar!!!

— Ninguém se interessa por espíritos aqui — tornou a esposa ainda mais amável e submissa. — Nós nos interessamos por nossa evolução, por nosso conhecimento...

— Cale-se, Rosa! Não estou disposto agora. Falaremos disso depois.

— Mas...

— Cale-se!!!

— Não seja ignorante, Gonzáles! — intrometeu-se Dolores. — Você admira a educação dos outros, mas não procura demonstrar nenhum pouco de bom senso. Deveria se esforçar para ser menos ignorante!!!

— Não admito que me chame de ignorante, Dolores! Se sou assim, não tive quem me ensinasse a ser diferente!

— Gonzáles, você é um cabeça-dura! — insistiu a irmã.

— Posso ser cabeça-dura, mas a sustento junto com suas filhas!

— Você me ofende, Gonzáles!

— Ofendo, mas a sustento!!!

— Vai se arrepender disso! — desejou Dolores inconformada.

Procurando acalmar os ânimos, a jovem senhora alertou:

— É importante a calma. Por favor, meu esposo... Não deixe nenhum mal-entendido inflamar nosso bom senso.

Nesse instante, Dolores já se punha em pé para ir embora. Rosa Maria, muito sensata, procurou envolvê-la:

— Não dê importância a Gonzáles, Dolores. Você conhece seu irmão.

Chamando-a para outro cômodo, convidou-a a sentar-se e solicitou ao mordomo que lhes servissem um chá, procurando tranqüilizar a cunhada, enquanto seu marido procurava outros afazeres.

Minutos depois, Dolores desabafava:

— Sabe Rosa Maria, sinto-me humilhada com as agressões recebidas por minha família.

— Minha cunhada, não são agressões. Sabe, quando temos liberdade com determinadas pessoas, costumamos dizer o que pensamos e sentimos. Está certo que, para expor nossos sentimentos, não necessitamos ser agressivos.

— Ora, Rosa Maria, todos me ofendem, até você!

— Pense bem, Dolores — tornou a jovem senhora com brandura na voz. — Não a ofendo. Sou uma pessoa muito sincera. Costumo me expressar sempre educada, mas com verdade, principalmente para tratar aqueles que estão a meu lado e com os quais acredito ter liberdade. Pode parecer rudeza quando se fala de modo a desejar passar uma mensagem importante para o outro, mas, se esse outro desejar, aprenderá com a indicação.

— Às vezes você é dura demais, Rosa.

Procurando envolver a cunhada com ternura, Rosa Maria acrescentou:

— Veja Dolores, se eu não a considerasse, se eu não confiasse em você, não seria sincera, verdadeira. Você mesma me disse que poderíamos lhe apontar as falhas no instante exato das mesmas, não foi? Disse-me que isso lhe ajudaria com a reforma íntima.

Alguns segundos de silêncio se fizeram, enquanto a cunhada refletia. Mas, como se esquecesse o assunto, Dolores deu outro rumo à conversa:

— Gostei muito desses dois rapazes. Que elegância!
— É verdade!
— Rosa, você não achou o tal de Henry interessado em Margarida?
— Não achei. Para ser sincera, tenho certeza — riu. — Aliás, observo que é recíproco o interesse. Mas vou avisando: tudo farei para a felicidade dessa menina. Posso lhe garantir! Entendeu? — falou demonstrando suspeitas.
— Não precisa garantir, Rosa Maria. Eu a conheço bem!

A jovem senhora deu um leve sorriso enquanto Dolores comentava:

— Nunca imaginei como uma madrasta pode ter tanta afeição por uma enteada! Isso não é comum.

— Admira-me não entender, Dolores. O que me diz das experiências em vidas anteriores?

— Você sabe que minha vidência é muito apurada, mas eu não consigo ver seu passado. É estranho.

— Dolores, por favor, eduque-se enquanto pode. Não use o que possui para alimentar a curiosidade ou a vaidade. Se eu possuo a dádiva do esquecimento, faço questão de valer-me dela a fim de aproveitar ao máximo a presente reencarnação, principalmente se tenho, como agora, um pouquinho de entendimento sobre a vida espiritual. Sabe Dolores, viver preocupada com o passado ou alimentando-se dele pela vaidade de ter sido "essa" ou "aquela" pessoa importante, ou viver do passado com o orgulho de ter experiências e amizade com "esse" ou "aquele" personagem que talvez hoje compartilhamos companhia, é perder o tempo precioso do presente em assuntos fúteis que em nada irão nos ajudar na evolução individual. Pelo contrário, quando tomamos conhecimento de nosso passado, corremos grande risco de errar novamente e errar feio!

— Por que você diz, errar novamente?

— Se estamos aqui reencarnados hoje, é porque não fizemos tudo certo no passado. Se fomos princesas um dia, no passado, olha como vivemos hoje! Cabe até salientar: "Que decadência! De princesa no passado, veja como estamos aqui?!"

— Somos privilegiadas! Você não concorda?

— Financeiramente, sim. Mas que pobreza espiritual a nossa para estarmos ainda aqui aprendendo, pois, se já soubéssemos, estaríamos ensinando, não acha?

— Rosa Maria, você deu outro rumo à conversa. Falávamos de Margarida e você. Como pode... é uma moça tão sonsa!

— Não diga isso! — repreendeu educada e firme. — Margarida é uma ótima criatura. Amável, educada, alegre...

— Só vendo com os seus olhos!

— Aponte-me seus defeitos, Dolores! Se eles existirem de maneira tão forte, como você diz, teremos que nos preocupar muito.

— Por quê?

— Somos mil vezes piores do que ela. Possuímos a maldade nos pensamentos, tecemos julgamentos e fofocas não vigiando a nossa boca.

— Eu a vejo sempre "carregando Margarida no colo".

— E farei isso enquanto tiver forças. Trato Margarida como gostaria de ser tratada por ela, se acaso ela tivesse que me dispensar cuidados. Sabe Dolores, você deveria ler mais o Evangelho, ele lhe faria muito bem a reforma íntima.

— Está vendo como você me ofende?!

— Estou fazendo com que você se vigie, Dolores. Tenha bom senso!

— É que Margarida me faz lembrar a mãe dela. Eu não me simpatizava com ela.

— Vamos parar por aqui, Dolores. Estamos indo longe demais.

— Você nem a conheceu, Rosa Maria. Não tem por que defendê-la. Era a mulher mais...
— Cumpridora de seus deveres. Segundo eu soube pelo próprio Gonzáles. Agora vamos deixar Estella em paz na espiritualidade, por favor. Você sabe o quanto é prejudicial para um espírito ficarmos tecendo comentários sobre o que ele fez ou como ele foi, quando encarnado. Além do que, nós nos prejudicamos muito quando falamos dos que já desencarnaram, devemos deixá-los em paz.

Dando novamente outro rumo à conversa, Dolores indagou:
— Acha que Gonzáles permitirá o namoro de Margarida com esse médico?
— Por que não permitiria? Ele me parece ser um excelente rapaz.
— Indo e voltando da Universidade, huuuum!... Não sei não. Deve ter outra por aí! Ainda mais sendo médico!

Cansada de ouvir conversa improdutiva e de nível tão inferior, Rosa Maria procurou mudar de assunto:
— Já estudou o Capítulo XXV de *O Livro dos Médiuns* — *Das Evocações*? Iremos debatê-lo na próxima reunião.
— Não. Ainda não tive tempo — afirmou a cunhada.
— É um assunto muito importante. — Rosa Maria empolgou-se ao ponto de falar sobre a lição do livro, não lhe interessava comentários que proporcionassem fluidos desnecessários e pesarosos ao ambiente de seu lar ou a si própria. — Sabe Dolores, eu já li o capítulo. Agora estou estudando de forma mais minuciosa. Tenho incontáveis argumentos para não apoiar a evocação, o chamado de espíritos inutilmente, para futilidades.
— Ora, Rosa Maria, se não fizermos perguntas a eles, faremos a quem?
— Refiro-me ao tipo de pergunta, a qualidade e a utilidade. Se nossas perguntas forem para fins sérios e instrutivos, ótimo!

Aprendi muito com esse capítulo, as recomendações aos médiuns são formidáveis!
— Que recomendações?
— A de que não cedam a dar comunicações de espíritos a quem os peçam, eles podem cair em armadilhas e ficarem vulneráveis a espíritos inferiores. Que os médiuns, sem estudo ou conhecimento, não se prestem a dar comunicações de espíritos sob pretexto algum. Geralmente os outros lhes pedem essas comunicações para curiosidade, interesse pessoal e não por um interesse geral e assunto produtivo que contribua para a compreensão, a evolução e harmonização de muitos outros.
— Eu sou a favor da comunicação com os espíritos. Todos nós temos o desejo de saber sobre o futuro ou sobre o passado.
— Para quê? O que você poderá fazer com essa informação, Dolores?
— Melhorar a minha vida!
— Dolores, acorde para a realidade! Se fosse necessário que soubéssemos sobre o passado ou o futuro, nasceríamos com a recordação do que fomos e com a vidência do que nos vai acontecer, isto é, todos nós! Se somente a alguns é dada a condição de saber sobre o mundo dos espíritos, é porque nem todos podem ter conhecimento dos fatos. A comunicação com os espíritos tem que ser algo feito com muita prudência e muita responsabilidade. É preferível até que não seja feita para evitar relações fluídicas entre encarnados e desencarnados que não se consigam dispersar com facilidade. O médium responsável não se transforma em "agente de consultas". Vamos lembrar que os espíritos não estão à nossa disposição, principalmente para a satisfação pessoal, egoísta e leviana. Bons espíritos não se dispõem aos chamados, às evocações, sem um fim sério, instrutivo e coletivo. E se por acaso eles atendem ao chamado, sua comunicação é curta e restrita, ou seja, não dão respostas que

satisfaçam à curiosidade. A evocação é muito penosa para espíritos bons quando são chamados inutilmente, para futilidades. Daí que ou eles não vêm, ou se retiram logo. Eles não gostam de servir de distração a curiosos, como nos ensina *O Livro dos Médiuns*. Os Espíritos maus atendem aos chamados dos curiosos para enganar ou dominar. Veja bem, Dolores, quem diz isso não sou eu. Isso está na Codificação Espírita.

— Sabe, Rosa Maria, às vezes acho que o senhor Allan Kardec foi egoísta ao tecer tantas negatividades sobre a comunicação dos espíritos.

— Não foi o senhor Kardec quem teceu "tantas negatividades sobre a comunicação dos espíritos", foram os próprios espíritos quem avisaram. Aliás, não vejo negativas quanto às comunicações dos espíritos, eu vejo a indicação do bom senso. Observe bem, Dolores, se o consolador prometido por Jesus é a Doutrina Espírita, esse consolador tem que nos ensinar o que é correto. As pessoas pensam que o consolador é aquele que só vai lhes afagar os cabelos no instante de crise e choro. O consolador verdadeiro é aquele que ensina a não errar mais para não ter pelo que chorar. O senhor Kardec foi o codificador. Foram os próprios Espíritos que explicaram e enviaram as mensagens.

Veja bem, Dolores, aquele que lhe agrada, que resolve para você os seus problemas, que a adula, nem sempre é quem a consola. O consolo verdadeiro vem daquele que ensina a fazer corretamente para que você não erre mais, não sofra mais. Consolador é aquele que liberta e não o que nos deixa dependentes, endividados.

— Por que dependentes? Ninguém nos deixa dependente.

— Ah! Deixa sim. Se você se acostumar a consultar espíritos para o que deseja fazer de importante, ficará dependente. Nunca se sentirá livre e vai se tornar uma criatura incapacitada, porque não vai conseguir resolver seus desafios e, não solucionando seus problemas, você ficará endividada, cega, sem soluções próprias e vai demorar muito mais para evoluir. Não pense que, quando outro resolve os seus problemas, você está livre! Isso é ilusão. Você enfrentará o mesmo problema novamente, nesta ou em outra vida, até que o solucione sozinha. E quanto ao senhor Kardec, ele não foi egoísta, nem mesmo os Espíritos que passaram a codificação o foram. Como consolador, a Codificação Espírita explica e ensina o que é correto e nos dá a esperança e a força necessária para caminharmos sem erros e com soluções próprias. Em nenhum momento, o Senhor Allan Kardec ou os Espíritos nos proibiram quanto a nós nos comunicarmos com os Espíritos, mas sim, ensinam-nos a analisar a comunicação, o bom senso que devemos ter, o que queremos perguntar para não nos prejudicarmos e para não nos enganarem. Em nenhum momento, como eu já disse, a Doutrina Espírita nos proíbe de alguma coisa. Entretanto a todo instante ela nos orienta. Cabe a nós decidirmos o que é correto.

— Certo, Rosa Maria! — decidiu Dolores insatisfeita com a conversa. — Está tarde, preciso ir. Amanhã à noite vamos nos reunir. Deixemos esses assuntos para o momento preciso.

Bem após a partida de Dolores, a noite então chegara e Rosa Maria decidiu ver se Margarida precisava de alguma coisa. Já no quarto da jovem, depois de auxiliá-la a chegar lá, Rosa Maria ouvia o relato encantado de sua enteada.

— ...como ele é incrível! Ah, Rosa! Henry será sempre assim?

— E você, será sempre assim como é hoje? — sorriu, aguardando.

— Como assim?! — perguntou a jovem.

— Pelo menos para mim. Você é tão... amiga! Será que não irá se esquecer de mim quando tiver seus planos realizados? Quando estiver ao lado de Henry? Com filhos chorando? Com um monte de afazeres domésticos?... — Rosa Maria gargalhou em seguida ao fazer Margarida se lembrar das tarefas que um lar exige, pois sabia que toda moça sonhadora se esquece das responsabilidades.

— Rosa, não atrapalhe meus planos — pediu Margarida com certo mimo.

— Não são planos, são sonhos, minha querida — disse amavelmente. — Devemos sonhar... sonhar é maravilhoso! Alegra-nos a alma, porém devemos estar acordadas e com os pés no chão.

— Rosa, e... quanto a papai querer falar com você a respeito de ontem? — A madrasta fechou o semblante com ar de preocupação, mas não respondeu e Margarida tornou: — Você viu, ele não gostou. Rosa... eu posso tentar falar com ele!

— Não! — afirmou a jovem senhora com veemência. — Eu saberei lidar ele. Não quero ver o senhor Gonzáles irritado com você.

— Mas... Rosa, eu sei que ele...

— Por favor, Margarida — pediu Rosa Maria sem deixá-la terminar a frase. — Agradeço. Fique tranqüila, saberei resolver.

Beijando com ternura a testa da enteada, a jovem senhora se retirou deixando-a a sós para dormir.

4

Cultura

Com o passar dos dias, o jovem Henry solicitou ao senhor Gonzáles a permissão para firmar compromisso com sua filha Margarida.

Não havendo empecilho que o preocupasse, o pai da jovem consentiu que o namoro ocorresse em sua casa e sob os cuidados de sua esposa, como era o costume da época.

Sem questionar, Henry aceitou e passou a freqüentar a residência dos Gonzáles levando consigo, na maioria das vezes, seu irmão mais velho, Robert.

Henry avisou de seu regresso à Universidade de Oxford porque estava terminando seu período de recesso escolar, mais conhecido como férias. Assim, teria somente algumas semanas para ver a jovem encantadora, sua pretendente, uma vez que em determinadas folgas teria de se dedicar muito aos estudos.

Devido às saídas e até viagens constantes de seu marido a fim de negócios, como dizia ele, a jovem senhora Gonzáles, que era acostumada a solidão, viu suas tardes preenchidas de alegria e atenção pela presença dos cavalheiros e suas conversas entusiasmantes.

Numa das vezes em que Henry comparecia em sua casa levando consigo seu irmão Robert, Rosa Maria pôs-se ao piano encantando-os com belas melodias. A alegria envolvia a todos e era agradabilíssima a confraternização.

Aproveitando a distração dos jovens enamorados, que se puseram em conversação paralela, Rosa Maria tornou ao assunto de seu interesse:

— Impressionei-me com o domínio que o senhor possui sobre história, conhecimentos gerais e religião, senhor Robert. Tenho um interesse muito particular por religiões.

— Na minha opinião, senhora Rosa Maria, algumas religiões fogem aos seus objetivos, que é a religação do homem com Deus e o ensino da evolução de cada criatura. Eu vejo o seguinte: a religião Islâmica, fundada por Maomé no século VII depois de Cristo, faz os muçulmanos acreditarem em Maomé como sendo o último dos profetas entre Adão, Abraão, Moisés e Jesus. Eles afirmam que somente a Maomé Deus transmitiu informações verdadeiras e ninguém pode pesquisar ou questionar a respeito. Isso é dogma, certo?

Rosa Maria pendeu com a cabeça suavemente junto com um sorriso agradável, e ele continuou:

— O Islamismo foge da religião quando interfere na vida interior, política e jurídica de seus praticantes, assim como o Judaísmo, o Hinduísmo e os Quakers.

Para mim, o Islamismo possui alguns rituais muito estranhos. Todo muçulmano tem que peregrinar à cidade de Meca no último mês do ano, visitar a mesquita sagrada, circular sete vezes em volta dessa construção, sendo três vezes correndo e quatro vagarosamente, tocar e beijar a pedra negra de Abraão, beber água no poço de Zemzem, correr sete vezes a distância de Safa a Marva, andar até o Monte Arafat e Mina, atirar pedras nas colunas e sacrificar um animal, entre outras práticas. Tudo isso ocorre em nome da fé. Mas fé em quê? Eles não perguntam para que serve tudo isso? Em que isso é útil? Como podem crer que isso agrada a Deus?

Antes que a senhora os defenda — informou Robert, antecedendo as observações ponderadas de Rosa Maria —, eu sei que isso é para a cultura e o desenvolvimento espiritual de cada homem e mulher daquela região. Mas estou tentando explicar pontos pequenos dentro de várias religiões que me levam a raciocinar muito sobre a fé. Caminhando com a história das religiões, observamos que a Igreja Católica Apostólica Romana usou de todo o seu poderio e indulgência para dominar, reinando política e militarmente sobre todos, sem piedade ou respeito.

— Perdoe-me interrompê-lo, mas creio que não foi toda a Igreja Católica e sim alguns de seus clérigos. Por essa razão houve um pedido de "Reforma".

— Justo! — empolgou-se ele. — Eu vou chegar até aí. Mas ocorreu o seguinte: Por volta do ano de 1400, quando a sede papal transferiu-se para a cidade francesa de Avignon e devido às arbitrariedades cometidas pela Inquisição, o povo, mesmo coagido, começou a ficar revoltado. Por isso surgiram vários homens solicitando uma mudança no comportamento da igreja, principalmente no que diz respeito ao entendimento do Evangelho. Esse movimento foi chamado de "Reforma", e denominados reformadores os indivíduos que reivindicavam essa reforma, mudança, uma revisão de todos os atos católicos. Com isso surgiu com destaque o reformador Martinho Lutero.

— Não sei muito sobre Martinho Lutero — admitiu a senhora, por isso solicitou —, poderia esclarecer-me mais sobre ele?

— Martinho Lutero nasceu na Alemanha em meados de 1483. Ele provém de uma família muito rigorosa, exigente ao extremo e demasiadamente religiosa.

Depois de concluir seus estudos bacharelando-se em artes, Lutero decidiu seguir a vida religiosa e ingressou na "Ordem dos Eremitas Agostinianos", um convento rigoroso às regras Agostinianas. Ordenou-se e dedicou-se rigorosamente às ordens pastorais e ensino de Teologia. Ele foi enviado à Roma para tratar de assuntos da ordem, mas ficou impressionado com o que viu. Desde quando a sede papal localizava-se na França, em Avignon, houve excessiva influência de sobrinhos e parentes dos Papas na administração eclesiástica. Além disso, foram constatadas práticas imorais explícitas de alguns pontífices e a indulgência, ou seja, o perdão do Papa aos pecados dos homens em troca de doação em dinheiro para a construção da Basílica de São Pedro, em Roma.

Ao tomar ciência de tudo o que ocorria no seio do catolicismo, Martinho Lutero indignou-se e formulou noventa e cinco teses contra o sistema da indulgência e afixou-as na porta da igreja de Wittenberg, na Alemanha. Nessa época, cerca de seis príncipes alemães mantinham relações tensas com o imperador Carlos V e com Roma, principalmente devido ao pagamento de impostos.

Os príncipes ficaram satisfeitos por terem em seu meio um reformador disposto a apontar os erros da Igreja e deram muito apoio e incentivo a ele; Martinho Lutero. Só que Lutero, a meu ver, não sabia muito bem o que queria ainda. E devido à pressão que sofrera, de certa forma, pelos príncipes que necessitavam de um "apoio religioso" para rebelarem-se contra Roma, Lutero teve de acelerar a conclusão de suas teses, dando, logicamente, uma inclinação muito favorável aos poderosos políticos que o apoiavam: os príncipes.

Lutero não tinha alternativa agora: ou ele era favorável aos príncipes ou era entregue a Roma, pois o Papa da época já o havia acusado de herege e solicitava seu comparecimento em Roma. Só então, creio eu, Martinho Lutero percebeu que suas noventa e cinco teses contra o sistema foram precipitadas na divulgação.

O príncipe Frederico III protegeu Lutero e não deixou que o enviassem ao Papa. Veja por que: Nessa mesma época, na

Alemanha mesmo, um outro reformista Thomas Müzer, visava à criação de comunidades sem culto e sem sacerdotes, dizendo que Jesus não teve religião nem indicou nenhuma. Thomas Müzer incentivava os camponeses alemães a esse tipo de doutrina e isso não agradou aos mesmos príncipes que apoiavam Martinho Lutero. Os príncipes necessitavam de um povo submisso e medroso que obedecesse cegamente às suas ordens. Sem cultos e sem sacerdotes, o povo pensaria por si só, teria que estudar e desenvolveria a liberdade de raciocínio. Quando os príncipes se viram ameaçados por essa nova doutrina de Thomas Müzer, que parecia se expandir, reprimiram duramente os camponeses quem seguissem suas idéias com uma sangrenta opressão. Eles fizeram punições exatamente como as da "Santa Inquisição", e mais: não dava o direito das pessoas abjurarem nem oferecia julgamento com direito à testemunha. É bom salientar que esse massacre teve a aprovação de Martinho Lutero, que pregava: "a comunidade deveria constituir a Igreja, unida pela fé, subordinada ao poder dos príncipes instituídos por Deus."

Martinho Lutero apoiou o massacre dos príncipes contra os camponeses que reivindicavam liberdade de pensamento. Esse reformador Lutero tirou o povo do poder arbitrário de Roma e os condenou ao domínio repressor dos príncipes — contava Robert com um tom piedoso na voz enquanto Rosa Maria nem piscava. Breve pausa e ele continuou: — A princípio, Martinho Lutero era a favor do celibato, mas quando se apaixonou por uma freira de nome Katherine, decidiu afirmar que seus clérigos não necessitavam do celibato. Lutero se casou com Katherine. Antes de seu casamento, ele escreveu três célebres tratados e a base do luteranismo em *A nobreza cristã da nação Alemã*. Particularmente, penso que, além de incentivar o orgulho do povo alemão, Lutero iniciou a implantação do germe degenerativo da vaidade naquela nação.

— Isso é verdade! — concordou Rosa Maria. — Estamos em 1888 e hoje mesmo podemos sentir o orgulho do povo alemão. Se esse germe do orgulho se propagar, futuramente o povo alemão pode acreditar ser o escolhido, o melhor e o superior. Isso provocaria grandes destruições almejando o domínio do mundo por acreditar serem os únicos nobres, os únicos superiores. Além disso, os seguidores dessa religiosidade pregada por Lutero, poderão sentir-se os escolhidos, os únicos a serem salvos em qualquer parte do mundo.

— Exatamente, senhora! — concluiu o médico.

— Sabe me dizer, senhor Robert, como Martinho Lutero iniciou suas teses? — perguntou ela interessada nos fatos.

— Martinho Lutero estava angustiado sobre a salvação do homem e refletiu uma epístola de São Paulo, o apóstolo, aos Romanos: "O justo viverá da fé" — Romanos 1:17. Daí, Lutero decidiu que o protestantismo iria fundamentar-se na "Salvação somente pela fé." Isso quer dizer que, independente de quem você seja ou o que faça, se tiver fé, irá para o reino de Deus. Podemos ver que foi conveniente para Martinho Lutero se afirmar somente nessa epístola, pois, se ele fosse realmente estudioso e fiel para consigo mesmo, teria analisado e refletido em Paulo — I Coríntios, 13:13 — "Agora, pois, permanecem estas três: a fé, a esperança e a caridade, porém a maior destas é a caridade", ou então: "Bem aventurados os pacificadores porque serão chamados filhos de Deus." — Jesus. Para escravizar o povo sob suas teses, Martinho Lutero explicava à sua maneira que devemos ser submissos e respeitar a vontade de Deus, isso se denomina *De servo-arbítrio*, ou seja, o arbítrio escravizado. Arbítrio é a vontade própria, então seria "sua vontade própria não existe, você está escravizado".

Fazendo o povo adotar a idéia de arbítrio escravizado, eles se submetiam às imposições das leis dos príncipes, dos abusos dos impostos e de normas incabíveis sem reclamar, pois com a idéia de arbítrio escravizado, acreditavam que tudo era vontade de Deus. Estavam cativos daquela religião. O povo não tinha direito a perguntar sobre nada. Isso favorecia muito o governo. Eles deveriam aceitar as leis e as normas. A isso se dá o nome de ortodoxia, ou seja, é a doutrina religiosa considerada como verdadeira, a única que é correta e sobre a qual inexiste o direito de se querer saber algo além do que é exposto. Embora Martinho Lutero desejasse denominar de *Igreja Evangélica*, ela foi logo chamada de *Igreja Luterana* por causa de seu reformador e também chamada de *Religião Protestante* devido ao protesto dos príncipes da Alemanha contra Roma.

— Mas as Igrejas Protestantes ou Luteranas se dividiram — completou a senhora.

— Certo. Porém o principal fator das Igrejas Luteranas dividirem-se, ainda mais entre si, foi pelo fato de Martinho Lutero ter afirmado: "A nobreza Cristã da nação Alemã".

— Como assim?

— As Igrejas Luteranas têm seus princípios baseados em "somente a fé salva" e que "não é preciso obras humanas para adquirir a salvação." Isso resulta em que podemos fazer o que quisermos e não nos responsabilizarmos ou nos preocuparmos com o próximo. Depois basta pedir perdão com muita fé e seremos salvos. Isso é cômodo aos providos de preguiça e contra o princípio da caridade que Jesus exemplificou e ensinou. Jesus ainda disse que "... ninguém chegará ao pai se não por mim", isto é, praticando o que Ele demonstrou em ação. Veja o absurdo de Lutero ter apoiado o massacre aos camponeses somente a fim de ser protegido e não ser entregue a Roma como herege e correr o risco da Inquisição, e ainda criando a vaidade daquele povo!

— Por favor, senhor Robert, não entendo a divisão das Igrejas Luteranas, Protestantes ou Evangélicas.

— Protestantismo foi o nome dado para designar as várias igrejas cristãs que surgiram com a Reforma. Algumas são diferentes entre si como as Testemunhas de Jeová e a Igreja Luterana, mas todas têm em comum, compartilharem seus princípios básicos e fundamentais na "salvação pela fé". Existe também, a ortodoxia, ou seja, a crença que é a única doutrina a dizer a verdade, a única que salva e eles não podem pensar ou contestar, pois se fizerem isso estão sendo comparsas do demônio. Há ainda o arbítrio escravizado dizendo que todo ocorrido é a vontade de Deus e há de se aceitar a provação ou vai pro inferno. Essas são as regras principais desse tipo de doutrina criada pelos protestantes. Isso inibe o povo pelo medo e não o deixa livre.

A maioria dessas religiões, baseadas na ortodoxia protestante, mesmo as não denominadas Igrejas Luteranas e, às vezes, chamadas de Igrejas Evangélicas, adotam a Bíblia como autoridade suprema das leis e mesmo os não simpatizantes de Lutero abraçam a Bíblia traduzida por ele em 1534 a pedido do príncipe Frederico. Assim como a Vulgata, que é a Bíblia traduzida e composta por S. Jerônimo, foi feita a pedido do Papa. Fora isso, a melhor versão da Bíblia, na minha opinião, é a que tem a tradução feita por Erasmo.

— Por favor, volte à separação das Igrejas Luteranas.

— O termo protestante surgiu pelo protesto dos seis príncipes, como eu já disse, em quatorze cidades alemãs por volta de 1529, quando o imperador Carlos V anulou a autorização que concedia a cada príncipe determinar a religião de seu próprio território. O termo protestante foi adotado pelos católicos que protestavam e por inúmeros partidários da Reforma da Igreja Católica Romana, pois esses protestos eram as rejeições à autoridade de Roma.

Todos os que reclamavam contra Roma, inclusive os próprios católicos, eram considerados protestantes. A desigualdade e as crescentes divisões das igrejas protestantes como: luteranas, calvinistas, anglicanas, entre outras ocorreram principalmente pela forma pessoal das interpretações dos Evangelhos como norma de vida sob o entendimento do Espírito Santo. Isso fez aparecer duas tendências no meio do protestantismo: a tendência liberal e a fundamentalista que se autodenominou: Evangélica.

Dentro dessas duas tendências houve divergências que provocaram o surgimento de outras igrejas como a Evangélica e Reformada, Evangélica Luterana e a Evangélica Alemã. Mesmo com a divisão e subdivisão existente, as idéias dos princípios básicos são fundamentados na ortodoxia de Lutero.

Se por um lado, Martinho Lutero e muitos outros reformadores, basearam-se em que somente a fé salva e que não é necessário boas práticas para a salvação, por outro lado o Catolicismo, tão acusado por eles de fazerem o que era errado, indica-nos que a salvação só é conseguida quando o homem muda suas ações e entendimento para os ensinamentos de Cristo. Isso é muito importante, pois o Catolicismo prega o que Jesus ensinou, isolando a idéia de orgulho, vaidade, práticas maldosas contra o semelhante etc. Bem diferente do que Lutero fez ao apoiar os príncipes contra os camponeses.

Apesar das subdivisões das Igrejas Luteranas, sejam elas as liberais ou fundamentalistas, mas todas Evangélicas como as Presbiterianas, as Congregacionistas, a Evangélica e Reformada, a Evangélica Luterana, a Alemã, a Batista, as Pentecostais, as Calvinistas, as Anglicanas e tantas outras pregam a palavra de Deus conforme as idéias de Lutero que só queria esquivar-se de qualquer responsabilidade, como podemos ver.

— Perdoe-me, senhor Robert, mas não consigo ver onde a frase de Martinho Lutero subdividiu a Igreja Luterana.

Sem demora o médico explicou:

— Martinho Lutero deu superioridade à nação alemã quando com a frase "A Nobreza Cristã da Nação Alemã", deu a entender que somente os alemães são nobres cristãos. Se ele pretendia propagar sua doutrina fora da Alemanha, como poderia fazê-lo considerando como cristãos nobres somente os alemães?! — Oferecendo alguns minutos para a reflexão de Rosa Maria, logo Robert continuou: — Sentindo-se subjugados, mesmo adotando os princípios básicos de Martinho Lutero de que só se salva pela fé, outros reformadores também queriam, desejavam ser nobres cristãos e quanto mais puros, melhor!

Os protestantes liberais das Igrejas Luteranas, na Alemanha, acreditavam ser os melhores, os mais nobres e não contestavam a ortodoxia nem a doutrina religiosa considerada como única e verdadeira imposta por Lutero de forma tão inquisidora quanto alguns Papas fizeram com o catolicismo. Ninguém reclamava, pois eram alimentados com as idéias de serem os mais puros, os melhores.

Na minha opinião, senhora, Martinho Lutero e os adeptos de sua doutrina, como também os das Igrejas Evangélicas que se subdividiram, são de natureza tão corrupta quanto foram os inquisidores católicos.

— O senhor quer dizer quanto foi inquisidora a Igreja Católica?

— Não. Não podemos misturar os homens com a religião de onde eles provêm. Dentro do Catolicismo temos ensinamentos riquíssimos e personagens maravilhosos. Cabe até salientar São Francisco de Assis, exemplo vivo de Jesus e suas obras caridosas. Enquanto muitos outros que foram contra o catolicismo defendem a escravização de irmãos pela falta de conhecimento e práticas caridosas porque seu "líder", no passado, não refletiu direito. Mas temos também algumas teses protestantes, principalmente sobre a indulgência, que são meritórias de valor e análise. No entanto alguns dos seguidores dessas religiões deturparam o entendimento e a prática dos ensinamentos mais elevados de Jesus e, por ostentarem o nome de "religiosos desta ou daquela doutrina", adotam-no como título de nobreza e acabam por assumirem o orgulho e a vaidade.

Observe bem, o Evangelho de Jesus é maravilhoso! A tradução feita por Lutero é muito boa, mas transformou esses ensinamentos com as suas explicações e os seus feitos. Veja bem: somente ele pregava, somente ele possuía o saber. Lutero guardava o conhecimento para si próprio, e os outros, que não possuíam acesso a informações, não tinham consciência, ou seja, não sabiam como reconhecer as idéias básicas porque para isso exige-se tempo e estudo. Assim, aceitavam como verdadeira a sua palavra e a sua orientação. É a fé cega. Lutero foi comprovadamente um homem louco, sabia? Por vontade própria, por seus caprichos e personalismo pode levar milhões ao erro se esses "milhões" forem acomodados e não quiserem adquirir conhecimento. A loucura e o fanatismo que Lutero experimentou certamente abraçará a todos os fascinados pela doutrina protestante ortodoxia e de fé cega.

Vejamos como isso é verdade: os protestantes fundamentalistas, principalmente os calvinistas, sentiram-se ultrajados com a idéia de somente a Alemanha ser de nobreza cristã. O francês João Calvino, outro reformador — daí originou-se o nome calvinista — pregava piamente que todos deveriam aceitar a predestinação, que era a absoluta vontade de Deus, e ainda afirmava a dupla predestinação: a salvação e a condenação. Essa doutrina de João Calvino, desejava e acreditava serem os verdadeiros e os únicos salvos, que começaram a pregar com puritanismo do maniqueísmo.

— Maniqueísmo?! Do que se trata?

— É uma religião que surgiu por volta do século III depois de Cristo, fundada por Mani ou Maniqueu, na Pérsia. Segundo essa religião, que também afirma ser a única verdadeira e salvadora, o Universo é a criação de dois princípios que se opõem: o bem, Deus e o mal, demônio.

Daí eu pergunto: se houver dois princípios, Deus e o demônio, tem de haver um outro criador desses dois, não é? Porque Deus deixa de ser Deus se houver um outro igual a Ele, mesmo que este seja o Seu oposto.

— Perfeitamente — concordou a mulher. — Se existe outro semelhante a Deus, no poder e na força, mesmo que seja Seu oposto, mas que tenha potencial tanto quanto Ele, Deus não é o criador de todas as coisas. Deus não foi criado por alguém, não existe outro igual ou superior a Ele, nem existe o seu oposto. Deus é!

— Exatamente, senhora Rosa Maria! Se existir o mal eterno, ao qual alguns julgam serem condenados, Deus deixaria de ser bom e justo. Se houvesse um demônio para tomar conta desse mal eterno, que seria o inferno, teríamos um outro ser tão poderoso quanto Deus. Isso é inadmissível porque, se foi Deus quem criou tudo, Ele não criaria algo tão poderoso quanto Ele e ao mesmo tempo destrutivo. Se Ele é bom, se Ele é justo, não condenaria sua criação, ou seja, seus filhos a penas eternas no fogo do inferno.

Então analisando com o raciocínio lógico, nós temos a criação do inferno e do purgatório, feita pelo próprio homem para amedrontar o seu semelhante a fim de algum lucro.

— A escravização pela obediência no medo: o domínio! — enfatizou ela.

— Exatamente! Estamos em 1888, em plena época em que a educação é muito estimulada. Vivemos em tempos civilizados e vemos que algumas pessoas têm preguiça de ganhar conhecimento, por isso elas não estudam, não raciocinam, não lêem, não pensam. É mais fácil aceitar o que os outros falam e ditam como verdadeiro. Somente os mais inteligentes questionam e vão atrás da verdade. Mas esses são a minoria.

Os doutrinadores que massacram e dominam querem guiar as nossas vidas, detêm o conhecimento e não admitem ser questionados. Ameaçam com gritos e condenações as penas perpétuas no inferno que ninguém nunca viu e aceitam pela fé cega. Sejam eles de quaisquer religiões, o objetivo desses oradores é serem obedecidos cegamente pelos seus fiéis, por isso impõem medo com o desconhecido, como se Deus fosse injusto e só fizesse revelações para eles.

— Mas o senhor não acredita que podemos receber algumas revelações?

— Acredito sim. Se recebemos uma revelação a nosso respeito, devemos ter o bom senso e procurarmos nos corrigir porque revelações pessoais sempre vêm como um alerta para que nós corrijamos os nossos atos errados. Se a revelação é para uma coletividade ou um grupo, é egoísmo querer guardá-la para si ou um grupo fechado. Deus é justo e eu não posso conceber isso.

Por essa razão, os grupos protestantes queriam ser uns melhores do que outros. Os calvinistas quiseram demonstrar ser os mais puros e os mais perfeitos. Eles se espalharam rapidamente na França, com violência e imposição, para provarem que eles se destacavam e eram os melhores. Melhores que os "nobres cristãos alemães de Lutero".

Para não ficarem para trás, mesmo seguindo alguns princípios de Lutero, o suíço Huldrych Zwingli[8], fundou, em Zurique, uma doutrina mais radical do que a de Lutero, os anabatistas, ou como alguns dizem: os batistas.

Os batistas eram denominados assim por defenderem e praticarem o batismo somente em adultos, dizendo que as crianças não poderiam ter a graça de Deus, pois não compreendiam a fé. Eles exigiam uma observação muito radical nos ensinamentos bíblicos. Huldrych Zwingli foi o primeiro humanista a elaborar o dogma reformado, fez abolir o celibato dos padres e as missas sem interesses pessoais.

---

[8] N.A.E.: Em alguns relatos da história encontramos o nome desse reformador como Ulrico Zuínglio. Trata-se, simplesmente, de uma questão ortográfica de cada idioma ou tradutor.

O outro reformador, João Calvino, teólogo francês, tentou unificar vários grupos de protestantes ou evangélicos em um único e teve muito êxito com os anabatistas, principalmente após a morte de Zwingli. Entretanto, definitivamente, João Calvino não aceitava os luteranos nem queria ouvir falar em Martinho Lutero.

Daí eu pergunto: que grupos de cristãos são esses que rejeitam outro semelhante por sua nação, por sua etnia, cor ou princípios? O que Jesus pregou se não o perdão e a caridade? É inadequado dizerem que seguem os preceitos do Evangelho!

É bem estranha a história das religiões que, a meu ver, não nos religa a Deus, pois pregam e incentivam orgulho, egoísmo e alimenta a vaidade de ser o melhor. Mas o melhor em quê? Melhor em protestos e guerrilhas? Brigas? Intrigas? Vaidade e orgulho? Católicos protestam contra os católicos! Protestantes contra protestantes! E todos querem sustentar a vaidade de serem os corretos, os puros, os melhores, os nobres e os mais amados por Deus?!

— Em meio a tudo isso, senhor Robert, ao que o senhor se inclina? A quem o senhor é favorável?

— Bem... eu sou a favor de Thomas Münzer, reformista alemão que alimenta idéias radicais para sua época: "comunidades sem culto nem sacerdotes." Mas este foi calado, junto com seus seguidores massacrados pelos príncipes que apoiavam Lutero. Veja, senhora, não tenho o desejo de induzir alguém às minhas idéias. Deixo bem claro que essa opinião é pessoal. O que estou procurando lhe trazer são informações do que aprendi.

— Entendo que estamos trocando conhecimento, senhor Robert. Esse assunto me interessa e, como pode ver, anseio por noções e histórias das religiões. Sei pouco a respeito. Gosto de estar bem instruída e, felizmente, encontrei no senhor uma fonte de sabedoria. Mas não vamos desviar nosso assunto, por favor!

— sorriu. — E sobre Erasmo de Rotterdam, o que o senhor tem a dizer?

— Não vejo Erasmo de Rotterdam como reformador. Ele era filho legítimo de um padre. Seu nome verdadeiro era Desidério Erasmo e por ter nascido em Rotterdam, colocaram-lhe essa alcunha.

Erasmo entrou para um convento agostiniano a fim de poder estudar e solicitou dispensa depois que conseguiu seu objetivo. Em seguida, estudou por quase toda a Europa, incluindo Oxford onde se dedicou ao idioma grego. Ele sugeriu reformas no seio da igreja Católica Romana, apontando as práticas imorais de alguns pontífices. Opôs-se à indulgência e, ao verificar irregularidades na vulgata, a Bíblia traduzida por São Jerônimo, antigo e novo testamento, iniciou um trabalho de nova tradução o qual podemos observar o quanto se acresceu no Novo Testamento e o quanto se diferencia, em certas partes, da vulgata católica.

Martinho Lutero queria que Erasmo aderisse ao protestantismo, mas Erasmo, humanista muito consciente, era contra o dogmatismo. Cauteloso, ao expressar suas idéias, ele foi firme quando discordou piamente de Martinho Lutero defendendo o livre-arbítrio e que Deus não impõe a alguém provações miseráveis por puro capricho Dele, isso é injustiça.

Lutero reagiu violentamente aos pensamentos de Erasmo, que defendia muito a "filosofia de Cristo". Erasmo buscava sempre um equilíbrio para suas idéias, pois queria compreender a pequenez dos outros. Ele era criterioso e rigoroso para consigo mesmo e não para com os outros.

Não tendo como se defender de Lutero, pois seus seguidores evangélicos ou protestantes eram fascinados, verdadeiros loucos, que desejavam, mesmo à força, impor as suas verdades de serem os únicos com razão, com pureza, e tendo de fugir da Inquisição, Erasmo refugiou-se em Londres. Ele sempre se envolvia em polêmicas sobre religião e adquiriu fama de erudito desde que estudou na Universidade de Paris. Mas sua postura liberal não o prendeu ao dogmatismo e sua posição era de tolerância e nunca a violência.

Muito amigo do humanista Thomas More, Erasmo ficou em sua casa por algum tempo onde escreveu "Elogio da Loucura". Seu erro, se podemos dizer assim, foi publicá-lo com esse título que foi mal empregado, eu acho.

Para Erasmo, a loucura divide-se em loucura sã, que é o despertar de uma criatura para a vida verdadeira, sem medo, misticismo ou dogmatismo, o despertar para a sabedoria. E a mera loucura, que é o saber enganoso dos loucos que se acham com razão e devido as suas crendices, sem raciocinar, seguem a "sabedoria" alheia e se deixam enganar por burrice ou preguiça.

Esse tema "Elogio da Loucura" soou como satírico e não é assimilado até hoje porque seu autor não poderia ser mais claro em sua época. Desidério Erasmo, mais conhecido como Erasmo de Rotterdam, não foi compreendido quando tentava passar aos outros o equilíbrio das ações porque muitos impunham as "suas verdades" por meio de violência e eram obedecidos. Já Erasmo, mesmo sendo erudito e dinâmico, manifestava suas opiniões cumprindo seus propostos de paz e liberdade, sem impor, só esclarecendo, respeitando o livre-arbítrio de cada um.

— Senhor Robert, fico tão satisfeita em encontrar uma pessoa como o senhor, que não julga a religião como perversa e sim acompanhando os fatos, analisa e descobre que foram algumas pessoas que desequilibraram o entendimento de muitos seguidores.

— Veja, senhora, não podemos misturar pessoas e credos. Sei que o homem, a criatura humana, necessita evoluir moralmente e isso só se dá se ela religar-se com Deus e entender as Leis Naturais do Universo.

Nesse instante eles são interrompidos pelo mordomo, que interfere, pedindo permissão para se pronunciar:

— Com licença, senhora Rosa Maria. Recebi um recado urgente.

— Pode dizer, por favor — aceitou Rosa Maria, ficando na expectativa.

— Vieram avisar que Elisa, filha da senhora Dolores, não passa bem. Pedem que a senhora vá ajudar.

Prontamente Robert e Henry se levantaram solícitos.

— Trago na carruagem que nos espera minha maleta médica — avisou Robert. — Seguiremos agora mesmo para a residência da senhora Dolores.

— Por favor, senhor Robert, pegue então sua maleta. Não precisamos da condução, minha cunhada mora aqui perto.

Em poucos minutos, todos estavam na residência da irmã do senhor Gonzáles e Robert examinava a jovem.

Dolores, exibindo nervosismo, expressava-se aflita:

— Ela estava bem! De repente... caiu! Não pude fazer nada! Ah! Minha filha!...

— Acalme-se, Dolores. Desespero só nos deixa mais agitados do que já estamos — alertou a jovem senhora.

Após embeber um chumaço de algodão em química apropriada, que o doutor Robert lhe colocou próximo para ser inalado, Elisa reagiu imediatamente.

— Tranqüilize-se, está tudo bem — afirmou o médico com paciência, demonstrando ter o domínio da situação.

— Filha! — exclamou Dolores, correndo para próximo da moça.

— Foi um mal súbito, senhora. Nada que exija preocupação. A moça deve ter se alimentado mal, tontura e desmaios são comuns nesse estado de pouca alimentação — afirmou o doutor Robert, experiente.

— Como pode saber? — indagou Isabel, irmã de Elisa.
— É nítido o ruído de vísceras ocas. Foi a única anormalidade que pude ouvir ao auscutá-la e examinar — justificou o médico.

Elisa, abraçada a sua mãe, começou a chorar.

Rosa Maria providenciou chá e torradas, oferecendo-os à jovem que a princípio recusou.

— É melhor aceitar — recomendou Robert. — Um alimento suave como esse só lhe fará bem.

Depois de verem Elisa recomposta, todos se uniram em conversa agradável e até se esqueceram do ocorrido.

Quando Robert decidiu que deveriam ir, pois já era tarde, Dolores, muito grata pela atenção do médico em ter socorrido a filha, insistiu que ficassem para o jantar.

— Não posso aceitar uma recusa, senhor Robert. Por mim, se não for hoje, o jantar já está marcado para outro dia.

Não vendo alternativa, Robert aceitou o convite e confirmou sua presença.

Depois que todos se despediram e se foram, vendo-se a sós com as filhas, Dolores se irritou:

— Isabel!!! — gritou ela para uma das filhas. — Estava aguardando o momento de ver estampar uma gargalhada em seu rosto!!!

— Empurrando a filha pelos ombros, pois esta começou a rir de verdade, Dolores salientou: — Não seja imbecil! O prejuízo será seu!!!

— Mãe — argumentou Isabel —, a Elisa fez uma cara para parecer desmaiada, que eu não agüentei ficar olhando... — e mostrando riso na frase, a moça não a terminou.

— Por que você não fez em meu lugar?!! — irritou-se Elisa.

— Calem-se!!! — vociferou Dolores. Mais branda na tonalidade da voz, ela aconselhou: — Esqueçam tudo isso. O objetivo foi alcançado! Queríamos atrair a atenção dos irmãos Russel para a nossa existência. Pronto! Já conseguimos!

— Mãe, isso não é errado? — perguntou Isabel atenta.

— Eu passei mal de verdade! O que você está pensando, que foi tudo uma farsa? Fiquei o dia inteiro sem comer nada!!! — reclamou Elisa.

— O que quer dizer com errado, Isabel? Nós chamamos sua tia para ajudar, só que nesta hora ela recebia a visita de um médico.

— Mas... — tentou argumentar Isabel, porém foi atalhada pela mãe.

— Já chega! Agora é com vocês. Temos um excelente candidato a pretendente de uma de vocês.

— Se ele é candidato, ainda não sabe! — comentou Isabel ironicamente.

— Cale-se Isabel! — determinou a mãe.

— Por que a senhora diz que temos "um candidato"? Não podemos contar com o outro também? — propôs Elisa com segundas intenções.

Dolores sorriu e não comentou nada, aprovando a insinuação da filha.

5

Premonição

No dia marcado para o jantar, Rosa Maria ajudou Margarida a se arrumar, porém não se preocupou consigo.

— Rosa, por que não vai ao jantar? — perguntou a enteada, lastimando não ter a companhia da amiga.

— Para ser sincera, Margarida, não senti que fui convidada. Dolores não estendeu o convite para mim, ela o fez somente a Henry e Robert.

— Então eu não deveria ir!

— Se Henry foi convidado para esse jantar na casa de sua tia e, se ele é seu namorado, você deve ir. — Impensadamente, a sábia mulher acrescentou: — Fique atenta com suas primas.

— Como assim?

Rosa Maria se calou e, alguns minutos depois, decidiu:

— Estou julgando. Sei que isso é errado, mas não vejo com bons olhos esse interesse súbito de Dolores em convidar o senhor Robert e Henry para irem lá. Parece algo simulado, entende?

— Você acha mesmo, Rosa?

Olhando-a com ternura, a jovem madrasta afirmou:

— Acho sim, Margarida. Na verdade, acredito que o convite para esse jantar não foi espontâneo.

Preocupada com sua madrasta e confidente, Margarida perguntou:

— Ficará bem, aqui e sozinha?

— Ficarei. — Afirmou a jovem senhora sem se exaltar, expandindo um doce sorriso e completando: — Não se preocupe comigo.

— Meu pai nos deixa muito sós. — Depois de ligeira pausa, considerou: — Se bem que ficamos mais tranqüilas quando ele viaja por muito tempo. Você também fica constrangida com sua presença, não é?

— Se o senhor Gonzáles não viajar, não cuidará de seus negócios e não conseguirá manter o conforto que ele mesmo exige. Se para isso ele tem que ficar fora por algum tempo, ele fica.

— Rosa, posso lhe fazer uma pergunta pessoal?

Sorrindo, Rosa Maria lembrou:

— Quando foi que não permiti que me fizesse perguntas pessoais, Margarida?

— É que essa é muito particular — tornou a jovem com muita prevenção.

A jovem senhora, muito meiga, pegando em suas mãos a fez sentar, acomodou-se a seu lado inspirando-lhe confiança.

Olhando a enteada nos olhos, pediu amável:

— Se tem alguma pergunta a fazer, faça-a. Não é bom haver medo ou dúvida entre amigas que se entendem e se respeitam acima de tudo.

Essas palavras fizeram com que Margarida se encorajasse, por isso confiou:

— Você não ama meu pai, não é mesmo?

De certa forma, Rosa Maria parecia esperar por uma indagação desse nível.

Respirando profundamente, procurando relaxar, a jovem senhora explicou:

— Veja bem, Margarida, eu gosto e respeito muito o senhor Gonzáles.

— Mas não o ama?! — tornou a moça insistente. — Você é jovem, bonita, inteligente... meu pai... bem... meu pai é um homem que não tem juventude, alegria, não tem gosto pela vida. Rosa, você tem idade para ser minha irmã! Às vezes eu vejo que você deseja tanto a minha felicidade como se estivesse vivendo ou sendo feliz com a minha vida! Você se realiza e sonha junto comigo, por você!

A mulher se surpreendeu com as observações de sua enteada. Muito cautelosa, observou:

— Eu quero a sua felicidade. Por isso me realizo com o que lhe acontece de bom.

— Rosa, por que você se sacrifica? Você não ama meu pai! Isso deve ser horrível. Eu sei o que você passa com ele...

— Eu não me sacrifico, Margarida. Posso não amar o senhor Gonzáles, mas o respeito. Eu o quero bem e farei de tudo para a sua... felicidade, para sua evolução.

— Rosa, eu sei que você se casou com ele por ordens de seu pai, que lhe devia muito e a usou para se ver livre dos débitos. Sejamos realistas, Rosa. Foi isso o que aconteceu.

Rosa Maria abaixou a cabeça, escondendo as lágrimas que brotavam em seus olhos e teimavam em rolar na face alva e bela.

Procurando manter a voz firme, pois a mesma teimava embargar pela emoção, ela afirmou:

— Já está feito, Margarida. Estou casada com ele e não posso reclamar do que ele me proporciona.

— Não me diga que gosta desta vida, Rosa. Eu sei que você passa muitos tormentos. Tudo poderia ser diferente. Às vezes, quando a vejo conversando com Robert, penso...

Atalhando-a rapidamente, a jovem senhora a interrompeu:

— Não posso mentir a você. Eu não mentiria, você sabe. Mas também não vou admitir que me influencie, Margarida! Perdoe-me a franqueza.

— Por que aceita estar casada com ele, Rosa?

— É meu esposo! Onde já se viu?! Cuidado com os pensamentos, Margarida. São neles que iniciamos tormentos terríveis para nós mesmos.

Depois de alguns segundos fitando a madrasta, com olhar piedoso, Margarida observou:

— Você não merece a vida que leva, Rosa. Você é tão boa, inteligente... bonita. Quando eu a vejo perto de meu pai, como sua esposa, eu mesma me espanto. Tanta juventude jogada fora!

— Não sou tão nova assim. Entre nós há uma diferença de nove anos!

— Há irmãos que possuem diferença de até quinze anos ou mais! Você parece filha do meu pai. Para ser sincera, quando vejo Robert e você...

Tomando o controle da situação, Rosa Maria procurou a origem de todos aqueles pensamentos intrigantes que assolavam a jovem Margarida.

— Por que isso agora, menina? Não vejo motivo para insistir num assunto que não tenho interesse algum, no momento.

— Sabe, Rosa, todos me acham tola só porque não me manifesto com opiniões. Mas eu observo muito e reflito sobre tudo o que vejo, porém não exponho o que penso. Somente agora estou questionando tudo isso com você, pois é a única pessoa que me respeita, compreende-me e não me acha uma sonsa!

— Não se importe com a opinião dos outros. Seja você mesma. Não fique de um jeito ou de outro, com essa ou aquela opinião para agradar alguém, contrariando você mesma. Seja você, respeite os outros, mas seja feliz, Margarida!

— Foi isso o que você fez, não foi? Contrariou você mesma, não fez sua opinião prevalecer!

Vendo a curiosidade insaciável da jovem enteada, Rosa Maria tentou colocar um fim às perguntas dizendo a verdade:

— Eu não sei, Margarida. Não posso afirmar que contrariei a minha vontade quando aceitei me casar com o senhor Gonzáles. Na época eu não tive opinião, não podia ter. Tudo aconteceu muito rápido e eu não dispus de tempo para pensar nem coragem para dizer não. Eu não raciocinei... Eu tinha dezenove anos e muito medo. Medo do meu pai também.

— Como você pôde se conformar com essa situação? — perguntou a jovem Margarida, angustiada.

— Quando senti a falta de ter alguém a meu lado, a meu favor, alguém com quem pudesse dividir meus gostos, comentar sobre o que mais me interessava e não encontrei essa companhia ideal em seu pai, procurei preencher essa insatisfação com tarefas produtivas e não com queixas que só iriam fazer de mim uma criatura detestável e amarga. Eu acredito que as queixas me tornariam uma mulher improdutiva, pobre de valores nobres e repleta de dramas e reclamações.

Não, Margarida, eu não quis ser isso. Isso é morrer em vida. Temos de ser criaturas produtivas e as queixas, as reclamações e as amarguras são os sentimentos mais destrutivos e detestáveis em uma pessoa. Apeguei-me a você e procurei dar um sentido à minha vida. Se eu teria de cuidar de você, que fosse então da melhor maneira, se eu tinha de educá-la, seria a melhor educação. Temos de fazer corretamente e depressa as tarefas que nos cabem, se não repetiremos a dose.

— Eu sei Rosa. Eu vivi tudo isso. Eu me lembro de que, no princípio, eu não a aceitava. Logo depois tive de reconhecer que havia ganhado uma amiga, justamente eu que era tão só. Recordo-me de que ficava preocupada em ter irmãos. Eu não queria

que você tivesse filhos porque achava que iria gostar mais deles e não me daria mais atenção. Por que não teve filhos?
— Não sei, Margarida. Eles simplesmente não vieram. — Dando novo rumo ao diálogo, ela propôs: — Agora vamos terminar de arrumá-la para que esteja pronta quando Henry chegar. Geralmente os rapazes não gostam de ficar esperando.
Rosa Maria se animou rapidamente procurando contaminar sua pupila com alegria e pensamentos salutares. Porém seu coração ficou apertado com o despertar da semente de insatisfação com sua vida pessoal.
Ao descerem as escadas da bela residência, Henry e Robert já aguardavam na sala.
Henry contemplou cada passo de sua amada, admirado com cada detalhe que salientava sua delicadeza e beleza natural.
Aproximando-se da escadaria, estendeu-lhe a mão, fazendo Margarida deslizar em suave rodopio para observar melhor sua beleza.
Robert, muito gentil e educado, curvou-se ante à jovem Margarida, cumprimentando-a, com um largo sorriso pela elegância.
Rosa Maria, dando as últimas orientações, salientou:
— Lembre-se, mesmo com a ausência do senhor Gonzáles, não é bom que retornem tarde. Verifiquem o relógio e voltem cedo.
Atento e surpreso, Robert perguntou imediatamente:
— A senhora não vai nos acompanhar?
— Hoje não, senhor Robert — justificou Rosa Maria com singelo sorriso e doce tonalidade na voz.
— Mas por que? — tornou ele sentido.
— Ficarei em casa.
— Ficará sozinha! Sem algo que a distraia ou alguém que lhe faça presença! Por favor, senhora, vamos? Faça-nos companhia! — insistiu o cavalheiro, preocupado.

— Perdoe-me, senhor Robert. Nem mesmo me arrumei para sair. Farei companhia a vocês em uma próxima ocasião.

Nitidamente observou-se uma seriedade no semblante do cavalheiro, que se satisfazia com a companhia daquela senhora.

Henry e Margarida ficaram quietos, sem tecerem comentários.

Rosa Maria, educadamente, tomou a iniciativa de mandá-los embora entregando a bolsa de longa alça, em forma de sacolinha, à sua enteada, compondo-lhe ainda mais com detalhes a combinar a cor do acessório com os laços delicados do belo vestido rodado que lhe cobria até os calçados.

Tomando um sobretudo, ajeitou-o nos ombros de Margarida para protegê-la do frio e, quando o abotoou na frente, liberou um agradável e singelo sorriso de satisfação, beijando-a no rosto e recomendando:

— Divirtam-se! E lembrem-se da hora!

Margarida, muito animada, exibindo felicidade espontânea, retribuiu o beijo recebido enquanto apertava rapidamente as mãos da madrasta em sinal de satisfação.

Henry mal se despediu de Rosa Maria, preocupando-se em ceder o braço a sua bela companhia.

Uma inquietude invadiu inexplicavelmente os pensamentos de Robert e um sentimento estranho de medo e perigo incompreensível dominou-lhe, por essa razão, decidiu insistir. Esperando que o jovem casal se distanciasse um pouco, ele desabafou:

— Senhora, se me permite dizer, estou contrariado em deixá-la sozinha aqui.

— Encararei esse comentário como uma preocupação, senhor Robert.

— Sem dúvida, senhora Rosa Maria. É uma preocupação sim. Mesmo que inexplicável. Tenho de confessar que sua companhia muito me é agradável. Dificilmente deparo com quem dividir meu entusiasmo por determinados assuntos e encontrei

na senhora uma amiga, se me permite chamá-la assim, uma amiga com quem eu pude compartilhar opiniões e trocar conhecimentos sem receio de preconceitos ou algo desse nível.
— Agradeço mais uma vez, senhor Robert. Como já lhe disse, admiro seu intelecto, sua educação e, principalmente, a forma como as expõe, sem agredir a opinião dos demais — disse ela, retribuindo o elogio. — Não se preocupe, usarei esse tempo de solidão para colocar a leitura em dia.
— É por isso, senhora, que fico contrariado em deixá-la. Devo confessar que estarei lá, mas não garanto diversão, tendo em vista minha preocupação, até inexplicável, para com a senhora.

Robert falava com modos gentis e firmes, sem cortesias vulgares que induzissem a qualquer tipo de interpretação duvidosa.

Rosa Maria sentiu-se atrapalhada com a observação do cavalheiro e não sabia o que dizer.

— Ainda temos tempo, senhora. Posso falar com meu irmão e esperaremos a senhora se arrumar. Ele ficará feliz com sua companhia e creio que, por ser sua cunhada, a senhora Dolores não irá se incomodar com nosso atraso.

Gentil, Rosa Maria agradeceu:
— Muito obrigada, senhor Robert. Mas, realmente, não estou mesmo animada a sair.
— Sente-se bem?! — preocupou-se ele, deixando as observações de sua profissão aflorarem. — Vejo que está um pouco abatida e, se me permite dizer, observei certa tristeza em seu olhar assim que chegou para nos recepcionar.

Com sorriso amável, ela afirmou:
— Não estou doente, senhor. Ficarei bem, pode acreditar. Vou aproveitar esse horário para leitura. Já está ficando tarde, acho melhor irem.

Não vendo alternativa, o cavalheiro dobrou-se frente à dama, beijando-lhe a mão em cortesia e educação.

Apanhando o chapéu e a elegante bengala, já na porta de saída, olhou para trás pela última vez antes de agasalhar-se com a capa de lã, na esperança de que Rosa Maria mudasse de idéia. Em vão.

Robert experimentou uma amargura jamais provada antes. Rosa Maria, por sua vez, pendeu com a cabeça suavemente acenando e despedindo-se. Inexplicavelmente, sentindo seu coração chorar.

Ao caminharem a pequena distância até a casa de Dolores, Robert seguiu calado atraindo a atenção do irmão.

— O que se passa, Robert? O que o desagrada?

— Nada — negou ele calmamente, omitindo seus pensamentos.

Margarida só ficou observando, sem tecer nenhum comentário.

Ao chegarem à residência de Dolores, o assunto foi logo esquecido pela animação provocada.

Dolores perguntou por sua cunhada ao vê-los chegar e se satisfez com a explicação de Margarida, sem tocar novamente no assunto.

A conversa seguia animada, mas a ausência de Rosa Maria era sentida por Robert, que parecia retratar essa preocupação.

Elisa, a filha mais velha de Dolores, procurou chamar a atenção do médico durante todo o tempo.

Instruída por sua mãe, procurou falar sobre os assuntos que interessavam ao cavalheiro. Mas logo a conversa morria, pois Robert respondia às suas perguntas e ela, por ignorar detalhes do tema ou da matéria tratada, não conseguia enriquecer a conversa com opiniões saudáveis, ostentando um sorriso com falso interesse o qual não podia sustentar.

Observando a seriedade de seu convidado, Dolores perguntou:

— Robert, posso chamá-lo assim, não é? — indagou a dona da casa.

— Como queira, senhora.

— E então, Robert, por que está tão sério? Você me parece preocupado demais.

— Sim, estou preocupado, mas não muito sério. Não fiquei satisfeito em deixar a senhora Rosa Maria sozinha em sua casa.

Nesse instante, a atenção de Margarida voltou-se imediatamente à conversa paralela que se fazia entre Robert e Dolores.

— Ora, Robert! Minha cunhada está acostumada a ficar só. Gonzáles sempre viaja e quando não, também não pára em casa. Para Rosa isso é comum.

— É que normalmente Margarida lhe faz companhia.

— É chegada a hora de Rosa Maria desligar-se da enteada, afinal, Margarida já está bem crescida, já sabe se cuidar. Rosa tem de deixá-la viver, e isso significa ter de acostumar-se sem ela.

— Perdoe-me se deixei transparecer minha preocupação. É que sem motivo racional, lógico ou aparente, fiquei insatisfeito com o fato.

Interrompendo-os, Isabel acrescentou de modo singular:

— Talvez um pressentimento o avise de algo que esteja por vir.

Robert olhou-a longamente sem dizer nada, refletindo sobre sua observação.

— Acredita em pressentimento, Robert?

— Acredito — confirmou ele muito sério. — Contudo não podemos dar crédito ao medo interior, que é provocado pela ignorância dos fatos, e dar a esse medo o nome de pressentimento.

— Acredita que temos vida após a morte? — tornou a anfitriã, arriscando certa ousadia ao invadir as crenças do cavalheiro.

— Acredito que Deus não nos iria matar depois de ter o trabalho de nos criar para a vida. Por isso, sim, eu creio que continuemos a viver após a morte.

Robert sentia-se pouco à vontade e até demonstrava uma branda inquietude, ignorando o motivo.

Procurando, educadamente, pôr um término no assunto, o médico, na primeira oportunidade, convidou seu irmão e Margarida para irem embora.

Por estarem de acordo, todos se despediram com as lamentações de Dolores, que alegava ser cedo demais.

A anfitriã e suas filhas não os acompanharam até a rua, ficando dentro de casa após a retirada dos convidados.

Dolores não ficou nem um pouco satisfeita com Elisa ou Isabel, zangando-se com as duas.

Quando saíram à rua, Robert olhou espantado em direção da residência dos Gonzáles. Pelo espanto que vivificou no rosto, Margarida, enquanto procurava ver o ponto de sua atenção, perguntou:

— O que foi, Ro... — Depois de poucos segundos, a jovem gritou: — Meu Deus!!! Rosa!!!

Os três correram em direção à casa que se fazia consumir pelas labaredas.

As vigas das colunas principais já eram visíveis, dando contorno incandescente ao que era a majestosa residência.

O incêndio parecia não ter mais controle.

Frente à casa, Henry teve de usar a força para deter Margarida que se descontrolava aos gritos e, por instinto de proteção e ajuda impensados, poderia entrar na casa em chamas a fim de salvar sua amiga e protetora tão fiel.

Dois dos empregados, em trajes de dormir, envoltos em cobertas e em choro compulsivo, ficavam olhando para as chamas impiedosas que castigavam a residência dos Gonzáles.

Robert, desfazendo-se do chapéu e da bengala, procurava uma maneira de entrar na casa tendo em vista que um lado da parte do andar térreo da casa, apesar da fumaça excessiva, parecia ainda não ter sido devorado pelo fogo.

— Não! — pediu Henry, segurando-o pelo braço, enquanto prendia fortemente Margarida a si.

— ...eu preciso... — retribuiu Robert sensibilizado e implorando compreensão ao fitá-lo.

Por alguns segundos, os irmãos trocaram um olhar profundamente fraterno e repleto de sentimentos intraduzíveis. Robert se virou, não atendendo ao apelo silencioso de Henry, quebrou uma das janelas e entrou na casa.

Os bombeiros, que procuravam apagar o fogo, eram impotentes pelo rudimentar equipamento da época.

Rapidamente, uma corrente humana baldeava a água para que chegasse até a casa, mas era insignificante. As porções, que mais pareciam gotículas, nem chegavam a resfriar as paredes que se faziam em pé.

Um barulho muito estranho começou a ser ouvido. Era o ranger das paredes de madeira que iriam desmoronar a qualquer momento.

— Meu irmão!!! — gritou Henry em desespero. — Meu Deus! Traga Robert de volta! — murmurou o jovem com a voz mais abafada enquanto abraçava fortemente Margarida, que chorava muito.

Os heróicos homens do fogo, em contínuas machadadas, procuravam separar a casa em chamas de qualquer ligação que pudesse propagar o fogo, como cercas e arbustos.

Dirigindo-se ao casal de empregados que escaparam da casa, o encarregado dos bombeiros perguntou:

— Quantos havia na casa?

— Nós dois, duas empregadas e a senhora Rosa Maria.

— Sabe nos dizer em que parte da casa elas podem estar?

— A senhora, creio que estava na sala, lendo. As outras duas não sei responder.

O desespero tomava conta de Henry, que interferiu na conversa:

— Senhor? — chamou ele. — Meu irmão entrou nessa casa para procurar por elas e... — Henry não sabia o que dizer mais.

O homem o olhou seriamente sem passar expressões que o animassem. Voltando-se para os demais, argumentou:

— Se não houvesse gente lá, poríamos a casa abaixo para evitar riscos. Se ela tombar para um dos lados, vai incendiar a casa vizinha.

A fumaça excessiva colocava todos um passo atrás a cada minuto.

Em dado momento, Robert saiu em meio da densa cortina nevoenta de fumaça carregando nos braços um corpo desfalecido com pequenas chamas nas vestes.

Era a madrasta de Margarida sem sentidos pela intoxicação com a fumaça, e trazia na pele sérias queimaduras em muitas partes do corpo.

Henry sentiu-se aliviado, correu para junto do irmão e tirou a jovem senhora de seus braços, enquanto Margarida preocupou-se com Robert que tossia em demasia.

Contornando seu braço em volta dele, procurou conduzi-lo para longe da casa indo logo atrás de Henry.

— Há mais alguém lá? — perguntou o responsável dos bombeiros.

— Encontrei dois outros corpos — respondeu o médico com a voz entrecortada pela tosse —, não sei dizer quem eram. Estavam sem vida e deformados.

— Vamos derrubar a casa! — gritou o encarregado dos heróis do fogo para os bombeiros que se prontificaram em cumprir seriamente a tarefa.

— Vamos, Henry! — gritou Robert. — Depressa, vamos para a clínica!

Henry subiu na carruagem mais próxima, dando ordens ao cocheiro de levá-los para a clínica, tendo em seus braços Rosa Maria ainda desfalecida.

Ao ajudar Robert a subir na condução, pois ele parecia estonteado, Margarida observou:

— Robert, suas mãos! — reparou ela comovida com o que viu, apiedando-se do médico.

Robert tinha as mãos e parte dos braços sem a pele. Os ferimentos de queimaduras graves foram adquiridos ao socorrer Rosa Maria.

Rapidamente ele explicou:

— Ela estava no quarto e as chamas dominavam a cama onde ela se deitava. Tive de pegá-la. Por isso me queimei. Enrolei-a no meu casaco, que abafou o fogo. Depois disso, consegui trazê-la para fora.

Margarida sensibilizou-se com ele, abraçando-o com ternura e gratidão.

Às pressas, o cocheiro efetuou o socorro dos feridos.

O doutor David Russel foi chamado para a emergência.

Mesmo vendo as mãos, os antebraços e parte dos braços de seu filho com sérios ferimentos, o doutor decidiu por atender Rosa Maria que estava em estado muito grave.

No instante da opção, voltou-se para Henry e perguntou:

— É capaz de cuidar dos ferimentos de seu irmão?

O impacto pela surpresa desagradável fez Henry demorar com a resposta, e Robert, mais experiente e controlado, mesmo sentindo as terríveis dores provocada pelo fogo, afirmou:

— Cuide da senhora, meu pai. Henry será capaz sim. Vou orientá-lo.

— Tem condições para isso, Robert? — insistiu o pai preocupado.

— Sim, senhor — assegurou ele com convicção.

Voltando-se para o irmão, exigindo de si próprio imenso controle para não ceder ante o sofrimento, Robert, exibindo segurança e dando início a seu socorro, determinou.

— Vamos, Henry, lave-se bem. Uma infecção é tudo o que não devo adquirir agora. Apanhe a tesoura, corte as mangas de minhas roupas, retirando-as e procurando não passá-las por cima dos ferimentos...

Vendo que Robert orientava muito bem seu irmão o doutor David Russel virou-se para Margarida e perguntou:

— Consegue se controlar, filha?

Com os olhos marejados, a jovem respondeu:

— Estou um pouco nervosa, mas creio que consigo sim.

— Eu também estou nervoso e preciso muito da sua ajuda. Venha comigo, vamos cuidar da senhora Rosa Maria com muito carinho, certo? Sem pânico ou desespero, ela só tem a nós dois.

O doutor David Russel procurou conduzir Margarida a se conscientizar de que qualquer crise nervosa, naquele instante, prejudicaria muito o atendimento e o socorro de Rosa Maria, esclarecendo à Margarida que precisava de auxiliar e só poderia contar com ela, porque seus filhos não poderiam ajudá-lo de imediato.

A jovem Margarida respirou fundo, secou as lágrimas e seguiu o médico para a sala onde sua amiga fiel se encontrava.

Rosa Maria ainda estava inconsciente, sua respiração era fraca e ela não apresentava nenhuma reação animadora.

Após remover os restos das roupas queimadas, pôde-se analisar melhor as proporções das queimaduras.

A jovem senhora possuía os pés e as pernas totalmente queimados, com sérias lesões provocadas pelo fogo, grande parte das costas e a parte externa do braço e antebraço direito, também foram alcançados pelas chamas que lhe retiraram quase toda a pele.

Margarida encontrou em si forças até então desconhecidas. Mesmo com as lágrimas rolando-lhe na face, a jovem obedecia prontamente aos pedidos do médico.

Vez e outra, o doutor Russel a observava para ver se a moça estava suportando o choque por acompanhar aquelas cenas tão dolorosas e deprimentes.

Depois de alguns minutos, Henry, que havia terminado os primeiros socorros a Robert, entrou na sala onde a emergência a Rosa Maria era feita e solicitou serviços:

— Posso ajudar em algo?

Calmamente, o experiente médico respondeu:

— Sim, é claro que pode. Está tudo sob controle, mas uma ajuda é sempre bem-vinda. Primeiro leve Margarida para a outra sala, deixe-a com Robert. Dê-lhe algo para que se acalme e volte para me ajudar.

— Temos algumas pessoas aí na porta pedindo informações — comentou Henry.

— Há mais feridos?

— Não senhor. Eles querem notícias sobre a senhora Rosa Maria.

— Os curiosos devem ser a nossa última preocupação. Não abra a porta, esses bisbilhoteiros vão sobreviver, eu garanto. Agora leve Margarida e retorne logo.

— Pai, Robert quer vir aqui.

— Deu-lhe um sedativo?

— Sim senhor.

— Diga para que se deite e descanse. Ele já fez muito.

Vendo Henry parado, olhando-o retirar pequenos pedaços das vestes que se grudavam retorcidas nas graves queimaduras, o médico exigiu com firmeza, mas amável.

— Vamos, Henry! Preciso de você, filho.

O jovem se sobressaltou e foi realizar o pedido de seu pai.

Na outra sala, sentado em uma maca, Robert estava pensativo, mas ao ver chegar Henry e Margarida, perguntou:

— Como ela está?

— Perdeu os sentidos, a respiração está fraca... Vou ajudar o pai — afirmou Henry sentido.

Ameaçando se levantar, decidiu:

— Eu vou lá.

— O pai pediu que ficasse aqui. Será melhor para você. Deite-se e descanse.

Ele aceitou e tornou a se sentar. Achava-se estava ainda atordoado pela intoxicação e pelas fortes dores.

Margarida lavou as mãos e o rosto enquanto o silêncio reinava naquela sala.

Robert sentado, perdeu o olhar, indicando pensamentos indefinidos diante de tanta surpresa.

Após longos minutos, Margarida, que estava observando-o, rompeu a pausa e recomendou:

— Seria melhor que se deitasse, Robert.

Ele não teve o que dizer e também não aceitou a recomendação. Robert demonstrava uma expectativa amarga com seu silêncio.

Aproximando-se dele, Margarida, com a voz embargada e deixando brotar dos olhos as lágrimas de emoção, falou com ternura:

— Obrigada por tudo, Robert. Sua coragem, sua determinação me emociona. Sensibilizou-me muito. Não é comum alguém se arriscar tanto pelos outros, principalmente por aqueles que pouco se conhece.

Margarida não conseguiu deter o choro brando que dominou sua vontade.

Mesmo sentindo muita dor pelos ferimentos, Robert estendeu-lhe os braços procurando confortá-la.

A jovem recostou-se com cuidado em seu ombro e deixou fluir suas emoções.

Logo depois, afastando-se um pouco, Margarida se recompôs secando as lágrimas e respirando fundo.

Parou e observou os ferimentos graves que ele possuía.

— Está doendo muito? — perguntou ela.

Robert pendeu a cabeça positivamente, mantendo o silêncio.

Olhando-o agora mais de perto, a jovem verificou outras pequenas bolhas as quais surgiram por queimaduras na lateral da face e parte do pescoço de Robert, provocadas por fagulhas ou estilhaços incandescentes que lhe acertaram quando passou sob as vigas em chamas.

— Há outras queimaduras aqui! — indicou ela admirada.

— Vou me recuperar — afirmou ele, forçando um leve sorriso para não provocar forte impressão. — Estou preocupado com a senhora. Queimaduras em tão grandes proporções e intensidade são perigosas.

— Não entendo, Robert. Como em meio a um incêndio, Rosa Maria não procurou sair de seu quarto?

— Por ela estar em sua cama, eu acredito que já estava dormindo e deve ter se sedado com o excesso de fumaça. Isso ocorre com facilidade.

— Ela iria nos esperar, não creio que dormisse, principalmente em seu quarto — afirmou a jovem Margarida duvidando do ocorrido.

— Em todo caso, a fumaça deve tê-la feito perder os sentidos pela intoxicação. Eu acredito que dormia pela posição em que a encontrei.

— Como? — tornou Margarida, preocupada.

— Ela se deitara de lado, mais precisamente sobre o braço esquerdo do corpo. A parte da cama que ostenta nossos pés estava com chamas sobre o colchão, e o fogo subia e dominava uma das laterais a qual Rosa havia dado as costas e encontrava-se com as pernas levemente flexionadas. As chamas já lhe queimavam a cintura e parte das costas, enquanto a frente do tronco não era atingida.

— Ela não se movia?!
— Não. — Depois de breve pausa, Robert observou pensando em voz branda: — Estranhamente ela não se movia. Estava muito quieta... parada.
— A fumaça pode provocar o desmaio de alguém de modo tão intenso assim?
— Sim, pode. Isso é comum. Há quem falece pela intoxicação antes de ser queimado. Mas Rosa não parecia desmaiada, ela parecia ter se deitado como se fosse ido dormir. Se houvesse a perda dos sentidos pela intoxicação, provavelmente ela se moveria um pouco quando sentisse a falta de ar. Outro detalhe curioso é que, relembrando melhor, ela não se deitaria para dormir com os calçados nos pés.
— Rosa ainda está com os cabelos presos e arrumados. Ela sempre os solta para dormir — garantiu Margarida, provocando mais desconfiança.
— Lembro-me agora de que ela disse que iria ler. Com certeza deve ter pego no sono, isso justifica sua posição ao deitar, e certamente perdeu o sentido quando a fumaça chegou ao quarto, por isso não reagiu.
— Há algo errado, Robert. Rosa não lê em seu quarto devido à iluminação muito fraca. Quando o faz, ocupa o divã que há em nossa sala.
— Não estou entendendo, Margarida. Aonde quer chegar?
A jovem ficou olhando-o com firmeza sem nada comentar, mas ele insistiu:
— Margarida, o que você tem em mente? O que acredita ter ocorrido?
— Não posso afirmar nada. Rosa estava muito triste... a culpa foi minha!
— Não a estou entendendo, Margarida.
Em meio ao choro, a jovem gaguejou:

— Eu relembrei-lhe de coisas... Rosa... Rosa estava amargurada... Eu...
— Acalme-se, Margarida — pediu o médico que, mesmo com dificuldade, conduziu-a para que sentasse.
Margarida cobriu o rosto com as mãos e entrou num pranto compulsivo.
Somente depois de alguns minutos de desabafo com o choro, a jovem recompôs as emoções enquanto Robert, mesmo ansioso, aguardava explicações mais lúcidas, demonstrando paciência em sua espera.
Vendo-a refeita nos sentimentos, ele perguntou novamente:
— O que você quis dizer quando falou que a fez relembrar de coisas?...
Depois de tomar fôlego, a moça começou a relatar:
— Pouco antes de vocês chegarem à nossa casa hoje, eu e Rosa Maria estávamos conversando sobre algumas particularidades dela.
— Como assim? Se é que eu posso saber.
Falei-lhe sobre a sua felicidade. Às vezes, eu acho que Rosa vive a minha alegria. Vejo que, em sua vida, as experiências boas, sua juventude, suas expectativas foram abafadas desde quando se casou com meu pai. Era sobre isso que falávamos, isto é, fui eu quem a fez recordar essas dores insistindo no assunto.
— E o que isso implica com o incêndio, Margarida? Você acha que não foi um acidente?
Após alguns minutos de pausa, a jovem pendeu a cabeça negativamente, dizendo:
— Não sei... Não posso acreditar que teria coragem para...
Robert ficou pensativo e intrigado.
— Conheço sua madrasta há pouco tempo, Margarida, Não posso crer que ela fosse capaz de provocar uma tragédia desse

nível. Acho Rosa Maria muito ponderada, muito sensata. Em hipótese alguma acredito que ela chegaria a tanto.

— É porque você não sabe o que Rosa já enfrentou e enfrenta, Robert.

— Como assim?

— Meu pai é um homem muito rude. Não tem educação ou bons modos. Percebo que somente a mim ele não oferece maus-tratos.

— O que você quer dizer, Margarida?

— Quero dizer que, desde quando se casou com meu pai, Rosa Maria enfrenta o drama da violência dentro da própria casa.

— O senhor Gonzáles?...

— Ele mesmo. Sabe, Robert, qualquer motivo é razão para que meu pai a agrida.

— Mas não foi isso o que eu observei das vezes em que estive presente em sua casa.

— Na frente das visitas e de familiares, meu pai não exibe sua personalidade violenta. Rosa Maria nunca se queixou. Ela é ponderada e muito discreta. Com a maior educação e cautela, expõe sua opinião, pois em tudo ele vê motivo de se zangar. Sempre acha uma causa para descontar nela sua insatisfação.

Robert ficou transtornado. A dor sentimental experimentada agora era maior do que as das queimaduras sofridas.

Indignado, o médico comentou:

— Não posso acreditar que o senhor Gonzáles a agrida fisicamente! Não consigo imaginar isso! Desde quando isso ocorre e qual a razão?!

— Tudo o que o insatisfaz é motivo. Essas agressões ocorrem desde quando se casaram. Eu tinha dez anos na ocasião que meu pai se casou com ela. Eu estava com sete anos quando minha mãe faleceu. Ao ganhar consciência de que iria ter uma madrasta, fiquei revoltada até porque Rosa Maria tinha dezenove anos, a idade que tenho hoje. Nessa época eu a via como a sucessora de minha mãe e não conseguia admitir uma substituta para minha querida mãezinha.

Insatisfeita, fiz algumas birras reclamando dela para meu pai logo nos primeiros dias de convivência.

No momento, meu pai não fez nada nem se manifestou.

Mas à noite, trancados em seu quarto, eu pude escutar as agressões.

No dia seguinte, esperei que Rosa fosse se vingar de mim. Ao contrário, procurou me tratar melhor e nunca tocou no assunto.

Fiquei com pena. O remorso me consumiu. Aprendi com ela a ser uma pessoa a não tecer reclamações.

Foram muito poucas as vezes que a ouvi chorando baixinho no silêncio do quarto. Ela sufocava o choro abafando o rosto no travesseiro. Mas jamais fez isso na presença de meu pai.

Robert nunca se sentiu tão contrariado, tão indignado ao tomar ciência de uma situação.

Margarida, com o olhar perdido, parecia hipnotizada ao revelar tanto drama.

Mesmo com as lágrimas rolando em abundância por sua face, ela continuou seu relato.

— Nunca vi meu pai agredindo Rosa Maria. Ele sempre o faz em seu quarto depois que todos vão dormir. E... bem... não sei como ela o suporta.

Interrompendo-a, com educação, Robert perguntou:

— Margarida, há uma razão, alguma coisa que justifique essa atitude de seu pai? Ciúme, por exemplo?

— Já lhe disse, Robert. Tudo é motivo.

— Seja sincera — disse ele preocupado —, das vezes em que eu estive lá e mantive longos diálogos com ela, seu pai zangou-se por isso?

— Por vocês conversarem? Não. Ele os admira muito. Adora ver você ou Henry lá em casa. Preocupa-se e se intriga quando você não aparece, fica preocupado por não tê-lo agradado. Mas...
— Mas?...
— Naquele dia, quando me machuquei e acabei conhecendo Henry...
— Sei. — afirmou ele, lembrando-se.
— Nesse dia sim, ele bateu nela.
— Não reparei marcas ou hematomas.
— Nunca no rosto. Poucas vezes percebi vergões como uma correiada em seu maxilar ou no pescoço, mas ela o disfarça com a roupa ou com o cabelo.
— Não posso acreditar... — comentou o médico sentindo-se mal com a revelação.
— Por isso Robert, eu cheguei a pensar que Rosa estivesse farta de tudo e...

Robert e Margarida trocaram olhares indefinidos, refletindo sobre o enigma daquele incêndio.

Nada mais lhes restava a não ser aguardar.

Enquanto o tempo passava, nenhuma palavra foi dita por eles.

Robert, contrariado com as confissões de Margarida, exausto e sofrendo pelas dores ininterruptas de seus ferimentos, deitou-se e perdeu o olhar no teto da sala.

A jovem acomodou-se em uma cadeira. Às vezes chorava sem emitir som.

Uma porta abriu-se vagarosamente e Henry surgiu provocando expectativa e ansiedade naqueles que o aguardavam.

— Como ela está? — perguntou Margarida com voz piedosa, demonstrando preocupação e carinho para com a enferma.

Não esperando a resposta do irmão, Robert indagou firme e rápido:

— Recobrou a consciência?

— Sim. Vamos dizer que ela reagiu, mas está em choque. Sente dores muito fortes... geme... não fala coisas exatas... delira. — Voltando-se para a namorada, Henry tristemente afirmou:
— Não posso dizer que ela esteja bem.

Margarida abraçou-o. Ele retribuiu com ternura e secou suas lágrimas, que rolavam involuntariamente.

Robert, franzindo o rosto pelas fortes dores que sentia, esforçou-se para levantar.

Ao vê-lo reagir, Henry tentou impedi-lo.

— Descanse, Robert. Você precisa.

— Minha consciência dói mais do que os ferimentos. Preciso vê-la.

Mesmo achando estranha a resposta de seu irmão, Henry não comentou nada e compreendeu sua vontade ajudando-o a se colocar em pé e guiando-o até a sala onde o Doutor David Russel prestava os últimos cuidados.

Ao ver o filho entrar, o médico perguntou atencioso:

— Como está, Robert?

— Com muita dor, meu pai — respondeu ele tranqüilo, sem exibir sofrimento no semblante.

— Eu sei, ou melhor, imagino — afirmou o pai sensibilizado.

Aproximando-se de Rosa Maria, Robert observou que ela murmurava alguma coisa enquanto agitava a cabeça vagarosamente de um lado para outro.

— Estou tentando mantê-la deitada na posição lateral esquerda onde o corpo não sofreu lesões, mas ela se agita e torna a cair sobre as costas muito feridas. — informou o médico.

— E se colocá-la em decúbito ventral? — sugeriu Robert.

— A parte da frente das pernas estão ainda mais lesadas.

— Ela teria que ficar na mesma posição que se queimou para não ferir as queimaduras — observou Robert. — Pai, tente colocar apoio na nuca e no peito, com o corpo na lateral, mas inclinando-o com o peso para a frente do tronco. Assim terá mais dificuldade para mover-se.

Mesmo com os braços doloridos e enfaixados, Robert apontava ao pai suas idéias procurando ajudar.

Nesse instante, Rosa Maria começou a balbuciar algumas frases:

— *Je n'aime pas être triste.* — "Eu não gosto de ser triste", disse ela. — *Mon bonheur est mort... je veux être gai comme auparavant.* — "Minha alegria morreu... quero ser alegre como antes... — *Je serais dû mourir!* — "Eu deveria ter morrido!"

— Não entendo o que ela fala — comentou o médico, preocupado com o murmúrio insistente.

— Ela está falando em francês — afirmou Robert que conhecia o idioma.

— Você está entendendo?

— Algumas coisas.

— O que ela diz? — insistiu o médico experiente.

Robert não respondeu de imediato, mas depois esclareceu:

— São frases que não fazem sentido. Ela diz que não gosta de ser triste e desejaria ser como antigamente. Acredita que a morte seria melhor. — Depois de alguns momentos de reflexão, ele perguntou: — Por algum instante, ela ficou lúcida?

— Logo que despertou, acredito que sim. Ela perguntou onde estava. Enquanto expliquei, entrou nesse estado de choque provavelmente pelas dores. Não sei se devo sedá-la mais...

— Pode ser arriscado. Seu porte físico é frágil por natureza — opinou Robert.

Refletindo, seu pai acreditou:

— Vamos deixá-la assim. Tenho medo de reações.

Após alguns instantes, o doutor David Russel indagou ao filho:

— Como aconteceu isso, você sabe dizer? Henry me contou, mas o que você tem para acrescentar?

Robert sentiu-se atrapalhado, não sabia o que falar. Por fim arriscou:

— Tenho a dizer que, ao ver a casa em chamas, não resisti a pensar que poderia haver lá dentro alguém que eu pudesse ajudar. Daí entrei.

— Não pensou em sua vida, meu filho? — perguntou o pai com olhar meigo e preocupado.

Encarando-o de forma singular, Robert afirmou.

— Não, meu pai. Não pensei em mim.

— Como a encontrou? A casa é grande.

— Não sei dizer. Lembro-me de que procurei andar onde as chamas não haviam chegado ainda. Instintivamente subi as escadas e a única porta de onde não saía labaredas era do quarto em que ela estava. Tudo foi muito rápido. Eu não sei dizer.

Tranqüilamente, mas exibindo apreensão, o pai acrescentou:

— Sinto orgulho de você. Mas, sinceramente, meu filho, sinto muito medo. E mesmo agora, vendo-o aqui na minha frente, estou com medo e preocupado. Era uma casa em chamas — alertou o pai brandamente, porém impondo atenção.

Impensadamente, Robert revidou com a voz branda:

— Era uma casa em chamas, meu pai, onde havia, dentro dela, três vidas!

— Quatro com a sua, meu filho.

Robert abaixou a cabeça pensando nas palavras de seu pai enquanto este o abraçou e o conduziu para a outra sala fazendo, ambos, companhia a Henry e Margarida.

6

Sonho

Aquela noite foi muito longa.

Robert recusou-se a ir para casa, ficando ali em companhia de seu pai, Henry e Margarida.

A jovem senhora precisou de compressas frias, trocadas constantemente sobre a testa e as têmporas a noite inteira, pois a febre castigava o corpo já tão sofrido.

Robert também ficou febril, tirando-lhe o ânimo e as últimas resistências que o enriqueciam de energias para perambular como fez a princípio.

Ninguém adormeceu.

Com exceção de Robert que se ferira, os demais se revezavam nas trocas de compressas e cuidados intensivos, porém muito precários devido à época.

No início da manhã, subitamente todos se sobressaltaram com um grito de dor desferido pela paciente que, em meio a tanta agonia, perdera o equilíbrio e o controle sobre si.

Ao aproximar-se da jovem senhora, o doutor David Russel notou que ela recobrava a consciência. Por essa razão tentou falar-lhe.

— Rosa Maria? Sou o doutor Russel, pai de Henry...

O olhar expressivo daquela mulher parecia invadi-lo como um pedido de socorro, tamanho era seu sofrimento.

Robert, com certo esforço, aproximou-se e também tentou atrair-lhe a atenção.

— Rosa Maria, consegue me entender?

Mesmo com a respiração ofegante e com suaves movimentos de contorção com a cabeça e o tronco, a jovem senhora procurou fixar sua atenção em Robert, demonstrando consciência.

Lágrimas copiosas rolavam pelos cantos de seus olhos, enquanto ela procurava conter os gemidos.

Quando fechou os olhos, como se buscasse um alívio impossível de se conseguir naquelas condições, Robert procurou alertá-la:

— Rosa, preste atenção — dizia ele com voz branda, procurando lhe conduzir o raciocínio enquanto ela forçava a manter os olhos abertos. — Pode me ouvir?

Ela pendeu com a cabeça positivamente confirmando sua pergunta, e ele prosseguiu:

— Houve um acidente onde você se feriu. Sei o quanto está sofrendo. Mas, por favor, é o momento de ser forte. Busque em si mesma razões para resistir. São momentos difíceis que vão passar. Quanto mais firme se fizer, mais rapidamente há de se recuperar e se livrar do sofrimento.

Com as lágrimas correndo longamente, ela engoliu a seco e forçou-se a falar o que saiu como um sussurro:

— *Je n'ai pas de raisons. Mon Dieu! C'est le moment le plux douloureux de ma vie!* — "Eu não tenho motivos. Meu Deus! É o momento mais penoso da minha vida!"

Por ter pronunciado a frase no idioma francês, somente Robert pôde compreendê-la e tornou a afirmar:

— *Pour Dieu, Rose Marie. Le Dieu est votre raison.* — "Por Deus, Rosa Maria. Deus é o seu motivo."

Ela cerrou os olhos e abafou o choro.

O doutor David Russel, tocando com cuidado no ombro do filho, sinalizou-lhe o momento de parar. Em seguida, conduziu-o para que se deitasse, pois percebeu que Robert perdia as forças. Ele estava empalidecendo. Houve muito desgaste.

Margarida sufocava seu choro abraçada a Henry. Ela não tinha coragem de encarar aquela alma irmã, tão querida, tão amiga e fiel.

Com o passar do tempo, Rosa Maria teve novos instantes de lucidez e delírio.

Depois de algumas horas, Dolores compareceu à clínica para saber sobre sua cunhada. Após ser recebida por Margarida, a jovem solicitou ao doutor David Russel que colocasse sua tia a par da situação. Dolores ficou assustada e pediu para vê-la.

— Eu restringi as visitas à senhora Rosa Maria. Devemos evitar, ao máximo contactar com ela, qualquer contaminação, impureza, poderá agravar, e muito, o seu estado já tão comprometido e delicado.

— Mas eu sou sua cunhada, doutor!

— Senhora, por favor. Compreenda que é para preservar a saúde de Rosa Maria.

Voltando-se para a sobrinha, Dolores perguntou:

— Margarida, onde está Gonzáles?

— Não sei, tia. Dificilmente ele comenta aonde vai. Talvez somente Rosa saiba.

— Você já viu como ficou a casa?

— Não, tia. Vi somente no momento do incêndio. Depois não mais.

— Não sobrou nada. As únicas coisas que ficaram em pé foram algumas colunas de pedra e a parede da frente, devido aos adornos de rochas. Do restante, sobraram somente cinzas.

Margarida não exibiu sentimentos em expressões visíveis. Nem teceu comentários. Entretanto seu coração apertava de tristeza e dor pelo ocorrido. Tão lamentável.

Dolores convidou Margarida para que a acompanhasse, mas recusou. Estava decidida a ficar perto da amiga.

O doutor David Russel iria se retirar da clínica por algum tempo, a fim de se recompor e se alimentar em sua residência. Convidou Margarida para que o acompanhasse, porém ela se negou a princípio.

— Agradeço senhor. Quero ficar aqui com Rosa.

— Filha — insistiu ele previdente e cauteloso —, você está exausta, tensa. Passou a noite em claro e até agora não se alimentou. Precisa de descanso e alimentação. Aqui não terá isso com boa qualidade. Se ficar assim vai enfraquecer e piorar a situação. Em vez de somar pontos às soluções, dará acréscimo aos problemas. Em nossa casa, tenho empregadas que sabem cuidar de uma jovem muito bem. São senhoras que possuem filhas, creio que de sua idade. Venha comigo para recompor as forças e animar-se mais. Robert irá conosco, não é mesmo, filho?

— Pretendo ficar, meu pai.

— Para quê?

Robert não respondeu e seu pai insistiu:

— Venha conosco. Ficará melhor em casa. Tenho que voltar rápido, atenderei o dobro de pacientes hoje.

— Não vai desmarcar as consultas, pai?! — preocupou-se Henry com a fadiga de seu pai.

— Não. Atenderei inclusive os pacientes de seu irmão. O doutor Robert Russel estará se convalescendo, mas nem por isso seus pacientes têm de sofrer junto, só se for de outros males. Farei o possível para oferecer atenção e atendimento a todos.

— Mas o senhor está exausto, pai! Pensei que fosse dispensar até os seus pacientes. — insistiu Henry.

— Filho, preste muita atenção: Eu sou um médico. Tenho o dever de ajudar as pessoas. Tenho, por missão, aliviar suas dores. Minha consciência só está tranqüila quando eu cumpro o que me cabe fazer. Justifica eu deixar de atender alguém somente em extrema impossibilidade, como no caso de seu irmão agora. Do contrário, quando eu não atender alguém, não estarei faltando com a obrigação para com alguma pessoa, estarei faltando para com Deus que me ofertou todas as possibilidades de ministrar o alívio para os corpos humanos.

O cansaço é a maior riqueza que eu posso ter, diante da pobreza que muitos experimentam na paralisia física ou mental. Estou cansado sim, mas estou capacitado.

Assim que as auxiliares chegarem, informe sobre o ocorrido, filho. Não permita que alguém entre na sala onde Rosa Maria se encontra.

— Nem seu esposo? — perguntou Henry.

— Ninguém. Controle a situação. Você é capaz. Voltarei o mais rápido possível, para que você também vá até nossa casa e retorne para me ajudar o quanto antes. Precisarei de você.

Henry concordou com seu pai.

A caminho da casa da família Russel, o médico pediu ao cocheiro que passasse em frente a residência dos Gonzáles.

Todos ficaram assustados com os escombros e restos de incêndio que sobraram no local.

Margarida começou a chorar e cobriu o rosto com as mãos enquanto o pai de Henry afagou-lhe os cabelos suavemente procurando confortá-la.

Robert perdeu o olhar nas cinzas estagnado, sem reação.

Na residência do doutor Russel, os mais afetuosos gestos de carinho e atenção eram dispensados a Robert por todos os empregados que o estimavam intensamente. Ao mesmo tempo que Margarida se encontrava cercada de gentilezas muito peculiares.

— Soubemos do ocorrido, senhor David — confessou o mordomo, preocupado. — O senhor tem alguma recomendação especial a nos fazer? — solicitou Oliver, ansioso em ajudar.

— Por favor, Oliver, peça para que me prepare uma boa alimentação. Vou me lavar e, depois de me alimentar, retornarei o quanto antes à clínica.

— Vai clinicar hoje, senhor?

— Sim, meu amigo. Sem dúvida. Os doentes não tiram folga porque as doenças não o fazem. Irei assim que me recompuser.

— E quanto ao senhor Robert? — tornou o criado preocupado.

— Ele sabe o que fazer. Robert me impressionou hoje. Porém fique atento, por favor. Caso a febre volte, mande me avisar.

— E a jovem? — insistiu ele.

— Faça uma gentileza, Oliver. Solicite cuidados e atenção para com ela. É uma boa moça e está muito sensível com todo esse ocorrido. Margarida precisa de alimento e descanso. Se possível, pergunte se Elizabeth pode ficar com ela. Por ser muito amável, bondosa e ter filha da mesma idade, saberá lidar com a moça. Não quero que Margarida se sinta pouco à vontade, imaginando que somente homens moram nesta casa. Tratem-na com carinho.

— Certamente, senhor. Não se preocupe — afirmou o mordomo muito dedicado e solícito. — Pedirei que preparem o quarto de hóspede o quanto antes para que a moça repouse.

Todas as providências foram tomadas conforme as recomendações do chefe da família, o qual tratava muitíssimo bem seus empregados, com todo respeito que eles mereciam, colocando-se sempre no lugar de quem recebesse suas orientações.

Com o passar das horas, vendo que não conseguia dormir, Margarida saiu do quarto que lhe foi indicado e começou a andar pela mansão de proporções e decoração ao estilo da época.

Ao descer as largas escadas que davam acesso do *hall*[9] da sala principal ao andar de cima, a jovem observou uma linda pintura se destacar com a pose clássica de uma bela mulher, muito elegante, exibindo, mesmo através do retrato pintado, um carisma sem igual.

Vendo-a em contemplação demorada frente à majestosa obra, Elizabeth, uma das criadas, informou-lhe atenciosa:

— Essa é a senhora Russel. Anne Russel.

— Como era linda! — comentou Margarida, admirada.

— Não somente a beleza exterior a destacava, como, principalmente, sua generosidade a fazia uma das criaturas mais belas que já conheci.

— Robert comentou que ela faleceu há cerca de treze anos. A senhora sabe dizer o motivo?

— Coração. Em certa manhã, a senhora Anne simplesmente não acordou mais.

— Deve ter sido um choque muito grande para todos.

— E como foi! — confirmou Elizabeth exibindo emoção. — O senhor David estava viajando. Raramente ele não a levava consigo em suas viagens. Seus filhos estavam em casa e... Foi um drama.

— Robert já era médico?

— Ainda estudava. Ele estava no fim do curso. Mesmo assim, ela foi encontrada morta, não poderia fazer nada. Naquele mesmo dia, no final da tarde, o senhor David chegou e recebeu a surpresa mais desagradável de sua vida. Quanto sofrimento!

— Ele não quis se casar novamente? — perguntou Margarida, curiosa.

— Não. O senhor David só possuiu um único amor em sua vida. Creio que seu filho seguirá pelo mesmo caminho.

---

[9] N.A.E.: *hall*: termo inglês oferecido a um saguão ou sala de grandes dimensões.

Não entendendo a explicação de Elizabeth, a jovem solicitou detalhes:
— Como assim? Não entendi. O que quis dizer com: ..."seu filho seguirá pelo mesmo caminho"?
— A senhorita não sabe que o senhor Robert também é viúvo?
— Não! — afirmou Margarida, perplexa.
— Após se formar em Medicina, o senhor Robert se casou com uma jovem de boa família com quem se comprometera durante seus estudos. Formavam um belo casal. Só que a irmã da moça a influenciava muito. Christine, uma esposa jovem, não tinha opinião própria e aceitava tudo o que sua irmã falava. A pedido do senhor David, após se casarem, eles vieram morar aqui. A irmã de Christine não a deixava em paz envenenando-a com falsos testemunhos sobre seu esposo. O senhor Robert, médico já formado, clinicava junto com seu pai e cada mulher que ele medicava, de alguma forma, a irmã de Christine incentivava a jovem esposa a brigar com o marido.

O senhor Robert tem uma paciência ilimitada. Ele é um homem muito bom, herdou de seus pais todas as melhores qualidades, e da mãe a mais fina educação. Conversava muito com a esposa, procurava lhe dar provas de sua fidelidade, fazia-lhe todos os caprichos exigidos e até a colocou para trabalhar como sua auxiliar para que ela própria acompanhasse seu trabalho de perto a fim de não ter por que brigar.

No primeiro ano de casamento, Christine ficou grávida.

Quando a irmã dela soube de sua gravidez, envenenou-a de tal modo, fazendo-a crer que Robert queria vê-la trancafiada em casa, gorda e, com a desculpa de cuidar de seus filhos, ela não iria acompanhá-lo, e ele teria total liberdade de ir para as "farras".

Christine se deixou envolver pelos conselhos da irmã e, duas ou três semanas após saber que estava grávida, disse ao marido que não queria ter aquele filho e, por ele ser médico, deveria fazer alguma coisa a respeito.

O senhor Robert ficou revoltado. Não admitia tal idéia e chegou a expulsar a irmã de Christine desta casa, proibindo suas visitas.

De tão farto com a insistência e choro da esposa que desejava livrar-se do filho, o senhor Robert exibiu sua insatisfação com gritos.

Foi a primeira vez que eu o vi gritar. Aliás, foi a primeira vez que ouvimos um Russel gritar nesta casa.

O senhor Robert chegou às lágrimas, tamanha era a imposição que sua mulher fazia.

Dias depois, logo após a ida do senhor David e do filho para clínica, Christine sumiu.

Quando retornou para casa, Robert ficou preocupado com a esposa. Ela não o avisou de sua saída e também não o fez a nenhum dos criados.

No início da noite, Christine chegou em casa carregada pela irmã e por uma outra senhora que não conhecíamos. Ela chorava muito e pedia perdão e socorro ao esposo.

Na tentativa de interromper a gravidez, passou muito mal, e não conseguindo deter a hemorragia, a irmã e a parteira vieram pedir socorro ao médico, seu marido.

— E Robert, como ficou? — impressionou-se Margarida.

— A princípio paralisado. Incrédulo. Tive tanta pena dele!

— O que ele fez? O que disse?!

— Nenhuma palavra. Carregou-a para o quarto e pediu ajuda a seu pai. Não puderam fazer nada. Christine estava muito mal e morreu poucas horas depois nos braços do marido, pedindo perdão e implorando para que ele não a deixasse morrer.

O senhor Robert ficou atônito. Sua alegria morreu com a esposa e a seriedade dominou-lhe a alma. Depois disso, ele se dedicou mais do que nunca ao trabalho e aos estudos. Viajou algumas vezes para aperfeiçoar-se, retornou e nunca mais, nesses nove anos, soubemos que ele tivera compromisso ou interesse por alguém. Creio que seguirá o caminho do pai. Eles sempre foram muito unidos e, depois de todas essas tragédias, mais ainda.

— Você trabalha aqui há muito tempo, Elizabeth?

— Eu era criada da mãe da senhora Anne Russel. Estive com ela na juventude e, quando ela se casou com o senhor David, eu a acompanhei. Casei-me logo depois, e continuei aqui. Moro nos fundos da mansão. — Com um singelo sorriso, relatou: — Vi esses dois moços nascerem, ajudei a criá-los, encontrei dona Anne morta e assisti à esposa do senhor Robert falecer. Isso não é fácil, filha.

— Imagino. Elizabeth, qual a idade de Robert?

— Mesmo não aparentando, ele tem trinta e oito anos. Por quê?

— Tão novo, com tanto conhecimento, oportunidades...

— Sim, filha. Ele tem tudo isso e muita experiência amarga também.

— Ele nunca falou nesse assunto. Eu não sabia.

— Robert não fala, mas também não nos impede de comentar. Chorei muitas vezes com ele quando o surpreendi em lágrimas silenciosas em seu quarto. Porém ele só me abraçava e chorava. Nenhuma palavra. Nunca mais ouvimos de sua boca o nome de Christine.

Nesse instante, outra empregada solicitou a presença de Elizabeth em outro cômodo da casa, mas antes de ela se retirar, Margarida perguntou:

— Elizabeth, sabe me dizer se Robert está acordado?

— Sim, ele estava quando saí de seu quarto.

— Acha que posso incomodá-lo? Será que devo...

— Vá visitá-lo, filha. Fará bem a vocês dois. Suas últimas experiências também não foram muito boas, não é mesmo? Fique tranqüila e pode me chamar, se precisar.

Margarida sorriu. Subiu novamente as escadas e foi até o quarto de Robert cuja porta já estava aberta mas, mesmo assim, bateu suavemente pedindo permissão para entrar.

— Por favor, Margarida, entre! — aprovou o médico que se encontrava em sua cama apoiando seu corpo em travesseiros e tendo almofadas nas laterais para sustentar os braços tão feridos.

— Como você está, Robert?

— Com muita dor. É um sofrimento muito difícil de se enfrentar. Dá vontade de gritar.

— Você reage de uma forma tão diferente — observou a jovem.

— Como assim?

— Não expressa na fisionomia o sentimento de dor, nem mesmo reclama com gemidos.

— Não adiantaria, você concorda?

— Sim. Mas isso não é comum.

— Não é por isso que eu deixo de sentir dor. Creio que, quando não reclamamos muito ou com freqüência, sofremos menos.

— Pode ser. A propósito, teve febre?

— Pouca.

— Seu pai pediu para avisá-lo caso tornasse a ficar febril.

Robert sorriu e a lembrou:

— Margarida, também sou médico. Há pouco, mediquei-me com a ajuda de Elizabeth.

A jovem também achou graça, mas logo em seguida fechou o semblante demonstrando preocupação e comentou:

— Não paro de pensar em Rosa Maria. Queria saber como está. Meu Deus! Ela está sofrendo tanto!

Robert nada disse e ficou observando brotarem lágrimas copiosas de emoção sincera do olhar da jovem. Pouco depois, ele perguntou:

— Acredita que a senhora Rosa Maria pudesse incendiar a casa?

— Na verdade não. Não sei por que eu tive essa suspeita. Ela é muito humana, se chegasse a um extremo absurdo desse, não acredito que arriscaria a vida dos outros. Mesmo assim, acho muito estranho ela estar em seu quarto, como você descreveu.

— Não vamos criar ilusões ou suspeitas infundáveis, Margarida. É comum uma pessoa ir para seu quarto e se deitar um pouco, principalmente quando não se tem o que fazer e precisa aguardar a chegada de alguém, como foi o caso.

— Isso não é comum para Rosa.

— Por que não?

— Aquele quarto é o último lugar da casa onde ela ficaria.

Franzindo o semblante, intrigado, ele estranhou:

— Por que, Margarida?

— É indelicado da minha parte contar o que sei em segredo, mas... penso que podemos estar diante de um crime. — Robert ficou aguardando e ela continuou: — Rosa Maria odeia aquele quarto. Só dorme lá quando meu pai está em casa. Mesmo assim, com a desculpa de cuidar de mim, ela fica comigo o quanto pode, até bem tarde, na esperança de que ele adormeça logo. Rosa nunca me contou isso, mas eu percebi.

— Ora, pode ser que eu entrei em quarto errado. Pode até ser seu quarto. Eu não conheci a parte superior da sua casa.

— Ao subir as escadas, era o primeiro quarto à esquerda?

— Sim... era.

— Então era o quarto do meu pai. Se Rosa tivesse vontade de se deitar, ela o faria num pequeno cômodo que tem na parte de baixo e que ela esconde de meu pai tê-lo feito de quarto para

si mesma. É lá que mantém ou mantinha, tudo a seu gosto: decoração, flores, livros...
— Margarida, aonde que chegar? Suspeita de um crime?
— Não sei. Sinto algo muito estranho. Não acredito em acidente.
— Por quê?
A jovem caiu em choro consternado e, mesmo com a voz trêmula, depois de alguns, minutos insistiu:
— É algo que eu sinto, Robert. Eu sei que Rosa também sentia, só que não comentou.
— Sentia o que, Margarida?
— Eu prestei muita atenção quando estávamos na casa de minha tia e você disse que ficou preocupado em deixá-la sozinha em casa. Por que falou isso?
— Não sei. Logo em seguida arrependi-me daquelas palavras preocupando-me com os julgamentos preconceituosos ou maldosos de sua tia. Contudo nada tenho a temer. O que aconteceu foi o seguinte: Desde que a senhora revelou que não iria ao jantar, senti algo muito estranho que pouquíssimas vezes experimentei. Insisti para que nos acompanhasse, mas não possuía argumentos para defender minha opinião.
— Deveria ter falado. Rosa acredita em pressentimentos.
Depois de poucos segundos, ele tornou preocupado:
— Sabe quando seu pai vai retornar?
— Ele nunca avisa. Se o fez, talvez tenha sido para Rosa.
— Em média, quantos dias ele fica fora de casa?
Margarida pensou um pouco para calcular melhor e respondeu:
— Uns cinco, mais ou menos. Porém já chegou a ficar fora quinze dias e até um mês.
— Já faz uma semana que eu soube que ele viajou.
— Se ele foi para o continente, com certeza demorará muitos dias.

— Ele pode ter chegado a casa ontem à noite, depois que saímos?
— Geralmente ele retorna só à noite para casa. Por quê? Está pensando o mesmo que eu?
— Não. Não devemos julgar. Estou pensando em sua reação quando ele deparar com a casa.
— Eu não posso imaginar. Às vezes eu nem acredito no que está acontecendo.
— É difícil acreditarmos nas surpresas, principalmente as que não nos agradam.
— Você já experimentou surpresas muito amargas, não é Robert?

Ele a olhou de forma singular, acenou com a cabeça positivamente e depois perguntou:
— Henry lhe contou?
— Não. Foi Elizabeth. Desculpe-me perguntar, mas você ainda sofre com isso?
— Muito. É o pesadelo que me assombra há nove anos.
— A culpa não foi sua — disse ela, tentando confortá-lo.
— Eu sei. Nunca me culpei pelo que ocorreu. Tentei tudo ao meu alcance para levar uma vida feliz, para salvá-la...
— A família dela o culpa pelo que aconteceu?
— Minha cunhada, quem promoveu todo esse inferno, sim. Culpou-me por dois anos, dizendo que, se eu tivesse feito quando sua irmã me pediu, ela não teria procurado uma parteira curiosa e não teria perdido a vida. — Após alguns minutos ele confessou: — Eu não poderia matar meu filho. Jamais faria isso! Você entende?
— Claro que entendo. Depois desses dois anos, a irmã dela desistiu?

Lágrimas começaram a brotar dos olhos de Robert, que ficou tentando controlar as emoções. Mesmo com a voz embargada, relatou:

— Meus maiores problemas começaram exatamente aí. Flora, irmã de minha esposa, falava que a via depois de morta, com o filho nos braços, pedindo-me perdão. No começo eu não acreditei, mas depois... Cada dia que passava, Flora se desequilibrava mais e mais. Sofreu crises e teve de ser trancada em casa. Quando conseguia fugir, ia para a clínica me acusar, falava muito e gritava também.

— Ela enlouqueceu?

— Sim. E eu quase.

— Como assim?

— À medida que Flora se desequilibrava e desviava-se da lucidez, eu me perturbava muito. Quando ela dizia que via minha esposa a meu lado...

Robert deteve-se, procurando ter cautela, e Margarida insistiu:

— O que aconteceu?

— Bem... a princípio eu tinha ódio da minha cunhada, mas nunca exibi isso com palavras ou ações. Ficava, simplesmente, calado e ouvindo. Porém, com o passar do tempo, eu passei a sentir. Por favor, Margarida, não pense que é ilusão ou que me deixei impressionar por minha cunhada. Não sou homem de me deixar influenciar. Eu percebia a presença de minha esposa e podia ouvi-la. Como eu disse, a princípio não. O mais impressionante era que Flora, minha cunhada, repetia exatamente a frase que somente eu escutava, segundos antes dela pronunciar. Flora sofreu crises, acessos e faleceu louca.

— Daí você teve sossego?

— Não. Sofri perturbações terríveis que custaram muitos anos. Ainda hoje, em ocasiões em que eu deixo algumas emoções me dominar, posso vir a sentir tais incômodos, com menos intensidade, é claro.

— E seu pai, o que pensa de tudo isso?

— Meu pai é meu maior apoio. Sempre foi. Não há outro igual. Sofre comigo. Teme por mim...

— Por quê?

Um pouco relutante, o médico confessou:

— Assim que minha esposa faleceu, eu procurava ficar só e ele temia que eu pudesse desistir da vida.

— Suicidando-se?

— Sim. Sabe, tenho que confessar que não deixei de pensar nisso. Mas algo me dava forças e me renovava o ânimo. O sentimento de perda, de solidão é terrível. Procurei explicações para a vida, estudei e encontrei. Mesmo assim, até hoje, meu pai teme que eu desista da vida.

— E você, Robert?

— Eu creio que ainda tenho muito a fazer em vida. Não posso parar ou desistir. Muitos dizem que o suicídio é um ato de coragem, eu tenho certeza de que é um ato de covardia, se a pessoa for mesmo corajosa, ela enfrentará as dificuldades. Fugir é típico dos covardes!

Na pequena pausa que se fez, o silêncio reinou e os passos de Henry puderam ser ouvidos por ambos.

O irmão mais novo de Robert parou à porta esboçando um suave sorriso esperando pelas perguntas que não demoraram.

— Como está Rosa? — interessou-se Margarida.

— Percebemos que está consciente, mas não quer falar conosco. Responde com a cabeça: sim ou não. Isso é compreensível.

— E a febre? — perguntou Robert.

— Está difícil de ceder.

— Já é possível fazer uma avaliação? — tornou o irmão mais velho.

— Não, Robert. As queimaduras foram muito profundas em alguns pontos. Como está, é difícil prever as seqüelas.

— Ela deve sentir muita dor, não é? — lamentou a jovem com uma pergunta.

— Com certeza, Margarida — afirmou Robert penalizado.
— Pelo pouco que sofri, comparado a seus ferimentos, posso imaginar o quanto ela agoniza.
— Eu gostaria de vê-la! — pediu Margarida.
— Deixe para amanhã, Margarida — aconselhou Henry. — Agora vou alimentar-me um pouco e procurar dormir. Depois ficarei lá com ela a noite toda e preciso ficar acordado para qualquer eventualidade.
— Então vá logo. Não perca tempo — sugeriu Robert.
— Acompanha-me na refeição, Margarida? — solicitou Henry à jovem, estendendo-lhe o braço curvo para que ela o enlaçasse.

A moça levantou-se, aceitou o convite e virou-se para o irmão de Henry, perguntando:

— Deseja alguma coisa, Robert?

Ele sorriu educado e respondeu:

— Por enquanto não. Vou tentar dormir um pouco.

Com a saída de Henry e Margarida, Robert teceu uma prece a Deus muito sentida. Mesmo com tanto sofrimento, o acidentado conseguiu repousar o corpo, relaxando-o, enquanto os liames que uniam espírito e matéria foram se afrouxando, e, não necessitando mais o corpo deter aquela alma, esta se afastou, deixando de receber as impressões mais intensas daquela matéria corpórea.

Quando dormem, as pessoas experimentam uma condição que lhes será permanente após o desencarne.

Durante o sono, as almas se encontram umas com as outras e também com espíritos desencarnados. Juntos, eles conversam, instruem-se e trabalham.

Nesse estado, ligamo-nos com o Mundo dos Espíritos superiores ou inferiores de acordo com nossas atitudes, pensamentos, vícios e desejos.

A alma, isto é, o espírito encarnado, na maioria das vezes, traz consigo, quando se une novamente ao corpo, rápidas recordações que denominamos sonhos. Nem sempre nos lembramos deles. Isso não significa ficarmos livres de experiências durante o sono. Depois de desperta, a mente consciente interpreta ou traduz de formas diversas a realidade do que vimos e vivemos durante o período de sonolência, pois nem tudo é permitido lembrar. Depende muito do grau de entendimento de cada um.

Em O Livro dos Espíritos, a resposta da pergunta 402 explica-nos sobre sonhos: "O sono é a porta que Deus lhes abriu para o contato com os amigos do céu, é o recreio após o trabalho..." Entretanto essa porta deve ser aberta aos amigos que nos libertam e não aos que nos escravizam, e isso está sujeito à pureza de nossos desejos, do amor verdadeiro de nossos corações e da vigilância constante no desejo do bem.

Geralmente as pessoas relacionam seus sonhos a superstições, ou seja, "sonhou com uma coisa, significa outra", essas comparações são transmitidas por tradições culturais que são recebidas, mas na maioria das vezes, nada tem a ver com a realidade.

Quantas vezes sonhamos com coisas que, para a nossa crença, aquilo significa e simboliza prejuízo, desgraça ou fortuna e nada disso nos acontece? Porém continuamos acreditando nelas.

Muitas vezes, essas comparações se identificam com fatos reais e acabam por ocorrer, são meras coincidências; outras, são impregnações da própria pessoa em sua mente.

Não podemos esquecer que, em estado que chamamos sono, a alma está sempre sob influência do corpo, por isso, se temos uma expectativa ou um medo, nossa própria imaginação age com base nas informações de nossas crendices, provocando em nossa mente, na condição intermediária entre o sono e a vigília, imagens do que anteriormente comparamos, acreditamos, tememos ou relacionamos.

É importante lembrar que os espíritos ignorantes também utilizam o sonho para perturbar as almas fracas e sem conhecimento, principalmente àquelas influenciáveis facilmente pelos assombros, superstições e significados dos sonhos.

Esses espíritos impregnam medos e preocupações para se vingarem ou simplesmente se divertirem.

Estamos sempre ligados com o que desejamos, acreditamos ou tememos.

Durante o repouso do corpo, pode-se encontrar com amigos e parentes, encarnados ou desencarnados, que podem simplesmente conversar para matar a saudade como também nos prevenir de ocorrências que não precisamos experimentar, ou nos animar para enfrentarmos determinados acontecimentos.

Quando essas prevenções ocorrem com nitidez, indica que devemos educar a mediunidade, pois esse intercâmbio feito entre o plano espiritual e físico, através do sono, necessita de ser bem analisado a fim de não interpretarmos erroneamente a mensagem.

Um dos registros mais antigos sobre esse tipo de mediunidade nos é trazido, na Bíblia, através dos profetas.

Lembramos que é de inteira responsabilidade do médium todas as revelações feitas por qualquer tipo de mediunidade, pois, se fosse para todos saberem, a eles também seria revelado.

Mesmo não se recordando das experiências durante o sono, todos merecedores de proteção, receberão conselhos benéficos e os terão no momento certo, através de uma inspiração.

Os portadores de maledicências, pensamentos e ações não dignas, receberão da mesma forma conselhos e orientações de espíritos inferiores, induzindo-os a práticas de pouco valor. Por essa razão, o desejo de melhorar, de evoluir, a humildade e o pedido de bênçãos ao Pai Celeste, envolverá, instantaneamente, qualquer criatura que, verdadeiramente, deseje o auxílio e, assim será feito.

Foi o que ocorreu com Robert.

Seu pedido de amparo a Deus o envolveu e, imediatamente, na espiritualidade, ele foi despertado com ternura, mesmo estando ligado ao corpo físico, pois ele era um encarnado.

Após dispensar-lhe fluidos calmantes e salutares, sua mãe aproximou-se, afagando-lhe a face com gestos de carinhos maternos que ele, como encarnado, pudesse compreender.

Normalmente um espírito mais evoluído, exibe um gesto a fim de que a compreensão do outro, encarnado ou desencarnado, possa traduzir a mensagem de acordo com seu nível de entendimento.

Anne Russel, que foi mãe de Robert, quando encarnada, assim o fez.

— Filho querido — afirmou ela. — Como é bom tê-lo tão evoluído, tão mais liberto das prisões em que tentaram sufocar-lhe as forças!

Robert estava um tanto assonorentado e com certa brandura, recordando-se de encontros anteriores nas mesmas condições, respondeu:

— Minha mãe! Que bom revê-la!

Não possuindo, naquele estado, as impressões das queimaduras, ele abraçou sua mãe muito emocionado.

Ao olhar para o lado, percebeu a presença de seu pai encarnado que, naquele instante, havia cochilado na clínica quando se acomodou um pouco para observar Rosa Maria.

— Meu pai! — exclamou o médico. — Também está aqui?

— Eu e sua mãe estamos muito preocupados com você, filho.

— Eu estou bem, meu pai — afirmou ele, ainda abraçado à sua mãe.

No mesmo momento, ela o alertou:

— Sim filho, você está bem, mas tememos os desejos que alguns têm por você. Se não nos recompomos em pensamentos firmes, o excesso de vibrações inferiores pode nos atordoar e, num instante de invigilância, nós nos conduziremos aos erros. Procure desejar o bem a todos que se julgam seus inimigos. Assim atrairá para junto de si, fluidos benéficos que serão direcionados à criatura indicada e serão o bálsamo que dissolverá as vibrações que lhes enviam. Você proporcionará o benefício de outros e o seu também.

— Tenho pressentimento, minha mãe. Avisos de coisas que não identifico.

— O que for necessário irá identificar, porém selecione, filho. Bem sabe o quanto esses pressentimentos podem ser um meio de tentarem nos enganar, de nos colocar medo. Tenha fé e ore. Ore muito.

— Preocupo-me com Rosa, mãe. Acredito que aquele incêndio foi criminoso. Pode me ajudar?

A senhora Anne e o pai de Robert se entreolharam e, no minuto imediato, ela facilitou-lhe uma espécie de clarividência, pois a emancipação daquela alma permitia a apresentação de fatos já ocorridos, através dessa faculdade que é muito mais ampla quando estamos libertos, total ou parcialmente do corpo físico, assim como também se dilatam outros atributos já possíveis aos espíritos.

Na cena que se passava, na tela mental de Robert, ele reconhecia o subúrbio de Londres onde via, no interior de uma residência não muito luxuosa, mas confortável, a discussão entre uma mulher bem madura e seu filho.

— Por que a senhora não exige mais?!!!

Gritava o rapaz enfurecido. A mãe, que parecia temê-lo, respondeu com timidez:

— Não há como, Peter. Por que você é tão egoísta?
— Não sou egoísta!!! — vociferava o rapaz. — Sinto-me humilhado. Sou um bastardo!!! Gonzáles não me assume, nem nos larga. Hipócrita!!!
— Não reaja assim, filho. Um dia ele vai dar um jeito em nossa situação.

Gargalhando estrondosamente, satirizando a crença de sua mãe, Peter completou tentando ofendê-la:

— Se ele não a quis quando a juventude vigorava-lhe no corpo e na alma, velha e cansada é que ele não vai querer. Gonzáles a usou!!!
— Não diga isso, Peter! Respeite-me! — pediu a mulher quase chorando.
— Você nunca se deu ao respeito, por que eu o faria? Você é a outra, mãe! Ele nunca irá assumir situação nenhuma com você ou comigo. Fico revoltado quando vou ao centro da cidade e deparo com aquela francezinha e sua enteada, desfilando pelas calçadas sem problemas, dificuldades, preocupações ou vergonha, enquanto nós temos que ficar escondidos aqui feito ratos! Se ele quisesse mesmo a senhora, não teria se casado com aquela... Ele já tinha um filho com você quando ficou viúvo. Por que não a procurou após a morte da mulher?
— Cale-se, Peter! Não quero ouvir mais nada!

A discussão seguiu um pouco mais, até Nancy, mãe de Peter e amante de Gonzáles, comentar:

— Se eu pudesse acabar com Gonzáles! Queria deixá-lo na miséria e vê-lo humilhar-se para mim, porque só quando ele fracassa é que se lembra de nós. Tenho tanto ódio dessa Rosa que... nem imagina!
— Não se preocupe com a Rosa, mãe, precisamos é melhorar as nossas finanças.
— Mas enquanto ele abastecer aquela casa, faltará para nós.

Peter ficou em silêncio ruminando a ganância e o ódio em seus pensamentos.

Naquela mesma noite, ele foi até a residência de seu pai, o senhor Gonzáles, e entrou na casa furtivamente, sem ser percebido.

Rosa Maria estava sentada em seu divã lendo um livro conforme havia planejado.

Ele estava bem perto da jovem senhora, quando esta sentiu a presença de alguém e virou-se.

Peter a esbofeteou com muita força. Ela ficou atordoada e ainda o olhou antes que ele a golpeasse novamente, levando-a a perder os sentidos.

O jovem a tomou em seus braços e subiu as escadas, colocando-a no quarto do casal. Ajeitou-a na posição lateral, talvez para simular que dormia, e decidiu provocar um acidente.

Quando uma das empregadas o viu, ainda na parte superior da casa, Peter também a agrediu fazendo-a desmaiar.

Abandonando a empregada, ali mesmo no corredor que dava acesso aos quartos, Peter desceu as escadas à procura de querosene que alimentava a iluminação da residência como combustível para os lampiões. Não foi difícil de encontrá-lo.

Não querendo ser pego, ou arriscar que Rosa e a criada acordassem, o rapaz derramou o querosene na sala, abaixo do quarto onde Rosa estava, ateando fogo e fugindo.

Os outros empregados já estavam dormindo. Minutos depois, todos acordaram na casa já com altas chamas.

O mordomo e sua esposa saíram da residência, mas uma outra empregada teimou em procurar sua irmã, a empregada que Peter agredira. Na busca, a jovem moça, ao tentar despertar a irmã, foi atingida por uma viga e não teve condições de sair sob ela, ficando presa.

Junto às cenas do plano físico, eram apresentados a Robert, os acontecimentos no plano espiritual.

No instante da briga entre Peter e sua mãe, o espírito Flora, cunhada de Robert quando encarnada, influenciava Peter a se revoltar e a se vingar de Gonzáles e até da família que o afastava de sua mãe.

Mesmo não tendo, até então, nenhuma ligação com Flora, Peter, por ser uma alma de fraco caráter, deixou-se levar pelas opiniões que recebia daquela criatura desencarnada, sem perceber.

Seus desejos foram alimentados pelo incentivo daquele espírito, o que lhe fez criar coragem para, friamente, cometer aquele crime.

Robert chegou a se ver na cena.

No momento em que ele tentava convencer Rosa Maria para acompanha-los ao jantar, o espírito Estella, que havia sido mãe de Margarida, passava-lhe as impressões daquela insistência.

Mais tarde, quando entrou na casa em chamas, pôde ver também o momento em que os espíritos Estella e Anne o guiaram em meio à fumaça, pois, sem aquela inspiração, seria impossível chegar tão rapidamente até Rosa Maria.

Assim que as imagens cessaram, Robert perguntou à sua mãe:

— Estava completamente deformado, mas pude perceber o espírito Flora influenciando aquele rapaz, estou certo?

— Sim filho — confirmou Anne Russel.

— Minha mãe, Rosa não tinha nenhuma ligação com Flora. Por que mesmo em espírito, Flora incentivou toda essa catástrofe?

— Meu filho, nessa existência terrena, você pôde notar o quanto Flora desejava lhe conquistar e ocupar o lugar da irmã como sendo sua esposa. Antes de seu casamento com Christine, ela chegou a se declarar para você.

— Não dei importância a isso, mãe. Ela era moça, jovem demais.

Mas trazia em si a cobrança do passado, ainda mais remoto. Em outra época, você abandonou Flora às vésperas do casamento. Dias antes do enlace, você a avisou que tudo entre vocês estava terminado, pois havia se apaixonado por outra. Flora não acreditou e, mesmo com o seu sumiço do vilarejo, ela não avisou ninguém. Arrumou-se toda e ficou esperando-o na igreja, enfrentando uma situação muito difícil para com os convidados e consigo própria. Flora nunca lhe perdoou por isso e prometeu não deixá-lo ser feliz com mulher alguma.

Naquela mesma época, você tentou se casar com Rosa, por quem havia se apaixonado. Mas Flora impediu seu casamento.

Dias antes, ela procurou sua noiva sustentando nos braços um bebê que pegara emprestado com a verdadeira mãe, Christine, que nem o conhecia. Flora disse que a criança era filho dela e seu.

Rosa, decepcionada, abandonou-o.

Mais tarde, desorientada, Rosa fez um casamento de interesses: luxo e fortuna. Ela não tinha amor pelo esposo.

Creio que isso explica seu casamento tão incompleto hoje com Gonzáles.

Christine adquiriu débitos desnecessários ao auxiliar Flora.

A princípio, quando Flora dizia que via a irmã desencarnada com o filho nos braços pedindo-lhe perdão, era mentira. Mas depois o que acabou ocorrendo foi uma cobrança, não só pelo que promoveu em vida passada com uma criança em seus braços, mas também por sua consciência cobrar-lhe todos os erros.

Flora o segue há longa data, você bem sabe. Ao vê-lo hoje, reencontrando-se com Rosa, não quis que ficassem juntos e influenciou Peter, que possui personalidade muito fraca e pouca moral, dando-lhe idéias a fim de afastar Rosa de você.

— Rosa é casada, mãe. Não podemos ficar juntos. Tenho-lhe respeito e a considero demais. Não despertou em mim nenhum sentimento mais forte. Tenho por Rosa um amor de irmão. Garanto!

— Até agora, sim, meu filho, sim. Não posso desconsiderar sua moral, mas bem sei o quanto é forte os sentimentos de amor verdadeiro a uma alma afim, a qual nos entrelaçamos por inúmeras compatibilidades e afeições de ternura. E, muitas vezes, por séculos, procuram se ajudar, tendo, por amor, muito êxito nesse auxílio mútuo.

— O que quer dizer com isso, minha mãe? O que a senhora quer dizer com "até agora"?

Anne se calou e Robert entendeu que ela não poderia lhe fazer mais revelações.

— O que posso fazer então, minha mãe?

— Ore muito, meu filho. Continue servindo ao bem e seja cauteloso. Auxilie Rosa Maria. Ela vai precisar de você e você dela, que tem muito a lhe ensinar.

— Rosa necessitava dessa experiência, mãe?

— Às vezes, o livre-arbítrio de alguém não é bem utilizado. Mas quem nós somos para julgar? Porém, quando suportamos com resignação as provas que não necessitamos, temos acréscimos e evoluímos. Por isso, não cultive um sentimento de revolta nem acredite em injustiça de Deus. Não pense em vingança nem cobre uma providência imediata. Deus é sábio e não nos cabe julgar.

Quando Robert olhou para o lado, seu pai não estava mais ali. Percebendo sua preocupação, Anne informou:

— David precisou ir. Alguém necessita de seus cuidados. Ele foi chamado ao corpo. Agora é a sua vez, meu filho. Retome sua vida, você tem muito a fazer. Sabe... apesar de tudo, deixei de realizar muitos trabalhos... hoje lamento as oportunidades perdidas. Não deixe o mesmo ocorrer com você, seja ponderado. Vigie-se e tenha fé.

Anne beijou-lhe a testa enquanto aquela alma era arrebatada da espiritualidade para o corpo, sem que ele mesmo pudesse impedir.

7

Torturas

Robert, despertando suavemente, surpreendeu-se ao pronunciar baixinho:
— Minha mãe...
Elizabeth, que lhe trouxera uma refeição, estava parada à sua frente olhando-o piedosa.
— Senhor Robert — disse ela afável —, sou eu. Vim lhe trazer algo para comer. Precisa se alimentar.
Robert não se lembrava do sonho, mas sentia-se um tanto refeito, mesmo com as dores que ainda inflamavam-lhe os braços. Essa recomposição deu-se graças ao envolvimento que recebido.
Elizabeth puxou uma cadeira para próximo da cama e sentou-se nela para auxiliar o médico na alimentação. Ele se encontrava num estado de total dependência.
No dia seguinte, sentia menos dor em seus ferimentos, estando assim, um pouco mais refeito.
Ao ir vê-lo, o doutor David Russel ficou animado com sua disposição, porém não deixou de fazer recomendações ao filho.
— Fique deitado por hoje meu filho. O repouso lhe fará bem.

— Não sei se vou conseguir continuar por muito tempo nessa cama, meu pai. Sinto-me sufocado aqui. Quero ir para a clínica.

— Nem pensar — negou-lhe o pai. — Lá ficaria muito exposto. Você sabe que não deve se contaminar.

— E meus pacientes, foram bem atendidos? — perguntou ele a seu pai, tentando brincar.

— Creio que vão deixar de ser seus pacientes, apreciaram mais o trabalho de outro médico! — completou o experiente doutor concordando com a brincadeira.

— Isso é bom! Não preciso me preocupar quando necessitar de férias.

Para animar o filho, o doutor David Russel comentou:

— Todos seus pacientes sentiram muito o ocorrido e lhe desejaram melhoras rápidas. Ontem compareceram à clínica até aqueles que não haviam marcado consulta, só para saber de seu estado. Você é bem conceituado, filho.

Robert sorriu e ironizou:

— É que eles nunca foram atendidos por outro. O dia em que isso ocorrer, como agora, saberão distinguir-me de coisa melhor.

— Não foi isso que demonstraram.

Depois de alguns segundos de pausa, Robert perguntou:

— Esperava que me contasse como está a senhora Rosa Maria. Como ela reage?

— Estava esperando que me perguntasse — retrucou seu pai. — Bem... seu estado é bastante delicado. As primeiras quarenta e oito horas são as mais importantes. Ela é forte, mas as queimaduras foram de muita intensidade.

— Acredita que ela possa não resistir?

— Não sei dizer. Creio que sim, ela corre sérios riscos.

— Quero ir à clínica, o senhor me ajuda?

— Robert, seria bom que ficasse aqui.

— E com os pensamentos conturbados, meu pai? Eu não teria descanso.

— Henry comentou que ontem você confessou a ele que "sua consciência doía mais do que os ferimentos". Explique-se melhor, filho. Não vejo como pode culpar-se pelo que ocorreu.

— Não me culpo, de forma alguma, pelo que ocorreu. Cobro-me por não ter insistido mais para que a senhora nos acompanhasse naquele jantar. Essa é a dor que sinto. Acredito que se houvesse insistido um pouco mais, ela teria nos acompanhado.

O pai de Robert compreendeu sua tristeza, afagou-lhe as costas com a palma da mão, estapeando-o suavemente, exibindo seu apoio ao sentimento do filho.

— Sabe, meu pai, é tão difícil encarar uma situação lamentável sabendo que uma simples atitude ou palavra nossa poderia ter mudado todo o ocorrido.

— Eu sei o que é isso, Robert. Quando sua mãe faleceu, lamentei não estar aqui. Era para eu ter voltado um dia antes, mas não me esforcei para que isso ocorresse e, às vezes penso que, se eu estivesse em casa, teria sido diferente.

— Falando em mamãe, lembrei-me agora de que sonhei com ela. Foi ontem à tarde quando consegui tirar um cochilo. Sei que, nesse sonho, nós conversávamos e ela sorria para mim. Não sei relatar mais nada.

— Ontem à tarde, em um momento de pausa que ocorreu milagrosamente entre um paciente e outro, eu também tirei, sem perceber, uma soneca. Acho que fiquei impressionado com o que aconteceu e sonhei com o incêndio. Só que, nesse sonho, sua mãe estava nele. Ela passava por entre as labaredas e não se queimava. Era estranho. Depois lembro-me de tê-lo visto entre a fumaça.

— E depois? — interessou-se Robert.

— Sua auxiliar me chamou, avisando que um de seus pacientes havia chegado. Não me lembro de mais nada. Tudo foi rápido e sem nexo.

— O senhor me libera para ir até a clínica, doutor? — perguntou Robert com leve sorriso no rosto, tentando convencer seu pai. — Preciso examinar uma paciente para ter minha consciência tranqüila, "ou terei faltado com minha obrigação, não para com ela, mas para com Deus que me proporcionou tantas realizações" — completou ele, furtando a frase filosófica que o doutor David se justificou a Henry no dia anterior.

O doutor David Russel sorriu e alertou-o em tom de brincadeira.

— A paciente deixou de lhe pertencer aos cuidados no instante em que você a entregou para mim e se impossibilitou de tratá-la por motivos de saúde. Mesmo assim, posso pensar em conceder-lhe uma visita de observação.

Sob efeito de fraterno sorriso, o pai auxiliou cuidadosamente o filho a se levantar. Logo depois, seguiram juntos para a clínica.

Henry estava lá. Ele havia passado a noite observando Rosa Maria.

— Como ela reagiu durante a noite, doutor Henry? — perguntou o médico fazendo o filho acostumar-se com o título, enquanto olhava a paciente.

Henry, sorrindo surpreso, deu seu parecer:

— Ficou estável. Teve febre, delírios, instantes de lucidez com pouca duração... Percebi que suas queixas diminuíram. Quando em delírio, não consigo entender o que ela diz.

— Talvez esteja falando em francês — opinou Robert que ouvia atento.

— Vá para casa, Henry. Descanse bem. À noite você volta. Peça ao cocheiro que retorne dentro de algumas horas a fim de levar Robert para casa. Não é do meu gosto que ele se exponha tanto.

— Voltarei para ajudá-lo, pai. Seu dia será tão cheio quanto ontem.
— Prefiro que descanse. Várias noites com o sono prejudicado, não lhe será favorável. Fique em casa e durma.
— É verdade, Henry — aprovou Robert. — O sono é um dos melhores alimentos. Se surgir qualquer emergência, com certeza será chamado.
O jovem concordou e se foi.
Logo após a saída de Henry, o doutor David Russel propôs:
— Venha, Robert, vamos trocar essas ataduras.
— Depois, meu pai. Quero ver a senhora primeiro.
— Será melhor agora. Daqui a pouco as auxiliares chegarão, a enfermeira e os pacientes também. Não teremos muito tempo ou privacidade.
Robert sentou-se e estendeu os braços sobre uma mesa para que o pai retirasse os curativos. Em poucos minutos, enquanto o médico dispensava seus cuidados, o filho abaixou a cabeça encostando a testa à mesa, enfraquecido pelas fortes dores que sentia, devido às ataduras terem aderido aos ferimentos.
Mesmo penalizado, o doutor David Russel não deixou sua emoção dominar-lhe, continuando com a retirada dos curativos, percebeu que Robert perdeu os sentidos pelo excesso de sofrimento.
O pai o ajeitou na cadeira, colocou seu rosto sobre um apoio macio e continuou seu trabalho.
Robert passou a murmurar:
— Não, Flora... deixe-me em paz...
Seu pai, embora ocupado com os curativos, estava atento às palavras que ouvia do filho, mas não interferia.
— Saia!... Vá embora! — tornava ele, falando baixinho. — Eu só queria ser feliz... por que Rosa?
Depois de longos minutos de silêncio, Robert foi recobrando a consciência lentamente, enquanto seu pai o reanimava.

— Robert?! — chamava o médico com brandura no tom de voz. — Você é forte, filho. Reaja.

O enfermo parecia não saber onde estava. Atordoado, olhava a sua volta procurando por alguém.

— Sente-se melhor, filho?

— Acho que sim — respondeu ele com voz esmorecida.

— Eu sei que não é fácil, é muito dolorido, mas é preciso.

Ainda confuso, Robert esclareceu:

— É bom um médico sentir dor a fim de respeitar seus pacientes e dar atenção e carinho às suas queixas.

— Deite-se um pouco aqui — indicou o pai ainda preocupado.

— Não, obrigado. Estou melhor.

— Ainda tem pesadelos, não é, filho? Há pouco você murmurou aflito.

— Agora?! — perguntou ele preocupado.

— Sim, agora mesmo quando perdeu os sentidos pela dor. Mencionou o nome de Flora e pedia para ela se retirar.

— Não me lembro de nada que eu possa ter dito. Mas, às vezes, sou acometido de sonhos estranhos. É um tormento, meu pai.

— Preocupo-me com você, Robert. Gostaria de poder ajudá-lo.

— O senhor já me ajuda, meu pai. Pode acreditar.

Ao fazer menção de se levantar, seu pai pediu:

— Descanse mais, filho!

— Não. Já estou bem. Quero ver a senhora mais de perto.

Aproximando-se de Rosa Maria, Robert percebeu que ela estava consciente mesmo mantendo as pálpebras fechadas.

— Senhora Rosa Maria?! Pode me ouvir?

Ela abriu os olhos lentamente e com o semblante abatido e cansado fitou-o.

— Pode me compreender? — tornou ele.

Com esforço, a jovem senhora murmurou:
— Sim, Senhor Robert.
— A senhora está se recuperando muito bem. Continue assim, lutando pela vida. Essas dores vão passar, mas precisamos que reaja a fim de que se cure mais rápido.
Os olhos de ambos embaçaram pelas lágrimas.
Robert nunca havia ficado tão penalizado pelo sofrimento de alguém. Ele lutou para suas lágrimas não rolarem enquanto Rosa Maria não pôde detê-las. Por fim, murmurou:
— O senhor também se feriu.
— Só um pouco. Não é nada sério.
— Estella me contou... — balbuciou a enferma, parecendo confusa ou em delírio. — Ela pediu... pediu que eu me levantasse, mas... não consegui... não consegui. Daí Estella foi chamar Anne para ajudar... eu precisava de ajuda.
— De quem a senhora está falando? — perguntou Robert preocupado, enquanto seu pai aguçou a audição e aproximou-se para ouvir melhor.
Rosa, com as pálpebras fechadas, tornou a responder com voz pausada:
— Falo da Estella... Anne... Estella me contou...
— Quem é Estella, senhora? De que Anne está falando?
— Sua mãe... Anne é sua mãe.
Pai e filho sentiram-se gelar, enquanto ela prosseguiu:
— Estella foi chamar sua mãe para ela pedir que me ajudasse... Você e Anne são muito afinados na mesma sintonia de vibrações. Você recebe com facilidade suas inspirações...
— Ela está delirando — afirmou o doutor David, incrédulo.
— Anne usa o vestido que seu esposo mandou confeccionar especialmente para a pintura do quadro... É um belo vestido em fundo azul claro, tem detalhes em leve tom rosa suave... foi feito em Paris...

Robert e seu pai sabiam que Rosa Maria ignorava a pintura do quadro retratando Anne Russel. Ela nunca o vira nem sabia de sua existência e, principalmente, do detalhe sobre o feitio daquele vestido. Até Robert ignorava o fato da roupa ser confeccionada em Paris.

Pai e filho se entreolharam surpresos e voltaram em seguida sua atenção à enferma que passou a balbuciar palavras desconexas.

* * *

Com o passar dos dias, Rosa Maria permanecia cada vez mais lúcida.

Duas semanas depois, o senhor Gonzáles chegou de sua viagem e foi acometido de crises nervosas ao ver o que restou de seu patrimônio.

Na casa de sua irmã, ele gritava, esmurrava as mesas e chutava também os móveis.

Quando começou a passar mal, Dolores chamou o doutor David Russel para atendê-lo.

— Não preciso de médico! — gritava ele. — Quero saber como aconteceu isso?!

— Ninguém sabe, senhor — informava o médico. — Nem sua esposa sabe dizer. Ela não se lembra.

— Como Rosa Maria não se lembra?! Ela estava lá!

— Sua senhora estava dormindo em seu quarto e, pelo que nos consta, a fumaça a entorpeceu e ela não viu o fogo queimar a casa, quase morreu por isso.

— E minha filha?! — tornou o homem intolerante.

— Sua filha está em minha casa, senhor Gonzáles. Lá, Margarida tem todos os cuidados e atenção.

— Ela não quis vir para cá, Gonzáles — interferiu Dolores afirmando. — Eu bem que fui buscá-la, mas ela não obedeceu. Você bem a conhece, não larga a Rosa.

— Onde Margarida estava na hora do incêndio?

— Aqui em casa, jantando conosco. Henry e Robert estavam aqui também.

— Rosa Maria deixou minha filha sair sozinha?! E com o moço que se comprometeu com ela?!!! Se Rosa não morreu, eu a mato!!!

— O que é isso, Gonzáles?! Moramos perto! — defendeu sua irmã.

— Não interessa!!! As ordens para Rosa foram para que cuidasse de Margarida! Mandei que ficasse com minha filha. Vou matar a Rosa Maria!

O senhor Gonzáles perdeu completamente o controle emocional.

Aos berros, jurava vingar-se de Rosa Maria acusando-a, inclusive pelo incêndio.

— Foi ela quem ateou fogo em minha casa! Rosa estava ficando louca! Não gostava de dinheiro! — E por um segundo se lembrou: — Dinheiro! Meu dinheiro se queimou!!!

O senhor Gonzáles lembrou-se do cofre que possuía em casa onde mantinha guardado toda sua economia.

— Preciso ir para minha casa!!! — vociferou ele, levantando-se com rapidez. Momento em que se sentiu tonto e teve de ser amparado.

O excesso de adrenalina provocou-lhe forte vertigem.

Levado para um quarto, na casa da irmã, deitado em uma cama, o senhor Gonzáles agitava-se sentindo vertigens e mal estar.

O doutor David Russel, tranqüilo, medicou-o e recomendou:

— O senhor deve permanecer em repouso. Sentirá um pouco de sono e isso será normal pelo que lhe mediquei. Procure não se agitar, é perigoso para a saúde.

— E minha filha? — perguntou o homem mais brando. — Não deveria ter ficado em sua casa logo após o ocorrido.

— Nesse instante, ela está na clínica. Não se preocupe com Margarida, senhor Gonzáles. Fui eu quem a levou para minha casa e exigi todos os cuidados para com ela como se fosse minha própria filha. Recomendei a uma governanta, considerada como ente da família, que a servisse de ama. Elizabeth até está dormindo no mesmo quarto que sua filha, fazendo-lhe companhia. Essa senhora é de minha total confiança. Cuidou de minha esposa e de meus filhos. Fique tranqüilo.

— Quero ver Rosa Maria! — insistiu o esposo.

— Eu restringi todas as visitas à sua senhora. Ela sofreu queimaduras de grandes proporções e precisa ficar isolada para não adquirir uma infecção, o que poderia ser fatal.

— Ela é uma irresponsável! — acusou o senhor Gonzáles demonstrando irritação.

O médico não disse nada e resolveu se despedir.

— Procure descansar. Agora tenho de ir. Há pacientes que me aguardam lá na clínica.

— Pode ir, sim. Mas gostaria que compreendesse, respeitando o isolamento e a restrição de visitas.

Ao retornar para a clínica, o médico contou à Margarida e Robert, que já estavam lá, o ocorrido com o senhor Gonzáles.

A jovem ficou preocupada e depois pediu:

— Por favor, senhor David, não permita que meu pai a visite. Ele é um homem muito rude.

— Eu entendo, filha. Procurei detê-lo o quanto pude, mas...

— E quanto a mim, senhor?

— Como assim, Margarida?

— Ele quer que eu vá para a casa da minha tia?

— Seu pai não disse nada a esse respeito, porém preocupou-se. Como eu já disse, parece que não gostou de saber que você saiu sozinha com meu filho e de estar em nossa casa. Mas eu lhe garanti todos os cuidados.

— Não quero ir para a casa da minha tia, senhor. Por favor, se puder fazer algo a respeito, ficarei eternamente grata.

Robert interferiu no assunto e aconselhou:

— Margarida, perdoe minha intromissão, mas é seu pai. Nem mesmo vai vê-lo?

Sem pensar, a jovem respondeu:

— Não quero. Sei que me compreende, Robert. Você conhece toda a história.

— Farei o que puder, filha — garantiu o pai de Henry. — Fique tranqüila. Vá para casa. Mais tarde conversaremos a respeito disso. Preciso falar com Robert agora.

A jovem obedeceu. Ao se ver a sós com seu filho, o médico, experiente, perguntou:

— O que você conhece sobre a história dessa família que apavora tanto essa moça?

Robert relatou a seu pai todo o drama de Margarida e Rosa Maria, inclusive a suspeita sobre Gonzáles ter incendiado a própria casa.

— Não creio que tenha sido ele o incendiário. Esse homem é muito materialista. Sua preocupação, em nenhum momento, foi em relação aos ferimentos da esposa. Ele reclamava dos danos materiais e do dinheiro que perdera.

— Amanhã cedo eu conto. Deixe que durma bem esta noite. Estou pensando em levá-la para nossa casa. Ela já está reagindo bem e creio que o contato direto com quem lhe dispense atenção, auxiliará bastante.

— E se o marido quiser levá-la para a casa da cunhada?

— Não sei dizer. É um caso para se pensar. Talvez eu deva falar com ele, mas este homem, além de rude, é imprevisível.

Depois de alguns minutos, a auxiliar do médico bateu à porta informando sobre a chegada de um paciente.

Robert levantou-se e seu pai perguntou:

— Vai ver como está a senhora?
— Vou sim. Pouco antes do senhor chegar, ela dormia. Talvez agora já tenha acordado.
— Converse com ela, vá preparando-a vagarosamente para receber o marido. Procure saber sobre sua opinião a respeito de amanhã mesmo, se possível, ir ficar em nossa casa.
— Farei isso — concordou o filho.

Logo depois, ao entrar no quarto onde Rosa Maria estava, Robert ficou observando-a a distância, percebendo que ela se encontrava acordada.

Aproximando-se vagarosamente para não assustá-la, provocou suaves barulhos que lhe chamassem a atenção, denunciando sua presença.

— Tudo bem, senhora?
— Sim, senhor Robert — respondeu exprimindo em sua aparência um abatimento sem igual.

Seu rosto não havia se queimado, mesmo assim Rosa Maria parecia ter envelhecido alguns anos naqueles poucos dias.

— Estava dormindo tão tranqüilamente há pouco, que chegava a esboçar um sorriso — comentou o médico.

A face generosa da jovem senhora exibiu alegria. Depois ela perguntou com voz branda:

— E o senhor, como está?

Robert olhou para o antebraço e as costas das mãos que possuíam a pele já um pouco cicatrizada, mas muito retorcida, e respondeu:

— Ótimo. Posso dizer que já melhorei.
— Ainda está recente, senhor. Deve doer muito.
— Não. O pior já passou.
— Senhor Robert — mencionou ela com voz enfraquecida —, serei eternamente grata pelo seu heroísmo...

Interrompendo-a, ele afirmou:

— Por favor, senhora, não me agradeça. Cumpri meu dever...
— Senhor! Senhor Robert! — exclamou ela, atraindo-lhe a atenção. — Permita-me agradecer, é o mínimo que posso fazer, por enquanto. Arriscou sua vida... feriu-se com um dos piores acidentes. Dificilmente alguém faria isso. Quero que Deus o abençoe muito.
— Obrigado, senhora. Mas, se não a magôo, gostaria que esquecêssemos disso. A propósito, seria interessante poder sair da clínica, não acha?
Rosa Maria expressou um sorriso fraco, depois argumentou:
— Creio que minha casa não exista mais. Teria que ver com minha cunhada a possibilidade de oferecer-me hospedagem até meu marido voltar, e...
— Por favor, senhora. Conversando com meu pai, chegamos à conclusão de que seria um prazer tê-la, juntamente com Margarida, como hóspedes em nossa casa. Principalmente porque necessitará de constantes observações médicas. Não posso crer que o senhor Gonzáles se oponha.
— Alegra-me muito, senhor Robert, saber que posso sair daqui, mas temo ser um incomodo. Não quero lhes causar nenhuma preocupação. Sei que darei trabalho, estou muito dependente.
— Não dará trabalho algum, senhora. Nossa casa é ampla e temos empregados para cuidar da senhora. São pessoas de nossa inteira confiança e temos a certeza de que vão lhe dispensar cuidados muito generosos.
— Eu acredito, senhor Robert. Minha enteada tem me colocado a par da atenção que vem recebendo de todos.
— Então, senhora; pense no assunto. Não quero influenciá-la mas creio que, na casa de sua cunhada, os cuidados para com a senhora podem ser prejudicados pela... vamos dizer, atenção ou boa vontade — completou ele timidamente. — Acredito que a senhora Dolores não possui empregados podendo estafar-se

com a tarefa. Além do que, estando em nossa casa, será verdadeiramente observada por olhos clínicos. Pense nisso!
Ela parou por alguns segundos, depois perguntou:
— Senhor Robert, meu marido ainda não retornou?
O médico ficou pensativo e não sabia decidir o que deveria dizer. Por fim, falou:
— Não o vi senhora. Ele não esteve aqui na clínica. Eu não tenho percorrido o centro da cidade nos últimos dias a não ser para o trajeto de casa.
— É estranho.
— O quê?
— O senhor Gonzáles demorar tanto. Bem, deixe estar, isso já ocorreu antes.
O doutor David Russel pediu a todos que não comentassem com Rosa Maria sobre seus momentos antes ou durante o incêndio, mas a curiosidade de Robert o assolava e ele não se conteve.
— Senhora, vejo que até agora não comentou sobre o ocorrido.
Seus olhos marejaram lágrimas que, suavemente, rolavam na face pálida.
— Desculpe-me, por favor. Não quis magoá-la relembrando momentos tão dolorosos. Perdoe-me, senhora?
Rosa Maria ficou em silêncio e, por fim, relatou com a voz rouca e embargada:
— Não consigo lembrar nada, senhor Robert. Como já disse ao senhor seu pai, tudo fica confuso... Quando penso no ocorrido, não consigo deter o choro.
— Acalme-se. Não vamos mais falar no assunto. Fique tranqüila.
Mesmo com o pedido do médico, ela insistiu:
— Recordo-me de estar na sala... lendo...
— Não estava em seu quarto?

— Não senhor. Eu estava no divã, em minha sala, lendo, como costumo fazer — dizia ela entre o choro.
— Não sabe dizer como subiu as escadas e foi ao seu quarto? Se alguma empregada a ajudou, ou coisa assim?
— Absolutamente nada... — confirmou ela.
Com piedade, o médico amigo aconselhou:
— Procure relaxar, senhora. Não se preocupe. Já passou. Vou pedir à enfermeira que permaneça aqui com a senhora. No momento preciso ir, mas estarei à disposição se precisar.
— Senhor?...
— Sim! — tornou ele atencioso.
— Não consigo sentir meus pés. É normal?
O médico ficou preocupado e observou os membros inferiores muito deformados pelas queimaduras.
— Bem, senhora, as lesões são recentes e a insensibilidade é comum em queimaduras. Com alguns dias poderemos diagnosticar melhor.
— Obrigada, doutor. Por tudo...
— Não precisa me chamar de doutor nem de senhor. Gostaria de que se sentisse à vontade, se isso lhe for agradável.
Ela sorriu e não disse nada.
Logo após a retirada de Robert, a enfermeira foi fazer companhia à Rosa Maria conforme o pedido do médico.

* * *

Na manhã seguinte, o senhor Gonzáles chegou à clínica logo após o doutor David Russel.
— Bom dia, doutor! — expressou-se o pai de Margarida com firmeza.
— Bom dia, senhor Gonzáles. Eu estava mesmo pensando no senhor. Como passou de ontem até agora?

— Bem, estou melhor — respondeu ele mais flexível.
— Eu não informei à sua esposa que o senhor estava na cidade.
— Como não?!
— Senhor Gonzáles — começou o doutor David Russel a relatar com a autoridade médica que lhe cabia —, sua esposa sofreu um sério acidente como já relatei. Correu sério risco de morte e ainda temo pela circulação comprometida nos membros inferiores. Caso não volte ao normal, receio que teremos de operá-la.
— Quero adiantar ao doutor que não tenho como pagar. Ontem mesmo fui até minha casa e procurei meu cofre naqueles escombros, por horas, sem encontrá-lo. Fui roubado! Não tenho nenhuma reserva disponível.
— Não estou cobrando, senhor Gonzáles. Jamais faria isso, principalmente nesse caso.
— Eu vim aqui para falar com Rosa Maria e perguntar se ela sabe de algo sobre meu dinheiro.
— É justamente isso que gostaria de poupar à nossa paciente. É importante para sua recuperação o estado emocional de alguém que se feriu. Sua esposa sofreu muito, ela precisa ser preservada de emoções fortes. O senhor poderá ir vê-la, mas gostaria de que se mantivesse muito, muito calmo. O senhor entende?
— Entendo sim, senhor. Mas tenho tantas perguntas para fazer a ela que não sei se vou agüentar ficar calado.

Robert que até então ouvia tudo em silêncio, interferiu ponderadamente:
— Senhor Gonzáles, bom dia!
— Oh! Perdoe-me, doutor Robert. Eu estou tão eufórico que nem percebi o senhor. Está melhor? Soube que se feriu para salvar Rosa.

— Estou bem, sim, obrigado. Mas, se me permite aconselhar: o pior já aconteceu. Sua esposa nos conta que não se lembra de nada. Ela só sabe dizer que estava em sua sala apreciando uma leitura...

— Deve ser sim! Ela vive enterrada nesses livros Espíritas. Tomara que não tenha sobrado nenhum sem queimar, porque não vou comprar outros!

— Certo, senhor — concordou Robert tolerante. — Mas como ia dizendo, a senhora Rosa Maria não se lembra de nada. O choque que sofreu com os ferimentos deve ter apagado de sua memória os últimos acontecimentos antes do incêndio. Ela nem sabe dizer como foi para o seu quarto, uma vez que diz ter estado na sala. Porém eu a encontrei no andar acima. Se deixá-la nervosa, preocupada, pode piorar o seu estado, o senhor entende?

— Nervoso e preocupado estou eu que nem tenho para onde ir e não possuo reservas imediatas. Terei de ir para a Espanha ver o que posso fazer para conseguir provisões com brevidade. Mas antes, preciso falar com Rosa Maria.

— A propósito, senhor Gonzáles, tendo em vista que sua irmã não dispõe de grandes acomodações e criadagem, gostaria de lhe pedir a permissão, e também convidá-lo, para transferir-se, juntamente com sua esposa, para nossa casa. Margarida já está lá e a senhora Rosa Maria será muito bem acolhida. Temos várias criadas, como já lhe disse, de muita confiança. Será um prazer recebê-lo também — convidou o doutor David Russel com exímia educação.

— Mas... na sua casa, doutor?

— Sim, claro. Ficará mais fácil para que ela receba atendimento médico. Será bem servida. Além disso, evitará trabalho para sua irmã, pois sua senhora ficará muito dependente.

— Por que, ela não anda? Não vai andar, doutor?

— A musculatura inferior das pernas ficou comprometida. Saberemos somente com o passar dos dias. Agora ela nem pode tentar ficar em pé.

Pela primeira vez, o senhor Gonzáles se deu conta do estado de Rosa Maria.

Inquieto ele pediu:

— Posso vê-la?

— Acompanhe-me — pediu o doutor David Russel enquanto Robert ficava apreensivo.

Ao entrarem na sala onde Rosa Maria se recuperava, o senhor Gonzáles assustou-se já com a tenda de lençóis que armaram para evitar contato com o corpo.

Rosa Maria deitava-se sobre a lateral do corpo que não havia se ferido e mantinha o peito agasalhado com cobertas.

Uma lareira, com fogo brando, era mantida acesa para aquecer o quarto, pois não podiam cobri-la com nada por sobre o corpo ferido, mas ela precisava ser aquecida de alguma forma.

Henry, que estava sentado em uma poltrona estudando um livro, surpreendeu-se com a entrada do pai de Margarida e pôs-se em pé.

Rosa abriu lentamente os olhos cansados que verteram lágrimas de preocupação.

— O que é isso?! — exclamou o marido assustado com tantos cuidados.

— Essa tenda que o senhor vê, serve de proteção para os ferimentos. Não se pode arriscar uma infecção nesse caso — explicou o médico experiente.

— Como tem passado, senhor Gonzáles? — cumprimentou Henry um tanto apreensivo.

— Não posso dizer que estou bem, meu filho.

Virando-se para sua esposa, sem rodeios, perguntou:

— O que aconteceu, Rosa Maria?

Um choro brando a dominou, enquanto ela respondia:

— Não sei lhe dizer, senhor Gonzáles.

— Como não sabe?! — ressaltou o marido alterado.

Os dois irmãos ficaram atentos, enquanto o doutor David, cauteloso, alertou:

— Calma, senhor Gonzáles. Tudo vai se esclarecer. Mas não agora. Tenha paciência.

— Doutor, não posso ter paciência! Como essa mulher deixou acontecer isso?! — Voltando-se para a esposa, insistiu: — Rosa, procurei por meu cofre naqueles escombros e não o encontrei. O que você tem para me dizer?

Tímida, a pobre mulher pendeu com a cabeça negativamente enquanto, com a mão que não havia se queimado, apertava a coberta contra o próprio peito, demonstrando medo e coação.

— Vamos, Rosa! — gritou o esposo rude e enfurecido. — Diga alguma coisa!!!

Nesse momento, o senhor Gonzáles segurou a mão de Rosa Maria com força, agitando-a. Mas não por muito tempo, os doutores David e Robert o seguraram com firmeza, impedindo-o de agredi-la com tal gesto.

— Soltem-me! Larguem-me! — gritou ele no momento em que era levado para fora do quarto.

Rosa Maria caiu em choro compulsivo e Henry ficou tentando acalmá-la.

— *Je serais dû mourir!...* — "Eu deveria ter morrido!..."

Lamentou a mulher infeliz em idioma francês, com desilusão e medo. Henry não entendeu, mas sentiu sua queixa triste, traduzindo os sentimentos.

Fora do quarto, Robert se impôs contra o senhor Gonzáles com veemência.

— O senhor deve se conter ou eu chamo a polícia. Poderá tratar sua esposa como quiser, mas longe de nossas vistas e quando ela não estiver mais sob a nossa responsabilidade, senhor Gonzáles! O que está fazendo é crime!

O marido, antes imponente, agora se acovardou. Abaixou a tonalidade da voz e justificou:

— Perdi o juízo.

O pai de Robert, muito ponderado, alertou:

— Vamos nos acalmar, estamos todos nervosos devido à tragédia. Com agitação não poderemos resolver nada. Senhor Gonzáles, não se controlando, terei que restringir sua visita à senhora Rosa Maria.

— Eu não sei o que fazer, nem por onde começar! — alegou Gonzáles, perturbado.

— Agredindo sua esposa não é um bom começo — avisou Robert sem controlar os sentimentos.

— Filho, por favor — recriminou seu pai.

Robert, insistente, prosseguiu:

— Senhor Gonzáles, já que não sabe o que fazer nem como irá reconstruir sua vida, sua casa, permita-nos levar sua senhora para nossa residência. Margarida também ficará lá e, quando quiser, poderá visitá-las. Até que se estabilize novamente. Assim que isso ocorrer, sua esposa estará recuperada. No momento ela será mais uma preocupação, o senhor não concorda?

— Vou levá-la para a casa de minha irmã. Lá elas se viram.

— Procure compreender, senhor Gonzáles — insistiu Robert.

— Sua irmã não tem prática ou condições para cuidar de uma doente no estado de sua esposa. Um enfermo assim oferece muito trabalho, sem contar que a casa ficará pequena para todos vocês. Podemos levar sua senhora para nossa residência, temos espaço e excelentes acomodações. Estaremos sempre presentes para quaisquer emergências e sua filha lhe fará companhia. Até onde posso ver, a senhorita Margarida e a madrasta são muito amigas.

Robert, apesar da fala firme, parecia se desfigurar. Seu pai percebeu, mas nada comentou.

Enquanto que o esposo irritado se manifestava:

— Não quero dar trabalho ou preocupação para vocês. Além disso, não concordo com Margarida morar na casa do moço com quem tem compromisso.

Transparecendo sua calma, o pai de Henry se manifestou:

— Não teremos trabalho algum, e vai nos criar preocupações se não a tivermos sob vigilância para sabermos de seu estado. Quanto a meu filho Henry, como é de seu interesse, devo relatar-lhe que ele tem ficado aqui todas as noites, desde o incêndio, a fim de oferecer cuidados à sua esposa e, pela manhã, quando Margarida chega para ficar com a madrasta, Henry retorna para casa, pois precisa se recompor para a próxima noite em claro. Além disso, na semana que vem, meu filho retorna a Oxford porque acaba o período de recesso escolar.

Contudo — esclareceu o pai depois de breve pausa —, ontem estive conversando com Henry e aconselhei meu filho a tomar Margarida como noiva e providenciar seu casamento quando retornar formado de Oxford. Perdoe-me fazer-lhe esse pedido nessas condições, mas, não tivemos ocasião melhor. O senhor permite?

— Estou atordoado, não sei o que dizer. Gosto muito do Henry... — Após poucos segundos, perguntou: — Quando seu filho se forma?

— No próximo inverno.

— Já?!

— Sim. Eu sei que falta pouco. Mas, se o senhor quiser, poderemos esperar o verão. Creio que será tempo suficiente. Enquanto isso, sua filha receberá os mais finos e gentis cuidados em minha casa, junto com sua esposa, até que o senhor se reorganize.

— Isso não me agrada. Mas tenho que admitir, doutor, não me resta alternativa melhor.

— Está decidindo pelo melhor, senhor Gonzáles. Acredite. Não se preocupe. Quanto às comemorações desses acontecimentos, pedirei ao senhor que me deixe prestigiar os noivos. Faço questão de tomar conta de tudo. Espero que entenda. Devo a Henry o que proporcionei a Robert.

— Como o senhor quiser, doutor. Mais tarde, posso vir aqui para ver minha filha?

— Teremos prazer em recebê-lo. E, com certeza, a jovem ficará feliz em revê-lo.

— Eu duvido — retrucou o homem. — Mesmo assim, virei.

Com a saída do senhor Gonzáles, o doutor David Russel virou-se para Robert que se transformava, desfigurando-se na sua frente. Preocupado perguntou:

— Você está bem? Está pálido!

Robert ergueu uma das mangas de seu agasalho e exibiu a seu pai seus ferimentos de queimaduras dilacerados.

— O que foi isso, Robert?!!! — assustou-se o médico impressionado.

— Estou até me sentindo mal por tanta dor... — confessou Robert relaxando o semblante fechando os olhos como se fosse desmaiar. — Ajude-me, pai...

— Deite-se aqui, depressa! — pediu seu pai, levando-o para outra sala e colocando-o sobre uma maca.

— Como foi isso, filho?

— Quando detivemos o senhor Gonzáles para que não agredisse a esposa, ele torceu meu braço e esfolou toda a pele parcialmente cicatrizada e fina.

O doutor providenciou os curativos para o filho, depois mandou-o para casa junto com Henry.

8

Resignação

Rosa Maria foi levada para a residência da família Russel onde a receberam com muita generosidade.

Em poucos dias, ela já havia acostumado com a criadagem que lhe proporcionava muita atenção.

— Não consigo andar, Margarida — comentou a madrasta com melancolia. — Já tentei tantas vezes...

— Acalme-se, Rosa. Faz pouco tempo.

— Nem tanto. Não consigo apoiar nem estender as pernas. Meus músculos se atrofiaram, eles mirraram.

— Não diga isso.

Poucas batidas na porta fez Margarida permitir:

— Entre!

Robert as cumprimentou como sempre, com educação e apresso, depois perguntou:

— Como se sentem? Já se acostumaram com as novas instalações?

— Sim, claro! — afirmou Rosa Maria. — Tudo é muito confortante. Quanto ao tratamento que estamos recebendo... nem tenho palavras que expresse minha gratidão.

— Robert — interrompeu Margarida —, Rosa está preocupada, ela sente que suas pernas atrofiaram!
— Perdoe-me, Margarida, não é bem assim. Posso explicar: sinto dificuldade com os pés. Perdi o movimento com eles junto aos tornozelos e a perna direita, na articulação do joelho. Sabe como é Ro... — a senhora se deteve quando ia pronunciando o nome do médico sem um título de respeito. De imediato, justificou: — Desculpe-me, senhor, é que Margarida... às vezes me deixa atordoada. — Creio que saiba do que estou falando, senhor Robert, tenho dificuldade com a extensão e com o apoio.
— Por favor, chame-me de Robert — propôs o médico, esboçando suave sorriso.
— Então a chame de Rosa Maria! — sugeriu Margarida espirituosa.
Rosa Maria enrubesceu e Robert, ainda sorrindo, aceitou:
— Pois bem, de hoje em diante, Rosa, passe a me chamar de Robert.
A jovem senhora concordou alegre e retribuiu animada:
— Está certo, Robert. Como ia dizendo, é uma sensação estranha de não poder mexê-los, entende?
— O que ocorreu foi o seguinte: As chamas queimaram os nervos e os músculos, fazendo-os encolher. Essa redução diminui a flexão e o estiramento.
— Não poderei andar mais? — indagou ela, com muita tristeza no olhar.
— Não sei dizer, Rosa — confessou o médico. — Daqui alguns dias irei acompanhá-la com certos movimentos e exercícios para facilitar a articulação, talvez isso ajude. Mas, por ora, o que posso fazer é providenciar um transporte.
— Transporte?! — perguntou Margarida, curiosa.
— Sim. Uma cadeira de rodas. Rosa precisa sair desse quarto. Temos um grande e belo jardim, ela precisa se distrair. —

Voltando-se para a jovem senhora perguntou: — Já conhece o pequeno lago?
— Não.
— Margarida o conhece bem. Iremos visitá-lo, tenho certeza de que será o local predileto para seus passeios.
Enquanto todos os cuidados eram oferecidos a Rosa Maria e Margarida, Gonzáles instalou-se na casa de Nancy e Peter.
O jovem Peter dificilmente trocava palavras com seu pai. Porém, à medida que conversava com Nancy, o rapaz prestava muita atenção em todos os detalhes da conversa.
— Então Rosa Maria não morreu? — interessava-se Nancy ao conversar com Gonzáles.
— Não. Rosa queimou-se toda, mas não morreu. O doutor Robert a salvou. Agora ela e a Margarida estão instaladas na casa do médico.
— E você, não pode ir lá?
— Posso sim. Como já fui. Só que sou orgulhoso para aceitar favores, principalmente para mim mesmo. Não poderia morar lá. E ficar na casa da minha irmã é um inferno. Na próxima semana, volto para a Espanha. Verei o que resolvo depois de tanto prejuízo. Todo meu dinheiro ficava naquele cofre.
— Tem certeza que procurou direito?
— Como não?! — retrucou Gonzáles. — Se Rosa Maria tivesse juízo, teria mandado Margarida procurá-lo logo cedo, após o incêndio.
— Ora Gonzáles, ela estava machucada! Eu até pensei que houvesse morrido.
Gonzáles encontrava-se agitado, além do normal.
— Você está nervoso, homem. O que está acontecendo?
— Depois de ver toda essa desgraça, você ainda pergunta o que está acontecendo?!
Nancy calou-se, procurando outros afazeres.

Peter, que em outro cômodo ouvia toda a conversa, começou a ficar preocupado pelo fato de Rosa Maria tê-lo visto quando ele a agrediu antes de levá-la para o quarto e incendiar a casa.

— "Eu não sabia que Rosa estava viva!" — pensava o filho de Gonzáles. — "Quando eu perguntei, no dia seguinte ao incêndio se houve vítimas, disseram que foram duas mulheres! Pensei que Rosa... Maldita!"

Irritado e temeroso, Peter começou a pensar em um jeito de resolver a situação.

— "Aquela mulher não pode falar que me viu!" — continuava Peter a pensar — "Ela pode me reconhecer. Tenho que acabar com aquela infeliz de uma vez!"

Descontrolado por sua fraqueza e falta de Moral, Peter aceitava receber as influências de Flora, um espírito perturbado e sem harmonia pelo desejo de vingança.

O rapaz se determinou a livrar da consciência a preocupação de ser reconhecido por Rosa Maria, fosse como fosse.

* * *

Com o passar dos dias, Robert fazia questão de levar Rosa Maria para passear a fim de animá-la, pois percebeu que depois de algumas visitas do senhor Gonzáles, ela se entristecera perdendo, cada vez mais, o brilho de sua alegria. A jovem senhora não saía do quarto, principalmente por estar tão dependente.

— Não posso! — Advertia a jovem senhora. Robert, após muita insistência, não a convenceu a sair do quarto com sua ajuda.

— Você não ousaria, Robert!!! — alertou ela, ao vê-lo inclinar-se para pegá-la nos braços. — Não pode fazer isso!

O gentil cavalheiro pouco se importou com as queixas.

Tomou-a em seus braços e, sem dar satisfações, estampando um leve sorriso no rosto, desceu as escadas de sua residência com triunfo, carregando-a.

Elizabeth, a governanta e o doutor David Russel estavam na sala de estar e, ao ver seu filho no patamar da escada com Rosa Maria nos braços, descendo em seguida, nada comentaram apesar de estranhar a cena.

Ainda sustentando-a, Robert cumprimentou seu pai e a governanta com naturalidade.

— Bom dia, meu pai! — voltando-se para a mulher tornou:
— Bom dia, Elizabeth!
— Bom dia, Robert! — retribuiu o pai olhando por sobre os óculos. Mesmo achando incomum o comportamento de seu filho, procurou manter-se indiferente e perguntou:
— Vai sair, filho? Vi o coche parado à porta e...
— Sim! — confirmou ele com satisfação. Vou levar Rosa a um passeio. Dispensei o boleeiro. Eu mesmo guio.

Voltando-se para Elizabeth, solicitou:
— Por gentileza, senhora, poderia pegar, no quarto de Rosa Maria, sua sombrinha e a bolsa?
— Certamente. — afirmou a mulher indo à busca do pedido.

Envergonhada, Rosa Maria tentou dizer:
— Por favor, sinto-me...
— Há de sentir-se melhor, Rosa. Daqui a pouco — atalhou Robert com satisfação.

A jovem senhora segurava em seu pescoço, exibindo, sem motivo, um certo receio de cair. Em seu rosto rubro, podia-se notar o quanto estava constrangida.

— Até breve, meu pai!

Despediu-se o médico de seu pai, saindo porta afora em direção ao coche luxuoso e indo acomodar a jovem senhora naquela condução.

O doutor David Russel lia seu jornal sossegado e mostrou um sorriso animado, pendendo a cabeça suavemente, achando graça no que via.

Depois de entregar a Robert a sombrinha e a bolsa que lhe foram solicitadas, Elizabeth entrou e comentou com o patrão.

— Há anos não vejo o senhor Robert sorrindo assim... animado e alegre como nos últimos tempos.

— É verdade, Elizabeth, há tempos não o vejo feliz. Já faz dias que insiste com a Rosa para que aceite sua ajuda a fim de sair daquele quarto e... nunca pensei que ele se encorajasse e chegasse a tanto! — comentou o pai com singular expressão.

— O senhor está preocupado, não é?

— Sim, Elizabeth. Isso me preocupa um pouco. Mas sei que meu filho é muito responsável, ele sabe o que está fazendo e recorrerá a mim quando estiver em dúvida. Tenho certeza. Confio nele.

— Ele me parece tão feliz! Retomou a juventude. Sempre desejei que algo transformasse sua vida novamente para que tivesse o que merece... o que sempre mereceu: vida e alegria.

— Robert é um bom homem. Sei que merece ser feliz e é isso o que me preocupa, Elizabeth.

— Como assim, senhor David?

— Meu filho pedirá minha opinião para análise de sua conduta, porém tenho que admitir: ele é muito determinado. Preocupa-me quando descobrir o que o faz feliz e o que terá de fazer para manter essa felicidade definitivamente, entende?

— O senhor é contra uma união assim?

— Sou a favor da felicidade dele, Elizabeth.

— Eu entendo, senhor David. Deus é grande, Ele dará a Robert o que ele merece e não teve a oportunidade de conseguir até hoje. Só lamentarei se Rosa não puder andar mais. Ambos merecem toda a felicidade... são criaturas tão... Ah! Não sei... —

empolgou-se ela entoando a voz com doçura — Seria um conto de fadas se o senhor Gonzáles sumisse... e... Ah! Ela é moça! Um casamento... filhos...

Elizabeth parecia sonhar na confissão feita sobre seus pensamentos, sem perceber. Ao olhar para o doutor David, estranhando suas conclusões, fitava-a com expressão surpresa. Ela calou-se imediatamente e, pedindo desculpas, retirou-se.

O passeio realizado foi deslumbrante.

Rosa esqueceu-se da vergonhosa situação e sempre sorria graciosamente ao depararem com curiosidades.

— Veja! Veja lá! — alertava o cavalheiro animado. — Não lhe disse que os automóveis iriam ganhar mais velocidade?!

— Ora! Ainda são mais lentos que os cavalos, que as carruagens!... — observou ela.

— Ah! Eles serão aperfeiçoados, eu tenho certeza!

— Tem vontade de guiar um?

— Não imagina que já o tenha feito?!

Rosa surpreendeu-se, exclamando:

— Verdade?!

— Foi um percurso pequeno, mas eu consegui! Quem sabe ainda não terei um!

— Não duvido, Robert! Não duvido.

Tomando novamente as rédeas e adiantando os cavalos, ele comentou, à medida que se afastavam da cidade, alongando o passeio.

— Acredito na modernização e no aperfeiçoamento de tudo, por essa razão nunca critico uma idéia nova. Veja só: Benjamim Franklin, quando empinava uma pipa, num dia de tempestade, percebeu os efeitos elétricos através da linha e concluiu que os relâmpagos resultavam da desarmonia elétrica entre o solo e as nuvens. Foi então que construiu o primeiro: Pára-raios. Em 1752, quando apresentou seu relatório a respeito da experiência, todos o criticaram e riram muito dele e de suas conclusões.

A partir daí, em 1800, Alessandro Volta inventou a pilha elétrica. Em 1873, o cientista Zenobe Gramme, da Bélgica, provou que a eletricidade poderia ser conduzida de um lugar para o outro através de cabos condutores aéreos. E, há menos de dez anos, em 1879, um americano, Thomas Edson, inventou a lâmpada incandescente que temos hoje em nossas ruas principais e até em algumas residências, substituindo as tochas. Ah! Lá na América mesmo, em Nova York, Thomas Edson construiu a primeira central de Energia Elétrica com sistema de distribuição.

Entusiasmada, Rosa ressaltou sua experiência:

— Eu estava na "Ópera de Paris", em 1880, quando a luz elétrica foi utilizada pela primeira vez no palco de um teatro. Era uma peça de Shakespeare. Fiquei tão emocionada! Não sei se pela peça ou pela iluminação que deu vida, muita vida ao espetáculo! Toda cenografia sofreu profunda modificação. A iluminação elétrica passou a imprimir ao cenário mais beleza e uma dinâmica nas mensagens visuais que faltavam aos telões pintados. Nem a luz a gás fornecia tanta expressão.

— Teria que ser Paris, "a cidade Luz", a adotar iluminação com lâmpadas incandescentes! Já foi a um teatro com iluminação de tochas e velas ainda existentes em pequenas cidades?

— Sim, Robert, já. E com candeeiros a óleo, com manga de vidro também!

— Você tem muita cultura, Rosa! Isso me agrada. Se gosta de teatro, marcaremos um dia para irmos assistir a uma bela peça. Sempre as temos aqui em Londres.

O olhar da jovem senhora, que até então brilhava encantado pela conversa agradável, pareceu perder a animação enquanto Robert planejava o passeio. Porém, muito atento, o cavalheiro percebeu a tristeza no silêncio de sua acompanhante.

Preocupado, procurou um lugar adequado, parando o coche e perguntou:

— O que foi Rosa? Sente alguma coisa? O que aconteceu?

Impossibilitada de deter as lágrimas, ela foi sincera em sua confissão:

— Como posso divertir-me? Ir às festas, dançar ou simplesmente assistir a uma peça teatral? Não consigo mais andar!

— Não pense assim, isso pode ser temporário! — disse ele, virando-se para trás e entregando-lhe um lenço.

— Como meu amigo e como o meu médico, por favor, diga-me a verdade: voltarei a andar novamente?

Nesse segundo, Robert sentiu toda a responsabilidade de dar ou não esperanças a alguém com sua resposta.

Ainda voltado para trás, pois sentara-se no banco dianteiro do coche, olhou-a fixamente nos olhos, sem se expressar. Ele não possuía palavras.

Um tanto melancólica, mas sem drama, Rosa Maria insistiu:

— Por favor, meu amigo, se é que posso lhe chamar assim. Responda-me a verdade — pediu ela com muita meiguice: — vou andar novamente?

Emocionado, o médico e amigo, declarou:

— Talvez...

Detendo-se em seguida, ele tomou suas mãos delicadas, por sobre o banco, beijou-as com respeito, dizendo:

— Perdoe-me, Rosa...

— Não vou andar mais, não é?

Insistiu ela retirando suas mãos dentre as dele com delicadeza.

Robert ergueu o corpo, espairou o olhar pela paisagem, suspirou fundo, encarou-a novamente e afirmou:

— Talvez não. Desculpe-me. Faltou-me coragem para lhe dizer isso antes.

Rosa Maria começou a chorar de tristeza e Robert, saindo do banco onde se acomodava, sentou-se a seu lado e contemplou-a com imensa piedade. Sentindo as lágrimas marejarem também em seus olhos, não sabia o que fazer.

Depois de algum tempo, a jovem senhora se recompôs e confessou sua preocupação:

— Meu medo, minha tristeza, não é somente pelo fato de ficar paralítica.

— Como assim? O que quer dizer?

— Estarei condenada à prisão de uma casa quando o senhor Gonzáles reconstruir a vida. Margarida vai se casar... não poderei mais sair, ficarei dependente... só... abandonada.

Um choro pesaroso a dominou e Robert, comovido, não resistiu, reagiu contra o comportamento que sua educação exigia junto aos costumes da época e acabou por abraçar Rosa Maria.

Recostando-a em si, o médico não deteve as lágrimas e chorou também, sem que ela percebesse.

Passados aqueles minutos de fortes emoções, mesmo sentindo seu coração apertar, ele procurou animá-la.

— Eu posso estar enganado. Veja só, há pessoas que reagem melhor do que outras dentro de quadros acidentais semelhantes.

A jovem senhora não disse nada nem chorou mais.

Porém podia se perceber seu medo e sua dor.

— Rosa?! — chamou Robert com generosidade.

Ela o encarou com o olhar ainda umedecido ouvindo sua pergunta:

— Não quer mais ir morar com Gonzáles?

As lágrimas insistentes brotaram nos olhos daquela mulher, e ele tornou:

— Responda-me. Quer voltar a morar com seu marido?

O medo a fez sussurrar:

— Não... — Depois de alguns segundos, ela relatou: — Se eu pudesse, juro a você, após o casamento de Margarida, eu iria sumir. Sempre planejei isso. Desculpe minha sinceridade, mas não podia suportar mais... Agora, assim como estou... ele vai me confinar a...

Rosa chorou novamente e Robert, muito preocupado, prometeu-lhe amparo.

— Não fique assim. Vou ajudá-la.

— Não pode! Não há nada que você ou alguém possa fazer.

— Confia em mim, minha amiga?

— Eu confio mas...

Ele sorriu e avisou:

— Já tenho duas idéias. E se uma não der certo, a outra, com certeza, dará!

— O que tem em mente?

— Primeiro, podemos induzir Gonzáles a observar suas limitações e dependência. Meu pai nos ajudará.

— E daí?

— Não estaremos mentindo, é a verdade. Depois, examinando o trabalho e a preocupação com você, Gonzáles não ficará animado. Será a hora de Margarida agir.

— Como?

— Pedindo para tomar conta de você. Implorando, se preciso for, ao pai para que a deixe cuidar da amiga que sempre lhe deu bons tratos. Será a oportunidade dela retribuir tudo o que recebeu de você. Com o casamento, Margarida e Henry vão morar na mansão, obviamente, você fará parte do nosso convívio. — Procurando brincar com Rosa, ele alegou: — Só espero que Margarida tenha realmente boas referências a seu respeito!

A jovem senhora sorriu e depois perguntou:

— E se não der certo? E se Gonzáles não me deixar morar com Margarida? Talvez até Henry não queira.

— Eu duvido que meu irmão não a queira conosco. Mas quanto a Gonzáles, se ele não quiser, usarei meu segundo plano.
— Qual? — insistiu ela.
— Um escândalo na sociedade londrina! — disse ele eufórico e com ironia, exibindo pela primeira vez um sorriso espontâneo.
— Como assim, Robert?
Dissimulando, ele deu novo rumo a conversa:
— A propósito, amanhã sua condução pela casa estará à disposição! Isso lhe dará mais mobilidade.
— Robert, não desvie o assunto.
Ele sorriu animado e falou:
— Confie em mim! Certo?
Rosa se recompôs. Ele tomou novamente seu lugar como guia no coche e eles seguiram com o passeio retornando ao centro de Londres.

O cavalheiro deu início a outros assuntos a fim de distrair sua acompanhante.

Na praça principal, próximo à Ponte de Londres, estacionou o coche, desceu e falou:
— Aguarde-me aqui. Volto logo.

Ao retornar, como um parceiro que se esforça fielmente a buscar o ânimo do amigo, ele a presenteou com um lindo ramalhete de flores.
— Robert!... — exclamou Rosa Maria maravilhada, sem mais palavras.
— Só quero um sorriso para cada flor! — pediu o educado cavalheiro, querendo vê-la alegre.

Rosa nunca havia ganhado flores. Ela sentia-se muito feliz.

Recuperando o ânimo, seguiram de volta à mansão da família Russel, afastando-se do centro da cidade.

Ao estacionar frente à porta principal, Margarida os recebeu com largo sorriso, exclamando:

— Quando Elizabeth me contou, não acreditei!

Henry, que acabava de chegar de Oxford, contribuiu para Rosa Maria perder a encabulação quanto a sua dependência, o mais rápido possível, pois sabia que teria de acostumar-se com o auxílio de todos.

— Com licença, senhora!

Pediu o jovem, abrindo a porta do coche. Pegou Rosa Maria em seu colo e levou-a para dentro da residência, acomodando-a na sala.

Ainda muito tímida, era difícil acostumar-se com aqueles cuidados. Principalmente para ela, mulher sempre independente e prestativa com todos.

Mas haveria de ser assim, pois para cada local que precisasse ir, teria de receber ajuda.

Naquele mesmo dia, Robert foi ter com seu pai, no escritório da mansão, relatando-lhe seus planos.

— É uma boa idéia, filho. Só não sei se aquele homem vai concordar. Ele, como já disse, é imprevisível!

— Veja, pai, o senhor mesmo concluiu que Gonzáles é materialista. Uma pessoa assim, não quer ter preocupação ou responsabilidade que o prenda. Lembra-se de que reparou que ele não pensou, por um instante, em sua esposa, dando mais atenção ao dinheiro do cofre e aos prejuízos do incêndio? Gonzáles não vai querer ficar com a mulher nessas condições, principalmente quando Margarida pedir para tomar conta dela a fim de retribuir-lhe todos os cuidados.

— Tem certeza, Robert?

Muito confiante, o filho confirmou:

— Claro que sim, meu pai!

Imediatamente, andando pelo escritório e fechando a porta para mais privacidade, de súbito, o pai perguntou:

— E você, filho?

A indagação surpreendeu Robert, que considerou:
— Como? Eu não entendi, pai! — Tornou ele menos ansioso e, tentando esclarecer, explicou: — Espero que o senhor não pense que minha dedicação e cuidados para com essa senhora casada, esteja ocorrendo com interesses outros. Não haveria motivos nem cabimento eu... eu..
O filho mais velho do doutor David Russel não sabia que termo usar em sua defesa.
Ponderado, o pai declarou:
— Robert, meu filho, sei que você é um homem e não necessita mais de minhas orientações, porém isso não me impede de observar os acontecimentos.
Filho, desde quando seu irmão Henry iniciou compromisso com a filha de Gonzáles, percebi seu interesse em acompanhá-lo, procurando não marcar pacientes para os dias do namoro de seu irmão principalmente no horário do compromisso, só para fazer presença, junto com ele, na residência dos Gonzáles.
— Pai!...
— Permita-me terminar, Robert. Não pude deixar de notar quão entusiasmado você sempre relatava a educação, a inteligência, a instrução e o interesse da esposa de Gonzáles pelos assuntos que você conhece, aprecia ou domina. Ficando ainda mais maravilhado por ela estar sempre animada em ouvi-lo.
O filho do médico tomou postura, quase arrogante, e com o semblante sisudo informou a seu pai:
— Meu pai, não posso admitir que o senhor me acuse de ter invadido um lar a fim de conquistar uma senhora compromissada!
— Robert, Rosa Maria não representa uma senhora. Você nunca a viu assim. Ela tem pouco mais idade que seu irmão. Ouça-me, filho, eu tenho certeza de que não foi sua intenção aproximar-se sentimentalmente dela. Porém tem de admitir, hoje, que não a vê mais como a senhora Gonzáles.

O filho reagiu sério, mas sem agressão, atalhando-o.

— Sou um homem responsável, meu pai! Sempre forcei-me às maiores expressões da fina educação que recebi e vivenciei nesta casa, principalmente com o senhor. Jamais, em nenhum instante, nutri quaisquer sentimentos ou desejos por Rosa Maria que não fosse o da mais pura e sincera amizade e consideração. Não posso acreditar que o senhor esteja me julgando como um cafajeste. Eu nunca lhe dei nenhum motivo para isso. Hoje, o que sinto por ela é uma profunda piedade que, com certeza, creio que o senhor também experimenta no mesmo grau e intensidade que eu. Por isso, como o senhor, eu também quero ajudá-la.

Meu pai, veja o estado lamentável que ela enfrenta hoje! É uma pessoa tão nova e cheia de vida que está condenada a limitações, dependência total, além de uma série de complicações com a saúde que terá, a partir de agora, não só pela paralisia e imobilidade. Como médicos, sabemos que existirão problemas renais porque a pele perde suas funções de transpiração com as queimaduras... não só isso, pai... haverá impedimentos... O senhor viu como ela ficou! Nem sei como sobreviveu!

Somente um crápula poderia pensar em envolver-se com uma pessoa tão sofrida como Rosa Maria a fim de desenvolver propósitos e desejos sentimentais induzindo-a a um relacionamento mais íntimo.

Creio que não preciso ser mais claro e penso que o senhor me entendeu.

A prova de que eu não quero e não vou me envolver com Rosa, o senhor terá, após o casamento de Henry, com a minha saída dessa casa. Isso se dará para que nem o senhor nem qualquer outro tenha alguma dúvida quanto às minhas intenções. Eu tenho condições, em todos os sentidos, de me manter muito bem em outro local. Por essa razão abro mão de todo o conforto dessa casa para que ela possa ter os cuidados de que necessita e o carinho que merece ao lado de Margarida.

O pai ouvia com paciência, aguardando que Robert chegasse a uma pausa a fim de não cortar-lhe o desabafo.

Chegado o momento, o médico experiente ponderou:

— Já entendi, filho. Eu o ouvi com calma e paciência. Você poderia me oferecer um pouco de atenção?

Robert reclinou a cabeça concordando. Permanecendo em silêncio, seu pai prosseguiu:

— Eu nunca considerei a possibilidade de ter um filho cafajeste! — declarou o médico com autoridade e firmeza, mas sem perder a postura. — Em nenhum momento acreditei que você estivesse se aproximando de Rosa com qualquer outra intenção que não fosse a de ajudá-la, principalmente. Se aconteceu uma transformação em seus sentimentos, tenho certeza de que não houve planejamento de sua parte. Além do mais, não vou aceitar que saia dessa casa para não restar dúvidas quanto a seu comportamento ou sua moral. Robert, antes de mais nada, você é meu filho e nós temos uma família a preservar. Faço empenho e admito que ela cresça, porém jamais poderei concordar com sua divisão por motivos como esse. Se você quiser sair dessa casa devido à presença de Rosa Maria aqui, não poderei tolerar que ela fique conosco. Serei muito firme quanto a isso, meu filho. Rosa seguirá seu caminho com seu marido caso você queira nos deixar.

O silêncio se fez por alguns instantes.

Estarrecido, Robert não esperava essa decisão de seu pai. Muito atento, continuou ouvindo, enquanto o patrono da casa prosseguia ponderado:

— Preste atenção, Robert: você é meu filho! Se desejamos e podemos ajudar Rosa Maria, nós o faremos juntos. Minha preocupação com você está muito longe de duvidar de seu caráter, de sua educação e de sua postura moral.

Eu, mais do que ninguém, acompanhei sua vida, suas dificuldades e suas decepções, as quais não foram poucas, meu filho. Não acredito que você mereça sofrer mais. Creio que já chega!
— O que o senhor quer dizer com isso, meu pai?
— Que em nenhum momento duvidei de você, mas quero fazer o possível de preservá-lo contra novas decepções.
Há tempos eu o vejo apaixonado pela personalidade maravilhosa de Rosa Maria.
— Pai...
Interpondo-se ligeiro, o doutor David prosseguiu:
— Deixe-me continuar. Você já me interrompeu e eu o ouvi, por favor?
O filho calou-se, enquanto seu pai indicando uma cadeira, pediu:
— Sente-se aqui.
Robert aceitou e o médico continuou:
— Vou repetir: você apaixonou-se pela personalidade de Rosa Maria. Sinceramente fiquei preocupado por ela ser uma mulher casada. Mas depois que percebi o tipo de vida que o casal Gonzáles experimentava, visto que ele só a ostentava como esposa no nome, pensei: "Mesmo indo contra todos os meus princípios, eu o apoiaria totalmente caso esse matrimônio se desestabilizasse e você se empenhasse, se determinasse em ser feliz com Rosa, fosse como fosse."
— Pai!...
— Escute-me! — Exigiu o pai mais veemente, depois prosseguiu: — Quem não percebeu que Rosa Maria estava aguardando uma pequena e única possibilidade e estabilidade para abandonar o marido?
— Não pode pôr em dúvida a moral de Rosa, meu pai!
— Ora, Robert! Não me venha com conversa! Não estou duvidando da moral dessa mulher, meu filho! Acredito que ela

já deveria tê-lo abandonado há muito tempo. Rosa Maria não merece aquele homem... aquela vida! Não sou cego! Sou um homem experiente e já percebi tudo! Rosa Maria suportou isso porque é dependente totalmente do marido e uma mulher com referências de abandonar o lar, sob qualquer pretexto, só encontrará apoio junto às... às... mulheres da vida.

— Pai!

— Não se iluda! É a realidade. Eu já havia percebido que não iríamos receber em nossa casa somente a filha de Gonzáles. Enfrentaríamos o maior escândalo da sociedade londrina quando recebêssemos a madrasta da moça. Por isso até planejei estabilizá-lo com um consultório em outro condado ou até no continente, a fim de que você e Rosa Maria pudessem ser felizes sem incomodo algum.

Robert estava surpreso e mantinha-se calado enquanto o pai prosseguia:

— Filho, a cada dia nesses últimos meses, tive que reformar muitos princípios morais que sempre fiz questão de preservar para chegar a essas conclusões. E vou lhe confessar uma coisa: minha consciência se tranqüilizava cada vez que, no fim dessa história, em tudo que eu planejava, eu o via com Rosa, filhos e felicidade.

Mas o destino não foi fiel e traiu meus planos. Por isso, hoje, preocupo-me com você.

— Meu pai, eu não estou apaixonado por Rosa Maria.

— Tem certeza, filho?

— Claro que tenho.

— Robert... Robert... — dizia o pai, caminhando lentamente pela sala. — Lamento vê-lo tão cego ou então mentindo para si mesmo. Seu amor por Rosa vem se desenvolvendo aos poucos pelas compatibilidades, pelas afinidades e explodiu, incontrolável, no exato instante que você entrou naquela casa totalmente em chamas e prestes a desabar, sem saber se ela ainda estaria viva e muito menos onde encontrá-la, ferindo-se, sem se incomodar, suportando a pior das dores, mesmo tendo condições de fugir, só para tirá-la dali, daquele inferno.

Podemos dizer que você entrou no inferno para salvá-la. Isso nós não fazemos se não tivermos amor. Eu, por exemplo, só o compreendo porque faria o mesmo por sua mãe e por um de meus filhos. Por essa razão posso afirmar que você a está amando sim.

O filho abaixou a cabeça e por alguns minutos o silêncio dominou o ambiente.

— Robert, você ainda vai continuar me contradizendo?

Ele não respondeu de imediato, mas a expectativa do doutor David Russel, que fixou o olhar nele, cobrou-lhe uma manifestação.

Suspirando profundamente, Robert perguntou humilde:

— Eu não medi as conseqüências nem me dei conta do que estava ocorrendo. Creio que o senhor descobriu antes de mim. O que eu faço, meu pai?

— Não sofra.

— Como? — perguntou com a voz trêmula, emocionado e triste.

— Conscientize-se de que, ficando ao lado de Rosa Maria, poderá amá-la, mas terá de respeitá-la como a uma irmã. Não a induza a lamentações tristes porque agora ela não pode levar uma vida normal. Rosa Maria já está com muitos problemas e sofrimento. Não seja você a causa ou o motivo de mais um.

— Devo me afastar dela?

— Não. Trate-a como vem fazendo, mas sem dar-lhe esperanças. Você consegue.

— O senhor acredita que ela sente algo por mim?

— Claro que sente, Robert!

O filho encarou seu pai ainda mais surpreso e preocupado.
— Não se assuste, Robert. É a realidade! Só não percebe quem é cego.
— Eu gostaria que fosse diferente, meu pai — confessou Robert, alinhando os cabelos com as mãos pelo nervosismo que experimentava.
— Eu também quereria que fosse diferente. Mas tenho de encarar a realidade e evitarmos mais sofrimentos.
— Pai, como o senhor vê o estado de Rosa? Qual seu parecer como médico?
Andando pela sala, pensou e por fim respondeu sincero:
— Deveria ser mais direto, Robert. Eu sei o que você quer perguntar e sei que, como excelente profissional, já tem um parecer claro e vai coincidir com o meu. — Encarando o filho, ele relatou: — Rosa sofreu queimaduras em diversas partes do corpo. Foram muito intensas ao ponto de eu acreditar que devíamos operá-la a fim de amputar-lhe uma das pernas. Você chegou a concordar comigo, mas os dias provaram não ser necessário mais sofrimento.

Essa atrofia dos membros inferiores, é permanente. Reconhece também que sua saúde ficará sensível pela falta de mobilidade. Nosso clima não ajuda e ela ainda não enfrentou o inverno rigoroso. Como bem lembrou, terá problemas renais, gástricos, intestinais e respiratórios, tudo isso pela paralisia.

Bem, Robert, esse diagnóstico você já conhece. Serei bem claro, pois já entendi qual parecer você quer. — Sem piedade, o médico concluiu: — Devido às queimaduras, Rosa Maria tem sérios comprometimentos físicos. Eu não sei lhe informar como será, a partir de agora, sua vida pessoal, nem quais suas condições. Mas tenho certeza de uma coisa: se houver uma gravidez, Rosa não vai suportar. Você entendeu?

Robert sentiu-se gelar.

Um torpor o dominou, e seu pai insistiu:
— Fui claro, Robert?
— Sim, meu pai. O senhor foi muito claro.
— Não quero vê-lo sofrer, meu filho. Acho que já chega.

Robert meneou a cabeça positivamente e se levantou a fim de se retirar.

Aproximando-se dele, o doutor David Russel o puxou para um abraço de apoio e amizade, percebendo que seu filho estava muito abalado com tanta decepção.

9

Amor

O filho mais velho do doutor David Russel, muito preocupado após falar com seu pai, experimentou ver passar cada segundo daquela noite pensando na dificuldade que seria sua vida dali por diante.

Pela manhã, estava decidido em não alterar seu comportamento nem seu tratamento para com Rosa Maria.

Gentil e educado, querendo fazer as honras, levou ao quarto de Rosa Maria a cadeira que lhe possibilitaria maior liberdade.

— Aqui está, Rosa, não vai precisar ser carregada de um lugar para outro.

A mulher esboçou um sorriso singelo de agradecimento, mesmo tendo os sentimentos doloridos por observar o objeto de sua prostração.

Procurando animá-la, sugeriu:

— Agora vamos, deixe-me ajudá-la a sair dessa cama e se acomodar nesta cadeira. Você ainda não conhece a casa e eu quero levá-la para um passeio.

Elizabeth, com carinho, forrou a cadeira com cobertas para evitar a friagem e proporcionar mais conforto à Rosa Maria.

Seguindo a boa educação que recebeu, Robert decidiu mostrar todos os cômodos da residência para ela ficar mais à vontade.

Margarida, sempre animada, resolveu acompanhar o trajeto.

Ao saírem do quarto e ganharem um comprido corredor, lembrando-se de que, ambas as hóspedes eram admiradoras de delicada beleza, como toda mulher, o médico e amigo indicou dizendo:

— Vamos entrar no santuário que foi de minha mãe. Aqui era seu quarto de vestir. Desde sua partida, as criadas o conservam sempre limpo e arejado, exatamente como ela o deixou:

— Fazem isso a pedido de seu pai? — perguntou Rosa Maria, não contendo a curiosidade.

— Não. Depois de uns dois anos, mais ou menos, que minha mãe faleceu, ele nos chamou e disse: "Tudo o que foi de sua mãe é de vocês agora. Façam o que quiserem" Eu não tinha nenhum interesse apesar...

Deteve-se ele por alguns segundos até Margarida insistir:

— Apesar?...

— Apesar de já estar casado. Voltei-me para Henry e disse que todo esse quarto era dele. Henry pensou em doação, em vender e o que arrecadasse, doar para algum hospital. Mas diante de tanta dúvida e por não estar maduro o suficiente, acabei aconselhando-o a esperar um pouco. Depois ele enterrou-se nos estudos, e creio que nem se lembra de tudo o que está aqui:

Ao adentrarem no referido "santuário", ambas ficaram deslumbradas com tamanho bom gosto e requinte daquele aposento.

Era um amplo quarto repleto de armário "Regência" por duas paredes. Uma consola[10] em madeira dourada e uma cômoda

---

[10] N.A.E.: Espécie de meia-mesa, geralmente fixa na parede; peça saliente para servir de ponto de apoio em que se colocam jarras ou pequenos objetos de curiosidade e ornamento.

no estilo Luís XIV, de muito bom gosto, combinavam em seus alto relevos, harmonizando como conjunto com o espelho de talha doirada no estilo João V.

Muito observadora, Rosa Maria não pôde deixar de reparar no leito de madeira dourada esculpida e guarnecido de veludo de Génova, tendo ao lado uma cadeira de braços com orelhas, ambas da época de Luís XVI.

Curiosa, perguntou:

— Robert, percebo que uma parte do estilo da decoração é Indo-português, sua mãe era portuguesa?

— Admiro-me com sua destreza, conhecimento e observação, Rosa! Isso me surpreende! Mas não. Minha mãe era inglesa. Porém sabendo de sua paixão por esse estilo, meu pai mandou preparar esse aposento a seu gosto.

— Ela dormia aqui? — perguntou Margarida.

O cavalheiro sorriu pela forma espontânea e direta da jovem e respondeu:

— Na parte da tarde, para um cochilo rápido, sim, ela dormia. Sempre que meu pai não estava em casa, minha mãe gostava de fazer uma *siesta*.

Observadora, Rosa Maria comentou:

— Tudo está em ordem. Veja só, até na penteadeira espelhada, os apetrechos de toucador estão alinhados!

— Veja os vestidos — pediu Robert, abrindo o armário de roupas. — Observem esse em especial!

Empolgada, Margarida quase gritou, tamanha sua admiração:

— Que lindo! É o que sua mãe está usando na pintura daquele quadro que está no *hall*, não é?

— Sim. É ele mesmo — confirmou Robert sorridente, achando graça pela admiração da jovem.

O doutor David Russel, adentrando ao quarto sem que eles percebessem, advertiu:

— Esse vestido está reservado. Tomem muito cuidado com ele, por favor.

Margarida, um pouco assustada pela seriedade daquele senhor, afastou-se imediatamente da cama onde Robert deitou o vestido. Num gesto quase instintivo, a jovem colocou as mãos para trás do corpo, exibindo que não iria mais tocar na preciosidade.

— Bom dia, Rosa! Bom dia, Margarida! — cumprimentou o dono da casa.

Depois de ambas retribuírem o cumprimento, ele declarou:

— Como Robert já sabe, esse vestido foi a única coisa de que eu não lhes dispus. Ele está reservado para a escolhida de Henry, a fim de que ela o use no dia do noivado.

Margarida demorou de entender e não se manifestou até que o pai de Robert, sorrindo, perguntou:

— Aceita, Margarida?

— O vestido?! — perguntou ela um tanto atrapalhada.

— Sim, filha, o vestido. Pois o Henry eu acho que você já aceitou.

A jovem começou a rir de emoção sem saber o que responder. Com os olhos marejados, riso baixo e descompassado, buscou em Rosa Maria um olhar de aprovação.

A delicada dama ajudou a responder:

— Minha enteada ficará honrada em usar um vestido tão elegante em seu noivado, senhor David. Muito agradecida.

Margarida, com a voz embargada pela emoção, também agradeceu beijando a mão e a face do pai de Henry e dizendo-lhe:

— Senhor David, jamais saberei agradecer tanto carinho e consideração que nos têm demonstrado.

Observando que a emoção de ambas levaram-nas às lágrimas, Robert interveio gentil:

Vamos continuar nosso passeio ou ficaremos o dia inteiro aqui.

Após saírem daquele aposento, Rosa Maria perguntou a Robert enquanto esse a conduzia em sua cadeira:
— As roupas que nos cederam, desde que chegamos, foram todas de sua mãe?
— Algum problema, Rosa?
— Nenhum. Vinha me perguntando quem as tinha emprestado. Não são novas, mas estão impecáveis e são roupas caras, finíssimas. Não acreditei que pudessem pertencer a uma das empregadas. Seria difícil terem peças de tal qualidade. Por outro lado, preocupei-me, pois, se essas roupas pertencessem à criadagem, estariam se privando do melhor por nossa causa.
— Não se preocupe. Foram todas de minha mãe.

Mais tarde, no quarto de Rosa Maria, quando Margarida se viu a sós com sua madrasta, exteriorizou toda a sua felicidade com um gritinho de animação.

Com os olhos brilhando, na sua despreocupação juvenil, nem se preocupou com o necessário descanso de Rosa Maria, e sobrepondo o vestido do noivado, rodopiava e bailava por todo o quarto, exclamando alegremente:
— Veja, Rosa, que encanto! Não é o mais belo vestido que você já viu?!

A amiga, contagiando-se com a alegria da mocinha, retrucou:
— Sim, querida! É lindo! E de muito bom gosto. Traga-o aqui para que eu o examine de perto. Hum!... — expressou-se ela. — Que tecido fino! É musselina francesa. Repare na delicadeza dos bordados com finíssima linha de seda. É curioso — confessou Rosa que, sem perceber, usava a mediunidade delicada e sensitiva —, tocando nesse vestido, posso dizer que a senhora Anne Russel era uma dama de personalidade suave, marcante e delicada.

— Foi isso o que pensei — concordou a enteada. — Não me admira a paixão que todos dessa casa nutrem por ela. Deveria mesmo ser uma mulher encantadora.

— Você ficará linda nesse vestido!
— Você acha?
— Não! Tenho certeza!
Ambas se abraçaram satisfeitas e felizes como duas almas que sempre se auxiliaram diante das alegrias e das dificuldades.

Após deixar Rosa Maria descansando em seu quarto, Margarida se retirou. Nesse instante, Robert, em outro cômodo da casa, ouvia com atenção o relato de um dos empregados.

— ... então ele correu, doutor. Mas se eu ver novamente, sou capaz de reconhecê-lo.

Elizabeth também envolvia-se na conversa.

— Alguns dias atrás, a filha do cocheiro contou-me que um rapaz, com as mesmas descrições que acabamos de ouvir, interpelou-a sobre as hóspedes.

— O que ele perguntou? — interessou-se Robert.

— Não posso afirmar com certeza. Parece-me que ele queria saber se a mulher do senhor Gonzáles estava nessa casa. A jovem confirmou, e depois o rapaz perguntou se ela já estava saindo do quarto e recebendo visitas. E a moça negou porque a senhora Rosa Maria não havia saído de seu quarto ainda.

— Por que não me contou, Elizabeth?

— Desculpe-me, senhor Robert. Pensei que fosse somente algum vizinho dos Gonzáles portando curiosidade. Não dei importância ao fato. Somente agora que Carl contou-me que deparou com esse rapaz dentro da propriedade e sondando a casa, lembrei-me do ocorrido.

— Peça para todos os empregados ficarem em alerta. Não dêem informação alguma sobre quem quer que seja. No banho de sol da senhora, não se afastem da casa nem a deixem só. Vou procurar saber o que está acontecendo.

Pouco depois, Robert reunia-se com seu pai, Henry e Margarida expondo os fatos.

— ...Carl não conseguiu pegar o rapaz, pois este correu. Mas tem certeza de que o jovem tentava escalar a casa pela cerca de arranjo floral da parede por onde chegaria à varanda acima e ganharia o corredor dos quartos.

— Isso nunca nos aconteceu. Que estranho! — manifestou o dono da casa.

Robert, alerta, advertiu:

— Vamos tomar cuidado. Promoveremos a segurança da casa e ficaremos atentos.

— Não há de ser nada. — acreditou seu pai.

Oferecendo novo rumo à conversa, o doutor David comentou:

— Vou aproveitar a presença de todos, para juntos analisarmos e tomarmos a melhor decisão. Henry e Margarida, tendo visto o estado em que Rosa Maria se encontra e de sua confinação futura à muita dependência, observações e cuidados, eu e Robert estávamos pensando na possibilidade de solicitar a seu esposo que nos confie todo o tratamento de que sua mulher necessitar de agora em diante. Consentindo, inclusive, que ela venha morar aqui. Essa oferta pode parecer estranha para o senhor Gonzáles e, por essa razão, o ideal seria você, Margarida, fazer esse pedido a seu pai. Mesmo ele recompondo a vida, sabemos que suas viagens são constantes e até de longa duração. Isso deixará Rosa Maria entregue aos cuidados de estranhos. A solidão vai desanimá-la muito. Além do trabalho e cuidado que vão ter de dispensar-lhe, existe a preocupação. Gonzáles poderá ficar bem mais tranqüilo se souber que a esposa está sendo cuidada pela filha. O que vocês dois acham?

— Senhor David — comentou Margarida um tanto tímida —, gostaria que me perdoasse. É que na última visita de meu pai, eu acabei me empolgando e, mesmo sem a autorização do senhor, pedi a ele que me deixasse cuidar de Rosa. Uma vez que, desde quando eu a conheci, ela sempre se esforçou para me oferecer todo o carinho e a atenção que, muitas vezes, nem vemos certas mães ofertarem.

As lágrimas começaram a rolar no rosto da jovem, mas ela continuou:

— Depois que conversei com meu pai, fiquei muito preocupada com o que o senhor, Robert e Henry iriam pensar de mim, da minha atitude... Aflita, ontem comentei com Henry o que fiz e... — sua voz embargou e, mesmo assim, ela continuou: — ...ouvindo-o agora, posso afirmar o quanto Deus é bom... meu coração estava tão apertado... Como o senhor é generoso.

Margarida aproximou-se do anfitrião e o abraçou como a um pai, enquanto os soluços a dominavam.

O doutor David Russel retribuiu com carinho, procurando acalmá-la.

— Tranqüilize-se, filha. Não chore. Robert entregou seu lenço à jovem que procurava conter as emoções sem êxito.

Vendo-a mais à vontade, o dono da casa perguntou:

— O que seu pai disse? Ele concordou?

— Creio que sim.

— Pode ser mais clara, filha.

— Meu pai está muito preocupado com os negócios que ele tem. A perda da casa e do dinheiro o atrapalhou muito. Suas preocupações estão longe de mim e de Rosa. Sabe como ele é. Quando eu pedi para que Rosa pudesse morar comigo aqui, depois do meu casamento, ele me olhou com certa aprovação, como se eu o estivesse... livrando de um problema. Apesar de não ter dito nada, ele me ouviu e fez uma expressão de alívio. Por isso eu creio que concordou com a idéia. Minha maior preocupação era contar a todos o que eu fiz. Desculpe-me.

Robert, sustentando um sorriso de satisfação, animou-se:

— Então todos estamos aliviados. Se nossa expectativa era essa, podemos nos tranqüilizar. Só nos resta fazer o pedido formal ao senhor Gonzáles.

— Muito obrigada, senhor David! Muito obrigada, Robert! A jovem aproximou-se de cada um deles e deu-lhes um beijo no rosto como sinal de agradecimento.

O senhor da casa, emocionado, saiu do escritório enquanto Margarida falava:

— Essa é a verdadeira família: A família espiritual.

Entre Robert, Henry e Margarida a conversa seguiu animada com os planos para o noivado.

— Então em dezembro, no próximo inverno, meu irmão Henry terá de estar preparado para duas fortes emoções: será médico e noivo!

Henry sorriu surpreso, acostumando-se com a idéia.

Logo depois lembrou:

— Sabe, Robert, aqueles vestidos de mamãe?...

— O que têm?

— Eu não sabia o que fazer com eles, será que...

Henry se deteve ao ver o riso que provocou em Robert.

— Não reparou que Margarida e Rosa já os estão usando?

Henry se surpreendeu e seu irmão concluiu:

— O incêndio consumiu tudo, e elas precisavam de vestes. Papai pediu para Elizabeth selecionar o que pudesse servir e colocar à disposição das damas.

— Como pude ser tão distraído?! E o resto das roupas?

— Continuam sendo suas, Henry. — Brincando, Robert concluiu: — Poderá fazer o que quiser. Até usá-las.

Henry olhou-o de modo estranho, pois seu irmão não costumava fazer brincadeiras tão ousadas.

Em seguida, virando-se para sua escolhida, o jovem perguntou:

— Você aceita os demais vestidos e apetrechos que foram de minha mãe?

A emoção dominou Margarida e as lágrimas embargaram--lhe comentários.

Ela abraçou Henry dando-lhe um beijo. Diante da cena, Robert tossiu, alertando o exagero.

Recompondo-se, a moça agradeceu a Henry e desculpou-se com o futuro cunhado, que não deixou transparecer seu ar de riso.

Horas depois, vendo-se a sós com Robert, Margarida perguntou-lhe:

— Robert, poderia lhe fazer uma pergunta pessoal?

— Claro, faça-a.

— Quando sua mãe faleceu, aquele quarto ficou intacto, não foi?

— Sim, foi.

— Somente depois de algum tempo, seu pai resolveu dar tudo a vocês e, nessa época, você nos contou que já estava casado.

— Isso mesmo. Por quê?

— Sua esposa recusou ter as roupas que foram de sua mãe?

— Não foi bem assim. Meu pai nos ofereceu tudo aquilo, mas nós, no momento, ficamos sem saber o que fazer. Se tivéssemos uma irmã, seria diferente. Quando eu contei a ela o que meu pai fez...

— Ela quem? Sua esposa?

— Sim, minha esposa na época. Percebi que ficou muito empolgada. Seus olhos brilharam.

— Então por que você não deu sua parte à Christine? Toda mulher gosta de coisas finas.

— Minha idéia não foi diferente, Margarida. Eu a amava muito.

— Não a ama mais?

— Quando nos decepcionamos com alguém, independente da intensidade do sofrimento, nós não deixamos de amar, porém descobrimos que nunca amamos.

Vendo a jovem um tanto confusa, informou:

— Desculpe-me, Margarida. Isso é filosofia. Foi o seguinte: com toda certeza daria a ela o que lhe interessasse, e Henry até afirmou que não queria nada. Pediu que tudo ficasse com ela. Meu irmão e ela sempre se deram muito bem.

Só que no dia em que a irmã de minha esposa soube disso, encontrei as duas revirando e se apropriando, vorazmente, de tudo o que havia naquele quarto. Fiquei indignado. Solicitei a minha esposa que colocasse tudo no lugar, como estava. Ela disse que já tinha dado metade das peças para Flora. O que era verdade, pois, na porta da mansão, havia uma carruagem cheia com os baús.

— Você brigou com ela?

— Não. Não foi preciso. Mas tive de usar autoridade. Pedi aos empregados que levassem tudo de volta ao quarto, que as criadas arrumassem ao gosto de minha mãe, trancassem a porta à chave e trouxessem para mim.

Virei as costas e saí.

Quando tive as chaves em minhas mãos, entreguei-as a Henry e contei o ocorrido. Informei que ela não poderia ficar com o que foi de minha mãe. Percebi que não merecia. Aliás, foi ali que comecei notar algo errado em meu casamento. Com tanta interferência de minha cunhada, parecia que eu havia me casado com ela.

Margarida ficou pensativa. Curiosa, indagou:

— Posso fazer outra pergunta?

Robert sorriu e respondeu:

— Todas.

— Essa é mais íntima.

— Vamos, Margarida, não crie suspenses.

— Já conversamos outras vezes sobre sua esposa e eu nunca o vi chamá-la pelo nome. Sempre a trata de "minha esposa", "ela", "minha mulher", mas pelo nome, não. Por quê?

O futuro cunhado viu-se atordoado. Abaixou a cabeça, compreendendo a simples curiosidade da jovem, não vendo maldade em sua pergunta.

Suspirou fundo, depois explicou:

— Sabe, Margarida, eu sofri muito com ela e por causa dela. Creio que, desde sua morte, foi você a primeira pessoa com quem eu falei sobre meu casamento. Vou lhe confessar uma coisa: eu não sabia, depois de tanto tempo, que poderia falar de meu casamento sem magoar-me. Mas descobri que trago grande dor em pensar nela, ou melhor, em pronunciar seu nome.

— Desculpe-me, Robert. Não pretendia magoá-lo.

— Não me magoou em nenhum momento. Você me fez relembrar da minha vida. Comentar a respeito de um fato e encará-lo, sem dramas ou lamentações, é voltar a viver. Eu agradeço por ter me feito isso. Você me ajudou muito. Hoje tenho a impressão de que andei me escondendo da realidade.

10

Renúncia

Um grito de mulher cortou a noite e alertou, quem o ouviu, a preocupar-se com Rosa Maria.

Margarida, que dividia o quarto com a madrasta, sentou-se na cama dela, procurando despertá-la do pesadelo.

O dono da casa, preocupado, invadiu o dormitório seguido do filho, desejosos de informações.

Rosa parecia alucinada e ainda gritava como se o sonho não tivesse sido interrompido.

— Não! Ele vai me levar lá para cima! Tirem-me daqui! — repetia ela várias vezes.

— Foi um sonho, Rosa — afirmava Margarida.

— Estamos aqui, Rosa. Olhe! — dizia o senhor com benevolência, tentando orientá-la enquanto ela o empurrava.

Vendo-a debater-se, Robert, muito firme, segurou-a pelos pulsos, com um leve balanço para alertá-la. Postou autoridade na voz e chamou-a:

— Rosa! Acorde! Estamos aqui!

A mulher parou repentinamente.

Fitando-a nos olhos, ele esclareceu mais brando:

— Foi um sonho. Agora você está bem. Está segura.

Rosa virou-se para a enteada abraçando-a e chorando ao mesmo tempo.

Depois de ofertar-lhe água e vê-la mais calma, pai e filho se retiraram.

Antes de entrar para seu quarto, o doutor David comentou:

— Quero tanto ajudar essa moça... você nem imagina, Robert.

— Eu sou suspeito em tecer quaisquer comentários, meu pai — confessou Robert.

— Desde quando a conheci, encantei-me por sua personalidade, por sua educação, delicadeza. Era a filha que sonhei ter. Gosto muito de Margarida também, mas por Rosa tenho um amor paternal que só pode ser comparado pelo que sinto por você e por seu irmão. Como eu quero ajudá-la... Felizmente Margarida terá a Henry que há de realizá-la, ela merece. Mas... pobre Rosa — lamentou ele preocupado.

— É a família espiritual!

— Como disse, Robert?

— Nada não, meu pai. Vamos dormir.

Na manhã seguinte, antes de ir para a clínica, Robert passou no quarto para ver se Rosa estava bem.

— Desculpe-me pelo que fiz durante a madrugada. Sinto-me envergonhada. Preciso pedir perdão a seu pai. Não sei como pude...

— Não peça desculpas, Rosa. Meu pai está acostumado a gritos noturnos.

— Como assim?!

— Eu sou uma pessoa muito... vamos dizer... envolvida por pesadelos e, muitas vezes, não consigo dominar as falas. Começo a narrar ou conversar, em voz alta, o que digo no sonho. É difícil conseguirem me acordar. Às vezes chego até a gritar.

— Isso nunca me aconteceu antes — recordou Rosa Maria.

— Posso perguntar o que você sonhou?

— Foi com o incêndio. Eu vi alguém...

Rosa começou a chorar.
— Acalme-se, Rosa.
— Era um rapaz... ele entrava na casa...
O choro a dominou e o médico lembrou-se do relato dos empregados sobre o moço que rondava a mansão.
— Um rapaz? Desculpe-me, Rosa. Pode dizer como ele era?
Muito cortês, Robert ajoelhou-se a seu lado, tomando-lhe uma das mãos a fim de procurar acalmá-la.
Olhando-a fixamente e com muita atenção, ele ignorava sustentar sua clarividência do fato passado.
— Eu via um rapaz. Talvez da idade de Henry... Foi um sonho esquisito, Robert. Eu ficava me vendo como se observasse uma cena do alto.
Eu estava no divã, lendo. Esse rapaz entra sem provocar ruídos... — Rosa chora, mas consegue continuar. — Cada vez mais perto de mim... Daí eu me virei, e ele me bateu. Eu caí. — Nesse instante, a jovem senhora começa a relatar depressa a cena como se estivesse assistindo a ela, transmitindo todo seu desespero. — Caí! Olhei para ele que veio na minha direção. Tentei fugir, mas... Ele queria me pegar! Queria me bater! — segurando com força as mão do médico, ela as apertava usando toda força que possuía.
— Tentei correr!... Ele me segurou, jogou-me contra a parede! Robert! Bateu-me com muita força... eu perdi os sentidos. — Agora, com a respiração menos ofegante, Rosa narrava mais pausadamente, sem desviar, por um segundo, seus olhos dos dele, como se eles a sustentassem para "receber" aquela vidência.
Enquanto isso o médico, ajoelhado na sua frente, ouvia atento seu relato, prendendo seu olhar no dela.
— Ele me pegou. Jogou sobre um ombro e subiu as escadas. Ele entrou no primeiro quarto que encontrou e me atirou sobre a cama. Não! Não!
Gritou Rosa em pânico.

Vendo-a em desespero, Robert a abraçou e pediu:
— Calma. Esqueça tudo, Rosa. — Embalando-a afirmou: — Você está segura, agora.
— Não! Não! — insistiu ela com a voz mais branda, afastando-o de si. — Eu preciso falar.
— Se acha que deve...
— Sim... — Fitando-o, ela continuou: — Ele me ajeitou na cama. Olhou para os lados, achou um lampião apagado e derramou o que tinha sobre mim.
Não havia como acender o fogo. A iluminação era pouca, provinha da parte inferior da casa. Daí ele saiu à procura de...
Encontrou Valerie próxima da porta do quarto... Valerie! — O choro a dominou por alguns segundos, mas logo prosseguiu:
— Minha fiel Valerie. Ele a agrediu, deixando-a caída. Desceu as escadas e, lá em baixo, quebrou outro lampião que estava apagado, ateando fogo com o tição da lareira. Não!
— Calma, Rosa. Já passou.
— Não passou! Não passou, Robert! Eu queria me levantar. Alguém me pedia para que levantasse. Eu queria abrir os olhos, mas não podia... a fumaça! Estava difícil para respirar e a fumaça me sufocava.
Eu queria acordar! Eu tentei! Juro que tentei!
Os olhos da senhora pareciam alucinados, sua fala era quase automática.
— Quem pedia para que você se levantasse, Rosa? Alguma empregada? Ou a Valerie?
— Não. Valerie não acordava. Nem eu...
— Quem, então?
— Eram duas mulheres. Eu não sei dizer... — respondeu ela mais calma. Tomando consciência do que relatava, inibiu-se em dizer que uma das mulheres vistas, parecia-se com a esposa do doutor David que conhecera através do retrato.

— E o rapaz? Você o conhece?

— ...fugiu. Eu queria levantar, mas...

Robert a abraçou com ternura, procurando acalmá-la do choro, agora, mais brando.

Ao olhar para a porta do quarto, viu seu pai que parecia estar ali há tempos.

Sem se incomodar com sua presença, Robert informou:

— Rosa não teve um pesadelo. Ela teve a recordação do incêndio.

O doutor David acenou positivamente com a cabeça compreendendo o que havia ocorrido, depois disse:

— Filha, não comente nada com ninguém. Se o incêndio foi criminoso, será melhor que saibam que você não se lembra de nada.

* * *

Mais tarde, Margarida, que havia tomado conhecimento da recordação de Rosa Maria teve, comentava com seu pai o fato.

— ...ela ficou em pânico, pai.

— Rosa sonhou?

— Eu acho que não. Ela sempre afirmou que, na noite do incêndio, ela estava lendo na sala, sendo que Robert dizia que a havia encontrado no quarto. Somente a presença de um intruso explica essa contradição entre os dois. Alguém entrou e tentou nos roubar, e por Rosa poder reconhecê-lo, ateou fogo na casa para matá-la.

— Um rapaz?! — perguntou Gonzáles assustado.

— Rosa afirma que foi um rapaz. Diz que talvez, pela aparência, ele possa ter a idade de Henry.

Os olhos do pai de Margarida cresceram. De imediato ele perguntou:

— Rosa sabe quem é?!
— Não. Não sei.
— Eu não ia subir para vê-la — disse o senhor Gonzáles, e reclamando decidiu: — Terei que me dar ao trabalho.
— Ah, não! — proibiu a filha. — Rosa está dormindo. Ela precisa descansar e não vamos incomodá-la. Se é pelo que lhe contei, pode ter certeza, foi exatamente o que Rosa lembrou. Não há nada para acrescentar. — Após breves segundos, Margarida perguntou: — A propósito, pai, o senhor concordou com o fato de Rosa morar aqui comigo, não foi?
— Façam como quiserem. Não quero ter problemas. Admiro-me muito o seu futuro sogro concordar com tanta bagunça nessa casa. Ter os parentes todos juntos... que confusão não deve ser. Pra mim, quanto mais longe melhor. Agora tenho de ir. Estou com muitos problemas. Talvez tenha de viajar esta semana mesmo.
— Tia Dolores me falou que o senhor não está na casa dela. Onde se instalou?
— Cuide de sua vida! — respondeu o pai rude e impiedoso. — Tenho tantos problemas que não posso ficar lhe dando satisfação de bagatelas.
A jovem ficou magoada e comparou a educação da família Russel com a que seu pai apresentava. Quanta diferença!
Inquieto, o senhor Gonzáles ruminava em seus pensamentos a possibilidade de Peter ter incendiado sua casa a fim de roubar seu cofre.

* * *

Mais tarde, na casa de Nancy, enfurecido pelas deduções, Gonzáles vociferava:
— Onde ele está?!!

— Saiu, Gonzáles. Peter não disse aonde iria — informava Nancy com medo.
— Aquele vagabundo! Só pode ter sido ele!
Segurando a mulher pelos braços com rispidez, agitando-a, agressivamente ele inquiriu:
— Diga-me a verdade!! Foi ele e você sabe, não é?!
— Largue-me.
Com firmeza ele a chacoalhou novamente, perguntando:
— Cadê meu cofre?!! Onde Peter o colocou?!!
— Peter não fez nada. Ele estava aqui comigo no dia do incêndio.
— Se você estiver mentindo, eu a mato. Entendeu?!! Eu quero meu dinheiro!! Quero aquele cofre!!!
— Deveria ter posto esse dinheiro no banco. Em casa não é lugar de guardar tanto dinheiro assim.
Dando-lhe um tapa, Gonzáles gritou:
— Não me dê palpite!!! Se Peter incendiou minha casa e me roubou, ele vai me pagar com a vida!!!
Quase noite. Na residência da família Russel, Rosa Maria lia um livro, no seu quarto, sentada em sua cadeira de rodas.
Entediada, decidiu sair. Não havia ninguém naquele andar da casa para ajudá-la.
Sem prática, Rosa Maria enfrentou a dificuldade de manobrar a cadeira e abrir a porta do recinto.
Ventava muito.
Era uma noite fria e a porta de vidro que dava acesso à varanda, no final do corredor, estava aberta e batia de um lado para outro de forma insistente.
Aquilo irritava Rosa Maria, que conduzindo sua cadeira, chegou perto da referida porta, mas não conseguia fechá-la.
Nesse instante, Peter, o filho de Gonzáles, sai das sombras e subitamente toma Rosa Maria em sua cadeira pelas costas. Ta-

pa-lhe a boca com uma das mãos e conduz a cadeira de rodas até o patamar da escada.

No mesmo momento, o médico e seu filho mais velho, acabavam de entrar pela porta principal e assistiram à cena em que Peter empurrava Rosa Maria com a cadeira escada abaixo.

O doutor David Russel gritou e correu para a escada, enquanto Robert, vendo que Peter empreendeu fuga, saiu novamente tentando apanhá-lo pelo lado de fora.

Rosa Maria, sem perceber, agarrou-se ao corrimão e sua cadeira desceu capotando escada abaixo, vindo atingir levemente o dono da casa que corria a seu encontro.

Robert atracou-se com Peter. Na escuridão que reinava atrás da casa, depois de algum tempo de luta, Peter conseguiu fugir.

O filho mais velho do doutor Russel retornou para dentro de casa, encontrando seu pai e Rosa Maria sendo socorridos pelos criados.

Elizabeth acomodava o senhor David no sofá. Ao passo que Margarida e outra criada tentavam pegar Rosa Maria.

— O senhor está bem, pai? — perguntou o médico rapidamente.

— Sim, filho. Veja como está Rosa.

Robert subiu as escadas e verificou se Rosa Maria possuía algum machucado ou fratura que dificultasse sua remoção, ao mesmo tempo em que perguntava:

— Está bem, Rosa? Sente alguma dor?

— Não — confirmou ela em choque.

Margarida e a empregada se afastaram e o médico a levou para baixo, acomodando-a ao lado de seu pai.

— O que é isso, Robert?!!! — espantou-se o doutor David ao ver o sangue na mão de seu filho.

Sem se assustar, ele lamentou:

— Se ele não estivesse com uma adaga, eu o teria pego. Isso não foi nada, é um corte.

De imediato, Margarida pegou a maleta do médico e começou a cuidar do machucado que havia na mão de Robert, enquanto este indagava:

— Conhece esse homem, Rosa?

— Não sei se vão acreditar, mas é o mesmo rapaz com quem sonhei.

— Você não sonhou, Rosa. Você teve uma vidência do ocorrido. É diferente.

— Estou com medo — confessou ela.

— Estaremos juntos, minha filha. Vamos encontrar esse homem e saber o que ele quer. Não se preocupe. Seremos uma família — comentou o pai de Robert, procurando animá-la.

Procurando dar humor à tristeza de todos, Robert reclamou:

— Và devagar, Margarida, por favor. Médicos também sentem dor.

Naquela noite novo pesadelo agitou Rosa, que não se controlou e chegou aos gritos.

Novamente todos se reuniram tranquilizando-a.

Procurando entretê-la, no dia seguinte, ao chegar da clínica, Robert foi ao seu encontro, entregando-lhe um embrulho muito bonito onde uma tulipa prendia-se no laço do arranjo.

— Robert! Para mim?!

— Claro. Veio da França especialmente para você.

Emocionada, Rosa não tirava o sorriso do rosto, ao abrir delicadamente o presente, que estava em uma caixa com tampa, presa a um belo laço.

Seus olhos brilharam de alegria e encantamento ao ter nas mãos os livros: "O livro dos Espíritos e o Evangelho Segundo o Espiritismo"

As lágrimas de Rosa Maria molharam as capas dos livros enquanto com as mãos ela buscava esconder o rosto.

Ajoelhando-se frente de sua cadeira, o médico procurou tirar-lhe as mãos do rosto, dizendo:

— Desculpe-me, cara amiga. Não foi essa minha intenção.

Tentando controlar-se, Rosa Maria falou baixinho:

— Querido, Robert, somente você... Como soube?

— Tenho um certo conhecimento na área teológica e, pelos seus assuntos... Além do que, Gonzáles comentou que você era apegada a livros espíritas. Deduzi que deveria sentir falta deles.

— Somente este consolador, prometido por Jesus, poderia me dar forças para suportar tamanha prova. Creio que me entende, Robert. Cada vez que leio ou releio o conteúdo desses livros mais forças para viver encontro na vida, mesmo em condições tão limitadas. Porém vejo que Deus não me abandonou pelo fato de me deixar sob a guarda de companheiros como os que tenho hoje, auxiliando-me e apoiando. Especialmente com um amigo tão gentil como você, Robert.

O médico ainda estava de joelhos junto a ela.

Segurando-lhe o rosto suavemente com as mãos, ela pediu:

— Permita-me retribuir tanta gratidão com um único beijo em sua face? É o mínimo que posso fazer.

Robert aproximou-se mais e cerrou os olhos, sentindo seu peito apertar de emoção indefinível.

Os delicados lábios de Rosa Maria tocaram-lhe na face, tão somente como agradecimento sincero e rápido.

Seus olhos marejaram ao fitá-la, e com coração descompassado, ele segurou suas mãos. Aproximou-se dela como se fosse beijá-la, quando ouviu sua voz suave, com extrema gentileza e educação, dizer:

— Por favor, meu amigo...

Dizendo isso, Rosa Maria abaixou a cabeça, virando delicadamente o rosto.

— Rosa, eu...

Robert não conseguiu terminar, e suas lágrimas não temeram cair.

Ainda com as mãos da jovem senhora entre as suas, ele as levou até a fronte e pendeu a cabeça como quem admitisse certa tristeza e desilusão, mas não o arrependimento.

— Erga-se, Robert — pediu ela. — Levante-se, por favor. Você tem toda uma vida pela frente.

Ainda de joelhos, ele concluiu sussurrando e de cabeça baixa:

— Por que tem de ser assim? Rosa... eu... eu a amo.

Segurando seu rosto para que pudesse encará-lo, Rosa Maria buscou suas forças morais mais latentes, desfechando:

— Meu amigo, o verdadeiro amor á aquele que aceita sem pretensões. Jesus amou a humanidade renunciando a si mesmo. Por isso vamos nos valer desse amor incondicional que o Cristo nos exemplificou. Vamos nos amar sim, mas aceitando e respeitando todos os limites que a vida nos impôs, por agora, pois eu acreditando na justiça do Pai Celeste, tenho a certeza de que as almas que se identificam na harmonia e nas qualidades mais sublimes do verdadeiro amor, hão de se unir um dia, depois de cumprirem sua jornada de aperfeiçoamento e evolução, para juntas caminharem lado a lado com muito amor, no mesmo ideal e para um mundo feliz de verdade. Não esquecendo, é claro, do objetivo de servir sempre em nome de Deus.

O silêncio se fez por alguns segundos, mas logo Rosa Maria o quebrou:

— Levante-se, Robert — pediu ela gentilmente. — Levante-se, hoje, meu amigo, para que amanhã não esteja no chão. Eu tenho fé, assim sendo acredito que amanhã eu removerei a montanha dessa paralisia e ninguém vai me deter, pois tenho muito a fazer na seara de Jesus. Levante-se, Robert, porque eu o quero, hoje e sempre, a meu lado e não abaixo de mim. Eu o amo.

Robert, com o coração aos pedaços, experimentou a maior dor de sua vida.

— Perdoe-me, Rosa. Não devia ter chegado a esse ponto... desrespeitando-a. Acima de tudo você é uma mulher casada. Sou um crápula! — repugnou ele, após erguer-se e esconder o rosto.

Imediatamente, Rosa reagiu com ternura:

— Não Robert! Isso você não é! Você é meu amigo e um ser que ama de verdade. Ama e compreende. O que seria de mim sem você? Por favor, meu amigo — tornou ela, pedindo que se aproximasse —, dê-me um abraço.

— Rosa...

— Por favor... Os amigos se compreendem e não se negam.

Robert voltou a se ajoelhar. Rosa o abraçou com ternura, segurou-lhe o rosto e beijou-lhe a outra face.

— Agora, vá. Sei que terá um dia cheio. Precisava vê-lo bem.

— Desculpe-me — pediu ele. — Mas é verdade. Terei um dia cheio.

Suspirando profundamente, Robert se recompôs, levantando-se.

— À noite podemos conversar, se você quiser — sugeriu ela.

— Terei liberdade para falar com você sobre meu assunto predileto.

Logo à noite, após o jantar, Rosa Maria e Robert conversavam novamente como se nada houvesse acontecido.

— Sabe, Rosa, creio que esse rapaz voltou até aqui por medo de você reconhecê-lo. Só existe essa explicação.

— O que mais me intriga é o fato dessa tentativa parecer ser contra mim. O que eu teria feito a ele? Veja só, se fosse uma vingança contra o senhor Gonzáles, ele poria fogo somente na casa. Isso ele conseguiria fazer pelo lado de fora da residência. Não seria necessário entrar, correr risco de ser pego para me agredir, levar-me para o quarto...

— E se fosse pelo roubo do cofre de Gonzáles? — pensou Robert em voz alta. — Não sei, sinto que o roubo do cofre foi por acaso, ou foi só para despistar. Só sei afirmar o seguinte: ele está atrás de você, pois é a única pessoa que poderá reconhecê-lo. Quero que tome muito cuidado e não fique sozinha fora da mansão, por favor.

A mulher acenou positivamente com a cabeça, concordando. Depois de breve pausa, ele tornou com novo assunto:

— E os sonhos?

— Continuam. Não é fácil.

— Eu sei. Também os tenho.

— Sonha com o incêndio? — perguntou ela.

— Também. Algumas noites tenho a impressão de ter pesadelos mesmo acordado. Fico em claro... perturbado.

— Estudou teologia e conhece Espiritismo, não é Robert? Não sei se crê, mas penso que estamos recebendo influência de algum espírito, concorda?

O cavalheiro a olhou de modo singular sem se manifestar, e Rosa Maria insistiu:

— Acredita em espíritos, Robert? Acredita nessa nova doutrina que nos esclarece sobre a vida após a vida e nos oferece uma justificativa para tantas diferenças sociais?

— Não sou um defensor de teses dessa doutrina, entretanto não posso negar que quando li "O livro dos Espíritos" pela primeira vez, foi impossível deixar de notar as mais fiéis expressões com bases científicas. O autor, ou melhor, os espíritos e o codificador, provam e nos fazem entender a realidade espiritual, a imortalidade da alma, a necessidade da reencarnação e a ampla ligação e comunicação entre os mortos e os vivos.

Seu conteúdo filosófico está muito longe de ser complexo ou sem finalidade útil e prática, além do que, as explicações e as conseqüências morais que justificam, incontestavelmente, as leis de causa e efeito, fazem-nos religar com Deus, com um Criador.

Essas opiniões eu concluí logo após lê-lo totalmente.

Refleti um pouco e determinei-me a estudá-lo melhor.

Logo na introdução, muito clara, verdadeira e aberta a todos os questionamentos e sentimentos nobres, sem deixar dúvidas no objetivo da obra, podemos perceber que "O Livro dos Espíritos" em nada é religioso. Meu lado filosófico me fez pensar e repensar sobre a religião.

— Como assim, Robert? Não entendi.

— O pensamento da criatura humana tem a noção da existência e a crença em um Ser Superior a partir do instante em que ele começa a ganhar inteligência e noções morais, ou seja, a criatura humana é a única entre os animais que raciocina e procura por harmonia ou equilíbrio no momento em que começa a evoluir. Isso a leva a crer em um Ser superior: O Criador.

A partir daí, a criatura humana sente o desejo de entrar em comunhão, em harmonia com esse Criador.

Esse desejo de se harmonizar, de se ligar a esse Criador a faz acreditar que é necessário agradá-lo para que Ele se aproxime, o que é justamente o oposto que deve ocorrer.

Até aí, esse ser humano já descobriu que o Criador a criou e que para sentir-se em harmonia, ele precisa religar-se com Ele.

Rosa Maria o interrompeu acrescentando:

— "Religare", que provém de "religio" do latim, que significa: ligar, certo?

— Exatamente! Foi com esse desejo de se ligar a Deus que o ser humano criou a religião a fim de tentar se religar, unir-se novamente a Deus.

As religiões têm como objetivo comum o reconhecimento na crença do sagrado, na adoração ou veneração ao sagrado. Só que daí o egoísmo e a vaidade da criatura desarmonizaram a religião no instante em que estabeleceu formas de submissão a esse "sagrado", criando mitos, superstições, rituais, e atribuindo o medo ao sobrenatural.

— Concordo com você, Robert. A princípio, devemos ser racionais e usarmos a pouca inteligência que temos para afirmar: O sobrenatural não existe. Não existe nada sem explicação na natureza. O que existe é a nossa ignorância sobre determinados acontecimentos. Porém, infelizmente, quando não temos explicações para o que desconhecemos, chamamos de sobrenatural.

— Então veja — tornou ele —, aqueles que possuem um pouco mais de "criatividade", vamos dizer assim, inventam mitos, rituais ou superstições. E os que não têm conhecimento, criam os seus medos e respeitam, fielmente, sem questionar, esses "doutrinadores de ilusões".

Esses fiéis aceitam os sentimentos de dependência e submissão pelo medo, por não conhecerem a realidade, por superstição, falta de condições de aprender pela própria necessidade cármica e, alguns, por comodismo, porque alguém disse que isso agradaria a Deus. Daí, acreditam que tais crendices o religariam a esse Criador.

— Desculpe-me, Robert, mas, por acaso, você quer dizer que as religiões não são necessárias?

— Na minha opinião, as religiões são necessárias quando não deixam dependentes e submissos seus fiéis, quando não os exaltam criando em suas mentes a crença de que só eles são os puros, os perfeitos e os únicos que terão salvação e que os demais estão confinados ao "fogo do inferno", de onde jamais sairão.

Tais exaltações levam muitos a crer que aqueles que estão condenados ao "inferno", por suas práticas erradas, não merecem piedade, amor, consideração de ninguém. Isso é contra os ensinamentos de Jesus Cristo que não teve nenhuma religião.

Estudando teologia, descobrimos a divisão da religião em duas categorias amplas: as religiões primitivas e as religiões superiores.

Religiões superiores são denominadas assim dado o seu desenvolvimento e estímulo de ensino, estudo e cultura, e não ao grau de crença de seus praticantes.

Religiões primitivas são as que não possuem estudo ou ensino e seus praticantes habituam-se às repetições dos ritos, das palavras, das práticas supersticiosas ou da fé, sem questionar, sem saber o motivo, a origem e o objetivo de tudo aquilo, e o pior: sem saber as conseqüências. Essa última é por minha conta porque eu acredito na lei de causa e efeito. Que podemos dizer de passagem: não foi criada pelo Espiritismo que tanto a defende e lembra. A lei de causa e efeito foi descoberta pela ciência que afirma: "Não pode haver um efeito sem uma causa".

Rosa Maria sorriu, e Robert continuou:

— Se estudarmos um pouco, observamos que os historiadores já encontraram provas de que nas sepulturas paleolíticas obrigavam-se os integrantes dos clãs a renderem homenagem e ritos aos mortos pelo desejo de obterem benefícios ou por medo de suas influências. Isso prova que há séculos antes de Cristo já se acreditava na vida após a morte e na influência desses espíritos no mundo dos vivos.

A antropologia define fetichismo como sendo a crença atribuída a determinados objetos considerados mágicos ou divinos que passam a representar um "ser" ou "energias superiores", geralmente, animista.

— Como animista?

— Animista é... anímico, ou melhor, é a criação da própria pessoa.

— Então animismo é aquilo que a pessoa inventa? É aquilo que ela imagina sem nenhuma base racional ou científica comprovada?

— Pode ser também. O animismo é aquilo que vem do ser, vem da própria criatura ou da alma. O animismo é um atributo do espírito. Ele pode ser bom ou mau de acordo com o uso. O animismo é como qualquer outro atributo que temos, é como a inteligência, por exemplo; usamos nossa inteligência para o bem ou para o mal.

As pessoas criam idéias novas, inventam e isso pode ter conseqüências boas ou más, de acordo com o nível, com o objetivo do projeto.

— Sei que vamos nos afastar do assunto, Robert, mas o que você me diz da religião dos negros da África Ocidental, que consiste na adoração de objetos aos quais se atribuem poderes sobrenaturais e que são possuídos por espíritos? Integram também elementos muitos distintos e litúrgicos em cultos como: o "vodu" ou a "macumba", a que atribuímos isso ou como explicar isso?

— Veja, Rosa, a religião é tida em muitos lugares como "instituição social" porque é o que está mais perto do povo, da sociedade daquele local e do entendimento que essa sociedade tem, trazendo orientação dogmática ou moral.

O "vodu" ou a "macumba" é a forma de representar o poder de intervir na natureza para receber graças ou administrar castigos e vinganças. Para essas práticas ou cultura, tenho uma explicação evangélica, incontestável, que Jesus Cristo mencionou incontáveis vezes.

— Qual? — perguntou ela com muita expectativa.

— "A tua fé te curou" ou "A tua fé te salvou". Já naquela época, Jesus dizia que a fé remove montanhas, com isso, podemos concluir que possuímos, dentro de nós, energias poderosas. Elas podem ser renovadoras, criadoras ou destruidoras de acordo com a nossa vontade. Isso explica o recebimento de uma graça após o pedido fervoroso. Mas, geralmente, as pessoas atribuem o recebimento dessa graça a promessas que fizeram como se Deus já não fosse o "dono" daquilo que ela está lhe ofertando.

Jesus promoveu curas e os chamados "milagres" sem oferecer nada em troca a Deus, a não ser suas boas ações, o seu comportamento digno, que não se modificou a fim de que Ele recebesse qualquer recompensa, ou melhor, Jesus já possuía o comportamento digno sem ter que barganhar com Deus. Ele já era perfeito.

Todos nós temos essas "energias poderosas". Isso é anímico porque é do próprio ser, é próprio da alma. Esses talentos ou atributos são capazes de transformar, de renovar, criar ou destruir, independente dos espíritos que nos rodeiam. Como nos disse o próprio Jesus: todos os temos, em maior ou menor quantidade, só que preste atenção: desenvolvê-lo e usá-lo depende de nós. Seremos responsáveis por tudo o que fizermos. Não tenha dúvida.

— Eu sei que as Leis de Deus são as mesmas para todos e Jesus disse: "faça ao outro o que quereis que vos façam".

— Rosa, Deus nos deu a inteligência, nós possuímos vontade própria, sem falar nas ambições. Jesus nos disse que possuímos "talentos", ou seja, condições de realizar o que Ele demonstrou.

As pessoas têm um poder magnético muito grande, próprio de seu ser. Usá-lo para o bem ou para o mau, vai depender da sua vontade.

Certas pessoas possuem esse magnetismo muito aflorado. Esse magnetismo é algo anímico, ou seja, é do próprio ser, pertence àquele espírito, independente do plano espiritual. A utilização desse magnetismo, seja para o que for, é responsabilidade da pessoa.

Fora esse atributo anímico, existe também o plano espiritual que rodeia a criatura. Sabendo que os espíritos dispõem de vontade própria e podem nos influenciar, podemos ou não, aceitar a influência desses espíritos. A aceitação dessa influência junto ao atributo magnético que possuímos, pode ser benévolo ou malévolo a nós ou aos outros.

Posso garantir-lhe, Rosa, não existe poder mágico. Existe sim, o poder da mente de algumas pessoas, a criação mental que transforma; construindo ou destruindo. E isso ainda depende da "permissão de certas leis naturais".

— Mas, Robert, como se explica o boneco "vodu" e a "macumba" ou a feitiçaria?

— Normalmente, Rosa, as pessoas enfeitam os acontecimentos e não os observam como eles ocorreram naturalmente.

Você, como estudante dessa Doutrina, deverá saber que tudo é criação mental. Você acredita, você tem fé e atrai tudo pelo pensamento, ou então, em certos casos, você produz efeitos pelo poder do seu pensamento.

Os Espíritos não são atraídos pelos talismãs ou pelas coisas materiais, eles são atraídos pela afinidade, pela força do pensamento igual ao dele. Não há nada sobrenatural, Rosa. O que existe é a nossa ignorância sobre os fatos naturais.

Se alguém com o seu magnetismo intenso, deseja fazer mau uso desse talento, imediatamente, espíritos que concordam com aquilo que essa pessoa deseja, aproximam-se e se utilizam ou absorvem, ou seja, alimentam-se da energia mental daquela pessoa a fim de tentar provocar a realização daqueles desejos, isso porque também, por algum motivo, querem vê-lo realizado e se comprazem com isso.

Ora, por que a feitiçaria ou o "vodu" não atingem determinadas pessoas e agridem impiedosamente outras?

— Porque uma pessoa possui seu magnetismo mais forte do que a outra? — respondeu Rosa com outra pergunta.

— Sem dúvida. Se você faz uma feitiçaria para mim, e eu sou uma pessoa que crê em Deus, cumpro com meus deveres morais, não cultivo inveja, ódio, vingança, não tenho orgulho ou vaidade e pratico o bem, Deus não permitirá que essas energias magnéticas inferiores me prejudiquem. Eu estarei envolvido por um magnetismo, e outros espíritos, com os mesmos valores morais que os meus, irão me auxiliar.

Diante de toda essa proteção, a única coisa que poderá me prejudicar é se eu souber de tal feitiço e tiver medo, porque isso provocará um abalo na minha fé e eu estarei acreditando ou dando forças a um poder mau. Em outras palavras, eu estaria abrindo brechas em meu campo magnético para que outras energias grosseiras o penetrem e me atinjam.

— Deixe-me ver se eu entendi: Então a "macumba" ou o "vodu" só funcionam quando a "vítima", vamos dizer assim, é uma pessoa sem valores espirituais, medrosa e sem fé?

— Exatamente!

— E o que você me diz daqueles que realizam a feitiçaria para o bem?

— Há pessoas que utilizam seus talentos, ou melhor, seus atributos, para a cura dos outros e muitas vezes conseguem se o "curador" e o "necessitado" estiverem na mesma sintonia ou afinidade e se tiverem também pureza de sentimentos e um imenso desejo de realizar o bem. Eu acredito que isso seja possível. Só que uma vez adquirido o que tanto almejavam, deverá haver uma transformação benéfica no "curador" e no "necessitado" ou, de alguma forma, o prejuízo será maior do que a "enfermidade", pois para cada efeito deve haver uma causa.

Entretanto aquele que busca os bens materiais e as realizações pessoais, por mais que tente defender que possui intenções puras, devemos questionar a veracidade. A pessoa que faz isso tem o objetivo material e não moral. Ela tem orgulho e vaidade e não aceita os desígnios de Deus.

— Ela pode conseguir o que deseja?

Robert pensou e respondeu:

— Eu acredito que o magnetismo humano possa influenciar momentaneamente a matéria e a atração do que é material, mas nada se dá sem a permissão de Deus e, quem forçar receber dádivas que não merece, receberá também em acréscimo a falta de condições que lhe era reservado a experimentar, isso no futuro.

Veja, Rosa, estaremos sempre onde a nossa consciência estiver.

Se vivermos de sonhos e ilusões, não encarando a vida e não auxiliando com a verdade, ficaremos parados na escala evolutiva, sofrendo o efeito do nosso próprio egoísmo.

Agora vou dizer a minha opinião: Nenhuma religião pode nos ligar com Deus.

— Robert!

— Nenhuma. Nem o Espiritismo é capaz de fazê-lo, com todas as suas provas científicas, com todas as suas teses filosóficas e toda a sua indicação religiosa.

Através dos ensinamentos da Doutrina Espírita, nós percebemos que ela nos indica, mostra-nos e esclarece o que devemos e podemos fazer para nos ligarmos a Deus.

Preste atenção, Rosa: Somos nós, somente nós que nos ligamos a Deus, quando nos transformamos intimamente, não só em criaturas dotadas de inteligência, mas principalmente em criaturas inteligentes que utilizam esse atributo para o bem. Nós temos que nos transformar em criaturas humildes e dedicadas à prática de atitudes cujas conseqüências morais, automaticamente, religam-nos com esse Criador Eterno.

A religião que disser que religa o homem a Deus ou que somente suas práticas e suas crendices agradam a Deus ou faz o Criador vir até nós, está mentindo.

Somos nós que temos que evoluir para nos elevarmos a Deus.

Jamais qualquer religião conseguirá me fazer evoluir se eu não me transformar em uma pessoa humilde, portador de atos morais elevados, despojada de orgulho, vaidade e egoísmo.

— Agora concordo com você, Robert. E gostaria de lembrar que Jesus nos indicou também a prática da caridade.

— Todos temos inteligência, mas poucos a usam e, quando o fazem, atribuem essa talento a seu próprio favor e egoisticamente. Aquele que já é inteligente, pensa, estuda, analisa e age, desenvolvendo a prática da boa moral, fazendo isso você já está começando a ser caridoso para consigo mesmo.

O que é caridade senão uma ação moral em prática!

Muitas religiões ensinam e pregam sobre a imortalidade da alma, mas somente a Doutrina Espírita ousou explicar cientificamente a reencarnação dando justificativas cabíveis e até incontestáveis ao que ensina. A Doutrina Espírita também justifica o estabelecimento de regras para a comunicação entre os vivos e os mortos.

Mesmo que não admitam, todas as pessoas têm um interesse irresistível sobre a espiritualidade, sobre seu futuro após a morte. Disfarçadamente elas especulam, ali e acolá, sobre a realidade do mundo dos espíritos. Que pena!

— Por que? Isso não é bom?

— Não. Se elas tivessem mais personalidade, mais caráter e segurança em si, além do desejo de evoluir, elas não procurariam satisfazerem pequenas curiosidades e procurariam a fonte de esclarecimento: a Doutrina Espírita a fim de se fartarem de ensinamentos úteis e sem o risco de cometerem erros, e não participariam de ações ou comunicações isoladas dos espíritos.

— Você disse que "O Livro dos Espíritos" não é religioso, baseado em que você diz isso?

— No próprio livro, claro. Ele é diferente de tudo o que as religiões mais diversas têm pregado. Eu disse: "pregado" e não "provado", o que é muito diferente. Esse livro, a princípio, não ofende a ninguém, credo, raça, cor ou filosofia. Somente as pessoas egoístas, vaidosas, materialistas e dogmáticas criam polêmica com o que há provado nesse livro.

"O Livro dos Espíritos" não é religioso, é científico porque, a princípio, expressa-se com base em fatos relacionados e experiências já conhecidas. Sua proposta é de levar o conhecimento e, através do raciocínio, fazer cada um compreender qual a sua realidade, hoje, como espírito, e o que é necessário para melhorar o quadro a sua volta, de imediato e no futuro.

Aquele que disser que o Espiritismo pode ligar alguém a Deus ou ao demônio, está mentindo.

O Espiritismo ensina você a escolher.

— Você acredita em demônio?

— Se acreditarmos em demônio, estaremos deixando de acreditar em Deus.

Deus é único, é bom e justo. Por que Ele criaria algo tão perverso e mau, como o demônio, para nos prejudicar? Se Deus é bom e justo, isso não tem cabimento!

Por outro lado, se eu acreditar que existe demônio, estaria dando tanto poder ao demônio quanto a Deus. E se o poder do demônio existir, significa que ele é igual a Deus. Acreditando nisso, haveríamos de dizer que há, então, acima de Deus e do demônio um outro criador, pois "alguém" teria que criar essas duas forças iguais e opostas que estamos exemplificando. Se isso ocorresse, Deus deixaria de ser Deus.

Demônios somos todos nós quando não aplicamos diariamente, com inteligência, os princípios morais cristãos, budistas, de Alá, de Jeová, e tantos outros, grandes exemplos existentes de boas práticas morais e caridosas.

— Um dia você me falou que não era religioso, até conversamos muito sobre várias religiões. Do jeito que você fala, como pode me dizer que não é religioso? Como pode dizer que não é defensor do Espiritismo?

— Não sou defensor do Espiritismo, estou só comentando o que essa doutrina ensina, nada mais. E quanto ao fato de ser religioso, ao ponto de aceitar cegamente a pregação de um líder, isso eu não sou mesmo.

Mas estudioso, ao ponto de aceitar a confirmação filosófica e científica, comprovada, trazida por qualquer doutrina, sim, estudioso eu sou.

Mas me diga, qual a doutrina que se atreveu a explicar tudo o que ocorre conosco como criaturas humanas que "nascem" e "morrem", com base na ciência e na filosofia, sem iludir ou mistificar?

Como grande estudioso eu lhe afirmo: Além da Doutrina Espírita, desconheço, hoje, totalmente, qualquer outra doutrina que ousou se amparar em fatos comprovados pela ciência. É isso o que eu respeito muito no Espiritismo.

Sou grande pesquisador, Rosa. Procuro praticar os princípios em que acredito, sem medo, vergonha ou misticismo. As pessoas, um dia, vão acordar para o fato de que a Doutrina Espírita não possui dogmas ou doutrinador, porque seu principal ensinamento é que você doutrine a sua vida, os seus pensamentos e as suas ações. Ela prova que somos seres libertos, individuais e não podemos nos responsabilizar pelas ações ou pensamentos dos demais, através de induções. Por essa razão, a Doutrina Espírita não possui dono ou sacerdotes, pois, quando isso ocorrer, deixará de ser doutrina espírita.

A jovem senhora sorriu e afirmou:

— Você é Espírita, Robert! E não me disse nada!

Robert, estampando largo sorriso, perguntou:

— Vou pedir à Elizabeth que nos traga um chá. É claro que você aceita, não?

* * *

Robert nada mais explicou do que as colocações que encontramos em "O Livro dos Espíritos" em Poder oculto, talismãs, feiticeiros, no qual os espíritos e o codificador, nos explicam tão bem da pergunta 551 a 556 sobre a "chave de uma infinidade de fenômenos" que ignoramos.

"O livro dos Médiuns" onde é explicado sobre o atributo anímico de cada um. Podemos, hoje em dia, muitas vezes, substituir a palavra anímico ou animismo, utilizada nos livros da codificação, pelo termo científico paranormal ou paranormalidade.

Como crentes de que o Pai Celeste é imparcial, bom, justo e sábio, temos consciência de que a "Seus olhos" não prevalecem as distinções sociais. Assim sendo, seremos julgados pelo que fizermos em pensamentos e ações, pela nossa própria consciência.

"As faltas de uns, não justificam as de outros".

Toda vez que nos afastamos do caminho reto, com o desejo de saciarmo-nos material ou pessoalmente, forçando adquirir o que não nos seria permitido de forma natural, indica dívida e, cedo ou tarde, teremos de pagar.

O conjunto de qualidades de alto valor compõe o homem de bem. Essas qualidades são o que agrada a Deus. Mas vale ressaltar que o homem de bem não é somente o que tem "fé em Deus, no futuro e coloca os bens espirituais acima dos bens temporais, possui o sentimento de caridade e amor. É bom, justo e benevolente para com todos sem distinção". Homem de bem é, principalmente, aquele que se esforça, a cada dia, para possuir essas qualidades durante o caminho e interroga sua própria consciência sobre seus próprios atos, sobre suas violações, suas práticas no mal e no bem.

Essa vigilância constante exibe a fé de alguém no Criador e também mostra o desejo sincero dessa criatura a fim de evoluir.

O homem de bem aceita o que Deus lhe oferece, sem queixas. Libertando-se das amarras quando não se prende ao medo do desconhecido e busca se esclarecer.

O mundo hoje é tão carente de socorro ao infortúnio quanto de socorro à ignorância, que escraviza e faz sofrer bem mais do que qualquer calamidade que o assole.

11

Fascinação

Em outro dia, Gonzáles estava enfurecido e gritava com Nancy para que a mulher dissesse onde estava o filho, pois ele não o havia encontrado.

— Ele foi até a mansão da família Russel! Tentou derrubar Rosa Maria das escadas porque somente ela poderá reconhecê-lo.

— Peter jamais faria isso!

— Ele roubou meu cofre!!! Incendiou minha casa!!! Onde ele está?!! — gritava o homem descontrolado, pressionando a mãe de Peter sem perdão.

No mesmo instante, na casa do doutor David Russel, toda a atenção se voltava para o noivado de Henry e Margarida.

— Na próxima semana, Henry retorna de Oxford formado em seu curso e deveremos estar com tudo arrumado para o jantar de noivado — informou o pai do noivo, entusiasmado.

— Senhor David — perguntou Rosa Maria —, acredito que irá até Oxford para acompanhar as solenidades do encerramento do curso de Henry, estou certa?

— Sim, claro que irei. Pretendo levar Margarida comigo, mas antes tenho que falar com o senhor Gonzáles, mas creio que ele vai concordar. Quer nos acompanhar, Rosa?

— Adoraria! Mas devido às limitações, não será conveniente.
— Ah, Rosa! Vamos! — pediu a jovem animada. — Faremos um passeio, não é tão longe e Robert também irá.
Muito tranqüilo, o filho mais velho do dono da casa anuncia:
— Não, Margarida. Não posso ir. Também não acho que seja conveniente que Rosa viaje. Esse resfriado que ela apresenta não deve ser reforçado por intempéries bruscas. Não se esqueça de que enfrentamos um rigoroso inverno. Temo por complicações.
— Robert, não acredito que não vá prestigiar seu irmão! — admirou-se a jovem. — Será também um passeio para Rosa!
— Tenho certeza que Henry vai compreender, não se preocupe. Quanto à Rosa, nos raros dias em que o clima apresentar melhoras, poderá sair e passear aqui mesmo.
— Ficaremos lá cerca de quatro ou cinco dias, Robert. Poderá controlar tudo por aqui e na clínica, não é? — perguntou seu pai.
— Lógico! Não se preocupem, passeiem à vontade!
— Margarida — tornou o doutor David —, pedirei à Elizabeth que nos acompanhe. Converse com ela para que a ajude e oriente com alguns detalhes e apetrechos para a viagem. Informaremos a seu pai que ela será sua "dama de companhia".
— Obrigada senhor David. Vou falar com ela agora mesmo.
Outras criadas passaram a dispensar cuidados especiais à Rosa Maria para suprir a ausência de Elizabeth e Margarida, que lhe era tão prestativa.
Certa noite, Rosa Maria comentava com seu amigo as suas dificuldades.
— Não imagina como é difícil, Robert, depender dos outros para coisas tão pessoais e íntimas. Foi difícil acostumar com Margarida e Elizabeth dispensando esses cuidados, mas com o tempo, acostumei-me. Agora, com a ausência de ambas...
— Lembre-se, Rosa, somos todos espíritos que buscamos tarefas para aprender e evoluir. Todos nós temos que oferecer

oportunidade de trabalho aos outros. Comece a pensar assim e veja se não se sente melhor.

— A propósito, Robert, você pensou na minha sugestão sobre freqüentar uma sociedade Espírita onde poderemos, se for o caso, solicitar ajuda e amparo a fim de nos libertarmos dos tormentos que sofremos?

— Não só pensei como estou à procura de um grupo que proporcione estudo e trabalhos sérios. Isso é importante analisar.

— Eu, Margarida, minha cunhada, suas filhas e outras amigas, iniciamos um grupo de estudos da Doutrina Espírita. Mas depois de tudo o que me ocorreu, não sei dizer como estão caminhando. Vou procurar entrar em contato com Dolores.

Vendo-o cabisbaixo, Rosa não conteve a preocupação e perguntou:

— Você está bem, Robert?

— Fisicamente sim. Espiritualmente não. Tenho pensamentos incompatíveis à minha moral, à minha disciplina e à minha fé. Eu sei do que se trata, tenho consciência do que é certo e errado. Porém cada dia está mais forte e temo perder o controle.

— Posso saber o que o abala ou o que sente?

— São pensamentos, Rosa. Idéias inúmeras que me bombardeiam de desejos quase incontroláveis. — Muito sério, ele relatou: — Penso sempre em todas as decepções que vivi, em meio a tanto comportamento correto que pratico, e ainda sofro. Essas lembranças intensas me fazem concluir que tudo em que eu acredito, não vale a pena e é uma ilusão mentirosa usada para me satisfazer. O desejo de morrer me assola, e o planejamento de um ato como o suicídio é constante.

— Robert! Por favor!...

— Acalme-se. Estou bem. Tenho consciência. Sou racional e abomino o ato do suicídio. Sempre me socorro no Evangelho e nos ensinamentos que justificam a existência e a continuação da vida.

— Você sabe que o socorro também deve chegar ao espírito que lhe perturba, não é?
— Sim, eu sei. Por isso estou à procura de um grupo sério.

* * *

Naquela noite, no meio da madrugada, Robert experimenta um terrível assédio espiritual durante o sono.

Ele acorda aterrorizado, sobressaltando num impulso instintivo de defesa natural.

Sentado em sua cama, o médico fazia uma prece buscando harmonizar-se.

Depois de alguns segundos, ouve-se um grito de pavor. Era Rosa Maria que se fez ouvir de seu quarto.

Robert saiu às pressas e direcionou-se imediatamente ao quarto da jovem senhora. Ao abrir a porta, surpreendeu-se quando deparou com a cama vazia. Ao avançar alguns passos, alguém o atinge fortemente na nuca. Caindo de joelhos, muito tonto pela pancada, procurou reagir. Deu-se uma luta entre Robert e o invasor, que durou alguns segundos.

A iluminação era fraca, Rosa Maria se arrastava pelo chão com muita dificuldade e tentava se aproximar. Em dado instante, a mulher apalpou no chão uma arma e a tomou para defender Robert do agressor.

Disparou um único tiro, escutando um gemido curto e abafado. Observou que alguém se evadiu enquanto um corpo tombava.

Robert caiu ferido.

Rosa Maria gritou desesperadamente tentando chegar até ele. Ninguém a ouvia.

— Robert! Por favor! Robert!

Gritava ela, tentando agitá-lo com dificuldade. Mesmo sem conseguir ver o local do ferimento, ela pôde observar que o sangue jorrava em abundância.

Depois de algum tempo, seus gritos foram ouvidos pela criadagem. O mordomo, Oliver, rapidamente colocou Robert sobre a cama. Nenhuma das criadas conseguia fazer Rosa Maria se controlar.

— Senhor Robert?! — dizia o mordomo, tentando despertá-lo. O médico abria os olhos esmorecidos, entregando-se ao desfalecimento.

Oliver tomou a iniciativa de estancar o sangue, fornecendo os primeiros socorros, mesmo que precários, levando, o quanto antes, o patrão ao centro da cidade para ser tratado por um profissional.

Um colega de profissão foi despertado no meio da madrugada. O médico assustou-se com o ocorrido. Enquanto tratava do ferimento, o doutor perguntava ao mordomo solícito que socorreu seu colega.

— Como isso foi acontecer?! A família Russel é composta de excelentes pessoas! — Inconformado, ele confiava relatando: — Devo muito a eles, principalmente a Robert. Hoje, eu não seria médico se não fosse por ele. Tive dificuldades financeiras e até emocionais. Tanto Robert quanto seu pai ajudaram-me muito! Estudamos juntos em Oxford. Não só eu, mas também outros colegas do condado lhe são imensamente gratos.

— Eu também devo muito a eles, doutor — dizia Oliver. — Eles não são meus patrões, são a minha família. Tenho filhos e, como o senhor sabe, sempre há um que nos dá excesso de preocupação. Passei por sérias dificuldades e, se não fossem eles, eu e minha esposa não teríamos onde morar. Os patrões nos compreendem, nos ajudam e participam da nossa vida. Se algo acontecer...

— É estranho que alguém os queira mal, invadindo-lhes a residência. Creio que muitos nessa cidade lhes devam favores. Robert e seu pai clinicam gratuitamente, oferecem medicamentos e tratamentos prolongados... Até o conselho da cidade os homenagearam em público!

— O que o senhor acha, doutor? — perguntava o mordomo que não foi retirado da sala enquanto Robert era atendido. — Ele vai ficar bem?

— Perdeu muito sangue. Estanquei a hemorragia. Ficará bom.

Pouco depois, ao ver Robert voltando a si, o médico ressaltava:

— É, meu amigo, teve sorte! Alguns centímetros a mais... teríamos um grande prejuízo.

Vendo Robert mais lúcido, concluiu:

— Há de se sentir fraco pela perda de sangue e... Ah!... veja a quem estou orientando... — disse o doutor sorrindo ao lembrar que tratava de um médico. — Sente-se bem?

— Sim.

Robert começou a rir e o colega, sem entender, perguntou:

— Do que está rindo, fiz algo errado?

— Lembrei-me de que o amigo é uma alma muito rara, que procura nos ajudar a satisfazer todos os desejos, auxilia-nos em nossos sonhos...

— E daí? — perguntou o interlocutor.

— Foi a minha melhor amiga quem me feriu quase mortalmente. Estou pensando se ela tentou satisfazer algum desejo que eu tivesse manifestado.

Robert riu novamente e o colega de profissão esboçou suaves traços de contentamento por não entender a análise do amigo.

Mais tarde, trazendo o braço imobilizado e preso ao corpo, Robert retorna à mansão da família Russel e só então Rosa Maria contém o pranto que estava incontrolável.

— Acalme-se, Rosa — pedia ele sentado em sua cama, afagando-lhe os cabelos com a única mão que restava.

A jovem senhora recostou em seu ombro sem conseguir falar.

— Não sei onde a senhora encontra tanta lágrima — dissimulou a empregada, tentando mudar o clima.

Robert, mais refeito e usando de moderação a autoridade que possuía, perguntou com firmeza:

— Onde você estava?

Fitando-a com os olhos arregalados, a moça tentou dizer timidamente:

— Precisei descer, senhor...

Ela havia sido designada para cuidar de Rosa Maria e dormir naquele quarto.

— Vou perguntar novamente. Onde você estava e, por quê? — tornou o patrão firme e ponderado.

— Eu... — tentou dizer a moça abaixando a cabeça.

Depois de uma pausa, o médico insistiu:

— Você saiu da casa?

— Eu precisei...

Vendo-a sem coragem, Robert concluiu:

— Você saiu da casa, não avisou ninguém, abandonou a senhora sozinha e, para não ter dificuldade ao retornar, deixou a porta aberta, o que facilitou a entrada do intruso. Não foi? — A criada começou a chorar e abraçou-se a sua companheira. Robert suspirou profundamente, exibindo seu descontentamento. Virando-se para Oliver, ele pediu: — Elas podem ir. Dê-lhe outra tarefa de menor responsabilidade e chame alguém competente e de confiança para cuidar da senhora.

— Sim senhor. Farei isso. Mas se me permite?...

— Diga, Oliver.

— Minha irmã chegou semana passada na cidade. Ela é moça, mas é responsável. Está hospedada na casa de nossa tia...

Robert sorriu e perguntou:
— Por que não a trouxe para cá? Vamos homem! O que está esperando?!
Oliver sorriu e apressou-se, pois o dia já era claro.
Mantendo Rosa Maria recostada em seu ombro, o médico brincou:
— Não precisava se esforçar tanto para realizar todos os meus desejos, minha amiga!
Rosa Maria recompôs a postura e tornou a alinhar-se.
Tocando-lhe a face de leve a fim de colher as últimas lágrimas que brotavam, ele perguntou:
— Você está bem?
— Fiquei tão desesperada...
— Não vamos mais falar nisso. Já é dia. Tudo já passou. Pedi ao chefe de polícia que compareça nesta casa a fim de prestarmos queixa. Não vai demorar e ele estará aqui. Onde foi parar a arma?
— O cocheiro, Carl, a pegou. Disse que ia guardá-la.
— Certo. Vou falar com ele.
— Perdoe-me, Robert. Por favor, perdoe-me?
— Se é para tranqüilizá-la, não está perdoada! Vou penalizá-la a me ouvir pelo resto de seus dias, ou dos meus para que retribua com tarefa ativa o mal que me provocou.
Foi o único instante, depois do acidente, que Rosa Maria sorriu, mesmo embaraçada.
— Onde acertou exatamente o tiro? Oliver disse que você escapou por pouco.
— Acertou nas costas, na altura do ombro, muito perto da cervical. Mais um ou dois centímetros minha coluna, ou até a vida, ficaria comprometida. A sorte foi que o projétil não se aprofundou e pôde ser retirado com facilidade mesmo tendo perfurado uma veia.

— Por que a imobilização do braço?
— É que os movimentos provocam dores. — Refletindo um pouco, ele lembrou: — Veja, Rosa, faltam cerca de dez dias para o noivado de Henry e Margarida, vamos procurar não fazer alarde para não atrapalharmos a felicidade dos noivos, porém não vamos descuidar.
Vou providenciar a segurança da casa e ficaremos atentos.
Só uma pergunta: você conseguiu ver, com detalhes, o rosto do invasor?
— Não — afirmou ela. — Tudo foi muito rápido.
— Sem problemas. Eu também não pude ver, mas posso dizer que o porte físico é o mesmo de quem lhe empurrou da escada e se atracou comigo no jardim. Vamos deixar a polícia tomar conta do caso e prestaremos todas as informações que puderem favorecer.

* * *

Com o passar dos dias, todos retornaram de Oxford. A aproximação do dia do noivado causava muita animação e expectativa.
O jantar que comemoraria o evento, apesar de reservado aos parentes e poucos amigos, deveria ser em grande estilo.
No dia, a criadagem recebeu informações para prepararem a mesa de jantar com luxo e requinte. Assim como as iguarias a serem servidas, foram muito bem selecionadas.
A mansão estava lindamente enfeitada para o Natal que seria naquela mesma semana. Ramos de arminhos e grandes laços de veludo vermelho contornavam as escadarias e os portais.
Sobre as lareiras, arranjos com motivos natalinos davam um ar festivo e alegre ao ambiente. Um músico, especialmente contratado para abrilhantar a cerimônia, executava agradáveis

melodias ao piano, quando Margarida apontou no patamar da escadaria, atraindo a atenção de todos.

A jovem parecia flutuar ao descer degrau por degrau. Tinha-se a impressão de que o belo vestido teria sido feito sob encomenda especial para aquela jovem. O tom de leve rosado em fundo azul possuía a leveza delicada e suave em alto estilo clássico em que o talhe discreto realçava-lhe a beleza juvenil.

O pai do noivo ficou impressionado e sentindo imensa satisfação, curvou-se ante à escolhida de seu filho, cumprimentando-a como pedia a educação de um cavalheiro inglês.

Margarida, depois de agradecer, aceitou a oferta do cavalheiro que aguardava com o braço direito curvo, escondendo o outro atrás das costas a fim de levá-la ao seu lugar à mesa.

A tia de Margarida e as primas não tinham palavras que pudessem expressar a admiração que experimentavam.

Henry, maravilhado, não tirava o sorriso do rosto.

Rosa Maria sentia-se realizada, enquanto o pai da moça ostentava um ar de orgulho e satisfação.

Os demais estavam encantados e alegres.

Após o jantar solene, o doutor David Russel anunciou a todos o casamento de seu filho Henry com a senhorita Margarida para o próximo verão.

Com exceção de Robert, o doutor David surpreendeu a todos quando passou para o filho Henry o precioso anel de brilhante, que fora de sua esposa Anne Russel, para ser o anel do noivado presenteado à Margarida.

Ninguém podia esconder a alegria que os invadia pelo acontecimento.

Um pouco mais tarde, como de costume, os homens se reuniram em um outro cômodo, e as mulheres continuaram em animada prosa.

O senhor Gonzáles fazia questão de saborear um licor enquanto desagradava o bem estar dos demais com o odor do seu tabaco.

— Não bebe, senhor Robert? — perguntou o pai da noiva.

— Não, senhor — afirmou o médico.

— Nem fuma? — tornou ele.

— Não. Ninguém da nossa família faz uso de álcool ou tabaco.

— Penso tê-lo visto beber quando esteve em minha casa!

— Perdoe-me, senhor Gonzáles, mas o senhor nos ofereceu os cálices de licor, colocando-os em nossas mãos, sem nos dar oportunidade de recusar.

— Mas vocês beberam! — insistiu Gonzáles.

— Não, senhor. Nós ostentamos o cálice por algum tempo, depois o depositamos na bandeja. Creio que não tenha observado.

— A propósito, senhor Gonzáles — interferiu o doutor David Russel. — É de impressionar sua pistola estar em poder do invasor da nossa residência naquele dia, não acha?

— Sim. Fiquei surpreso ao ver a arma e identificá-la. Eu mantinha aquela pistola dentro do meu cofre — confirmou Gonzáles. — Com toda certeza, o homem que esteve aqui foi o mesmo que incendiou minha casa. Ele deve acreditar que Rosa Maria possa reconhecê-lo.

— Exatamente — confirmou o médico. — Por essa razão solicitamos reforço na segurança da propriedade.

— Desculpe-me causar tantos problemas a todos aqui, mas foi o senhor e seu filho que insistiram para elas ficarem. Eu iria levá-las para a casa de minha irmã. Agora... veja só como Rosa retribui tanto favor! Quase matou seu filho!

Com cautela, Robert reagiu:

— Não a culpe, senhor Gonzáles. Foi um acidente. Lembremos que sua esposa queria me defender, não houve intenção.

— Por mim, Rosa estaria na casa de Dolores. Estão incomodando demais.

— De forma alguma! — recusou o dono da mansão. — Sabemos que a senhora, sua irmã, não dispõe de acomodações adequadas e, segundo ela mesma, está sendo difícil manter a casa.

Preocupado, o senhor Gonzáles confessou:

— É verdade. Meus negócios não estão indo bem... Mas, assim que possível, verei a possibilidade de tirar Rosa Maria daqui. Como Margarida estará casada, terei de acomodar somente Rosa em outro lugar.

— De forma alguma, senhor Gonzáles! — revidou Robert, impensadamente, sendo censurado por seu pai, de imediato, com um olhar repressor. — A senhora Rosa Maria não está nos incomodando em nada — tornou ele mais cauteloso. — Tememos por sua saúde e afirmamos que ela necessita de muitos cuidados e atenção.

— É verdade. Eu percebi — afirmou o pai de Margarida. — Ela está me parecendo fraca... Não estou reclamando — corrigiu ele a tempo. — Vejo que é próprio da paralisia que a maltrata. E se com todos os cuidados que recebe aqui ela está assim... morando comigo Rosa estaria pior.

— Além do mais, senhor Gonzáles — informou o doutor David Russel —, Rosa Maria sofreu muito e, como já lhe relatei, sua vida não será mais a mesma. Aqui, além de receber acompanhamento médico, Margarida pode lhe dispensar muita atenção, carinho e cuidados pessoais que, tenho certeza, Rosa Maria não gostaria de receber de outras acompanhantes. Todos nós gostamos muito dela e sentiríamos, imensamente, não poder tê-la perto.

— A verdade, senhor Gonzáles — alertou Robert —, é que meu pai gosta de movimentação pela casa. Ele a acha muito grande.

— É verdade! Não vejo o momento de ter aqui, meus netos, meus herdeiros!

A conversa prosseguiu animada.

Mais tarde, com o passar das horas, todos se foram.

Margarida, Elizabeth e Rosa Maria ainda estavam na sala conversando.

O doutor David Russel, muito observador, perguntou:

— Você está bem, Rosa? Parece estar tão abatida!

Com voz generosa e agradecida, a jovem senhora explicou:

— É cansaço, senhor David. Não estou mais acostumada a ficar até tão tarde.

— Nós esquecemos de Rosa! — exclamou Henry. — Como fizemos isso? Com a animação...

Dirigindo-se para próximo dela, o noivo de Margarida solicitou:

— Elizabeth, por gentileza, providencie o leite de Rosa e peça para alguém ir à frente arrumando-lhe a cama! Irei levá-la para seu quarto.

Animado, Henry a pegou em seu colo e subiu as escadarias da mansão em direção aos aposentos da senhora.

— Quanto trabalho e esforço eu exijo de vocês, não é mesmo, Henry? — dizia Rosa Maria, tímida e até entristecida, ao ser carregada.

— Não há esforço nem julgamos trabalho quando podemos ajudar aqueles que amamos, Rosa! — dizia o noivo ao colocá-la sobre a cama. — Nós nos sentimos úteis.

Após acomodá-la, ele ofereceu:

— Posso ajudar em mais alguma coisa?

— Não! Não! Não! — exclamou Elizabeth com modos brejeiros. — Agora é comigo. Pode se retirar.

— Tenha uma boa noite, Rosa. Muito obrigado por tudo! — disse Henry beijando-lhe a testa como sinal de gratidão.

— Por que me agradece, Henry?

— Por tudo, Rosa! Pelo seu exemplo de vida... pelo seu amor. Boa noite! Com licença — cumprimentou o jovem, educadamente, como era de costume.

Robert e seu pai também foram até o quarto se despedirem de Rosa, mas Elizabeth tratou de apressar-lhes a retirada a fim de oferecer a ela os devidos cuidados.

Antes de entrar em seu quarto, o doutor David perguntou ao filho:

— E o ferimento, Robert? Como está?
— Perfeito. Sem problemas.
— Robert? — tornou o pai. — O que o intriga?

Ele parou, refletiu e depois confessou:

— Temo por esse homem querer tirá-la daqui. Ele é rude, indelicado e até...
— Até?...
— Cruel! — afirmou Robert, encarando seu pai. — Ele não tem um pingo de escrúpulo, bom senso. Penso que se ele quiser tirá-la dos nossos cuidados e atenção...
— O que você fará?
— Certa vez, eu prometi à Rosa Maria que iria ajudá-la, e eu o farei, nem se para isso tenha de provocar um escândalo nessa sociedade. Se eu souber que o senhor Gonzáles vai tirá-la de nós e não houver o que o faça mudar de idéia, vou levá-la para bem longe desse homem. Mesmo que precise encerrar minha carreira em Londres como médico.
— Todos os lugares do mundo nos pedem referências, Robert. Você é um médico, não se esqueça.
— Darei um jeito, meu pai. Vou para o novo mundo. América, colônias francesas, Brasil... há tantos lugares necessitando de profissionais nessa área sem muita exigência. Além do que, sou bom profissional e, às vezes, penso se outro clima não seria melhor para ela.

— Acalme-se, filho. Não creio que Gonzáles tire Rosa Maria de nossos cuidados. Ele não quer ter preocupações. Fiquei sabendo que seus credores o estão pressionando. Acho que comentou o fato de levar Rosa para outro lugar somente para parecer preocupado.

— O senhor sabe algo que ignoro?

— Talvez.

— Pode me contar? — insistiu Robert.

— Entre aqui em meu quarto.

Robert aceitou. Margarida, que vinha trazendo um recipiente com o leite para Rosa Maria, ouviu toda a conversa escondida na curvatura da escada.

O dono da mansão e seu filho passaram a dialogar no quarto, só que com a porta aberta. O pai passou a atualizar Robert sobre as notícias mais recentes.

— Algumas informações sobre a vida pessoal do senhor Gonzáles vieram à tona com as investigações sobre o incêndio, a invasão à nossa residência e o atentado à Rosa Maria.

A polícia descobriu que esse homem possui outra família nos subúrbios desta cidade.

— Outra família?! — surpreendeu-se Robert.

— Sim. Ele mantém uma outra mulher e um filho que, parece-me, não foi reconhecido. As suspeitas apontam para esse rapaz que, até agora, não foi encontrado.

— Rosa Maria sabe algo a respeito dessa outra família?

— Creio que ela nem imagina. Nem mesmo Gonzáles tomou conhecimento do que as investigações descobriram a seu respeito.

— Que estranho... — observou Robert.

— Robert, você sabe do que Gonzáles vive?

— Do comércio, claro. Ele possui várias lojas no comércio. Não somente aqui, mas em outros pontos do Reino Unido e me parece que até na Espanha. Por quê?

— Você sabe qual o ramo do comércio?
— É... É sortido. Ele não tem um ramo específico. Sei que vende desde tecidos até móveis e alimentos. Depende do local onde a loja se encontra instalada. Por quê?
— Talvez eu não devesse lhe contar, pois obtive essas informações por meios não oficiais. Mas a primeira coisa que descobriram sobre Gonzáles, é a evasão de impostos e receptação.
— Isso é crime! Ele vende mercadorias que foram adquiridas ilicitamente?! Através de roubos?!!!
— Tudo indica que sim. E seus credores o estão pressionando depois que ele perdeu a residência e todas as economias.
— Nem consigo acreditar! Então isso explica porque ele guardava suas economias no cofre de sua casa e não em um banco! Sempre achei estranho alguém guardar tamanha soma em casa!
— Que isso fique entre nós, Robert. Confiei a você para que verifique o quanto Gonzáles está preocupado com outros assuntos, e Rosa Maria e a filha serão suas últimas preocupações. Não tome atitudes precipitadas.
— E se ele, por um impulso de possessividade, quiser Rosa junto a ele para fugir?
— Rosa oferece preocupações e muito trabalho. Não creio que faça isso. Só não quero que tudo venha a público até o casamento deles. Seria muita tristeza e até vergonha para a moça.
Depois de alguns segundos de silêncio, enquanto ambos refletiam, Robert decidiu.
— Pai, posso lhe fazer uma pergunta?
— Sem dúvida, Robert.
— Às vezes eu não entendo como o senhor pode concordar com tudo o que está acontecendo sem se abalar. O senhor sempre levou uma vida tranqüila e equilibrada e, de repente, passa a experimentar a casa invadida, preocupações com o que não

lhe pertence, atentado. E, com tudo isso, não se altera, não nos chama a atenção. Orienta... Por quê?

Após pensar um pouco, o doutor David respondeu:

— Talvez por eu ver em Rosa Maria e Margarida as filhas que eu não tive. Você sabe que, entre você e Henry, eu e sua mãe tivemos duas filhinhas e elas faleceram com poucos dias. As gêmeas eram muito fraquinhas, não resistiram... Sabe... sempre me pego sonhando como seríamos animados com elas... Teríamos uma casa cheia. Risos, alegrias...

Quem sabe tenha despertado em mim o instinto de ajudar essas damas como as filhas queridas... Elas são minhas filhas do coração. Eu sei que você pode entender isso.

— Ainda não acredita no Espiritismo, não é, meu pai?

— Já li tudo aquilo que você me ofereceu, mas não estou preparado para assumir nada.

— O senhor já assumiu, meu pai.

— Como assim?

— O senhor assumiu ser um homem de bem.

Robert abraçou seu pai com carinho e depois se retirou.

* * *

Nos dias seguintes, Margarida ainda estava sob o efeito do encantamento de sua felicidade com o noivado. Lamentava não poder sair de casa para passear no jardim devido à neve que não ofertava trégua. Mesmo assim, recebia constantes visitas de suas primas.

Robert e Rosa Maria conversavam animados quando ele perguntou:

— Eu a vi conversando com sua cunhada no dia do noivado, falou-lhe a respeito das reuniões que desejamos?

— Sim, Robert. Mas não sei... Nada do que Dolores falou, agradou-me.

— Por quê?

— Porque, como toda ciência, o Espiritismo não pode ser visto como brincadeira, e só acreditar na existência de espíritos, não faz de alguém uma pessoa esclarecida. Muito se precisa aprender para se tornar responsável e não se ter conseqüências ruins.

— O que quer dizer? Por acaso Dolores está usando a mediunidade erroneamente?

— Deus nos permite a mediunidade para nossa instrução e não para nossa exibição. As pessoas desejam arrumar desculpas para suas atitudes incorretas, e Dolores não é diferente.

— O que ela está fazendo de tão errado?

— Minha cunhada é uma boa médium, no entanto sua faculdade mediúnica está abalada pela falta de equilíbrio dos seus próprios pensamentos e desejos. Reconhecemos a obsessão ou até a auto-obsessão por uma série de apontamentos, entre eles: o médium sempre se ofende quando alguém faz críticas às suas comunicações; além do que, o médium confia absolutamente na infalibilidade e na identidade dos espíritos que se comunicam por ele; nos elogios recebidos desses espíritos; na vontade sentida freqüentemente em ter de dar comunicações...

— Perdoe-me interrompê-la, Rosa Maria, mas isso é falta de educar a mediunidade através de estudos.

— Não é só isso, Robert. Muitas vezes, pode-se ter estudado tudo sobre Espiritismo e ainda se deixar levar por acontecimentos assim.

— O que sua cunhada apresenta, especificamente, que você acredita ser desequilíbrio mediúnico?

— Dolores dificilmente está assumindo sua opinião própria. Na maioria das vezes em que vai dar um parecer, ela diz: "um espírito acabou de me dizer que..." ou então: "sinto uma inspiração de que devemos fazer isso...". Nós sabemos que não é em tudo que os espíritos nos inspiram e oferecem conselhos, principalmente quando se trata de espíritos evoluídos. Eles nos deixam ter idéias próprias para que aprendamos a usar o bom senso e saibamos discernir o certo do errado.

Caso os espíritos dêem opiniões em nossos afazeres, estarão interferindo em nosso livre-arbítrio, fazendo-nos perder a oportunidade de que necessitamos, prejudicando-nos, uma vez que teremos de passar novamente pela mesma experiência em um futuro próximo, e sabe-se lá Deus em que condições.

Se resolvermos nossas dificuldades porque um espírito nos ajudou, deixamos de evoluir e ficaremos endividados.

Sabe, Robert, ninguém fica mediunizado vinte e quatro horas por dia. Isso não existe!

Além do mais, nenhum mentor fica ostensivamente nessas mesmas vinte e quatro horas e através de inspirações, dizendo o que devemos fazer. Se um médium disser isso, é mentira! Pois se assim fosse, o mentor estaria "vivendo" pelo médium, ou através dele, e isso é impossível. É contra as leis naturais. Nesse caso, podemos perceber a nítida fascinação do médium e sua falta de bom senso e educação mediúnica.

— O que Dolores diz exatamente? — perguntou Robert interessado.

— Além de dizer estar em constante contato com os espíritos e que eles a aconselham sobre tudo, Dolores só acredita dar comunicação de espíritos de grandes personalidades, quando encarnados. Ela não é capaz de aceitar a comunicação de um nome desconhecido. Parece que todos os espíritos célebres só dão mensagens por ela... Entende? Isso é vaidade. Há inúmeros espíritos ilustres que se manifestam e utilizam nomes que desconhecemos até por humildade, e acabam por nos passar grandes trabalhos e lições de vida. E o médium, por orgulho, ou não admite ou lhe troca o nome simples, adotando um que promove atenção a quem o ouça.

Como se isso tudo não bastasse, Dolores admite que os espíritos lhe "enviam" pessoas de posses, vamos dizer assim, para que ela, através da mediunidade, oriente-as e, em troca disso, a médium aceita as ofertas que esses lhes dão como pagamento.

— Sua cunhada está cobrando pelo trabalho mediúnico?! — assustou-se Robert.

— Está. Dolores alega passar por situação difícil e, por essa necessidade, precisa aceitar o pagamento.

— Desculpe-me comentar, Rosa, mas Dolores está recebendo nossa ajuda material e, ultimamente, vejo que suas filhas, Isabel e Elisa, não saem dessa casa e aceitam as generosidades da prima Margarida.

— Entendo que a presença das jovens nesta casa pode incomodar...

— Não! — reagiu Robert educado. — Não lembrei isso com essa intenção! Por favor, Rosa...

— Sou eu quem afirma esse incômodo, Robert. Não aprovo a presença constante das primas de Margarida aqui.

— Ora, Rosa, isso ocorre pelos preparativos do casamento. É a animação normal pela aproximação dessa data tão especial.

— Mas o comportamento dessas moças... Sabe do que estou falando. Sei que você mesmo experimenta o... o...

Vendo que Rosa Maria não completava a frase à procura de termo correto, ele indicou:

— ... assédio.

— Sim... o assédio dessas moças.

Robert sorriu sem jeito, mas confirmou:

— É verdade, Rosa. Já conversei com meu irmão a respeito e o alertei, principalmente pelo fato de Isabel recorrer constantemente a consultas médicas com ele, sem causa lógica.

— Eu não sabia disso!

— Não se preocupe. Conforme minha orientação, Henry alegou à moça que "Uma vez que ele não conseguia diagnosticar o problema que a incomodava, iria passar o caso a seu pai, um médico muito experiente. Afinal, ele ainda precisava de orientações, pois havia se formado há pouco tempo". Sabe o que aconteceu?

— Não.

— Isabel não retornou mais às consultas. Mesmo assim, vejo que, quando está nessa casa, ela se investe sobre o noivo da prima, enquanto a irmã procura distrair os cuidados de Margarida.

— Isso quando não o procura para lhe tomar a atenção, não é? — perguntou Rosa Maria com um suave sorriso irônico.

Robert também sorriu.

— Isso será temporário, o casamento de meu irmão se aproxima e, depois, não creio que haverá motivos que mereçam tantas visitas.

— Não sei não — desconfiou a jovem senhora ainda sorridente.

— Mudando de assunto, sabe me dizer se o senhor Gonzáles está ansioso com o casamento?

— É estranho, Robert. Vejo o senhor Gonzáles muito diferente. Constantemente está agitado, nervoso e mal consegue concentrar-se no que comentamos a respeito do casamento. Deve estar com sérios problemas. O prejuízo que teve foi grande e sua situação financeira não é das melhores.

— Ele tem nos visitado pouco.

— É verdade, porém...

Diante da frase incompleta, o cavalheiro perguntou:

— Porém?...

— Talvez seja melhor assim.

Robert compreendeu que Rosa Maria não queria a presença de seu esposo na casa. Sentiu que ela também temia que Gonzáles, restabelecendo-se financeiramente, pudesse querer levá-la para morar com ele.

— Fique tranqüila, Rosa. Não creio que o senhor Gonzáles queira tirá-la da companhia de Margarida, que lhe cerca de tantos cuidados.

— Tomara. Sem motivos justificáveis, minha cunhada quer que eu vá morar com ela. Disse-me que iria falar com Gonzáles a respeito do assunto, mesmo diante de minha recusa.

Robert ficou preocupado e salientou:

— Não vejo motivos para Dolores pensar assim. Nada justifica esse pedido. Talvez sua cunhada esteja mesmo desequilibrada. Ela não vê que você precisa de muitos cuidados e necessita de alguém com tempo disponível, ou de criados satisfeitos a fim de que trabalhem com dedicação?

Ambos se calaram por alguns minutos, mas logo depois, Rosa Maria perguntou:

— Visitou a Sociedade Espírita à qual me disse que iria?

— Ah! Sim. Fui até lá e, mesmo conversando rapidamente com alguns dos freqüentadores, pude sentir que se trata de um grupo muito bom, sério, que cultiva os estudos. Eles exibiram muita boa vontade. Tivemos sorte. Você sabe, na Inglaterra é difícil encontrarmos grupos espíritas.

— Explicou a eles o nosso caso sobre os sonhos?

— Não. Procurei primeiro conhecer o tipo de trabalho que realizam, como os estudos, por exemplo. Não vou confiar detalhes particulares de nossas vidas a um grupo de adivinhos, fanáticos ou mistificadores. Temos de tomar cuidado a fim de não sermos enganados. Por eu ter gostado do que me foi apresentado, voltarei para conversar com alguém indicado para orientação e, quem sabe, de acordo com o horário, pretendo unir-me ao grupo de estudo. Conforme for, tenho idéia de levá-la para as reuniões, caso queira me acompanhar.

Os olhos de Rosa Maria brilharam, mas, logo em seguida, a jovem senhora considerou:

— Não posso. Como irei? Haverei de causar inúmeros transtornos por causa da minha deficiência.

— Sabe... é chegada a hora das pessoas que têm limitações não ficarem mais enclausuradas. O mundo precisa se adaptar a elas e elas, por sua vez, têm de parar de se envergonharem do mundo. Bem... não creio que você será um transtorno. Sua companhia muito me agradaria. Veja, lá não há escadas. Além do mais, sair de casa só lhe fará bem. Mas primeiro deixe-me freqüentar algumas reuniões para ter mais confiança no grupo.

A jovem senhora ficou contente e animou-se com a idéia.

* * *

O casamento do filho mais novo do doutor David Russel foi um acontecimento marcante para a sociedade da época, pois o estimado médico disse que não poupassem dinheiro para traduzir na festa toda sua satisfação.

Na manhã do enlace, Margarida é despertada por Rosa Maria que, em sua cadeira de rodas, estava mais alegre que nunca.

— Margarida, levante-se!!! Hoje deve ser o primeiro dia de uma felicidade imensa que, eu acredito, será sua vida de hoje em diante com Henry!

A noiva despertou feliz e exibindo satisfação, argumentou:

— O que eu faria sem você, Rosa?

— Eu desejaria estar em melhores condições para poder ajudá-la mais.

Uma leve tristeza toldava o olhar de Rosa Maria, provavelmente, por ter de resignar-se a ficar na cadeira de rodas para sempre.

Nesse momento, entra Elizabeth com toalhas, pente, escova e tudo mais, falando brejeiramente, alertou:

— Hoje não é dia de tristeza! Vamos menina! Apresse-se! Não tem o dia todo!!!

Depois de banhar, pentear e perfumar a jovem Margarida, a gentil ama foi buscar o vestido de noiva.

Nesse instante chegaram as primas da moça; Isabel e Elisa, lembrando à jovem a tradição de usar algo que foi de sua mãe.

Assim, chamaram o senhor Gonzáles para lhe entregar um lindo colar de pérolas que Estella usou no dia de seu casamento. Por sorte, a tia Dolores conservou a jóia, do contrário teria se perdido no incêndio.

Como uma princesa, Margarida entrou no lindíssimo vestido confeccionado em uma *maison* francesa, uma casa onde se costurava as mais finas roupas femininas da época.

Todo de rendas brancas, bordado com minúsculas pérolas, enfeitando os miolinhos de delicadas flores que compunham o corpete e o barrado do elegante traje.

Como auréola, a noiva sustentava uma grinalda de pérolas, flores e um farto véu, descendo até o barrado do vestido e sobrecaindo na longa cauda que se arrastava pelo chão.

Na mão direita, o anel de noivado completava o brilho.

Estando pronta, a noiva correu para sua amiga e a abraçou como nunca, demonstrando todo amor e gratidão.

Eram duas almas queridas que, mais uma vez se uniam, na alegria ou na tristeza, auxiliando-se a todo tempo.

Ao descer as escadarias da mansão, a belíssima noiva deu o braço a seu pai, que a conduziu, como se flutuasse até o salão onde o juiz de paz, encarregado de realizar a cerimônia de contrato de casamento, esperava-a, juntamente com o noivo, as testemunhas e demais convidados.

O doutor David Russel não deteve as lágrimas de emoção e, por alguns segundos, ficou imaginando como seria poder desfilar, daquela mesma forma, com as filhas que perdeu tão novinhas. Ele sempre sonhou em estar de braços com uma filha, em trajes tão belos, a fim de entregá-la ao pretendente. Como ele desejou realizar esse sonho!

O salão nobre da mansão da família Russel estava lindamente enfeitado com arranjos de lírios brancos e laços perolados da mesma cor em preciosos vasos de porcelana inglesa, tão a gosto da época.

Repuxos feitos com véus brancos, tornavam o ambiente principesco.

Após a cerimônia, que provocou fortes emoções, todos foram conduzidos ao jardim onde, em volta do lago adornado com dois casais de lindos cisnes brancos, havia mesas paramentadas, repetindo, no local, a mesma decoração requintada existente no salão em que foi realizado o cerimonial do enlace.

Lindíssimo bolo era o centro das atenções de quantos se aproximavam da mesa dos comestíveis.

O pátio central desse jardim, onde bancos de pedra e ferro compunham uma agradável pracinha, serviu para que o baile fosse realizado e os nubentes pudessem dançar a tradicional valsa.

Apesar de sua condição, Rosa Maria, enternecidamente e sem perceber, olhava para Robert e para os noivos, parecendo que vivenciava ela própria tamanha felicidade. Traduzindo em seu meigo olhar, o brilho próprio das almas simples e sinceras.

Foi realmente um dia encantador na mansão daquela família.

Há tempos as portas do salão de festas não se abriam, vivendo-se, ali, um conto de fadas.

12

Laços

A felicidade pela grande festa do casamento parecia ainda permanecer viva no coração dos moradores da mansão, mesmo havendo se passado algumas semanas.

Enquanto que o senhor Gonzáles praticamente já havia se esquecido das alegrias experimentadas, tendo em vista tantos tormentos íntimos.

Na casa de Nancy, uma discussão muito acalorada agitava-os.

— Peter não fugiu! — defendia a mãe.

— Então por que ele não aparece?! Como Peter está sobrevivendo sem dinheiro?! Aí está a prova de que foi ele quem me roubou!!!

— Meu filho não é ladrão!

Nesse instante, Peter entra na casa e assiste à cena. Inflamado pela emoção, parte em defesa de sua mãe, dizendo:

— Não fale assim com ela! Se não está bom aqui, suma!!!

— Não se atreva a falar assim comigo, moleque! — intimou o pai nervoso.

— Quem é você para gritar comigo?! Você não tem moral, nunca teve! Além do mais, você não é nada meu! Não tenho seu nome!

Gonzáles foi na direção de Peter, que puxou uma arma para se defender.
Ao vê-lo empunhá-la, Gonzáles se deteve.
— Covarde! — gritou Peter, desafiando-o. — Faz isso comigo, mas não tem coragem de ir lavar sua honra enlameada por sua mulher!
— Não sei do que está falando, moleque!
— Cale-se, Peter! — gritou a mãe. — Não comece...
— Ele não é homem, mãe! Se o fosse, não viria para cá a fim de se esconder, envergonhado, pois toda a cidade sabe que a senhora Gonzáles o desonra em praça pública, mesmo aleijada. E até fica se valendo da invalidez para estar nos braços de outro homem!
— Do que você está falando, infeliz?!
— Da sua honra, covarde! Vai dizer que não sabe que Rosa Maria o trai com o tal médico?!
Gonzáles foi na direção de Peter, que novamente ergueu a arma para se defender.
— Não se atreva, velho! Ah! É por isso que ela, tão bela senhora, trocou-o por um homem mais robusto, mais novo, seu velho!!!
Gonzáles, enfurecido, chutou as cadeiras e virou a mesa.
— Se isso for verdade — afirmou o marido sentindo-se traído —, lavarei minha honra com sangue. Se for mentira, mato você!
Cego pelo ódio corrosivo, o homem abandona a casa, sobe em um coche, achibatando os cavalos, descarregando nos animais a sua ira destruidora.

* * *

Rosa Maria, Robert e Margarida já freqüentavam a Sociedade Espírita e faziam parte do grupo de estudos.

Naquela noite, por ciúme das primas que lhes foram visitar, Margarida não quis deixar seu marido sozinho com as visitas, por essa razão não os acompanhou até a cidade onde o grupo de estudos se reuniria na Sociedade Espírita.

Escondido pelo anoitecer, que dominava parcialmente a luminosidade natural, Gonzáles aguardava, ocultamente, para ver aonde iria a carruagem que saíra dos portões largos da mansão da família Russel e parecia dirigir-se para a cidade.

Mesmo com a fraca claridade prejudicada pelo balanço da lanterna, alimentada à querosene e afixada dentro da condução, Gonzáles teve certeza de que Rosa Maria e Robert estavam a sós, enquanto o cocheiro animava os cavalos.

Um sentimento de revolta inenarrável corroeu-lhe as entranhas. Gonzáles, sentindo-se como um marido traído, experimentou o fel do ódio e intenso desejo de se vingar de seu rival.

Em sua mente, mórbidas idéias povoavam seus pensamentos enfurecidos. Lembrava da insistência do médico para tomar conta de sua mulher.

Dentro dele, gritos clamando por vingança pela traição a qual acreditava experimentar, atrofiavam-lhe qualquer ponderação.

Chicoteando o cavalo que já galopava velozmente, Gonzáles alcançava a carruagem que conduzia sua esposa e o cavalheiro, conversando animados sobre as sessões de estudo.

No plano espiritual, Flora, cunhada de Robert quando encarnada, agitava vibrações negativas a Gonzáles, alimentando-o com desejos perniciosos a fim de não deixar sua honra ser manchada.

Estavam próximos do centro, quando o cocheiro percebeu que alguém os seguia muito afoito. Mesmo apressando os quatro cavalos, não houve jeito. A carruagem estava sendo alcançada.

Observando o clima de agitação, Robert experimentou uma expectativa indefinível, deixando no ar uma pergunta sem resposta:

— O que está acontecendo? — perguntou ele preocupado. Segurando-se na alça interna da diligência, o médico abriu a porta e, colocando o tronco para fora da condução, perguntou ao cocheiro à medida que a diligência andava:

— O que houve?

— Creio que estamos sendo seguidos, senhor!

— Pare a condução! — pediu Robert. — Antes que essa pressa nos mate. Vamos saber o que está acontecendo.

Devido às ordens do patrão, o boleeiro parou a carruagem e o esposo de Rosa Maria os alcançou ligeiramente. Passou a manobrar pequenas voltas com seu cavalo que demonstrava-se ofegante, enquanto Gonzáles exibia nervosismo através da visível perturbação nos pequenos gestos.

— Senhor Gonzáles! Que surpresa! — comentou o médico ao reconhecê-lo. — Não sabíamos que era o senhor.

— É lógico que não me esperavam!!! Traidores!!! — vociferou o homem, embrutecido de raiva. — Toda a Londres sabe que sou o marido traído! Lavarei minha honra com seu sangue!

Sacando de uma pistola e sem esperar por explicações, Gonzáles atirou, certeiramente, em Robert já de pé, próximo da condução. Em seguida, atirou em sua esposa que, através da porta entreaberta, assistia ao ocorrido.

O cocheiro tentou chicotear o agressor, que fugiu logo depois.

Levando Robert e a jovem senhora para o centro da cidade à procura de socorro, o bondoso boleeiro retornou à mansão da família Russel para anunciar o ocorrido.

O doutor David Russel, antes de saber sobre o fato, sentia-se inquieto, andando de um lado para outro em sua biblioteca.

— Nervoso, meu pai? — perguntou Henry ao observar suas atitudes não comuns.

— De certa forma... algo me desagrada — tentou explicar o pai.

— A respeito do quê? — tornou Henry.

— Não sei explicar, meu filho. Não consigo definir a dor que sinto.

Nesse instante, Oliver, seu mordomo de confiança, bate à porta do recinto e, sem aguardar aprovação, adentra no local trazendo o cocheiro consigo.

— Com sua licença, senhor David. Carl, o cocheiro, trouxe uma notícia muito desagradável.

O dono da mansão sentiu-se gelar. Um torpor o estonteou enquanto Oliver relatava:

— O senhor Robert e a senhora Gonzáles foram feridos com disparos de tiros próximo do centro de Londres. Eles foram levados à clínica médica, e aquele vosso amigo, o doutor Scoth, está atendendo-os.

O doutor David Russel sentou-se lentamente e, como se não quisesse acreditar no que ouvia, perguntou:

— Tem certeza, Oliver?

— Sim senhor.

— O que aconteceu, Carl?! — perguntou Henry em desespero.

— Um homem, a cavalo, vinha nos seguindo velozmente. Eu animei os cavalos, mas logo o doutor Robert mandou parar para saber o que estava acontecendo.

Afoito, o homem disse que iria lavar sua honra com sangue e atirou no senhor Robert e logo depois na senhora. Após isso, fugiu.

— Quem era? — perguntou o pai da vítima com inflexão triste na voz e temendo a resposta que conhecia.

— Senhor... deu para eu ver bem. Era o marido da senhora Rosa Maria.

Henry, exibindo nervosismo, ordenou:

— Oliver, prepare a carruagem, vamos até o centro. Peça para Elizabeth ficar com minha esposa e dê ordens para que reforcem a vigilância da casa. — Virando-se para o pai, o jovem médico perguntou mais brando: — O senhor vem comigo, pai?

Mesmo atordoado, o doutor David Russel respondeu ao se levantar:
— Sim. É claro que vou!
Ao saber do ocorrido, Margarida entrou em crise de choro, enquanto Elizabeth procurava acalmá-la.
Na clínica...
— Sinto muito, meu amigo. Estamos fazendo de tudo por Robert e sua acompanhante, mas... não sei dizer...
O doutor David Russel teve de ser amparado pelo filho Henry.
Ele não esboçou nenhum sentimento de revolta, embora fosse nítido o abatimento súbito provocado pela dor que o chocava naquele instante.
Pouco depois, Rosa Maria não resistiu aos ferimentos e entrou em óbito.
Nesse momento, na espiritualidade, Robert experimentava uma perturbação comum.
O processo do desencarne é gradual, dependendo do caso.
O perispírito se desprende com certa lentidão, de acordo com as condições espirituais, ou seja, nível de valores morais que se cultivou quando em experiências corpóreas.
Se durante a vida encarnada, o espírito utilizou-se do corpo físico para a exteriorização sensual, vícios e prazeres materiais, o desprendimento deste da matéria física, pode demorar dias, semanas, meses ou anos.
O espírito sofre para se desligar da matéria e pode experimentar a decomposição do corpo que se transforma.
Já aquele que procurou corrigir-se, cultivar os valores morais aprendidos, vivendo a experiência corpórea como sendo o meio pelo qual iria se depurar, a fim de se elevar na verdadeira vida, que é em espírito, experimenta um desligamento sem suplício e até sente-se aliviado por reconhecer sua nova condição, pois sua consciência está liberta das faixas da matéria, sem nada para

acusar seus erros ou vergonha por ter desejado ou realizado o mal em certas circunstâncias.

Observando-o perturbado, no instante em que Robert se confundia entre os dois planos: espiritual e físico e, enquanto iam se desligar seus liames a fim de desprender-se, o espírito Anne, sua mãe quando encarnada, aproximou-se dele transmitindo-lhe as mais agradáveis vibrações que podia emitir.

— Tranqüilize-se, meu filho. Você nunca foi apegado ao mundo físico. Seus valores morais, intelectuais, seu raciocínio lógico, podem acelerar seu desprendimento do corpo físico.

Não há mais nada a ser feito para animar esse corpo que o serviu. Você o tratou muito bem.

Robert ficava atento às sugestões de Anne, que, alargou seu sorriso e propôs:

— Não escute mais ninguém, Robert. Pense em Jesus. Lembre-se do Pai Celeste, meu filho.

Estendendo-lhe a mão, pediu:

— Venha, venha Robert, querido.

— "Pai do Céu, sinto-me confuso... atordoado. Jesus nos disse: 'pede e te será dado'. Rogo-lhe, Senhor! Auxilie-me com forças que me façam recompor. Ilumine minha razão com lucidez para que eu possa pensar com bondade, calma e saiba como agir, neste instante..." — pedia Robert em prece pausada e sentida — "...ouço outras vozes... talvez choro."

Percebendo-lhe a dúvida, Anne alertou:

— Robert, continue em prece, meu filho. Não há mal que o alcance e o abale se o seu pensamento estiver em Deus. Ouça a voz da sua consciência, filho.

Era o choro de Flora que Robert escutava. Ela ainda queria perturbá-lo. Por essa razão, Anne o alertava. Valendo-se da fé que possuía, ele rogou sentido e desejoso de amparo:

— Ajude-me, Pai. Ajude-me, Jesus.

Fixando novamente o olhar em sua mãe, Robert deixou definitivamente de sentir as dores do corpo físico que lhe provocavam forte sofrimento.

Seu corpo deu o último suspiro enquanto sentia os liames que o prendiam a ele, serem desatados. Em prece sentida, empenhava-se para esse desligamento se dar mais rápido.

Parcialmente desligado da matéria, Robert conseguia ver as imagens mentais passadas pelo espírito Anne que desenrolavam a visão mental de um futuro melhor, em estado de espírito.

Esse cuidado desviava a atenção de Robert aos apelos que o espírito Flora lhe fazia, pois ela tentava prender sua consciência na perturbação por mais tempo, com insegurança, medo, dúvidas tristes e os mais inferiores sentimentos a fim de prejudicá-lo.

Porém os merecimentos de Robert eram maiores, e ele recebeu a ajuda necessária que, principalmente, soube aproveitar através da fé.

Bondosamente, Anne estendeu-lhe novamente a mão para ele poder compreender o que deveria fazer, e depois disse:

— Venha, Robert. Levante-se, meu filho.

Com o olhar preso ao dela, invadido por um sentimento inexplicável, o espírito Robert atendeu ao pedido ainda que dominado pelo medo.

Anne sorriu e o conduziu para que descesse da maca onde o corpo físico foi colocado. Ainda atordoado, Robert olhava à sua volta tentando compreender melhor a situação. Devido à perturbação consciencial, ele trouxe consigo o ferimento que lhe causou a morte do corpo mesmo não o sentindo.

Vendo em seu peito, o furo e a mancha como a do sangue no corpo físico, Anne estendeu-lhe a mão sobre o ferimento e indicou:

— Você não precisa mais disso, Robert. Sua consciência está tranqüila e nenhum sentimento pernicioso, como a vingança ou a frustração, há em seus pensamentos.

A recomposição perispiritual foi imediata devido a sua aceitação, e Anne sorriu novamente propondo-lhe:
— Venha comigo, vamos sair daqui.
— Mas... eu morri! — argumentou ele confuso.
— Tem certeza, filho? — perguntou ela bondosamente, fazendo-o raciocinar.
— Mãe, o que faço? Veja!
Robert indicou o médico que dizia:
— Temos que avisar o doutor Russel que seu filho também não resistiu. — Depois de certa pausa, confessou: — Eu não gostaria de fazer isso. Nunca pensei... Robert era meu amigo... estou em choque! — lamentou o médico com a voz embargada e lágrimas a brotar nos olhos.
Anne, sabiamente, interrompeu:
— Filho, não se preocupe com os acontecimentos que não poderão ajudar em nada. Venha comigo, será melhor para você.
— Estou confuso...
— Você precisa de descanso, Robert. Venha.
— E Rosa? Onde está Rosa?! — preocupou-se ele.
— Rosa já se foi. Como vê, ela não está presa ao corpo.
— Eu sinto algo estranho, mãe. É diferente. É ...
— Confie na sabedoria de Deus, meu filho.
— Estou tonto, atordoado. É como um mal estar.
— Robert, permita-nos envolvê-lo com fluidos salutares que hão de acalmá-lo para que possamos conduzi-lo para longe daqui?
Com o olhar piedoso, Robert aceitou.
— Sim, minha mãe. Por favor...
Anne sorriu verificando que aquele espírito ainda a admitia como mãe.
Com um olhar, o espírito Anne solicitou auxílio dos demais socorristas desencarnados que ali trabalhavam a fim de tratar o recém-desencarnado, porém antes avisou:

— Aceite os desígnios de Deus. Ligue-se ao Pai Celeste pelo pensamento bom, salutar em prece sentida, não somente com pedidos, mas, sobretudo, com agradecimento verdadeiro pelo amparo, pelo socorro bendito que Ele lhe permitiu. Ofereça a Deus seus sentimentos de gratidão, Robert.

Ele assim o fez e deixou-se dominar por um envolvimento sublime que jamais experimentou antes. Reconfortante sentimento invadiu-lhe o ser e ele deixou-se dominar pelo alívio que lhe chegou como um sono irresistível.

O espírito Flora ficou ainda mais perturbado quando não pôde perceber a presença de Robert naquele lugar. Ela escutava ininterruptamente as queixas do espírito Christine, sua irmã no passado, a qual Flora tanto influenciou quando em experiência corpórea.

Christine, que foi suicida inconsciente ao provocar a morte de seu filhinho através do aborto e que em seguida resultou no seu próprio desencarne, experimentava um estado consciencial deplorável e de muito sofrimento. Ela chorava e suas palavras lamuriosas incomodavam quem lhe pudesse ouvir.

Christine acompanhava Flora cobrando por esta tê-la induzido ao erro.

Flora, por sua vez, estava em um estado de "loucura espiritual". Tudo o que acreditava estar correto, por seus caprichos de vingança, a torturava agora.

Na verdade, quando encarnada como cunhada de Robert, após a morte de sua irmã Christine, Flora procurou ocupar seu lugar na vida do viúvo.

Observando a repulsa que este lhe ofereceu, apesar de toda cordialidade, Flora decidiu puni-lo tentando lhe acusar a consciência.

A princípio, Flora inventava que via e ouvia Christine com o filho nos braços pedindo perdão.

Como a lei de afinidade atrai para nós o nível espiritual dos pensamentos que cultivamos, atraiu Christine a qual, realmente, passou a fazer o que a encarnada inventava e apresentava como mediunidade.

Inevitavelmente, períodos de desequilíbrio passaram a atormentar Flora, que desejava torturar Robert, expressando-se como se estivesse com certo distúrbio psicológico.

Nessa época, Christine, sofrendo muito na espiritualidade, entrou na faixa vibratória dos pensamentos da irmã encarnada e esta começou, verdadeiramente, experimentar o que forjava, mas descontroladamente, alterando toda sua experiência reencarnatória.

Por querer se vingar de Robert de um passado mais distante, por trocá-la por outra mulher, Flora o seguia com seus desejos, mesmo depois do desencarne, sem pensar nas conseqüências.

Nessa época distante, quando Robert a deixou por Rosa Maria, Flora atrapalhou a vida do casal, mentindo em véspera de seu casamento.

Rosa o abandonou e realizou uma união de conveniência.

Mais tarde, infeliz com o matrimônio, Rosa encontra Robert e ambos não resistiram ao amor que sentiam um pelo outro.

Nesse tempo, o pai de Rosa era o doutor David Russel, que ajudou a filha a ser feliz com seu amor verdadeiro, causando uma emboscada ao esposo dela. Nessa época, ele nunca se arrependeu por planejar e ajustar a morte do genro.

Robert e Rosa concordaram com a idéia, e assim foi feito.

O poderoso fidalgo, marido de Rosa, desencarnado, nunca perdoou ao seu rival e jurou matá-lo com as próprias mãos.

Restava somente, a rival de Rosa, Flora, quem primeiro atrapalhou seu romance com Robert, aparecendo em vésperas do casamento com um filho nos braços, acusando-o de ser o pai.

Nesse período, Robert desabafou com um amigo, Henry, os incômodos que sofria com Flora e este o aconselhou a livrar-se dela.

Henry arrumou quem pudesse emboscar Flora para ajudar o amigo.

Robert e Rosa Maria viveram, a partir daí, as experiências que desejaram. Raramente as lembranças do que fizeram cobravam-lhe a consciência, quando encarnados, devido às alegrias que gozavam.

Mas as leis naturais são mais sábias, e um espírito nunca esquece o que fez errado. A consciência é abrangente e justa em um espírito quando este não está mais preso nos limites do corpo.

Robert perturbou-se muito e decidiu reencarnar com o propósito de salvar e curar vidas, o contrário do que realizou. Procurou encaminhar Christine a fim de que ela não se deixasse influenciar pelas opiniões alheias. Aceitou viver perto de Rosa Maria respeitando-a como se deve, procurando resignar-se e corrigir o período que ficaram juntos ilicitamente.

Henry, agora como seu irmão, junto com seu pai, o doutor David, também fizeram o mesmo, pois planejaram criar e curar, em vez de matar.

O doutor David sentia necessidade de proteger e amparar Rosa Maria, orientando-a, o que não exemplificou no passado.

Rosa Maria, que escolheu um casamento de conveniências, viveu na angústia dolorosa de um matrimônio de conveniências alheias, experimentando também o que fez o marido anterior provar no momento do desencarne.

Por outro lado, a atividade moral, o esforço intelectual e a fé, garantiram-lhes o amparo sublime, nada especial, apenas justo.

Margarida, alma simples e disposta a ajudar, veio garantir à Rosa o trabalho e o amparo, inclinando também Henry, seu amor de outros tempos, a sustentação necessária para o cumprimento de seu dever. Acrescentando, inclusive, o amparo aos filhos queridos que viriam agracia-la.

Flora e Gonzáles, que infelizmente negaram-se ao perdão querendo fazer justiça por eles mesmos, viram-se colocados em difícil situação, pois adquiriram débitos os quais viriam a lamentar.

E Christine precisava ainda descobrir que não podemos nos deixar influenciar pelas opiniões alheias sem antes analisar muito bem o que está acontecendo.

13

Vingança

Ao saber do ocorrido, Margarida desesperou-se. A jovem esposa de Henry quase não acompanhou os funerais.

O pai de Robert não suportava o sofrimento.

— O que fiz para merecer isso? — lamentava o homem, desconsolado, com um único desabafo ao outro filho que, sem dúvida, também sentia-se deprimido.

Henry não queria acreditar no ocorrido e se calou diante da tragédia.

Dias depois, um pouco mais conformada com a ausência de sua amiga, Margarida foi até a casa de sua tia a fim de levar-lhe alguma ajuda, como era de hábito.

— Margarida, eu sabia que essa desgraça iria envolver nossa família. Lembra-se de que eu disse para a Rosa vir morar aqui?

— Não vamos falar nisso, tia. Por favor.

Margarida sabia que sua tia queria a presença de Rosa Maria em sua casa a fim de receber mais ajuda para com a senhora e a disposição de criados que viriam, a princípio, com o objetivo de prestar assistências e cuidados à jovem senhora. Outro motivo era a presença dos filhos de David Russel com visitas mais freqüentes.

Porém nada comentou. Enquanto sua tia insistia em confirmar suas previsões.
— Eu fui avisada pelos guias espirituais — afirmava Dolores.
— Cheguei a falar com Rosa Maria a respeito, mas ela não me deu ouvidos.
— Tia, isso aconteceu porque meu pai estava e está desesperado com seus problemas e ficou cego para a realidade e, de alguma forma, não teve paciência para aguardar saber da verdade como ela é.
— Ora, ora, Margarida! Eu vi que Rosa Maria e Robert viviam um romance. Apesar da invalidez, Rosa era...
— Não posso admitir que difame Rosa!!! Ninguém poderá dizer que lhe faltou moral. Quando tinha o físico e a saúde impecáveis, Rosa sempre respeitou meu pai mesmo sendo muito mais nova que ele. Se saudável ela nunca o traiu, não haveria motivos para fazê-lo debilitada! — alterou-se Margarida, indignada com a proposta de sua tia.
— Bem... vamos deixar isso prá lá. Vejo que você está nervosa.
Um sentimento de revolta corroeu a jovem que não deteve os pensamentos.
— Se foi a senhora quem destilou seu veneno para meu pai, insinuando que Rosa Maria e Robert viviam um romance...
— Cale-se, menina! — intimou a tia. — Mesmo sabendo o que vai acontecer quando os espíritos me revelam, eu não saio por aí ofertando informações.
Margarida irritada, sem mais comentários, decidiu:
— Já é tarde. Tenho de ir.
Não esperando manifestação alguma, a jovem se despediu e deixou a residência de sua tia.
A noite já estava presente, quando a carruagem, que a levaria para a mansão dos Russel, fez o retorno e passou novamente

em frente à casa de sua tia, Margarida, sem hesitar, pediu ao cocheiro:
— Pare! Pare a diligência, por favor.
A certa distância, Margarida reconheceu a figura de seu pai que saía, furtivamente, de uma outra condução e, astuto, olhava para os lados, enquanto entrava na casa de sua irmã Dolores. Logo após ele entrar na residência, a carruagem seguiu.
Nancy a conduzia. Ela dava apoio a Gonzáles que estava foragido.
Naquela noite, a seu pedido, a mulher trajou-se como homem, envolta em capa que a agasalhava contra o frio, passando-se por cocheiro para auxiliar o amante a ir até a casa de sua irmã.
Margarida ficou atordoada.
Em seguida, pediu ao cocheiro que seguisse para a mansão. Mais tarde, ela relatava ao sogro e ao esposo o ocorrido.
— Tenho certeza, sim. Era meu pai.
Estarrecidos, eles não sabiam o que dizer.
Diante do silêncio, Margarida informou com a voz trêmula e nervosa:
— Eu... eu avistei um policial...
Vendo-a em pranto compulsivo, Henry, muito carinhoso, aproximou-se e abraçando-a perguntou com generosidade, pois já desconfiava da atitude de sua esposa:
— O que você fez, Margarida?
Um pranto ininterrupto a dominou e logo o doutor David Russel compreendeu o que sua nora havia feito.
Aproximando-se da jovem, ele considerou:
— Não fique assim, filha. Você fez o que acreditou estar correto.
— Você denunciou seu... — Henry calou-se diante do olhar repressor de seu pai. Enquanto sua mulher confessava:

— Eu amo meu pai... mas ele não merece a liberdade... Meu pai sempre se negou a mim e à Rosa. Ele tirou Rosa de mim... Meu pai só fazia coisas erradas! Só me fez sofrer! Chega!
Henry ficou perplexo.

O doutor David Russel aproximou-se e tirou Margarida com carinho dos braços de seu filho, oferecendo-lhe um abraço de solidariedade e compreensão. Em seguida, de forma generosa fez com que se sentasse, ficando a seu lado, oferecendo-lhe o ombro amigo que todo pai deveria fazer em momentos difíceis.

— Acalme-se, filha. Você fez o que acreditou estar correto. Agora acalme-se. Você tem a nós. Somos uma família. Viveremos felizes e tranqüilos a partir de hoje. Eu creio que Deus existe e, diante da justiça que Ele possui, haverá paz e novas oportunidades para Robert e Rosa a fim deles serem felizes também.

* * *

Gonzáles foi preso e depois condenado pelo duplo homicídio. Além de outras acusações que já havia contra ele sobre as sonegações que praticava.

Vendo-se sem o apoio de seu irmão, Dolores agora, mais do que nunca, passou a receber honorários pelo que denominava mediunidade, mistificando o quanto pudesse nas reuniões e enganando a quem lhe desse atenção com o seu animismo.

Dolores passou a cultivar afinidade com espíritos brincalhões que, de fato, revelavam-lhe alguns particulares daqueles que, pela fraqueza do momento oportuno e pela falta de instrução no que é correto, ficavam ansiosos em satisfazerem suas curiosidades, dúvidas e serem ajudados.

As filhas a ajudavam o quanto podiam, e inúmeras sessões denominadas, erroneamente, de Espíritas, eram realizadas com a intenção de ludibriar e alimentar a vaidade.

Depois de alguns meses, todos procuravam tomar suas vidas com objetivos, mas Robert e Rosa não eram esquecidos nem lembrados com tristeza deplorável ou choro.

Apesar da dor, o doutor David Russel procurava se recompor sempre por explicações que pudessem satisfazer, com respostas lógicas, suas dúvidas.

Abafava os sentimentos, porém não deixava de pensar no filho querido que partiu.

Às vezes, ele revia suas coisas procurando, em qualquer material, uma revelação que o fizesse crer na continuação da existência do filho, pois acreditava que a vida dele havia sido ceifada violentamente e sem razão.

No interior do quarto de Robert, o doutor David manuseava seus livros e apetrechos sobre a escrivaninha que, como médico, guardava seus estudos, anotações e experiências.

Tudo muito organizado.

Uma saudade incontrolável o arrebatou, e um sentimento de dor irresistível o venceu. Sobre os braços, sentado à escrivaninha, o pai do médico chorou até adormecer.

Nesse instante, os espíritos Robert e Anne estavam presentes.

Ao ver o doutor David Russel se deixar envolver pelos fluidos calmantes que o dominaram, atraindo-o ao sono, Anne, muito gentil, procurou despertá-lo no outro plano.

— David, sou eu.

Por efeito do sono, o médico estava com maior afinidade com o Mundo dos Espíritos, porém um tanto atordoado.

Quando observou Robert sorrindo largamente, ele correu para abraçá-lo.

— Robert! Pensei que estivesse morto! — alegrando-se, o pai banhou-se em lágrimas.

— Eu não morri, meu pai — explicava o espírito Robert. — A morte não existe. Eu só ultrapassei a fronteira da existência corpórea. Agora vivo em espírito. Estou mais feliz que nunca. Liberto do peso de minha consciência que me acusava pelo passado culposo. Sinto-me tão bem agora, meu pai!

— Meu filho! — Exclamava ele comovido. E voltando-se para Anne, observou: — Eu sabia que você iria cuidar dele, Anne. Você sempre foi uma mãe muito valorosa.

— Pai — tornou Robert —, por favor, não chore. O choro provoca muitos tormentos a nós e ao senhor também. Ocupe-se com tarefas úteis, meu pai. Ame os filhos do mundo que também são seus.

— Por que, Robert? Por que você se foi, meu filho?

— Foi preciso, meu pai. A fim de que eu, aqui na espiritualidade onde experimentamos a verdadeira vida, pudesse ter a consciência tranqüila. Para que todos tivéssemos harmonia, foi preciso sentir essa dor que causamos nos outros.

Meu pai, somos todos irmãos e devemos nos amar sem exigências e sem ambições.

Infelizmente nós só compreendemos isso quando, encarnados, inconscientemente, vivemos o que fizemos outros viverem, por isso é que sofremos.

Não lamente, meu pai, essa separação é temporária. A verdadeira vida é em espírito e para que possamos vivificar a harmonia em nosso ser, precisamos nos livrar dos débitos que nossa consciência nos acusa.

— Não me conformo, filho. Esse homem precisava tê-los matado?

— Jesus disse: "...pois é necessário que venham escândalos; mas ai do homem por quem o escândalo venha". Se não fosse assim como foi, seria por outro modo até por processos naturais. Todos teríamos que passar por isso, meu pai.

— Mas, Robert... sofro muito, filho...

— Não vou lhe pedir que deixe de sofrer, meu pai. Vou lhe pedir que procure tarefas a fim de preencher seu tempo e ocupar sua mente com o propósito de doar seus fluidos aos assuntos e trabalhos verdadeiramente úteis e importantes. O choro não é salutar nessas condições, os fluidos que doa são tristes...

— Eu precisava sofrer assim, Robert?

— Não, meu pai. O senhor precisava experimentar a perda de alguém que ama. O sofrimento faz parte da sua consciência e a intensidade dessa dor será gradual à atenção que direcionar a ela.

— Como assim, Robert?

— Se ficar dando atenção ao sofrimento pela perda que teve, se der atenção à saudade, ao prejuízo irreparável de... vamos dizer... "perder um filho", o senhor se privará de outras oportunidades. Viver constantemente esse sofrimento, é desperdiçar o tempo com algo que jamais poderá mudar. Enquanto que ocupando-se com tarefas úteis, há de se aliviar da dor e ofertar àquele que ama o alívio através do sossego. Pense nisso, meu pai.

O doutor David Russel ficou paralisado.

Anne, por sua vez, procurou esclarecê-lo:

— Lembra-se de que já lhe foi exibido o auxílio a Robert, em ocorrência de vidas passadas, quando você mesmo deu amparo ilícito ao que ele queria?

O encarnado pendeu com a cabeça positivamente e com expressão de quem lamentava o ocorrido.

Anne tornou ainda mais generosa:

— Pois então, David? Hoje é o momento de reformar, de construir. Somente você mesmo poderá recompor o que desarmonizou. Você é um homem forte, vai conseguir.

— Preciso de você, Anne — implorou ele.

— Você me terá a seu lado, em espírito e também em seu coração, cada vez que procurar forças dentro de si. Reconforte-se em Jesus, David.

— Eu gostaria que fosse diferente. Sempre pensei em ter uma família feliz...

— Nós somos uma família feliz, David, pois auxiliamos uns aos outros sempre. Nunca estamos sós. Deus nos ampara.

— E Rosa, como está?

— Nossa filha do coração recupera-se. Passou por inúmeros traumas, mas está bem. Ela se lembra de você com carinho e deseja, imensamente, visitá-lo.

— Gostaria de poder tê-la orientado mais... eu queria cuidar dela.

— Teremos oportunidade, David. Porém antes precisamos merecê-la.

Robert e Anne se entreolharam e, em seguida, foram se afastando. Mesmo assim, Robert teve tempo de dizer:

— Pense em Jesus, meu pai. Ele sofreu tanto quando esclareceu o mundo sobre as verdades eternas. Pense em Jesus...

— Não vá! Não vá! Robert! Robert!

— Senhor David? — chamava Elizabeth, procurando despertá-lo.

O homem a olhou com espanto querendo entender o que estava acontecendo.

— O senhor estava sonhando, com certeza. Acalme-se. Perdoe-me por tê-lo despertado, mas vi que o senhor chamava por seu filho e pensei que seria melhor...

Vendo-o sem expressão, a governanta perguntou:

— O senhor está bem?

— Sim, Elizabeth. Estou bem. Eu sonhava com meu filho...

Ele se deteve, pois não sabia expressar em palavras o sonho que acreditava ter tido, retendo só as impressões.

Dando novo rumo à conversa, perguntou:

— Onde estão Henry e Margarida?

— Na sala, senhor. A tia de sua nora veio visitá-los.

— Irei ter com eles — avisou o dono da mansão, saindo logo em seguida.

Ao chegar à sala, onde todos se reuniam, o doutor David Russel constatou que a conversa era sobre o estado espiritual de Robert e Rosa Maria.

— Eles estão ainda dormindo na espiritualidade. Podem acreditar! — afirmou Dolores.

Intrometendo-se no assunto, o pai de Robert perguntou:

— Por que afirma isso, senhora?

— Ah! Bem... amigos espirituais me informam.

— A troco de quê? — tornou ele.

— Bem... é...

Enquanto Dolores procurava palavras, o doutor David decidiu:

— Não sei nada sobre Espiritismo, mas, como uma pessoa racional, interesso-me em saber o motivo, o porquê das ocorrências. O que justifica os espíritos mantê-la avisada sobre o estado de meu filho? Por que esses espíritos fariam isso? Ninguém faz nada por acaso.

Dolores se calou. Ela não sabia o que dizer.

— Veja bem — resolveu o dono da casa —, eu não consigo ver qual é o lucro que temos em saber qual a situação desta ou daquela pessoa que faleceu. A não ser alimentar a nossa vaidade a fim de ficarmos sabendo algo que, para a maioria, é um mistério. Ou então a vantagem é ter o orgulho de receber informações inéditas?

— Senhor David, creio que não é um simpatizante do Espiritismo. Estou certa?

— Não, senhora. Não está. Meu filho Robert me fez ler todas as obras do senhor Allan Kardec. Não sou Espírita. Não idolatro ou defendo essa doutrina. Abstenho-me de comentários. Mas posso afirmar que todo homem de bom senso, pensamento lógico e racional, ao ter conhecimento das propostas espíritas, há de ser um simpatizante lúcido do que ela defende e prova.

— Então, por que o senhor reage quando lhe afirmo sobre o estado espiritual de seu filho?

— Eu reajo, porque, como conhecedor do que li nas propostas e esclarecimentos da Doutrina Espírita, não vejo coerência em suas afirmações, tendo em vista que não há nenhuma necessidade para os espíritos lhe informarem tal fato.

— Não se esqueça de que Rosa Maria era minha cunhada!

— E o que isso quer dizer? Por acaso os espíritos devem obrigações aos viúvos ou, em especial, aos parentes dos mortos? Se assim o fosse, estaríamos encarando a injustiça de Deus, que não permite a revelação a muitos outros sobre o estado de seus entes queridos desencarnados. Eu creio que, se for para sabermos onde e como está alguém que partiu dessa vida, tem de haver uma finalidade útil.

— Cada qual tem o direito de acreditar no que quiser, certo? Vejo que o senhor está irritado, e isso se explica pela perda de seu filho. Por isso o compreendo. Além do que...

— Além do quê... — interessou-se o doutor.

— Com toda a certeza o senhor não vai acreditar. Mas... vejo que sua falecida esposa o influencia muito. Ela é possessiva e sente ciúme. Por essa razão, o senhor repele minhas orientações espíritas.

— Que orientações espíritas, senhora? A senhora oferece um nome errado ao que pratica. O estudo da Doutrina Espírita lhe seria muito bom a fim de que a senhora, não saia pronunciando o nome de uma prática que não faz. Como disse, apesar de não ser espírita, conheço o proposto por essa doutrina. Por isso eu sei que não existe misticismo ou dogmas na sua prática. Os espíritas são criaturas conscientes e estudiosas que não se dispõem a exibicionismos, praticando o que é proposto pelos livros da

Codificação Espírita. A instrução é algo fundamental para quem quer defender uma causa.

Insatisfeito, e percebendo que estava sendo difícil fazer Dolores compreender seu ponto de vista, o pai de Henry se calou.

A mulher se apressou a ir embora. Logo após sua saída, o doutor David se viu a sós com o filho e a nora.

— Perdoe-me, senhor David. Minha tia...

— Ora filha! Não se preocupe. Eu era quem deveria ter me calado antes.

— Está virando um defensor do Espiritismo, pai?

O homem refletiu um pouco e explicou:

— Defendo a tese do raciocínio lógico. Como conheci o que essa doutrina propõe, pude afirmar, com segurança, que nada do que a senhora Dolores falou era lógico. Não defendo a doutrina, defendo a minha liberdade de opinião. Não aceito ilusões e não gosto de ser enganado.

Imediatamente ele desculpou-se com a nora:

— Perdoe-me, Margarida, é sua tia, não tive a intenção de ofendê-la.

A jovem sorriu, confessando:

— O senhor não me ofendeu. Aliás, senti certa satisfação. É difícil encontrar algo para esclarecer uma médium fascinada como minha tia. — E em voz baixa murmurou: — Se é que ela é médium...

* * *

O passar dos anos seguiram tranqüilos para a família Russel.

Somente a morte do senhor Gonzáles os abalou com muita tristeza.

O pai de Margarida enforcou-se na prisão.

Com o tempo, o doutor David viu seus sonhos realizados: sua casa farta de netas e netos, ao todo eram oito. Era cheia de vida e alegria.

Margarida, mesmo com o auxílio de muitas empregadas, alegava não ter tempo algum para nada.

Henry, como bom marido, auxiliava no que podia. Principalmente ouvindo as queixas da esposa quanto à rotina dos pequenos filhos desobedientes.

Sempre que possível, Henry procurava retirar-se com a mulher para algumas férias, sem levar as crianças, para que ela pudesse se refazer.

Bem mais tarde, um dos filhos de Henry e Margarida, após formar-se, decidiu mudar para o novo mundo, escolhendo o Brasil como pátria e onde, com o passar dos anos, constituiu família. Contra a vontade de seu pai, o jovem trouxe consigo o avô, o doutor David Russel, que, já estava aposentado devido à idade.

O bondoso velhinho apaixonou-se pelo belo país, tão diferente do seu... tão completo!... Desencarnando nele pouco tempo depois, levando consigo as mais lindas recordações de beleza, fraternidade e otimismo a respeito da nova terra que conheceu.

Segunda parte

Para que não haja dificuldade na identificação dos personagens, acreditamos ser melhor manter seus nomes bem próximos do que receberam nessa última passagem. Em alguns casos até os mesmos a fim de serem reconhecidos com facilidade pelos leitores.

Segue abaixo uma lista contendo os nomes dos personagens principais na primeira e na segunda parte, respectivamente:

Primeira Parte	Segunda Parte
David Russel	Davi
Anne Russel	Ana
Henry Russel	Henrique
Rosa Maria	Rose
Robert Russel	Roberto
Gonzáles	Gonçalves
Nancy	Nanci
Peter	Pedro
Margarida	Margarete
Flora	Flora
Oliver	Oliveira
Valerie	Valéria
Isabel	Isabel
Elisa	Elisa
Dolores	Das Dores
Elizabeth	Elizabete
Estella	Estela

SCHELLIDA

1
Reencontro

— Rose?!
— Estou aqui, mãe!
Entrando no quarto da filha, Ana perguntou:
— Seu pai telefonou?
— Ah! Esqueci de te avisar. Ele ligou sim e disse que vai se atrasar novamente.
Vendo a fisionomia singular de sua mãe, a jovem percebeu que não houve satisfação e decidiu animá-la.
— Estou aqui! Não chore! Serei sua eterna companhia! Dia e noite... noite e dia!
— Ora, Rose! Deixe de gracinhas! — E mudando o assunto, Ana perguntou: — Seu irmão já voltou?
— Não. Acha que este quarto estaria assim... arrumado... caso o Henrique já estivesse em casa? Acho que está se divertindo...
— Henrique disse aonde ia?
— Namorar.
Desconfiada, a mãe se preocupou:
— Precisamos conhecer essa namorada de seu irmão. Hoje em dia... Já faz algum tempo que ele namora essa moça, não é?

— Uns... três meses, mais ou menos. Ele me disse que no próximo domingo irá me levar à casa dela. Veja como é seu filho!
— Por quê? Qual o problema?
— Mãe! Domingo agora vou prestar vestibular! Esqueceu?!
— Ah!.. É mesmo, Rose! Desculpe-me... eu esqueci.
— Sou a ovelha negra dessa casa!... Ninguém se preocupa comigo!...Pobre de mim!!!...
Dramatizava Rose, brincando como sempre, fingindo interpretar alguma cena.
— Pare com isso, Rose! — pediu a mãe que se cansava de tanto teatro. — Mal posso ouvir meus próprios pensamentos, filha!...
Bem mais tarde, quando conversava com seu irmão, Rose perguntava curiosa:
— Onde você a conheceu?
— Nem te conto! — narrava Henrique animado em falar da nova namorada. — Eu quase a atropelei!
— Nossa! Como foi isso Henrique?!
— Eu dirigia e desviei, por um segundo, o olhar e... Bum!
— sonorizou o rapaz. — Só vi aquele monte de pano no capô do carro. Estava frio pra caramba. Foi o dia que cheguei tarde e vocês todos estavam preocupados.
— Ah-rã!...
— Foi nesse dia. Eu me molhei todo naquela garoa tentando convencê-la a aceitar minha carona.
— Aceitar sua carona ou a sua cantada? Porque... veja, se você oferecesse só a carona, ela aceitaria, mas engolir sua cantada... hum... é dose!
Atirando-lhe um travesseiro, Henrique se zangou dizendo:
— Pára! Não perturba!
Debruçando-se em sua cama, ele virou o rosto para a parede ignorando sua irmã e tentando puni-la.

— Ah! Henrique! Conta o resto, vai! — pediu ela com inflexão na voz. — Adoro ouvir suas histórias. Conta, vai!
Henrique não se movia e Rose prosseguiu:
— Henrique! Henrique?! Henri... Prometo! Ficarei quietinha. Vai Henri, fala!
Depois de alguns segundos, ele respondeu:
— Não dá pra falar nada a sério com você, Rose. Você só brinca! — reclamou seu irmão.
— Vai ver que eu economizei, em outra vida, o meu sorriso! O meu charme! A minha graça! Meu encanto!...
— Vai dormir, Rose! — respondeu o moço, virando o rosto para esconder o riso que não conseguiu segurar.
— ...e você, em outra vida, gastou sua paciência e agora vive assim... chato!
— Cale a boca, Rose!!!
A jovem retornou animada e brincalhona:
— Então vai, conta! Qual o nome dela?
Henrique não resistindo falar do assunto que mais lhe agradava, cedeu aos pedidos da irmã dizendo:
— Margarete.
— Que nome bonito!
— Eu também acho — concordou ele.
— E você?
— Eu me chamo Henrique — retribuiu o jovem como chacota.
— Não seja bobo! — reclamou Rose, que agora sentiu a devolução de suas travessuras, atirando-lhe o travesseiro.
Quando Henrique quase dormia, Rose, inquieta, acordou-o perguntando:
— Vai trazê-la aqui?
— Ah...
— Quando vai trazê-la aqui em casa?

— Não sei... — respondeu ele com a voz assonorentada. — Amanhã eu vejo — murmurou o jovem universitário.

Na manhã seguinte, quando todos se reuniam para o desjejum, Ana lembrou:

— Hoje à noite teremos visita. Não se atrasem para o jantar.

— Ah, mãe! Hoje é sexta-feira! — reclamou Henrique.

— E o que tem hoje ser sexta-feira, Henri?

— É dia dele namorar! Não é, Henri? — salientou sua irmã.

— Traga a moça aqui, filho — pediu o pai. — Qual o problema?

— Ah, pai... é que... sei lá... entende?

— Com essa frase para me explicar, não vou entender mesmo.

— É assim — tornou Henrique —, o pai da Margarete é meio bravo.

— Segundo o Henri, o pai dela é uma fera! — intrometeu-se Rose.

— Não amola, Rose! — reclamou Henrique.

— Podem parar! — pediu a mãe que os conhecia.

— Seria bom que você viesse para o jantar, Henrique. É o doutor Oliveira, dono da clínica onde seu pai trabalha, que virá jantar conosco.

— Ele e a esposa. — salientou Rose. — Tomara que aquela peste não venha junto. Acho aquela...

— Roooose! — censurou-lhe a mãe.

— Creio que eles só trarão a Valéria, a mais velha. O Oliveira me disse que Isabel tem um outro compromisso.

— A Valéria é legal! Mas aquela Isabel!... — considerou Rose. — Sabe... eu sempre achei que o Henrique iria namorar a Valéria.

— Corta essa, Rose!

— Henrique, olha os modos, filho! Veja como fala — reclamou Ana. — Como pensa em tratar seus pacientes no futuro? Se

eu entrar num consultório e ouvir do médico "corta essa", vou embora na mesma hora.
— Tchau! Já estou atrasado — avisou Henrique, despedindo-se com um beijo na testa de cada um.
— Espere! — avisou o pai. — Hoje posso lhe dar uma carona.
— Davi, não se esqueça do horário. Não chegue tarde. — alertou Ana ao esposo.
— Ana — lembrou o marido enquanto se despedia —, o Oliveira trabalha comigo e é o dono da clínica, não posso dizer a ele a hora de sair.
— Certo, mas pode apressá-lo. Não quero servir o jantar muito tarde.

* * *

Com o passar dos dias...
— Amanhã?!
— Interessa?
— Claro! Estou curiosa para conhecer a Margarete. — respondia Rose ao seu irmão, que a convidava para conhecer sua namorada.
— Eu só preciso de uma coisinha...
— Seu interesseiro!... — gritou Rose em tom de brincadeira.
No dia seguinte, conforme o combinado, Henrique levou Rose consigo para a casa da namorada.
— Prazer, Rose — apresentava-se a jovem.
Em dado momento, Margarete levou a irmã do namorado para seu quarto e conversavam muito animadas, esquecendo-se até de Henrique. Parecia que as jovens se conheciam há muito tempo.
Assistindo à televisão, Henrique sentia-se deslocado.
Pedro, o irmão mais velho de sua namorada, era um sujeito de pouca fala e que naquele momento fazia-lhe companhia.

Um pouco mais tarde, Roberto, o outro irmão de Margarete, chegou e, amigavelmente cumprimentou Henrique.
— E aí, tudo bem?!
— Tudo, Roberto! E você?
— Muito serviço, muito estudo... mas seguindo em frente! — Após breve pausa, Roberto perguntou: — E a Margarete, onde está?
— Minha irmã quis conhecê-la e agora estou abandonado. As duas estão há horas trancadas no quarto.
— Não minta! — pediu Rose com ar de riso, saindo do quarto junto com a nova amiga. — Não estamos aqui há horas não!
Ao se depararem, Rose e Roberto desfizeram o sorriso, sustentando agora uma expressão singular.
Um sentimento inenarrável os invadiu. Algo sublime.
Margarete decidiu fazer as apresentações:
— Esse é o Roberto, meu irmão do meio — Voltando-se para a nova amiga, informou: — Esta é a Rose, irmã do Henrique.
Ambos ficaram parados e sem iniciativa. Fitaram-se indefinidamente até que, num impulso, Rose estendeu a mão, cumprimentou com a voz trêmula:
— Oi! Prazer, Rose.
Um tanto atrapalhado pela emoção, retribuiu:
— Roberto! — Virando-se para indicar um local, o jovem pediu: — Por favor, sente-se.
Todos acomodaram-se e a conversa seguiu animada.
Mais tarde, Rose confessou:
— Puxa, Roberto! Tenho a nítida impressão de conhecê-lo de algum lugar...
— Eu também. Só não sei de onde.
Henrique, intrometendo-se, deu seu parecer:
— O Roberto prestou vestibular, semana passada, na mesma Universidade que você. Quem sabe não se viram lá?

Ambos perguntaram simultaneamente:
— "Para que você prestou?"
Depois de rirem, Roberto indicou-lhe a preferência com um gesto, deixando-a falar primeiro.
— Eu prestei para enfermagem. E você?
— Minha paixão: Medicina! — anunciou ele com um largo sorriso.
— Meu pai tentou me persuadir para Medicina, mas... — disse Rose.
— Ela é boba! — opinou Henrique. — Deveria tentar Medicina. Veja só, é a mesma área!
Roberto, mais sensato, considerou:
— É bom fazermos o que nos convém. Quando nos apaixonamos por uma carreira... não adianta. Sabe... eu sempre fui um apaixonado por Medicina. Quando ia desanimar, conheci seu irmão que me deu o maior incentivo, o maior apoio moral.
— Por que iria desanimar? — perguntou Rose curiosa.
— Falta de condições financeiras, entre outras coisas...
Nesse instante, Pedro, o outro irmão de Margarete, descontente com a conversa, retirou-se da sala dizendo:
— O Roberto é o sonhador da família. Ele não se enxerga. Deseja o que nunca vai conseguir!
Roberto abaixou a cabeça e sua irmã avisou:
— Não liguem. O Pedro é o único que puxou ao nosso pai. Em tudo!
— Vamos, Roberto! Continue o que estava contando — pediu Rose, animada.
— Era só isso o que eu ia falar — desfechou ele sem jeito.
Margarete decidiu esclarecer, dizendo:
— O Roberto prestou vestibular para uma área difícil e que vai exigir muito dele. E ainda pensa que está sonhando, como diz o Pedro, e não terá como terminar o curso.

— Meu pai sempre diz que devemos lutar honestamente pelo que desejamos. Continue firme. Você vai conseguir! — avisou Rose, olhando-o com firmeza por alguns minutos, até que Henrique decidiu:

— Vamos dar uma volta?

— Nós quatro?! — perguntou Margarete.

— Sim, claro! — afirmou Henrique. — Você vai, não é Roberto?

— É... posso ir. Por que, não?

Durante o passeio, Henrique e Margarete se afastaram, esquecendo-se de Roberto e Rose os quais ficaram para trás.

A cada instante, Roberto se encantava com Rose que estendia sua alegria descontraída e até ingênua.

Ele contribuía com sua animação, atentando às dramaturgias da moça.

— Rose, você deveria ser uma... contadora de histórias!

— Ah! Eu adoro contar e ouvir histórias. É lógico... desde que haja muita emoção, muita ênfase.

— Gosta de teatro?

— Amo! — expressou-se ela com energia.

Vamos combinar para irmos a um, na próxima semana? Sei onde está passando uma peça, ma-ra-vi-lho-sa! — propôs Roberto, pausadamente, realçando com uma separação silábica bem pronunciada.

— Como sabe que é ma-ra-vi-lho-sa?

— Já assisti duas vezes! — afirmou ele sorridente.

— Você gosta de ler? — perguntou Rose.

— Amo! — Roberto a imitou, ressaltando a expressão que a jovem havia feito antes.

— Espera aí! Você está me imitando? — perguntou Rose, muito séria, parando de andar.

Roberto estampou um largo sorriso no rosto. Tomou coragem e liberdade, colocou-lhe o braço sobre o ombro e, vagarosamente, forçou-a a andar junto a ele sem tirar o braço que a envolvia.

Sorrindo, o jovem ainda esclareceu:

— Adoro ler mesmo. É verdade! Quem quer cultura, no mínimo, tem de ler. Ninguém aprende tudo ficando parado. É muito importante termos educação, instrução.

— É o que falta em muitas famílias hoje em dia.

— Perdoe-me, Rose. Mas o que entendo como sendo educação, não se resume somente dentro de uma casa. Aliás, muitos costumam culpar a família, a sociedade ou até o governo, pela falta de educação, de cultura.

— Pensei que você estivesse falando sobre aquela educação que "vem de berço".

— Também. A educação se inicia na família, continua na escola e se prolonga por toda a existência, de acordo com a vontade de cada um.

A meu ver, educação é o processo pelo qual cada indivíduo ou grupo de indivíduos adquirem hábitos, atitudes, conhecimentos gerais, especializados, técnicos, literários, artísticos, científicos e tantos outros, aperfeiçoando-se, ou seja, educando-se. Isso tudo com o objetivo de ampliar a inteligência, o raciocínio e desenvolver ou criar aptidões.

— Concordo com você, Roberto. Mas há pouco disse que é através da educação que as pessoas adquirem certos hábitos e atitudes?

— Veja bem, Rose, a dinâmica da sociedade atual tende a evoluir de forma extraordinária. Os felizardos serão aqueles que acompanharem a modernização e estiverem sempre atualizados.

Nós não nos educamos somente através das escolas convencionais ou no lar. Os contatos pessoais, leitura de livros, jornais e revistas, apreciação de obras artísticas, filmes, teatro e músicas podem nos trazer informações inimagináveis à nossa educação, pois é através do bom senso que selecionamos as mensagens transmitidas por esses contatos e somamos ou não essas informações aos nossos hábitos e atitudes.

A educação aumenta o poder de raciocínio lógico das pessoas, deixando-as capacitadas a se impulsionarem nas transformações materiais e espirituais exigidas na sociedade.

É fácil culpar o pai pela falta de educação do filho ou o governo e até a sociedade. Mas, quando adulto e de posse do poder de decidir, a maioria procura se acomodar e reclamar, apontando o que o pai ou a sociedade deixou de fazer para sua realização. Não podemos esperar que tudo caia do céu.

— Não cairá, mesmo. Sabe, Roberto, se quisermos algo, teremos que nos decidir e ir atrás.

— Você trabalha, Rose?

— Meio período. Sou digitadora em uma empresa.

— Percebo que você é uma pessoa instruída. Não tem aqueles... papos vazios, como tantos. Gosta de ler?

— Ah, sim! Gosto muito.

— Ótimo! Eu sei que seu pai é médico, sua mãe é auxiliar de enfermagem e seu irmão está no último ano de Medicina. Ele já é estagiário e agora sei que você trabalha e no próximo ano fará faculdade de enfermagem. Por quê?

— Não entendi. Por que, o quê?

— Por que você trabalha?

— Sabe, Roberto, todos pensam que médico é milionário. Grande engano! Meu pai tem que dar duro para manter a casa e a faculdade do Henrique. Minha mãe ajuda, mas não é fácil. Meu pai trabalha em um hospital público e em uma clinica ortopédica, senão não dá. Eu trabalho porque quero ter alguma coisa e não acredito ser justo exigir do meu pai. É difícil eu ter de colaborar na manutenção da casa com dinheiro embora isso já tenha acontecido. Eu quero ter meu dinheiro, a mente ocupada... é por isso que trabalho.

— Seria muito cômodo, da sua parte, pensar que por ter um pai médico, ele deveria fartá-la de todo o luxo. Isso seria a atitude de uma pessoa improdutiva e incapacitada. Quem age assim, com tanta dependência e improdutividade, não está preparada adequadamente para a vida. É uma pessoa que não se educa.

— A pessoa improdutiva sempre culpa os outros pelo seus fracassos.

— É verdade — concordou ele. — Se observarmos a história do mundo, podemos ver que, desde a Grécia antiga, a educação era o primordial objetivo da sociedade. Desde cedo o jovem era preparado para as relações sociais. Para desenvolver o sentimento de lealdade eram usados os instrumentos de cultura: a música, as artes e a literatura nacional, principalmente, a fim de se vincular os laços sociais e valorizar o país.

— Roberto, não se esqueça de que a educação na Grécia entrou em decadência.

— Por quê?

— Sinceramente? Não sei.

— Porque faltou equilíbrio. Foi assim: à medida que as práticas esportivas, ou seja, a educação física era tida como prática inferior ou supérflua, comparada aos estudos intelectuais, estas foram postas de lado e entraram em decadência.

Isso provocou o excesso de conforto, o que levou os jovens à preguiça. Porém a força mais destruidora à qual Platão e Aristóteles se opuseram, inutilmente, foi a retórica dos sofistas.

— "Retórica dos sofistas"? Nunca ouvi falar. O que é isso?

Roberto, muito paciente, explicou:

— Retórica é a arte de discursar, é o conjunto de regras da eloqüência, da dinâmica verbal, e sofistas são aqueles que ensaiam para falar muito bem e, através do raciocínio capcioso, argumentam, com a intenção de enganar, algum assunto ou tema falso, mas que tem a aparência de verdade diante da forma como ele se expressa ou conduz o raciocínio alheio.

— Mas somente as pessoas sem instrução se deixam enganar, não é?

— É lógico. Mas os não instruídos são a maioria, concorda?

Rose ficou calada e o jovem continuou:

— Esses estudiosos que manipulavam as palavras com agilidade, tornavam-se oradores e demagogos impressionando os sem instrução, apresentando seus estudos, e esses lhes davam toda a atenção.

— Desculpe-me interrompê-lo, mas esqueci o que é demagogo?

— Demagogo é aquele que fala estimulando as paixões ou as necessidades populares em proveito político, geralmente, ou então é o político propriamente dito, inescrupuloso, sem delicadeza de caráter.

— Então os estudiosos famosos da Grécia antiga faliram porque se voltaram a "gritar ao povo", vamos dizer assim, as falsas verdades em seus discursos, que os inclinavam às ambições pessoais.

— Exato! Isso induziu muitos jovens não ao estudo e divulgação do que era verdadeiro, mas sim às escolas dos "sofistas". Eles começaram a se sentir os cidadãos do mundo, da educação.

— Então foi isso o que fez decair as escolas gregas?

— Não exatamente. As cidades de Alexandria e Atenas possuíam universidades, eram os centros de cultura e soberania. Ali houve uma união das escolas filosóficas privadas com a organização estatal para a educação.

Porém o contato do pensamento grego com as religiões e filosofias do Egito, deu origem às filosofias místicas, que atingiram seu ponto mais elevado por volta do século III e IV no neoplatonismo.

A educação se transformou em um ensino vazio de discursos pelos eloqüentes que dominavam com as palavras sem base sólida. Muitos se desinteressaram. Até que no ano 529 a Universidade de Atenas foi fechada por Justiniano.

Quando os Romanos conquistaram a Grécia, esta já tinha um sistema educacional decadente.

Na cultura romana, quando um pai fracassava no ensino de preceitos morais, religiosos e cívicos, ele era censurado publicamente. As escolas não existiam, mas os pais eram obrigados a ensiná-los reverenciar os deuses, a ler e conhecer as leis do país.

A conquista da Grécia pelos Romanos trouxe a importação da cultura grega, a literatura helênica, que se tornou o principal instrumento de educação. Surgiram em Roma as escolas de gramática, filosofia e retórica.

Nessa época, o orador era tido como um homem culto, sábio e honrado.

Mais adiante, com os poderes absolutos de um só líder governamental, iniciou-se a tirania do império. O homem culto e orador deixou de representar preparação para a vida.

— A sociedade não admitia mais qualquer tipo de ensino ou educação?

— Não. Os costumes se corromperam e ressurgiu o paganismo. Você sabe o que é paganismo?

— Paganismo é a religião em que se adoram muitos deuses. Idolatria.

— Exatamente. E dentro dessa bagunça toda, surgiu o cristianismo, que trouxe um novo ponto de luz, ou um renovado sopro de vida.

Os cristãos protestaram a proibição do ensino, da educação em escolar públicas.

A educação pagã ou dos pagãos, quando tinham, era feita em casa, individual e orgulhosa.

A educação cristã, ou dos cristãos, pregava a humildade. Considerava o orgulho um pecado mortal e enfatizava a humildade e o amor.

Durante alguns séculos, a invasão de bárbaros no Império Romano desestruturou a cultura e as escolas públicas, e a escuridão intelectual reinou.

Roberto interrompeu suas explicações e perguntou:

— Estou lhe cansando com essa conversa?

— Não! — exaltou-se Rose animada. — Gosto de história, principalmente as úteis. Por favor, continue.

— Como eu ia dizendo, a partir daí iniciou-se a ignorância geral do povo. Na idade média, a administração da época, devido ao Santo Ofício ou à Santa Inquisição, selecionou somente as sete artes liberais para compor a educação. Eram elas: a Gramática, Dialética e Retórica, a Geometria, Aritmética, Música e a Astronomia e Filosofia.

No início da idade Média, a teologia não era organizada num sistema filosófico, e esse foi o grande passo que se deu tempos depois.

Para você ter uma idéia da seleção do que era ofertado nos ensinos, na aritmética, nossa atual matemática, eram ensinados apenas os cálculos exigidos pela vida cotidiana.

A educação escolástica tinha que corresponder aos interesses da época, contribuindo imensamente quando promoveu a criação de universidades na Europa.

A implantação dos estudos, que provinha do grego, proporcionou uma crescente liberdade de ensino e ampla cultura geral.

Para se ter uma idéia do quanto a educação evoluiu, a partir dessa época, quatro Faculdades compunham a Universidade:

Artes era a primeira, Teologia a segunda, Direito e por último, Medicina. O método de instrução era a leitura.

A evolução do ensino superior revolucionou o mundo.

Generalizou-se na época um desejo imenso de novo estilo de vida.

Nessa época, devido a tantas divergências religiosas e políticas que impunham, inquiriam e se diziam puras e soberanas, inconscientemente o povo pedia liberdade, direito ao conhecimento e educação digna.

Sabemos que a educação européia, que corria grande ameaça de se transformar em discursos inescrupulosos e vazios, foi socorrida pelo renascimento dos estudos clássicos, o Humanismo do século XIV

— Mas, Roberto, você não disse, até agora, que a educação sempre se voltou para os privilegiados e para os feudais?

— Isso é verdade, Rose. E por essa razão, muitas famílias forçavam sempre um filho a ser padre, pois os eclesiásticos eram favorecidos na educação por isso muitos jovens de família pobre se tornavam padres.

Sabe, na França, por volta do século XVIII, grupos de enciclopedistas defendiam a idéia da educação ser reservada a grupos restritos das classe sociais mais privilegiadas.

Como não poderia deixar de ocorrer, surgiram os defensores dos direitos naturais com suas teses inúmeras.

Rose o interrompeu:

— Mas foi a Revolução Francesa e o movimento iniciado na Reforma da Igreja Católica que reafirmou o domínio dos direitos naturais restabelecendo o direito de que toda criança tem de se preparar para a vida, através da educação, independente de sua classe social.

— É verdade. Tanto que a Prússia foi a primeira nação que colocou em prática esse sistema. Eu sei que na França e no Reino Unido, somente nos últimos vinte anos do século XIX, começou a haver interesse pela educação da classe pobre. Só quem estudava lá eram os ricos.

— Sim, é verdade. Mas lembro-me de ter estudado que a partir de 1870 a educação se tornou obrigatória, na Inglaterra, graças a rainha Vitória. Sem contar que as mulheres, até então, eram excluídas do sistema educacional.

— Sem dúvida alguma...

Nesse instante, Henrique e Margarete se aproximaram deles convidando-os para um refrigerante.

Logo após se acomodarem, o irmão de Rose perguntou:

— Sobre o que vocês estão falando?

Ambos sorriram e Roberto lembrou:

— Nem sei por que, mas falávamos sobre a história da educação.

— É um assunto interessante para os dias de hoje — comentou Henrique. — Em épocas remotas, era tão difícil ter acesso aos estudos, principalmente aos estudos de qualidade superior. Houve tantos revolucionários e educadores que lutaram pelos direitos que temos hoje...

— Ora, Henrique! — opinou Margarete. — Veja a qualidade do estudo que temos hoje.

Roberto interrompeu sua irmã e argumentou:

— Por que nós temos hoje essa qualidade de estudo?

— Porque o governo...

Interrompendo-a novamente, sem arrogância, Roberto defendeu seu ponto de vista:

— A culpa sempre tem de ser de alguém, nunca é nossa. Veja, hoje nós temos escolas públicas que se não possuem uma qualidade boa de ensino, não é por culpa unicamente dos governantes. Muitos pais não orientam os filhos para que se mantenham pacíficos ou exibam a educação no tratamento para com os professores. O pais acreditam que é dever da escola a instrução das crianças. Eles exigem a cultura de seus filhos, mas não oferecem nada.

— O que os pais poderiam oferecer? — perguntou Margarete.

— Companhia. Os pais têm que ser parceiros de seus filhos e o ponto de equilíbrio entre aluno e escola.

— Ainda não entendi. — retrucou sua irmã.

— Vejam, se o pai sentar ao lado do filho e auxiliá-lo com uma tarefa, ele não só estará reforçando o estudo, mas também dispensando atenção e carinho. Ficar junto com seu filho, em qualquer atividade é uma forma de carinho também.

Quando os pais acompanham seus filhos nos afazeres, com benevolência, as crianças ficam mais brandas, com um comportamento tranqüilo.

Se os pais reforçarem, diariamente, com palavras e comportamento, que os filhos devem dispensar aos professores um tratamento educado e compreensivo, estes serão menos rebeldes, até com eles mesmos porque, antes de tudo, houve o ensino do respeito.

Porém, geralmente, dentro de casa a criança só escuta as negatividades por parte de seus pais. Estes afirmam que o governo não presta, que os professores são incompetentes, que a educação está falida e que o estudo não vai fazer ninguém ficar rico.

Henrique o interrompeu, opinando:

— Os pais se esquecem de dizer que, se o estudo não deixar alguém rico, no mínimo, há de desenvolver o raciocínio, a atividade mental e o bom senso. Mais tarde, como cidadão da sociedade, o filho será capacitado para não se deixar ludibriar pelas falsas e atraentes propostas que lhes vão ocorrer em todos os sentidos da vida: drogas, sexo, política, religião...

— Nosso pai sempre nos fala da educação e atenção sobre tudo — completou Rose. — Ele nos ensina a ser pacíficos porque na passividade encontramos o equilíbrio a fim de analisarmos o que é certo ou errado.

— Com isso nosso pai nos ensina a não nos deixarmos levar, de imediato, pelas propostas que outros nos apresentam com muito entusiasmo. Se pararmos para analisar, antes de nos empolgarmos, podemos ver a outra face daquilo que, devido à animação do momento, não percebemos logo de início. À primeira vista, tudo é maravilhoso — completou Henrique.

Roberto e Margarete se entreolharam. Ele esboçou um leve sorriso e abaixou a cabeça.

Margarete, porém, desabafou:

— Seu pai não é nada parecido com o nosso. O senhor Gonçalves só sabe exigir que passemos de ano. Grita seus direitos só porque paga impostos. Acha que o governo sempre é culpado por tudo. — Depois de breve pausa, a irmã de Roberto comentou: — às vezes vejo que poderíamos ter um ensino melhor.

— Ah! Poderíamos não. Podemos! — reforçou Roberto empolgado. — Se as escolas públicas estão em decadência, a culpa é dos alunos que não procuram melhorar o nível. Eles levam tudo na brincadeira. As bibliotecas públicas que temos hoje são fartas e gratuitas. Mas os jovens são preguiçosos. Eu sempre estudei em escola pública. Li, pesquisei, perdi sábados, domingos, feriados e futebol sabe com o quê? Com a força de vontade. Conheço todos os funcionários da biblioteca pública que freqüento. Acho que até os pombos me reconhecem lá. Nas aulas, me chamam de todos os apelidos que vocês podem imaginar, a começar de traça de biblioteca, só porque eu vivia perguntando e consumindo o que os professores ensinavam.

— É!... uma vez, teve um professor do Roberto que foi lá em casa levar um material de estudo para ele — contou sua irmã.

— Isso ocorreu — continuou Roberto —, pois na escola não houve oportunidade desse professor me explicar o que eu queria saber. Ele me prometeu encontrar um material que falasse a respeito do assunto e, quando eu menos esperava, ele me procurou e cumpriu sua promessa.

Com isso observamos que temos tudo à disposição, até pessoas de boa vontade que se empenham em nos ajudar.

Sabe... se os pais procurassem guiar os filhos a fim de que tivessem atenção, respeito e disposição, em todos os sentidos, aos poucos o próprio nível escolar seria alterado por si só, pois os alunos, sem briga ou agressividade, estariam se mostrando receptivos em níveis de entendimento acima do que é oferecido. Enquanto a maioria estiver sem interesse ou disposição, com a mente voltada para as reclamações, querendo que tudo lhe caia do céu, a decadência escolar vai continuar. É mais cômodo culpar os outros e agredir com palavras.

O silêncio se fez e Rose comentou:

— Puxa! Ainda bem que você concorre a vaga de Medicina. Sei agora que esse curso tem uma vaga a menos.

— O Roberto quase não ia prestar vestibular depois de tanto estudo — informou Margarete.

— Por quê? — interessou-se Rose.

— Primeiro porque eu só posso concorrer ao vestibular que me propõe um curso gratuito, como o que prestei. Segundo porque, mesmo isento de pagar a Universidade, tenho de comprar livros, materiais... É um curso que me ocupará o dia inteiro e meu pai não vai me custear. Eu trabalho à noite em um laboratório de análises clínicas e... fico pensando: Será que vou agüentar? Até quando? Afinal de contas, serão seis anos.

— É aquilo que eu disse — lembrou Henrique —, se você ficar pensando nas dificuldades, nunca irá realizar coisa alguma. O pior que poderá ocorrer é você não agüentar e desistir. Mesmo assim, mais tarde não poderá dizer que não tentou.

— Foi isso que me deu forças, Henrique.

— Além do mais — tornou o irmão de Rose —, como eu já lhe falei, tudo o que tenho está a sua disposição, a começar pelos livros, até as dúvidas, eu me disponho.

— Obrigado! — agradeceu Roberto animado exibindo um largo sorriso. — Porém para isso eu preciso passar no vestibular, certo? Ainda tem a segunda fase!

— Nós vamos conseguir! — disse Rose com convicção.

2

Sensibilidade

Henrique levou Margarete para conhecer seus pais que gostaram muito da jovem. Com o decorrer dos dias, ao saber da aprovação de Rose no vestibular, os pais pediram a Henrique que convidasse a namorada e sua família para comemorarem juntos, uma vez que Roberto também conseguiu entrar para a Universidade.

Seria esta uma boa oportunidade para todos se conhecerem.

Sem explicação justificável, o pai de Margarete recusou o convite. Somente Roberto concordou em acompanhá-los na comemoração.

— Então... você é o Roberto! — cumprimentava o doutor Davi com grande entusiasmo e emoção. — Parabéns! E bem-vindo ao novo mundo dos protetores da saúde. Fico feliz em conhecer alguém tão esforçado quanto você. O Henrique vem me colocando a par de seus desafios. Parabéns pelo esforço!

— Obrigado — agradeceu Roberto. — Na verdade, quando eu soube do resultado, comecei a sentir medo.

— É assim mesmo! Depois dessa euforia, quando começar o curso, isso passa. Outras preocupações virão.

— O Roberto foi um dos dez primeiros colocados! — enfatizou Rose.
— E você?! — perguntou Henrique curioso.
— É... eu fui aprovada — explicou a irmã com modos sem graça.
— O importante Rose é você conseguir, não só entrar para uma Universidade, mas sair formado dela — lembrou Roberto.
Ana, interessada em conhecer a família de Margarete, perguntou:
— Por que seus pais não vieram? É uma pena não tê-los aqui.
Tranqüilamente, Roberto informou:
— Nossa irmã mais nova, Flora, possui algumas seqüelas deixadas pela meningite que sofreu quando pequena. Ela tem hoje, onze anos e exige alguns cuidados especiais precisa e muita atenção.
— Eu não sabia! — lamentou a mãe de Rose com expressão e voz piedosa.
O doutor Davi, pelo seu conhecimento, argumentou:
— Antigamente a meningite, quando não levava a óbito, deixava seqüelas seriíssimas, como a perturbação nervosa, a cegueira, o estrabismo. A partir de 1945, com o surgimento dos antibióticos e das sulfas, a doença foi dominada em quase cem por cento. E o diagnóstico, hoje em dia, é muito mais rápido e preciso. É difícil hoje termos casos complicados.
— Quando minha irmãzinha teve a doença, pensávamos que fosse uma gripe muito forte.
— É porque as bactérias *Neisseria Meningitidis*, mais conhecidas como *Meningococo*, infectam o organismo pelas vias respiratórias, multiplicando-se quando ainda estão nas vias nasais e na garganta, sem causar dor ou febre, mas, ao chegarem aos pulmões e entrarem na corrente sangüínea e nas meninges, que são as membranas

que envolvem e protegem o encéfalo e a medula espinhal, denominadas pia-máter, aracnóide e dura-mater, começam os sintomas como a febre, dor de cabeça intensa, vômitos e rigidez da nuca. Existem, porém, vários tipos da doença que se distinguem.

Roberto logo esclareceu:

— Minha irmã sofreu a meningite tuberculosa, que não é muito comum.

— Puxa! — admirou-se o doutor Davi. — Esse tipo de meningite atinge a base do encéfalo e determina a paralisia facial e dos nervos cranianos.

— É verdade. Além disso, Flora sofre freqüentes perturbações nervosas.

Percebendo que o rapaz entristeceu com o assunto o mesmo foi mudado.

— Você pretende se especializar, Roberto? — interessou-se Ana.

— Sim. Mas ainda não decidi.

— Seus pais devem estar orgulhosos de você — acreditou ela. — Seu outro irmão estuda?

— Na verdade, dona Ana, meus pais não ficaram satisfeitos porque eu contribuo com as despesas da família e estudando terei gastos e não poderei ajudar mais. Quanto a meu irmão mais velho, o Pedro, ele não estuda. Parou no ginásio e ajuda meu pai no armazém. Meu irmão não gosta de estudar.

— Seu pai é dono de um armazém? — tornou Ana.

— É sim. É um pequeno armazém. Poderia ser maior se meu pai tivesse mais tato com os clientes. — Logo em seguida, ele explicou: — Desculpe-me por falar assim, mas sei que vão conhecê-lo e é bom saberem de antemão para não ficarem surpresos. Meu pai é boa pessoa, mas tem modos... Pude perceber que vocês possuem educação e carinho uns com os outros e, infelizmente, minha família não é bem assim.

— Você é um rapaz educado, Roberto, e Margarete também. É difícil pensar que seus pais sejam diferentes.

— Perdoe-me, mais uma vez, dona Ana, mas vão poder confirmar por vocês mesmos.

— A propósito, Roberto — objetou o pai de Rose —, o Henrique conversou comigo a respeito de alguns obstáculos que você poderá enfrentar durante o curso. Gostaria que confiasse a nós qualquer problema que tiver, não se intimide. Gostaríamos muito de ajudá-lo sempre que possível e em tudo o que estiver a nosso alcance. Conte conosco, filho!

O rapaz sorriu e agradeceu:

— Muito obrigado, senhor Davi. Obrigado mesmo!

Naquela mesma noite, o senhor Davi, ao levar Roberto e Margarete para casa, ficou conhecendo o pai dos jovens que estava em frente ao portão.

Educadamente o médico e seus filhos, Rose e Henrique, desceram do carro para cumprimentá-lo.

O senhor Gonçalves, sem expressão alguma, olhou para a filha Margarete ao mesmo tempo em que batia os dedos no relógio de pulso, cobrando-lhe a hora.

Ao ver a cena, o médico justificou antes de ser apresentado:

— Desculpe-me pelo atraso. Fui eu que os detive em minha casa, pois acreditei que por vir trazê-los de carro, o horário não seria problema.

O homem sorriu forçosamente e Henrique fez a apresentação:

— Senhor Gonçalves, este é meu pai e, esta é minha irmã, Rose.

Rose ainda não conhecia o pai de Margarete.

Ao retribuir o aperto de mão daquele senhor, a jovem começou a sentir-se mal.

Seu pai percebeu sua palidez enquanto ela encostava-se em Henrique como se procurando apoio. Esse nem percebeu.

Roberto, mais observador, perguntou:

— Rose, você está bem?

A jovem olhou para seu pai e não sabia o que dizer.

O doutor Davi segurou-a pelo braço enquanto o senhor Gonçalves indicava preocupado:

— Vamos, entre! Traga-a para dentro.

Todos entraram. Sentada no sofá, Rose era o centro das atenções.

A senhora Nanci, esposa do senhor Gonçalves, muito solícita, trouxe-lhe um copo com água adoçada.

— Tome, isso vai passar.

Rose não perdeu os sentidos, mas estava atordoada e não conseguia andar sem ajuda. Sua pressão arterial havia sofrido uma queda. Ensurdecida pelo mal-estar, a jovem sentia-se tonta e quase não correspondia ao que lhe solicitavam.

Entregando-lhe o copo com água, que fora parar em suas mãos, o doutor Davi perguntou sem se alterar:

— O que você sente, filha?

— Fiquei tonta...

Depois de alguns segundos, após ingerir o pouco da água, completou sem jeito:

— Já está passando. Desculpe-me. — Logo em seguida, sussurrou somente para seu pai: — Quero ir embora...

— O que ela tem? — perguntou o senhor Gonçalves, enquanto o doutor Davi tomava-lhe a pulsação.

Henrique, para distrair a todos, concluiu:

— Deve ser emoção. Rose também passou na Universidade.

Vendo que sua irmã começava a aparentar melhoras, brincou:

— Rose é a teatróloga da família. Fala mais do que os nossos ouvidos podem escutar. Ela não deixa ninguém quieto. Esse é o normal, no entanto, após saber do resultado do vestibular, ela triplicou a produção de gracinhas. Talvez tenha "descarregado a bateria".

A jovem sorriu, esfregou o rosto com as mãos e alinhou os cabelos, dizendo:
— Já estou melhor. Que vergonha!
— Ora, filha — opinou a dona Nanci —, vergonha do quê? Isso acontece com qualquer um. Não tenha vergonha alguma.
Roberto, tirando a atenção de Rose, apresentou:
— Rose, esta é minha mãe.
Ambas, em meio de sorrisos, cumprimentaram-se.
Percebendo o olhar da filha, que lhe pedia pressa, o doutor Davi decidiu:
— Rose já está bem. Deve ter sido um mal súbito de emoção. Já é tarde e vocês precisam descansar.
— Não se preocupem conosco. Fiquem à vontade — avisou o senhor Gonçalves.
— Em uma outra hora. Obrigado — agradeceu o médico.
No caminho de casa, preocupado com Rose, o pai indagou:
— O que sentiu, Rose? Você nunca teve isso, filha.
Rose, dotada de uma reação incomum, muito séria, respondeu:
— Não sei dizer, pai. Senti um mal-estar tão grande. De repente, meu estômago embrulhou, tive náuseas, tontura. Eu estava esfriando.
— Eu achei que você melhorou muito rápido — estranhou Henrique, virando-se para o banco de trás onde ela sentava. — Não foi?
O pai não respondeu nada, mas Rose, com o semblante sisudo, perguntou:
— Depois de contar minha pulsação, o senhor entrou em prece, não foi pai?
Seu pai balançou com a cabeça positivamente, enquanto Henrique mostrava uma fisionomia surpresa.
Voltando-se para sua irmã novamente, ele perguntou:
— Como sabe?

— Eu acompanhei o relógio do pai, depois de trinta segundos, ele multiplicou por dois os batimentos e fechou os olhos, segurando meu pulso para acharem que ele ainda estava me examinando. Daí percebi que o pai fazia uma prece. Logo depois, senti uma melhora considerável. — pequena pausa se fez e, em seguida, ela acrescentou: — Eu não via a hora de sair daquela casa!

O pai, muito experiente, argumentou:

— São em circunstâncias como essas que nós verificamos o quanto estamos ligados a Deus. O quanto mais rápido nos sentimos bem, ou seja, nos elevarmos, mais harmonia temos ou estaremos criando. Por isso não devemos entrar em prece somente quando precisamos ou estamos em situação difícil. A prece constante de agradecimento verdadeiro, de aceitação e pedindo forças, nos faz estreitar a sintonia com esferas melhores que não vão nos desamparar num momento como esse.

Todos se calaram até chegarem a casa, incluindo Rose, que era a mais animada da família.

Antes de dormirem, o médico perguntou à esposa e aos filhos quem queria acompanhá-lo na leitura do Evangelho e numa prece.

Com naturalidade, todos aceitaram.

Ao ver a filha deitada, o doutor Davi foi medir-lhe a pressão arterial e, verificando que tudo estava bem, aconselhou:

— Rose, vigie-se. Faça preces, filha.

— Por que me diz isso, pai?

— Não estou sendo místico. É algo que eu sinto. Entende?

A jovem acenou positivamente enquanto uma emoção indefinida, que nunca experimentou, travou-lhe a voz. A amargura a emudeceu e, com os olhos marejados, sentou-se na cama e abraçou fortemente seu pai, que sentado a envolveu com carinho, afagando-lhe os cabelos muito compridos.

Rose escondeu o rosto no seu ombro afetuoso para que ele não a visse chorar.

O bondoso homem percebeu, mas não disse nada. Ao se afastarem, vendo-a esconder a face entre os longos fios que lhe caíam à frente do rosto, acariciou-a com ternura, beijou-lhe a testa e respeitando-lhe os sentimentos, concluiu:

— Deus lhe abençoe.

Indo até a cama do filho que se encontrava deitado, mas não dormia e, enquanto o beijava a testa, repetiu a doação:

— Deus o abençoe, Henrique. Vê se ora, também.

Henrique agradeceu com o olhar e um sorriso suave.

Após a saída de seu pai, não suportando a distância, o futuro médico se levantou, foi até a cama da irmã e sentando-se a seu lado, perguntou:

— Por que você está chorando, Rose?

Com as mãos cobrindo o rosto, ela girou a cabeça, vagarosamente, indicando que ignorava o motivo.

O irmão afastou-lhe os cabelos para ver sua face. Emocionada, Rose abraçou-se a seu pescoço e chorou compulsivamente.

Seus soluços comoviam Henrique, que já estava preocupado. Ele nunca a vira assim. Rose era uma jovem muito alegre.

Afastando-a com delicadeza de si, para inibir-lhe tanta emoção, o irmão pediu:

— Calma, Rose. Vamos conversar. Conte-me o que está sentindo.

A jovem ficava calada e somente os soluços eram ouvidos.

Henrique abaixava-se para ver seu rosto, mas ela o escondia. Talvez envergonhada.

— Rose, você sempre me contou tudo. Sempre fomos amigos. O que aconteceu?

Diante do silêncio, ele arriscou:

— Você está apaixonada? É isso?

Ela ofereceu um leve sorriso e logo fechou o semblante deixando as lágrimas rolarem.
— Está gostando do Roberto, é isso?
— Não... — afirmou ela com a voz rouca. — Eu não sei o que foi... acho que... aquele homem...
— O pai da Margarete?
Ela acenou positivamente com a cabeça e chorou.
— O que tem ele, Rose? Ele é só sisudo, nada mais.
— Não quero mais vê-lo...
— Ora, Rose! Você é adulta, já tem seus vinte anos! Por favor!...
Magoada, ela revidou:
— Estou sendo sincera, Henri. Eu não queria lhe contar, mas você insistiu. Se desejava me recriminar, não deveria ter vindo até aqui. Sinto-me pior agora!

Após as palavras francas, Rose deitou-se de bruços virando o rosto para a parede, sem dizer mais nada.

Alinhando seus cabelos, com gestos de ternura, Henrique insistiu:
— Desculpe-me. Senta, vai. Vamos conversar.
Ela não reagia.
— Rose, sente-se. Vamos conversar direito.
Rose chorava em silêncio, sem dizer mais nada.
Henrique acariciou-lhe por mais algum tempo, até vê-la adormecer.
Ele também sentiu algo indefinido que o magoou intensamente.

* * *

Na manhã seguinte, Ana, que conversava com seu esposo, perguntou:

— O que aconteceu ontem na casa do Roberto?
— Aparentemente, nada — explicou o senhor Davi. — O senhor Gonçalves preocupava-se com os filhos. Devido ao horário ele os aguardava no portão.
— Ele brigou ou algo assim?
— Não. Ele estava nitidamente com a "cara amarrada" enquanto indicava o relógio para Margarete, mostrando a hora. Percebemos que ela ficou envergonhada pela nossa presença. Mas logo que me justifiquei e fomos apresentados, percebi que ele se forçou a nos recepcionar com uma expressão melhor.
— O que você acha que nossa filha teve? Rose é saudável e...
— Talvez seja emocional, Ana. A princípio, por não haver outro motivo, vamos pensar assim.
— Sinto que você desconfia de alguma coisa, Davi.
Ele a fitou longamente e com a chegada dos filhos o assunto foi encerrado.
Rose estava quieta exibindo abatimento e depressão, o que não era comum.
— Sente-se bem, filha? — perguntou Ana, aproximando-se da jovem que, sentada à mesa, não parecia animada.
Recostando a cabeça da filha em seu peito, Ana afagava-lhe a fronte dando-lhe um beijo.
Rose a abraçou pela cintura e sentiu vontade de chorar.
Percebendo seus sentimentos, sua mãe perguntou:
— Quer conversar agora, Rose?
Com um gesto de cabeça, ela respondeu negativamente.
Procurando animá-la, Ana pediu:
— Vamos! Tome logo seu leite. Quero que saia comigo hoje. Estou precisando comprar uma roupa e quero a sua opinião. Pode me ajudar?
Rose deu meio sorriso e concordou.

Com o passar dos dias, ninguém mais tocava no assunto. Entretanto a jovem parecia estar sempre preocupada com alguma coisa e sua alegria não era mais visível como antes.

* * *

— Qual é, Rose?! — reclamava Henrique. — Vamos lá comigo!
— Não quero, Henri! Já falei que não. Prometi a Valéria que iríamos sair hoje para dar uma volta...
— Então leva a Valéria conosco. Podemos sair nós cinco. O Roberto também vai.

Henrique tentava convencer sua irmã, mas ela não se deixava. Para provocá-la, ele argumentou:

— Ah! Não quer levá-la porque o Roberto vai! Você está com medo...

— Deixe de ser idiota, Henrique! — gritou Rose, atirando-lhe uma almofada. — Não vou e pronto! Por que você insiste tanto?

— É assim — confessou o irmão não se ofendendo com a agressividade que ela apresentava —, o senhor Gonçalves é um chato. E aquele Pedro é pior do que ele. Os dois têm uma mania de ficar cobrando a hora, olhando atravessado...

— Em pleno século vinte?!
— É!!! Em pleno século vinte!!!
— Qual é, Henri?! E você tolera isso?!
— Não. Eu não tolero isso, por essa razão quero que você vá conosco. Porque assim o Roberto concorda em nos acompanhar, daí que o Roberto estando junto, eu não tenho de "tolerar isso"! Entendeu?

— Ah! Chama o Roberto para ir com vocês.
— Ele não quer ser o ímpar e ficar sobrando! Puxa, Rose, me quebra essa.

A jovem ficou calada. Rose queria ajudar seu irmão, mas não estava sendo de seu agrado ir até a casa da namorada dele.

— Henrique — pediu ela —, não fique mais insinuando que eu gosto do Roberto, por favor?

— É brincadeira, Rose. Você sabe.

— Mas eu não gosto dessa brincadeira, o Roberto é um cara legal e um excelente amigo. Eu gosto dele assim, como amigo e nada mais. Se você ficar implicando, mesmo de brincadeira, essa amizade pode acabar.

— Tá legal. Não está mais aqui quem falou. Mas, Rose, vem com a gente?!

— Você tem que se auto-afirmar com a família dela, Henrique. Puxa, você não é qualquer um não! Tem família, profissão... Veja! Você é médico! Daqui a um mês você termina o curso! Será que aquela gente não vê isso? Não estou querendo ser orgulhosa, mas aquele homem encontraria um pretendente melhor para a filha? É claro que não! O que ele tem para oferecer? Nem ele dá exemplo para os filhos... é um homem tão grosso! E aquele Pedro, então? Não gosto dele! Sabe... nem dá para acreditar que duas pessoas tão bacanas, como a Margarete e o Roberto, pertençam àquela família.

Interessado em sair com a namorada, Henrique não dava importância e insistia:

— É assim mesmo, Rose. Isso passa. O homem pensa desse jeito porque é o começo.

— Vê se toma cuidado, antes que ele e o filho comecem a determinar sua vida.

— Tudo bem. Vamos deixar isso para depois. Agora, Vamos!

— Eu combinei com a Valéria, vou ter de levá-la.

— Tudo bem. Liga para ela agora, vai!

Mesmo sem animação, Rose foi convidar a colega.

3

Fobia

Mesmo sabendo que Rose não lhe tinha muito apreço, Isabel, irmã de Valéria, ambas filhas do doutor Oliveira, insistiu em sair junto com eles.

Valéria ficou sem jeito de negar e acabou levando a irmã consigo, contrariando a amiga Rose.

Até o próprio Henrique incomodou-se com tantos acompanhantes e, chamando sua irmã em particular, desabafou:

— Você disse que era só a Valéria! — reclamava ele em sussurros.

— O que você quer que eu faça? Só se eu desistir de ir agora — justificou-se Rose.

Henrique, embora contrariado, acabou concordando.

Na casa de Margarete, Roberto os recepcionou pedindo que entrassem, pois sua irmã não estava pronta.

Rose inibia-se e resistia entrar.

— Não! Nós esperamos aqui fora mesmo.

— Ora, isso não faz sentido, Rose. Por favor! — insistia o anfitrião.

— Somos muitos e faremos barulho... — tentou desculpar-se ela.

— Deixa disso, Rose! — repreendeu seu irmão. — Eu vou entrar.

— E elas também! — decidiu Roberto conduzindo Rose, forçando-a a entrar na casa.

A moça ficou um tanto sem graça, mas a alegria das amigas, conseguiu distraí-la.

Ao ver que a irmã de seu namorado chegou com as outras, Margarete as chamou para seu quarto.

Rapidamente as jovens se entrosaram animadas, divertindo-se com os mínimos acontecimentos.

De repente, Isabel confessou dando ênfase na voz:

— Margarete! Você tem mais irmãos sobrando como o Roberto? Puxa! Que gato!!!

— Tenho o Pedro, que não é nada parecido com o Roberto, nem fisionomicamente. Você não gostaria dele. A propósito, ninguém gosta! — respondeu ela, gargalhando.

Rose franziu o semblante sem perceber, enquanto Margarete se expressava:

— O Roberto talvez goste de saber que alguém o admira. Ele não diz nada, mas se sente rejeitado.

— Por quê?! Quais foram as cegas que o rejeitaram?! — interessou-se Isabel.

— Rose foi uma! Eu e o Henrique costumamos perturbá-la, dizendo que ela e o Roberto poderiam namorar. Meu irmão não diz nada e até dá um sorrisinho... mas a Rose reage e o quer só como amigo. Já as outras moças não gostam muito do Roberto porque ele não tem tempo. Elas exigem muito, e ele, não se acerta com nenhuma.

— Obrigada, Rose! — gritou Isabel. — Minha preocupação era você. Agora o caminho está livre.

Rose ofereceu meio sorriso incomodando-se com as declarações. Enquanto as demais riam muito. Ela sentia que algo estava errado, Isabel a incomodava.

Dona Nanci foi até o quarto, serviu um refrigerante às moças enquanto Roberto e Henrique queriam apressá-las.

Ao saírem todos, Rose não teve tanta oportunidade de conversar com seu amigo como antes. Isabel tomava-lhe toda a atenção.

Ela ficou quieta. Nem o seu contagiante sorriso podia ser visto.

Em uma pizzaria, com exceção de Rose, todos se divertiam.

Isabel extrapolava-se apresentando pequenas liberdades com Roberto como colocando-lhe o braço sobre o ombro com a desculpa de lhe contar alguma coisa.

Isabel era engraçada e Roberto ria, divertindo-se com isso.

Margarete convidou as amigas para irem ao toalete e somente Rose não aceitou.

Henrique também se retirou, deixando Roberto e sua irmã a sós. Ele havia percebido que Rose não exibia satisfação.

Em alguns segundos com Rose, muito direto, Roberto decidiu:

— O que foi, Rose?
— Nada.
— Nunca a vi tão séria. Isabel a incomoda?
— Por que deveria?
— Rose, é nítida a insatisfação que você mostra.
— Eu?!!!...
— Éééé!!!... — imitou-a Roberto, conseguindo roubar-lhe um sorriso.

Sem graça, Rose tentou disfarçar.

— Sei lá. Ultimamente estou me preocupando com os próximos anos... com o futuro. Terei que ser mais responsável.

Sentado à frente de Rose, Roberto estendeu o braço sobre a mesa e, segurando suas mãos, ele a fez olhá-lo com atenção.

Rose sentiu-se gelar, enquanto ele pedia:

— Posso ir vê-la amanhã? Preciso falar com você. Posso ir até sua casa?

Ela ficou calada por alguns segundos, depois, num impulso, respondeu:

— Meus pais têm compromisso amanhã e...

Salvando-a do embaraço, Roberto compreendeu, atalhando-a ao sugerir:

— O Henrique vai lá em casa amanhã à tarde. Vá com ele. Aos domingos, geralmente, eles não saem. Vai dar para conversarmos.

Rose sentiu grande embaraço.

Ao ver que o irmão da moça se aproximava da mesa, Roberto deslizou suas mãos, continuando a fitá-la com firmeza. No aguardo de um confirmação, perguntou:

— Posso esperá-la amanhã?

Sem pensar no que estava dizendo, ela perguntou:

— Seu pai vai estar lá?

Sem entender, Roberto respondeu, confuso:

— Domingo à tarde... sim. Por quê?!

— É que... será que dará para conversarmos?

— Dará sim. E se não der, poderemos sair.

— Quem vai sair? — perguntou Henrique, que acabava de se sentar.

— Estou propondo à Rose para sairmos amanhã. O que você acha?

— Não com essa galera[11] toda, não é?! — respondeu Henrique.

Roberto sorriu e concordou:

— Claro que não!

— Desculpem-me por tê-las trazido. Eu nem ia vir, o Henri que insistiu. Além do mais, eu só convidei a Valéria. Não suporto a Isabel!

---

[11] N.A.E.: Galera é uma gíria popular que indica muita gente, torcida.

Roberto e Henrique sorriram, mas não teceram nenhum comentário.
Voltando-se para sua irmã, Henrique perguntou:
— E aí? Você vai lá amanhã?
— Não sei... — argumentou Rose confusa.
— Façamos assim: você e a Margarete vão lá em casa amanhã — opinou Henrique, sabendo que sua irmã não desejava encontrar com o senhor Gonçalves.
— A mãe e o pai têm compromisso, amanhã — alertou Rose.
— Ah! O pai não liga! — reconheceu Henrique.
— Mas a mãe, sim. Ela não gosta de nos deixar em casa com visitas... você sabe.
— Qual é, Rose? Sou maior e vacinado! Sei o que estou fazendo!
— Não, Henrique — afirmou Roberto compreensivo —, eu entendo o que a Rose quer dizer. A dona Ana é muito "bacana" para não respeitarmos sua opinião. Deixa pra outro dia. Façamos assim: você dois vão lá em casa, tá?
Henrique concordou enquanto sua irmã ficava indecisa.
Quando acreditaram que tudo estava acertado, Margarete retornou com as novas colegas e avisou:
— A Isabel e a Valéria vão lá em casa amanhã. Você vem "nessa", não é Rose?
Impulsivamente, Rose afirmou:
— Não posso. Já tenho outro compromisso.
Roberto a olhou sem expressão alguma, preocupando-se com a reação da amiga.
Margarete insistiu, mas Rose foi categórica ao recusar novamente o convite.
Ao voltar para casa, quando se viu a sós com sua irmã, Henrique incomodou-se com sua atitude.
— O que deu em você, Rose?!

— Por quê?

— Você não tem compromisso nenhum amanhã. Também não me agrada essa amizade da Margarete com essas duas.

— A Valéria é legal. A Isabel é que estraga.

Já entrando em casa, ele reclamou:

— Tudo estava indo tão bem. Você tinha que arrumar essa encrenca!

— Agora a culpa é minha?! — irritou-se Rose, quase chorando.

— Ei! Calma! — pediu Henrique, não entendendo a reação emotiva da irmã.

A jovem melindrou-se e entrou no quarto. Atirando-se sobre a cama, afundou o rosto no travesseiro.

Ana presenciou o pedido de calma que seu filho fez, e a retirada súbita da filha para o quarto. Preocupada, perguntou:

— O que Rose tem?

Diante do silêncio do filho, a mulher insistiu:

— O que aconteceu, Henrique?

— Não é nada, mãe.

— Como nada?! Sua irmã está muito diferente do que sempre foi. Sei que vocês conversam muito e são cúmplices em tudo! Tudo mesmo! Agora você me diz que não é nada?! Henrique, por favor!

— Senta aqui, mãe — pediu o jovem estapeando no sofá a vaga que havia a seu lado.

Ana obedeceu e ficou atenta, esperando uma explicação.

— Sabe o que é, mãe? Eu e a Rose sempre fomos muito... ligados...

— Amigos, Henrique. Fale corretamente, filho.

— Tá, mãe. Tá bom. Eu sempre achei a Rose diferente das outra meninas.

— Como diferente?!!! — assustou-se Ana.

— Não! Não é nada disso que a senhora está pensando! Calma. Espere aí, eu vou explicar. Sabe o que é, as meninas de hoje são mais "salientes", mais "atiradas", e a Rose não é assim. A senhora sabia que ela nunca namorou?

— É, filho. Já me preocupei com isso. Mas...

— A Rose é alegre, extrovertida até demais, porém com os rapazes, a Rose não dá muitas chances. Tenho a impressão de que ela sente um certo... medo.

— Medo?! — estranhou a mãe.

— É sim. Parece que é medo de gostar de alguém, de namorar, de se apaixonar... sei lá.

— Mas se ela nunca namorou, por que sentiria esse medo?

— Isso eu não sei dizer. Mas percebo que a Rose nunca se envolveu com nenhum rapaz e... talvez seja isso... Ela sente medo.

— O que você quer dizer com isso, filho?

— Nada demais, mãe. É assim: eu sempre fico desafiando a Rose quando existe algum rapaz legal e que pretende namorá-la. A Rose nunca reagiu nem brigou e até achava graça. Depois que eu comecei a namorar, a Rose me acompanhou e conheceu o irmão da Margarete. Ele veio aqui algumas vezes e, como sei que ela não gosta de ir na casa deles, sempre marcamos encontros e acabamos saindo os quatro. Percebo que eles se dão bem, não param de conversar por um minuto. Daí que eu comecei a brincar com a Rose que essa amizade acabaria em namoro. Ela não gostou, disse que o considerava como amigo e nada mais.

Ana, preocupada, ficou na expectativa sem demonstrar exaltação, e Henrique continuou:

— Só que... bem... hoje saímos e a Rose convidou a Valéria e esta levou a irmã. Não demorou muito e a Isabel começou a "dar em cima" do Roberto. A Rose ficou irritada. Depois, parece que o Roberto insinuou-se para vir aqui amanhã, mas ela disse que a senhora e o pai não estariam em casa. Decidimos então sair, mas acabou não dando certo, pois a Rose não gostou de saber que a Valéria e a Isabel iriam na casa da Margarete e com certeza acabariam saindo com a gente.

Não suportando o suspense, Ana pediu:

— Por favor, filho, explique de uma vez.

— É isso, mãe. Está nítido que a Rose se apaixonou pelo Roberto e não quer admitir. Ela o chama de amigo só para disfarçar, mas não se afasta dele nem o assume.

— E o Roberto? Como ele se mostra diante disso tudo?

— Já percebi que ele tem uma "queda" violenta por ela. Mas como a Rose coloca barreira... ele é paciente e espera por uma chance.

— O que me preocupa é o fato da Rose se magoar muito, já que ela nunca namorou...

— Eu acho que a Rose está séria, chorosa e se irrita porque não admite que está gostando do Roberto. Não vejo razão para esse medo. Ela não deixa um rapaz se aproximar dela... Entende? Parece trauma. Se ela tivesse sofrido alguma decepção...

— Ao menos, nessa vida, não. Certo, Henrique? Vai se saber se talvez não recebeu maus tratos ou se decepcionou em outros tempos?

Henrique sorriu e argumentou:

— Isso passa, mãe. Talvez o Roberto seja sua primeira paixão. Eu acho.

— E o Roberto, filho, como ele é?

— Ah, mãe! A senhora o conhece!

— Eu sei, Henri! Quero saber como ele é, se não parece um rapaz oportunista ou... Você entende, filho. Como ele a trata?

— Ele é muito responsável, educado. Sério demais quando se trata da vida. Não é um sujeito aproveitador. Sabe, mãe, eu gostaria tanto que desse certo! O Roberto parece gostar dela. É gentil, dá atenção...

— Vou falar com ela. — decidiu Ana.
— Será que a senhora deve, mãe?
— Por que não? Rose é minha filha. Se eu não me importar com ela, quem irá fazê-lo? A coleguinha? Para lhe encher a cabeça de conselhos e convites inoportunos? Eu e seu pai temos a mesma opinião: quando alguém vier semear nas idéias de nossos filhos, não encontrará lugar nem oportunidade porque, "nesta terra fértil", nós já teremos arado, semeado e talvez já estejamos colhendo... e bons frutos! — Levantando-se, depois de alguns segundos, aconselhou: — Faça o mesmo com seus filhos, Henrique. Plante em suas mentes idéias boas, antes que outro o faça ou antes que outro seja o exemplo de vida para seus filhos.

Ana foi até o quarto onde a filha estava.

— Rose? O que foi, filha?

A mulher sentou-se ao lado da moça, que lhe endereçou um rápido olhar, procurando esconder o rosto no travesseiro.

— Sente-se, filha. Quero falar com você.

A jovem atendeu ao pedido, mas ficou com a cabeça abaixada e usava os longos cabelos como cortina para esconder o rosto choroso.

Ana levantou-se, apanhou um lenço descartável e lhe ofereceu dizendo.

— Tome. Seque as lágrimas e vamos conversar.

Rose abraçou-se à sua mãe e chorou mais ainda.

Ana esperou até que se acalmasse por si, sem dizer nada. Ela sabia que, em dado instante, o choro haveria de se acabar.

Vendo-a mais calma, perguntou:

— Está se sentindo melhor?

Rose acenou positivamente com a cabeça, e a mãe perguntou:

— Tem algo pra me falar? Alguma coisa que queira me contar?

A moça suspendeu os ombros como se não soubesse o que dizer.

Ana decidiu ser mais direta e comentou:

— Seu irmão me contou que a Valéria e a irmã saíram hoje com vocês e que depois disso você ficou chateada.

Com a voz rouca, Rose comentou:

— Não é segredo que detesto a Isabel!

A mãe, muito tolerante, afastou delicadamente os cabelos da filha, prendendo-os atrás da orelha, enquanto curvava-se par ver seus olhos.

Rose ergueu a cabeça fitando-a, e ela completou:

— Filha, vamos ser sinceras? Mesmo seu pai já percebeu que seus olhos brilham ao falar do Roberto ou mesmo quando fala com ele por telefone. Eu sei que a Isabel é debochada e não respeita ninguém. Sabendo que ela saiu hoje com vocês, não é difícil deduzir que a tenha magoado.

Rose ficou calada, somente olhando para sua mãe.

Delicadamente, Ana perguntou com um tom suave na voz:

— Filha, toda essa mágoa, toda essa tristeza, não será por que você está gostando do Roberto?

Um pranto imediato se fez e a moça confessou:

— Eu não sei...

Ana a abraçou, esperando novamente a crise de choro passar.

A mãe pensava que sua filha fosse mais adulta do que se mostrava naquele instante, no entanto viu-a com uma sensibilidade muito aflorada, sem condições de conter as emoções. Ana achou estranho, porém acreditou ser melhor não exigir nenhum tipo de comportamento diferente por parte de Rose, procurando compreendê-la.

— Rose, o Roberto até agora tem se mostrado um rapaz muito seguro. Haja vista a luta que ele enfrentou para prestar vestibular e agora vai tentar fazer um curso que, tudo indica, não terá condições de conseguir terminar. E sabe por que ele vai conseguir? Porque ele tem força de vontade. E nós sabemos que todo aquele que é perseverante com propósitos dignos, Deus abençoa e ajuda. Roberto tem objetivo e sabe o que quer da vida.

Vendo-o assim, eu não posso crer que ele vai dar atenção à outra moça, se estiver interessado em você. Principalmente alguém como a Isabel. Isso que você sentiu, filha, é ciúme.

— Talvez, mãe... você esteja certa... mas é...
Tentou dizer Rose, porém calou-se para não chorar.
Observando-a em silêncio, Ana decidiu:
— Henrique me falou que o Roberto queria vir aqui amanhã. Pois bem, se ele não tem nada com o compromisso de receber a Isabel e a irmã na casa dele, ligue para ele agora e diga que venha aqui. Deixe o Henrique e a Margarete se virarem com as amigas. Talvez Margarete precise aprender que amiga e namorado não dão certo. Vá, convide o Roberto para vir aqui amanhã. Eu e seu pai podemos sair outro dia. Estaremos em casa.

— Mãe, o que vou dizer? Não é simples.
— Fale a verdade, Rose. Diga que você e a Isabel não têm a mesma opinião e que você prefere manter distância. Ele vai compreender e aceitará o convite. Percebo que o Roberto gosta de ficar aqui em casa.

— Não é só isso, mãe!
— O que é então, Rose?!
— Ah... eu não sei se gosto dele e se... eu não posso namorar o Roberto!
— Por que, filha?
— Ah, mãe...
Rose começou a chorar novamente.
— Não estou entendendo, Rose. Por favor, filha, seja mais clara.
— Eu tenho...
— Tem o quê, Rose?!

Depois de alguns segundos, entre os soluços, Rose sussurrou:
— Medo...
— Medo do quê?
— Não sei... — dizia a jovem, secando as lágrimas que teimavam em cair. — Tenho a impressão de entrar em pânico... É difícil explicar. Eu acho que gosto do Roberto, mas... eu não posso...
— O que você não pode, Rose? Diga, filha! Estou ficando preocupada.
— Se ele gostar de mim, eu não posso namorá-lo, mãe!
Ana começou a ficar apreensiva. Sua filha nunca agiu assim. Procurando conter a irritação, ela abraçou-a com carinho, embalando-a nos braços procurava acalmá-la a fim de descobrir o que estava havendo.
— Fique calma, filha. Respire fundo.
Notando-a melhor, perguntou:
— Por mais ridículo ou absurdo que possa parecer, responda-me, Rose: por que você não pode namorar o Roberto, caso ele queira e goste de você?
Rose a olhou com uma expressão sem igual. Seus olhos pediam socorro.
Um tanto chorosa, desabafou:
— Tenho medo do... do... pai dele...
Ana ficou incrédula. Procurou não manifestar sua opinião para não menosprezar a filha. Calmamente, perguntou:
— O que o pai do Roberto lhe fez?
— Nada.
— Então o que faz você sentir isso?
— Não sei. Sabe, mãe, quando estou perto dele e fico olhando, tenho vontade de gritar.
— Gritar?!
— Eu sei que é ridículo, mãe. Mas foi você quem perguntou.

— Eu sei. Não estou dizendo nada. Só estou tentando entender. Rose, o que o pai dele pode fazer se vocês começarem a namorar? Ou melhor, por que você não pode namorar o Roberto? O que tem o pai do moço com o namoro?

— Esquece, mãe. Esquece o que lhe falei.

Ponderada, a mulher revelou:

— Você é minha filha. Eu não posso esquecê-la. E se você tem um problema, ele também me pertence. Se você não quiser falar no assunto hoje, eu entendo, mas não vou esquecê-lo.

— Mãe, de uns tempos para cá, eu sinto algo muito ruim. Vivo com medo, como se alguma coisa fosse me acontecer de repente — narrava Rose, exibindo seu temor. — Não estou louca, mãe. É como se alguém fosse fazer alguma maldade comigo, entende?

— Você já sentiu isso antes?

— Nunca.

Nesse instante, Henrique chega até o quarto avisando que Roberto a aguardava ao telefone para falar com ela.

Antes que ela respondesse, sua mãe sugeriu:

— Convide-o para vir aqui amanhã.

Ao telefone...

— Oi, Roberto. Tudo bem?

— "Não — dizia ele. — Nada está bem. Fiquei preocupado com você e estou inquieto até agora. Por isso decidi te ligar. Estou atrapalhando?"

— Não.

— "Sua voz... Estava chorando, Rose?"

— Não é nada.

— "O que aconteceu?"

— Deixa pra lá, Roberto, por favor. Não é coisa importante e eu quero esquecer. Olha, eu não me dou muito com a Isabel, por isso disse que teria um compromisso amanhã. Eu menti e...

— "Eu entendi, Rose. Não precisa se justificar."
— Sabe, eu estava falando com minha mãe e ela não vai mais sair amanhã. O Henrique parece que vai até sua casa e, como a Valéria e a irmã são visitas, eu não quero ir. Você ainda quer vir aqui em casa, amanhã? Mas olha, sem dizer nada pra elas, se não são bem capazes de virem também.
Roberto ficou surpreso, emudecendo por alguns segundos.
— Roberto?...
— "Oi... Estou aqui, é que... na verdade, fiquei contente com o convite. Eu não esperava."
— Você vem?
— "Sim. Claro! Só não quero forçá-la a me receber."
— Não. Por favor, não pense assim.
— "Rose, o que aconteceu? Estou sentindo que você está triste, deprimida. Você não é assim."
A jovem ficou em silêncio. Muito discreto, ele acreditou que seria melhor deixar para que conversassem no dia seguinte.
— "Sabe, fiquei muito contente de me dar uma chance para conversarmos amanhã."
— Fico feliz.
— "Está bem, façamos assim: antes de sair de casa, eu ligo pra você avisando que já estou indo, certo?"
— Ótimo! Obrigada.
— "Até amanhã."
— Tchau.
Minutos depois, Ana pediu as novidades com expectativa:
— Ele vem?
— Vem, sim — confirmou Rose sem expressão alguma.
— Está vendo, filha? Tudo vai dar certo. O que tem de acontecer, acontecerá. Não importa a vontade dos outros nem do que faça "Isabel" alguma.
Rose a fitou com o olhar melancólico e a mãe aconselhou:

— Não tenha medo do que não aconteceu e provavelmente não acontecerá.

— Mãe, não sei por que, mas você não pode imaginar como foi difícil convidá-lo para vir aqui amanhã.

— Procure não pensar nisso. Leia um livro, cante, ligue o rádio e não prenda sua atenção nesse medo ou no sentimento de insegurança. Está bem?

Rose concordou e procurou fazer o que sua mãe propôs.

* * *

No dia seguinte, conforme o combinado, Roberto foi visitá-la.

Logo após ter recebido a ligação telefônica de Roberto, que estava a caminho, Rose começou a ficar nervosa.

— Rose, o Roberto está na sala à sua espera — a mãe avisou-a.

Um medo sem igual invadiu os sentimentos da jovem que, inquieta e exaltada, impulsivamente confessou:

— Não posso ir lá! Mãe, por favor!...

— O que é isso, Rose?! — repreendeu Ana com firmeza na voz.

— Mãe, não!... Não posso ir falar com ele!

— Rose, o que vou dizer para o rapaz?!

A moça começou a chorar descontroladamente.

Ana não sabia o que fazer.

Deixando a filha no quarto, retornou até a sala e tentando ganhar tempo disse a Roberto que aguardasse, enquanto que, discretamente, sinalizou ao esposo, indicando que precisava falar com ele.

O senhor Davi, que fazia companhia ao rapaz, perguntou se o mesmo aceitava um pouco de água e, diante da recusa, pediu licença para se retirar.

Ana também deixou o recinto, e em outro cômodo contou ao marido o que estava acontecendo.
— Ela está em pânico, Davi. Chorando enquanto diz que não pode conversar com o Roberto!
— O que está acontecendo? Eles são amigos, o Roberto está acostumado a vir aqui. Se bem que Henrique sempre está junto, mas... — preocupou-se o pai que, por um segundo, brincou: — Eu estava acreditando que iria ganhar um genro!
— Não brinque, Davi! Eles são amigos sim. Eu não sei o que pode explicar essa atitude de nossa filha. Tudo ia tão bem!...
— Roberto já nos conhece bem. Ele se entrosa com a nossa linha de pensamento, considero-o um amigo da família. Se ele é amigo de Rose, vai procurar ajudá-la. Talvez seja o único que consiga.
— O que você vai fazer?
— Contar para ele e mandá-lo ir conversar com ela!
— Não!!!
— Por quê?
— Temos que perguntar se ela quer.
— Se Rose quisesse falar com ele, já teria ido até a sala! Ela disse que gosta dele, não disse?
— Sim, mas...
— Ora, Ana! Eles são amigos antes de mais nada. Amigos são para essas coisas. Roberto é um bom rapaz e, até agora, confio nele. Vou conversar com ele a respeito de tudo o que está acontecendo.
— Davi? — chamou Ana ao vê-lo se retirar. Quando o esposo se voltou, ela perguntou: — Você acha que é espiritual? Obsessão?
— Não sei.
O pai, preocupado, retornou até a sala para conversar com o amigo de sua filha.
Sentado em frente ao moço, que já estava inquieto, relatou:

— Roberto, acho que preciso da sua ajuda.

Surpreso e com uma expectativa sem igual, Roberto se prontificou:

— Se eu puder ajudar, por favor, estou à disposição.

— Faz cerca de uns três meses que Rose o conheceu, certo?

— Sim, mais ou menos isso. Algum problema?

— Rose sempre foi alegre, extrovertida. Sempre educada e prestativa também. De uns tempos para cá, há um mês talvez, minha filha vem mudando seu comportamento. Ela parece estar sempre preocupada e mais séria a cada dia.

Perguntamos a ela o que estava acontecendo, mas, diante da dissimulação, resolvemos respeitar a sua individualidade. Como pai que cumpre com amor os cuidados indispensáveis a um filho, fiquei observando seu comportamento e envolvimento com novos amigos, você entende? Com colegas de nível e comportamento duvidoso, hábitos diferentes...

— O senhor temeu o envolvimento com drogas? — perguntou Roberto muito direto.

— Sim filho. Foi isso mesmo. Porém não encontrei nenhuma amizade diferente. Rose tem como colega a Valéria, filha de um grande amigo, quase um irmão e não há nada que possa levar Rose a esse tipo de comportamento. Ela também tem amizade com sua irmã. As duas se dão muito bem. E como sabe, nada pode comprometer ambas.

Ontem, conversando com a mãe, Rose chorou e desabafou um pouco.

O doutor Davi não sabia chegar ao assunto, enquanto Roberto sentia-se torturado. Ele começou a pensar que o pai da jovem o estivesse acusando de algo.

— Senhor Davi, acredita que Rose mudou depois que me conheceu? — indagou ele temendo a resposta, mas decidido em encará-la.

— Não é bem assim...

Enquanto o pai procurava palavras, o moço decidiu:

— Sempre que estive com a Rose, o Henrique e minha irmã nos fizeram companhia. Eu também venho percebendo que ela parece se deprimir aos poucos. Rose demonstrava-se mais alegre. Roberto estava nervoso. Ele procurava controlar a respiração. Seu peito apertava e então resolveu ser mais sincero. Apesar de tão pouco tempo, ele já gostava daquela família como se os conhecesse muito.

Mesmo com o abençoado esquecimento do passado, quando encarnados, trazemos nos sentimentos as emoções mais intensas pelos laços que fizemos.

Naquele instante, o senhor Davi apelava ao filho querido de outrora, que sempre o ouviu com atenção e carinho. Entre ambos havia a retribuição dos mais sinceros votos de confiança.

Roberto sentia por aquele casal o mais sincero carinho e respeito, entre outros sentimentos inexplicáveis para ele. Por um momento, acreditou que o pudessem acusar. Ele queria provar o contrário.

O moço criava idéias próprias por entender mal o que o pai de Rose queria lhe explicar.

— Talvez o senhor esteja pensando que, de alguma forma, eu possa influenciar sua filha. Eu sei que tanto o senhor como a dona Ana têm todo o direito de imaginar isso e creio que devem investigar o que está acontecendo, o que está provocando essa mudança. Mas, por favor, eu quero deixar bem claro que, se alguma coisa aconteceu para que Rose ficasse assim, certamente não posso estar envolvido, nem sei como...

— Espere, Roberto! Não é nada disso! — interrompeu Ana quando percebeu a defesa do rapaz.

— Por favor, dona Ana. Eu entendo. É direito dos senhores. Eu prefiro me explicar, se me permitem?

Diante do pedido que não aguardou por uma resposta, ele prosseguiu:

— Sabe... eu estou nervoso e nem sei por onde começar. Acontece o seguinte: eu conheci a Rose e começamos a ser amigos. Temos os mesmos gostos... enfim... eu passei a gostar muito dela. Ontem eu decidi que precisava falar com a Rose sobre isso. É que... bem... eu acredito que talvez ela goste de mim e... mas... eu precisava falar com ela.

Roberto começou a se perder no diálogo.

Embora preocupado com a filha, o senhor Davi sentiu vontade de rir, pois achou engraçado o embaraço do rapaz quando entendeu o que ele tentava falar.

Por essa razão, resolveu socorrê-lo:

— Você quer dizer, Roberto, que está gostando da Rose e desejaria propor um compromisso a ela e que não sabe como poderá ser o tempo disponível, uma vez que ambos vão iniciar um curso universitário. Mas, se ela aceitar, poderão tentar. E só poderão tomar uma decisão mais séria, se for o caso, quanto estiver formado. É isso, filho?

Roberto tomou aquela pergunta como inenarrável alívio. O pai da moça resumiu tudo o que ele queria dizer. Então afirmou, satisfeito:

— É isso! É isso mesmo. Então veja, senhor Davi — continuou Roberto —, jamais poderia magoá-la...

— Nós sabemos disso, Roberto. É por essa razão que pedi sua ajuda. — Interrompeu o médico sorrindo e depois esclareceu: — Eu não havia terminado de explicar e creio que você entendeu outra coisa. Fico feliz por você ter nos confiado seus sentimentos e suas intenções. Confesso que fico até aliviado, pois agora posso contar o que houve.

Roberto sorriu meio sem jeito por ter sido tão precipitado. E o pai da moça prosseguiu:

— Ontem a Rose estava chorando. E pelo que houve com a tal da Isabel, deduzimos que nossa filha estava gostando de você.

Nesse instante Roberto suspirou fundo e, sem perceber, estendeu um sorriso. O senhor Davi, sem manifestar a graça que achou em expressões, continuou:

— Sabe, filho, acho que até você pode perceber. Creio que não é segredo.

— Sim senhor — disse ele dissimulando o sorriso. — Eu percebi.

— Entretanto Rose confessou a sua mãe que gosta de você. Mas, sem explicação, tem medo.

— Medo?! — estranhou ele.

— Sim. Medo.

— Do quê? — tornou Roberto surpreso.

— Você conhece a Rose, ela não é infantil. Ana disse que não consegue entender. Não conversei com ela ainda. O problema é o seguinte: quando você telefonou há pouco, avisando que estava a caminho, Rose começou a ficar nervosa. Depois que chegou, Ana foi chamá-la e ela começou a chorar dizendo que não poderia vir até aqui. Nossa filha nunca foi assim. Isso está sendo uma surpresa. Não sei o que fazer. Por isso resolvi pedir sua ajuda. Agora, depois que você nos confiou seus sentimentos e suas intenções, fico mais tranqüilo nesse pedido que lhe fiz.

— Posso ir falar com ela? — decidiu Roberto.

— Era isso o que eu ia lhe pedir, como amigo.

— Obrigado pela confiança — agradeceu Roberto que, impulsivamente, se levantou e sem dizer nada foi até o quarto da moça.

Após bater à porta, ele ouviu a voz rouca de Rose dizer:

— Entra...

— Com licença? — pediu o jovem para o espanto de Rose.

— Roberto!

— Oi, tudo bem com você? — perguntou ele com um largo sorriso enquanto se aproximava para beijar-lhe o rosto como sempre fazia.

— E minha mãe? — indagou a moça um tanto atordoada.

— Eu achei que você estava demorando muito e... depois de conversar com seu pai, pedi para falar com você.

Rose sentiu-se perturbada. Uma tensão inquietante a dominou.

A situação não oferecia ameaça, entretanto ela passou a sofrer uma reação psicofísica anormal.

Desencadeou-se, naquele instante, um sentimento de profundo medo a fatores que desconhecia.

Psicologicamente falando, a jovem não perdia o contato com a realidade, mas uma angústia desagradável absorvia a expectativa psicofísica de um perigo iminente, cuja fonte era imaginária e desconhecida.

Tomada de assalto por um estímulo fortíssimo, Rose começou a chorar, escondendo o rosto com as mãos.

Roberto aproximou-se, sentando em sua cama e tomando-lhe as mãos, recostou-a em seu ombro amparando-a.

Ana, excessivamente ansiosa, permanecia fora do quarto acompanhando tudo somente pelo que ouvia.

Quando percebeu que a esposa não conseguia conter o impulso de adentrar ao quarto, seu esposo a deteve.

— Por favor, Ana. É melhor não interferir — sussurrou ele.

— Mas Davi...

— Venha aqui.

Afastando-a um pouco da porta, ele aconselhou:

— Exatamente, eu não sei o que está acontecendo. Mas essa fobia de nossa filha tem que passar. Eu estou preocupado e, se temos de fazer algo, é a partir de agora. Ninguém supera um medo se não enfrentá-lo. É difícil identificarmos uma fobia desconhecida ou imaginária.

Se Rose criou esse medo para com Roberto ou algo que se refere ao envolvimento dela com alguém, será melhor ela descobrir e superá-lo o quanto antes.

Não sou especialista na área, mas o pouco que conheço a respeito me diz que nossa filha sofre uma tensão e trauma emocional que se inclina para o campo amoroso. Somente a predisposição de Rose para reverter esse quadro, vai capacitá-la a elaborar estímulos que a fortaleçam a fim de que essa expectativa ou pânico não se torne crônico.

— Davi, você está falando de um desequilíbrio que pode chegar à neurose?

— Por que não?

— Rose sempre foi normal. Nunca enfrentou traumas ou problemas que possam lhe proporcionar algum desajuste emocional explicável.

— Pode ser uma neurose fóbica que está se manifestando diante de certas situações. São os fatores situacionais que determinam a falta de controle.

— Mas veja, Davi, não houve trauma ou ocorrência que desse origem a essa fobia.

Ana se calou ao ouvir do esposo:

— Não houve nesta vida. Talvez um trauma do passado...

Ana exibiu sua preocupação e perguntou:

— O que vamos fazer, Davi?

— Você me perguntou há pouco: e se for o caso de obsessão? Se for isso, procuraremos na Casa Espírita, que freqüentamos, o tratamento adequado. Se não for, talvez um tratamento psicoterápico com sugestões, persuasões, psicanálise e talvez métodos terapêuticos derivados da psicanálise até se for o caso. A hipnose poderá até ser utilizada, mas para isso sabemos que o paciente tem que ter total equilíbrio e controle de si. Não é o caso de Rose agora.

— Meu Deus!

— Calma, estou antecipando muito. Vamos aguardar. Vou conversar com um colega a respeito.

Ana não conseguia ficar tranqüila e não tirava a atenção do quarto da filha, observando de longe, pela porta entreaberta, o que acontecia, aguçando a audição para saber o que falavam.

Roberto aguardou que a crise de choro acalmasse, o que ocorreu naturalmente depois de algum tempo.

Procurando olhar nos olhos de Rose, ele erguia-lhe delicadamente o rosto, perguntando:

— Está melhor?

Ela respondeu que sim, pendendo com a cabeça positivamente.

— Somos amigos, não somos?

Rose repetiu o gesto sem dizer nada.

— Amigos não escondem nada um do outro e, se for minha amiga mesmo, vai me contar o que você tem.

Com a voz trêmula, ela respondeu:

— Eu não sei. Tenho um medo que... entro em pânico.

— Medo de mim?

— Não.

— Por que não queria me ver?

— Não sei.

— Rose, estou preocupado com você. Não quero vê-la assim. Gostaria de ajudá-la, mas para isso tenho que saber o que a está lhe abalando.

Ela ficou em silêncio e ele tornou:

— Está com medo agora?

— A impressão que tenho é que algo vai acontecer...

— Mas o que pode acontecer? — perguntava Roberto com paciência.
— Não sei.
Ambos ficaram em silêncio por algum tempo, depois Roberto decidiu:
— Rose, eu gosto muito de você. Interesso-me por você e... Sabe, às vezes, acredito que você sente o mesmo e...
As lágrimas rolaram compridas no rosto da jovem.
Roberto a abraçou novamente, confortando-a e dizendo baixinho:
— Rose, minha Rose. Há quanto tempo...
Ela se afastou com delicadeza e, mesmo chorando, perguntou:
— Há quanto tempo o quê?
— Há quanto tempo eu queria abraçá-la. Quando a gente gosta e sonha com alguém, dois ou três meses é muito tempo.
Olhando-a fixamente, ele perguntou:
— Você gosta de mim?
Abrindo um meigo sorriso encabulado, ela respondeu:
— Gosto...
Roberto, não resistindo, aproximou-se lentamente, beijando-a com carinho.
Rose retribuiu e, mais animado, ele propôs, levantando-se e segurando-lhe as mãos:
— Venha, Rose. Vamos lá pra fora. Lave o rosto e... quem sabe você quer dar uma volta comigo.
Rose sentiu-se atordoada naquele instante, foi como se a síndrome do medo, simplesmente, desaparecesse como por encanto.
Ela sorriu e comentou abaixando a cabeça:
— Estou horrível. Nariz vermelho, olhos inchados, rosto marcado, voz rouca...
— Está linda! Vamos lá na sala, seus pais devem estar preocupados com você.

Segurando-lhe a mão, Roberto a auxiliou a levantar e ambos foram para a sala onde os pais da moça agiram com naturalidade como se nada houvesse acontecido.

Rose ficou tranqüila e praticamente esqueceu o ocorrido.

Aceitou sair com Roberto e acabaram conversando sobre o namoro e as dificuldades que enfrentariam devido aos estudos, prometendo, um ao outro, paciência e compreensão.

4

Conseqüências

Rose retornou para casa mais alegre e animada, divulgando a todos a notícia de seu namoro com Roberto.

Ao se deitar, ela e o irmão, como sempre, conversaram até serem vencidos pelo sono.

Bem mais tarde, Henrique acordou com o balbuciar de sua irmã.

Incomodado com o barulho, ele atirou-lhe uma almofada que estava próxima e tentou adormecer, quando Rose começou a gritar, narrando sua experiência.

— Preciso acordar... eu vou me queimar!!! Estela, me ajude! Socorro! — e um grito de pavor completou o desespero.

Henrique foi até ela, depois de acender a luz, passou a agitá-la para que acordasse do pesadelo.

— Rose, acorda! Acorda!

Ela abriu os olhos e gritou em desespero:

— Henri! Me ajuda! Me tira daqui!

— Calma, estou aqui — disse ele, abraçando-a. — Foi um sonho, Rose. Calma.

Ana entrou no quarto às pressas, pois havia acordado com o grito da filha.

— O que aconteceu?!
A jovem chorava e não tinha condições de explicar.
— Foi um sonho, mãe. Está tudo bem, pode deixar — respondeu Henrique ainda abraçado à irmã.
Ana trouxe um copo com água para acalmar a filha que, após se recompor, admitiu o sonho.
— Eu estava num incêndio... Alguém me chamava, mas eu não conseguia sair do lugar. Era uma casa velha, e a pessoa que eu via como sendo eu, não era eu. Entende?
— Sim, filha. Fique tranqüila, está tudo bem. Foi um sonho ruim.
— Você chamou por Estela. Quem é?
Rose pendeu com a cabeça negando qualquer familiaridade com o nome, respondendo:
— Não sei. Não conheço nenhuma Estela.
— Já passou. Voltem a dormir.
Quando Ana apagou a luz, Rose teve vontade de chamá-la para lhe fazer companhia, mas resistiu.

* * *

Com o passar dos dias, a conselho de seu pai, Rose consultou um psicanalista.
Nessas consultas, a jovem tentava descobrir, por si própria, a origem de seu medo e insegurança; enquanto o analista desenvolve a tarefa de, repetidas vezes, estimular o desenvolvimento das defesas do paciente além de ser o alvo de transferência.
A psicanálise é o conhecimento ou a tentativa de conhecimento dos processos mentais inconscientes que de outro modo seriam inacessíveis a não ser por esse método de investigação, que consiste no fato da pessoa relaxar sobre um divã e relatar seus problemas pessoais.

De forma muito normal, Rose levava sua vida cumprindo seus deveres e seu lazer com naturalidade, até que surgisse a possibilidade da jovem freqüentar a casa do namorado, pois a isso ela oferecia resistência por não querer ver o senhor Gonçalves. O quanto podia, ela ficava distante do ambiente que o homem pudesse estar.

Roberto, que acompanhava todo o processo, procurava apoiá-la, estimulando-a a ter resistência a fim de vencer o medo.

Dessa forma, iam levando seus afazeres ocupando a maior parte do tempo com os estudos.

Roberto estava exausto, mas era difícil arrancar dele alguma reclamação.

Ele passou a dormir cerca de três a quatro horas por noite e, no final de semana, procurava recuperar o sono, determinando também um tempo para os estudos.

Rose compreendia e, muitas vezes, ao acompanhar seu irmão que ia namorar Margarete, ao saber que Roberto estava dormindo, não deixava acordá-lo.

Várias vezes, Rose fazia companhia à dona Nanci enquanto seu irmão saía com Margarete.

Só que para isso Rose tinha que ter certeza de que o senhor Gonçalves não retornaria para casa.

A jovem dava muita atenção e carinho à irmã mais nova de Roberto, Flora, que acostumou-se rápido com ela e demonstrava gostar de receber seus cuidados.

Pedro, a princípio, era indiferente com a presença de Rose na casa, quase não conversava, mas com o tempo ele começou a sentir-se à vontade com a namorada de seu irmão, alongando alguns assuntos enquanto lhe fazia companhia.

Por vezes, Pedro procurava criticar o sacrifício de seu irmão.

— Não vejo qual a satisfação que Roberto tem em se sacrificar tanto! Ele está se acabando.

— O tempo passa rápido, Pedro. Quando vir, Roberto já estará formado. Eu comparo por meu irmão, quando dei conta, Henrique já era médico.

— Não queira comparar, Rose. Seu irmão não trabalhava. Até quando o Roberto vai suportar? Ele nem se agüenta em pé quando chega em casa! E ele está só no final do primeiro ano! E se ele perder o emprego?

— Sabe, Pedro, se o Roberto não fizer isso, nunca vai poder dizer que não tentou e será uma pessoa frustrada.

— Outro dia, ele estava preocupado porque quase cometeu um erro lá no laboratório. Seria melhor ficar com o emprego e ajudar a família do que arriscar ficar sem nada.

— Existem vários hospitais que possuem laboratórios de análise clínica que funcionam vinte e quatro horas. Não será difícil o Roberto encontrar outro emprego com a mesma função para trabalhos à noite.

— Não sei não. Onde ele trabalha é tranqüilo, segundo ele só aparece serviço quando surgem pacientes que necessitam de exames urgentes. E lá, pelo visto, parece não ter muito movimento. Disse ele que, às vezes, dá até para tirar um cochilo. Olhe só, o Roberto trabalha uma noite sim e uma não, tem folga no final de semana. O que ele quer? Ficar sem essa moleza?! Se continuar assim, ele acaba perdendo o serviço e largando a faculdade.

— Não podemos ser pessimistas, Pedro. Vai dar certo.

— Duvido! — debochou ele.

Pedro sentia inveja de seu irmão devido a seu esforço, pois não possuía a mesma disposição para se aperfeiçoar ou adquirir conhecimento.

Até consigo mesmo Pedro era descuidado. Sua aparência denunciava isso: barba por fazer, cabelos desalinhados, roupas sem esmero, palavreado vulgar, nem dos dentes ele cuidava.

Tudo isso contribuía para que ele não chamasse atenção nem agradasse nenhuma moça. Não havia quem lhe tivesse um sentimento verdadeiro.

Mal ajudava seu pai no armazém, porque não gostava muito do trabalho. A maior parte do tempo perdia em frente a uma televisão.

O senhor Gonçalves reclamava em demasia, mas Pedro não se importava.

As horas em que Roberto dormia, e enquanto Rose permanecia em sua casa, foi o tempo que bastou para que Pedro começasse a se interessar pela namorada de seu irmão.

A cada final de semana, procurava aproximar-se dela com assuntos que pudessem agradá-la.

Rose sentia uma rejeição inexplicável pelo irmão do namorado, procurando sempre afastar-se dele educadamente.

Em certa ocasião, dona Nanci recebeu um telefonema da vizinha da irmã informando que ela não estava bem.

— Rose, por favor, filha — pediu a mãe de Roberto. — Você pode tomar conta da Flora para mim? A vizinha da minha irmã telefonou e me disse que Das Dores não está muito bem.

Minha irmã tem ataques epiléticos. Preciso ir lá para socorrê-la, se for o caso. Ela tem uma filha, a Elisa, que não está em casa agora.

— Fique tranqüila, dona Nanci. Eu tomo conta da Flora.

— Quando ela acordar, dê o leite da tarde, por favor. O café para o Roberto está lá na cozinha, quando ele acordar...

— Vá logo, dona Nanci. Não se preocupe.

A mulher seguiu tranqüila para a casa da irmã.

Pouco depois, Pedro, que estava fora, chegou e procurou pela mãe.

Rose informou o ocorrido e pensou que ele faria como sempre: iria assistir à televisão.

Mas não, Pedro ficou sem dizer nada, fitando-a de uma forma diferente, com certo "olhar de conquista".

A moça começou a ficar nervosa e não sabia o que fazer. Decidiu então ir ver a menina que dormia.

— Vou ver a Flora — avisou ela, retirando-se.

Pedro a seguiu, e quando Rose percebeu, perguntou com a voz trêmula:

— O que foi, Pedro?

Endereçando-lhe um sorriso malicioso, Pedro declarou:

— Está nervosa? Muitas jovens ficam nervosas com a minha presença — disse ele, colocando-se à sua frente.

Rose nada comentou. Criou coragem e o empurrou, saindo a chamar por Roberto.

No quarto, acordou-o quase aos gritos.

— Roberto! Levanta!!!

Assonorentado e confuso, ele sentou-se respondendo:

— O que foi?

Pedro parou à porta do quarto e disse:

— Sua namorada é louca! Você estava dormindo e ela resolveu dar em cima de mim.

— Mentira! — gritou Rose irritada. — Roberto, por favor, leve-me embora!

— Espere! Calma. O que aconteceu?

Rose começou a chorar enquanto Pedro passou a acusá-la do mais baixo comportamento moral.

Desorientada, a jovem saiu correndo sem saber para onde ir.

Ao ver Pedro sustentando um sorriso irônico, quando ia continuar com seus relatos, Roberto gritou:

— Cale a boca!

Saindo em seguida atrás da namorada, alcançando-a ainda no portão.

Segurando-a, Roberto pediu:

— Espera, Rose, por favor.
— Solte-me!
— Eu quero saber o que está acontecendo. Fique calma. Estou confuso... acordei agora e... não estou raciocinando direito.
— Deixe-me ir embora!
— Calma, por favor. Eu a levo para casa sim. Mas antes vamos entrar. Será só o tempo para eu me trocar, daí...
— Não!!!
— Calma. Tudo bem.

Roberto a abraçou, procurando tranqüilizá-la. Vendo-a menos nervosa, lembrou:

— Eu quero levá-la para sua casa. Mas não posso ir assim de agasalho, descalço, sem camisa... Espere-me aqui, tá? Não saia daqui. Eu volto já.

Rose parecia estar mais calma, apesar das lágrimas. Ele voltou para dentro de casa a fim de se vestir.

Mesmo com as acusações de seu irmão, ele não dizia nada.

— Essa camarada é louca, além de fácil. Abre o olho, cara. Ela veio se insinuando pra cima de mim e quando eu disse que iria contar para você, ela saiu correndo e gritando.

Pedro era cínico. Entoava a voz como se narrasse um caso verídico e quisesse realmente aconselhar o irmão. Diante do silêncio de Roberto, ele perguntou:

— Qual é? Não acredita em mim?!

Roberto somente o olhou e nada respondeu, saindo o quanto antes e recomendando:

— A Flora está dormindo. Toma conta dela.

Ao chegar ao portão, verificou que Rose não estava mais lá. Ele a procurou pelas proximidades. Foi até o ponto de ônibus, mas não a encontrou. Decidiu ir até a casa da jovem.

— A Rose não chegou, Roberto, nem telefonou. O que aconteceu? — perguntou Ana ao recebê-lo.

Roberto contou-lhe o ocorrido.

— Como a senhora vê, eu não sei de muita coisa. Nós não conversamos.

— Estou preocupada com ela — confessou a mãe. — Onde poderá estar? Quem sabe na casa da Valéria...

— Eu já telefonei para lá, dona Ana. Rose não estava. Pedi que nos avisassem caso ela chegasse. Disse que estaria aqui.

— Roberto, o que pode ter acontecido?

— Não faço idéia. A Rose vinha se comportando normalmente. Começou a freqüentar minha casa sem problemas. Só não gosta muito de ir lá quando meu pai está. Achei até que tudo estava indo tão bem. — Após alguns segundos, ele comentou: — Às vezes...

Quando ele se deteve no que ia dizer, Ana insistiu:

— O quê?

— Às vezes eu acho que não estou me dedicando à Rose como deveria e...

será que ela não queria chamar a minha atenção?

— Roberto, você acha que Rose chegaria a esse extremo? Eu não posso acreditar, filho.

— Desculpe-me, dona Ana. Não sei por que eu disse isso.

— Só porque a Rose faz análise com um psicanalista, não indica, de forma alguma, que esteja desequilibrada. Ao contrário, as pessoas realmente desequilibradas não aceitam esse tipo de tratamento, enquanto que as dispostas a encará-lo têm total consciência do certo e do errado, não querendo se inclinar ao erro, ou seja, ao desequilíbrio emocional porque sabem e admitem o que está acontecendo consigo.

— Eu sei. Perdoe-me, dona Ana. Não foi isso o que eu quis dizer.

— Eu entendo, Roberto.

— Sabe... ultimamente eu estou cansado. Não dou conta de tudo o que tenho de fazer. Meus pais e meu irmão reclamam porque não ajudo em casa... tem a Rose e... são tantas coisas... Não durmo bem, e isso tudo está afetando meus estudos. E estou só no primeiro ano...

Roberto exibiu desânimo.

Com os cotovelos apoiados na mesa, segurando a cabeça baixa com as mãos, ele deu um longo suspiro e fechou os olhos.

Ana o compreendeu e apiedou-se dele. Ela sabia o quanto estava sendo difícil.

Aproximou-se do moço e acariciou-lhe o ombro e os cabelos, oferecendo apoio moral e carinho como se ele fosse seu filho. Ana o considerava assim.

— Não desista, Roberto. Não será fácil, mas eu sei que você vai conseguir, filho.

— Às vezes eu duvido. A senhora não imagina como é lá na minha casa. Eu não tenho ambiente...

De repente, Roberto mudou o assunto não querendo mais falar sobre si.

— Vamos nos preocupar com a Rose — disse ele. — Onde será que ela está?

Nesse instante o telefone tocou e, ao atender, Ana anunciou:

— Que bom você ter me avisado, Davi. O Roberto está aqui e estávamos preocupadíssimos.

Roberto respirou aliviado e perguntou sussurrando:

— Ela está com o pai?

Ana sorriu e pendeu com a cabeça afirmativamente.

Ele se levantou e foi até a sala acomodando-se por lá, talvez para deixar Ana mais à vontade em sua conversa com o esposo.

Ao desligar o telefone, Ana o procurou.

— Podemos nos tranqüilizar. Ela foi procurar o pai na clínica. Voltarão juntos. Não desanime, Roberto. Tudo vai dar certo.

— Meu irmão diz que eu sou o sonhador da família. Será que ele não tem razão? Faço tudo o que não está dentro das minhas possibilidades. Isso é errado.

— Se você faz tudo o que não está dentro das suas possibilidades, você não é um sonhador porque está realizando. Você faz! Sabe, Roberto, você é um lutador, é uma pessoa que procura mudar a realidade para melhor, mesmo com sacrifício. Geralmente as pessoas só reclamam. Você age!

— Acho que nasci na família errada.

— Deus é justo, filho. Ninguém nasce na família errada. Todos temos reajustes amorosos a fazer em vários sentidos. Se você está com essa família, hoje, é porque precisa aprender algo com eles ou aperfeiçoar-se diante das condições que enfrenta; e eles, com você.

Roberto ficou em silêncio, enquanto ela decidiu:

— Vou preparar algo para você comer.

Mais tarde, quando o doutor Davi chegou a sua casa com a filha, Ana pediu silêncio, sinalizando com o dedo indicador em frente aos lábios, sussurrando depois:

— O Roberto dormiu no sofá. Não façam barulho.

— Eu não quero falar com ele — decidiu Rose indo para seu quarto.

Chamando a esposa em outro cômodo, o senhor Davi relatou-lhe o que a filha contou sobre o ocorrido. Após ouvi-lo, Ana comentou a informação que recebeu de Roberto.

— Eu acredito no que Rose disse — afirmou o pai. — Por outro lado, acho o irmão do Roberto um tanto quieto demais, é difícil acreditar que ele tenha se insinuado para Rose.

— Será que ela não entendeu mal qualquer coisa que ele tenha falado?

— Não sei, Ana. O que é muito nítido é que Rose não deixa um rapaz se aproximar dela com facilidade. Vejo que Roberto é muito compreensivo.

Nossa filha apresenta reações adversas do seu comportamento normal diante de determinadas situações. Como se fosse uma tensão crônica ambiental que se manifesta diante de algum fato que ela considere traumático. Creio eu que, talvez, imaginário e até desconhecido.

Veja Ana, acreditamos na pluralidade das existências, o sucesso e o insucesso de alguém não é por acaso, mas depende dele, hoje. Depende também da condição mental, da disponibilidade que essa pessoa se coloca e oferece para receber o que tem ou precisa ter.

Pelo fato da Rose se dispor à análise, eu acredito que ela ignore o motivo dessas reações adversas. Ela não se intimida de descobrir a causa desse efeito. Rose se esforça e se ajuda. Só por isso, podemos nos sentir aliviados. Uma pessoa desequilibrada se negaria a qualquer tratamento, sempre se achando normal.

— Mas será que ela não... fantasiou o que aconteceu?

— Rose pode ter entendido mal. Porém o Pedro a acusou de um comportamento que, eu creio, ela não teria. Isso é diferente. Eu acredito nela.

— Por que Pedro mentiria?

— Não sei. Inveja do irmão, talvez. Quem sabe ... perturbar a vida do Roberto. Rose é uma jovem bonita, apóia o namorado, compreende-o... Pedro não tem namorada, pelo menos que saibamos. É um rapaz que se apresenta mal. Roberto é completamente diferente. Eles nem parecem irmãos.

Mais tarde, conversando com Roberto, o pai da moça procurava tranqüilamente esclarecer.

— Você acha que seu irmão poderia mentir, Roberto?

— Pedro é de personalidade muito fechada. Nunca diz o que pensa e, quando expõe sua opinião, elas sempre são recheadas de críticas ou reclamações. Pedro não tem iniciativa. Ao mesmo tempo, eu não posso crer que Rose esteja mentindo. Eu acredito nela. O que o senhor acha que devemos fazer?

— Deixar como está e aguardar.

— Não vou mais deixá-la em minha casa na companhia dos outros quando eu não estiver ou quando eu for dormir. Virei para cá.

— Você vai conseguir?

Roberto abaixou a cabeça e analisou que estava sobrecarregado, por isso disse:

— Vou tentar.

— Não creio que seria o ideal Rose deixar de ir lá. As pessoas mais desequilibradas são aquelas que fogem das situações e não encaram os fatos como eles são. Há duas maneiras de se fugir da realidade: iludindo-se e agindo como se tudo estivesse bem, deixando os acontecimentos duvidosos ou ruins acontecerem enquanto se pode fazer alguma coisa, ou então fugindo, no sentido exato da idéia, através de viagens, emoções fortes, drogas, bebidas, aventuras, etc...

Não devemos aconselhar ninguém a fugir da realidade. Devemos mostrar à pessoa a condição de enfrentar os fatos detendo o que estiver errado e ao seu alcance. Esse é o estímulo para que a criatura ganhe forças próprias e se depare com a realidade como ela é, sem crer nas ilusões ou usando as fugas como supostas soluções, enquanto algo sério está ocorrendo.

— O senhor acha que estaremos certos deixando-a ir a minha casa?

— Sim, estamos. Perdoe-me a franqueza, Roberto. O que me preocupa é seu irmão.

O jovem entendeu e declarou:

— Vou ficar atento. Não se preocupe, senhor Davi. Antes de ir embora, gostaria de falar com ela.

— Vou chamá-la — avisou a mãe.

Eles conversaram e Roberto exibiu-lhe sua confiança no que ela contou.

Com o passar do tempo, a custo, Roberto conseguiu convencê-la a ir a sua casa, pois ela se negava.
— Rose, fica difícil eu vir aqui. Tenho de estudar e não dá para carregar tudo o que preciso. Mal tenho o sábado e o domingo... Não posso perder tempo.
Ela compreendeu e passou a ir com alguma freqüência à casa de Roberto.
Quando não estava com seu namorado, Rose acompanhava a mãe dele a fim de não ficar só.
Ninguém mais daquela casa soube do ocorrido. Pedro não contou o que aconteceu e Roberto também se calou para não criar reações contra Rose ou qualquer coisa assim.
Certo dia, dona Nanci preparava um xarope caseiro quando Rose, que acabava de chegar, perguntou ao vê-la empenhada:
— Para quem é?
— Para o Gonçalves. Ele está com uma tosse!... Tem dores nas costas e no corpo todo. Uma vizinha me ensinou esse xarope caseiro porque o de farmácia não está resolvendo.
— Por que ele não vai ao médico?
— Nem fale isso. Ele não gosta de médicos. Esse é um dos principais motivos dele brigar com o Roberto. Entre tantos cursos, o filho foi escolher esse.
Mais tarde, conversando com o namorado, Rose comentou o problema de seu pai.
— Ele é teimoso, Rose. Não adianta. Conversei com um professor a respeito porque não acho que seja só uma gripe. Meu pai comentou que sente dores fortes, não dorme, sente falta de ar, e isso já ocorre há um mês. O professor me favoreceu uma consulta grátis no seu consultório particular, mas meu pai não quis ir e até agora eu não encontrei um meio de convencê-lo.
Não podemos fazer nada se o paciente não quer colaborar. Fico com pena da minha mãe que tem se desdobrado cuidando da Flora, da minha tia e agora preocupada com ele.

— Sua mãe me contou que sua tia Das Dores vem tendo crises seguidas de epilepsia. É somente Das Dores, na sua família, que tem esse problema?

— Sim. Só ela. Essa minha tia não tem muita sorte, coitada. Fora essa síndrome, ela tem problemas visuais e auditivos.

— O que provoca a epilepsia?

— As origens podem ser várias; algumas, desconhecidas. Clinicamente falando, a epilepsia pode ter origem nos traumatismos do crânio ou lesões, processos patológicos, tumores cerebrais e outras causas que não se identificam as motivações. O que se leva a pensar em causas hereditárias. Desconhecemos o motivo pelo qual a maior percentagem de incidência é em homens e, raramente, essa síndrome se manifesta depois dos vinte anos.

— A epilepsia é um distúrbio das funções cerebrais, não é? Estudei isso na aula passada.

— Sim. Mas é um distúrbio transitório, que ocorre repentinamente. Ela não é propriamente uma doença porque pode derivar-se de diversas enfermidades cerebrais, pode se restringir desde uma pequena área ou generalizar-se por todo o córtex cerebral.

Subitamente Roberto perguntou:

— Vocês são Espíritas e acreditam na reencarnação. Você sabe me dizer o que um indivíduo pode ter feito, no passado, para sofrer desse mal?

Rose pensou e respondeu:

— Até onde eu sei, várias pessoas podem sofrer conseqüências iguais, vamos dizer assim, doenças iguais e por diversos motivos diferentes. Sabendo que a epilepsia provoca contrações musculares, convulsões, perda dos sentidos, incontinência urinária, hipersecreção salivar, podemos deduzir que a pessoa provocou isso a alguém, ou agiu de uma forma, em existências passadas, que não cuidou de alguém nesse estado. Eu sei que há casos em que a pessoa tem alucinações e transtorno de memória.

— É chamado de crises epiléticas focais — esclareceu Roberto.

— Então, nesses casos, mais comuns em crianças, não apresentam a perda da consciência. O conjunto de sensações e relatos por elas nos dão a idéia da perturbação espiritual que possuem.

Teríamos de analisar se há um assédio espiritual por parte daqueles irmãos que querem se vingar.

Rose tentava comparar as dificuldades atuais com o que Das Dores teria se prejudicado em outrora.

* * *

Das Dores, no passado, como médium, não admitia que contestassem sua mediunidade. Não refletia, com bom senso e fé raciocinada, tudo o que exibia aos outros como sendo "trabalho mediúnico", iludindo-se em crer nas fantasias que criava animicamente, fazendo com que os demais acreditassem nela. Das Dores interferia também no livre-arbítrio dos outros através de induções ou dando-lhes consultas e opiniões que os levaram ao erro ou os faziam perder a oportunidade de realizar, por si só, o que lhes era necessário superar.

Hoje Das Dores veio como uma pessoa que tem a perda da consciência temporária pelas crises, porque interferiu na opinião dos outros fazendo-os agir com a sua opinião. As convulsões e hipersecreção salivar, bem como as contrações musculares com movimentos rítmicos discretos na face e nos dedos, tremores nos lábios e nas pálpebras, são o conjunto de manifestações em que a atenção de todos os demais se voltam para ela, exatamente como desejava no passado: chamar a atenção. O problema visual era pelo fato de ela afirmar que via o que não era verdade, fazendo as pessoas acreditarem que o fosse. A deficiência auditiva também era de conseqüência semelhante.

É lógico que nem todo portador dessa síndrome, hoje, foi um médium que traiu seus princípios naturais no passado.

Cada um experimenta de acordo com a sua necessidade, e cada caso é um caso.

Elisa, por sua vez, acompanhava Das Dores porque foi quem a auxiliou com as mistificações ou enganos e ludibriou quem a procurava. Por isso, agora, haveria de lhe dar apoio e assistência em todos os sentidos, assim como fez no passado.

Isabel, que naquela época também foi sua filha, não lhe fez companhia por muito tempo. De tanto freqüentar a casa da prima, Isabel envolveu-se com o filho do mordomo, Oliver. Passaram a viver maritalmente e não era aceita pelo pai do moço, que não concordava com aquele tipo de união.

Nanci, atual irmã de Das Dores, recebeu muita "orientação" através da mediunidade desta no passado e indicou também várias pessoas para serem atendidas por ela. Isso se deu logo após a morte de Gonzáles, pois ambas se conheceram e passaram a ter amizade.

Tempos antes, Nanci conhecera a família de Flora, que havia sido cunhada de Robert. Foi Nanci quem informou Flora sobre a parteira que atendeu sua irmã, para fazê-la abortar, provocando-lhe o desencarne. Além disso, Nanci aceitava as influências de Flora, que estava desencarnada, para dizer ao filho Peter suas idéias sobre querer Rosa Maria fora da sua vida a fim de Gonzáles lhes prestar mais ajuda e atenção.

Das Dores era assediada por irmãos desencarnados que, no passado, ela os havia induzido ao erro, lhes prejudicando na evolução individual. Mesmo tendo-os indicado a melhor decisão, em alguns casos, eles estagnaram na escala evolutiva por terem deixado os outros fazerem ou interferirem naquilo que eles deveriam realizar. Agora, num futuro próximo, eles sabiam que teriam de experimentar novamente tudo o que deixaram de fazer.

Os intervalos dessas crises podem se espaçar quando a pessoa aceita o desafio com compreensão e busca tranqüilidade, elevando os pensamentos e trabalhando com o objetivo do crescimento espiritual, não só seu, mas também dos companheiros que a acompanham, com fé em Deus.

Os irmãos da espiritualidade que as agridem vão ter a oportunidade, como no passado, de aprender através daquela mesma pessoa, só que aprenderão lições diferentes.

Eles vão compreender que o espírito só evolui por si mesmo e que ninguém poderá nos atrapalhar se não quisermos.

Se nossa fé estiver em Deus, se alguém quiser nos atingir, terá de nos alcançar no Pai Celeste.

Isso não quer dizer que os tratamentos clínicos devam ser interrompidos ou os remédios rejeitados. Quer dizer sim que nos dispomos, através da fé, a mais um tratamento que nos traz compreensão, conforto ao coração e esperança, pois sabemos que tudo, neste mundo, vai passar e o que fica em nós é o nosso aperfeiçoamento através de lições necessárias.

5

Amparo

Henrique, seguindo o exemplo de seu pai, passou a clinicar voluntariamente em creches e orfanatos, doando, não somente os seus serviços, mas os medicamentos que conseguia com alguns laboratórios devido a sua influência médica.

Margarete passou a acompanhá-lo nessas visitas quinzenais.

A princípio, a noiva do médico apreciou a tarefa, mas, com o passar do tempo, começou a se entediar.

— Ah, Henrique, é que está cansativo! E não é só isso...

— Sinto muito, Margarete. Mas, se não quiser me acompanhar, vou sozinho.

— Você precisa fazer isso?

Henrique refletiu e respondeu:

— Eu quero fazer isso. É uma forma de agradecer a Deus por ter me concedido a saúde perfeita, a inteligência, a possibilidade de estudar.

— Henri, se você é médico, foi porque se esforçou!

— Não fiz nada a mais do que minha obrigação diante da oportunidade que a vida me ofereceu. Sabe aquela frase: "Ajuda-te que o céu te ajudará"? Não faço mais do que isso. Às vezes penso: será que necessitamos tanto de fazer caridade? Daí verifico qual seria a outra forma de muitos irmãos que se encontram na ignorância receberem a bondade de Deus, se não for por nós e através dos nossos atos de caridade?

Margarete, Deus está agindo através de nós quando nos dispomos a um trabalho desse tipo. Cada um oferece o que tem e todos, sem exceção, possuímos algo para dar a alguém. Veja, eu sirvo nessa tarefa a cada quinze dias e no período da tarde. O que é isso em um ano? Em trezentos e sessenta e cinco dias do ano, eu faço caridade somente vinte e quatro dias, mais ou menos, ou melhor, doze porque eu só uso meio período desses dias. O que são essas horas diante de tudo o que me sobra? Eu tenho o dever de trabalhar no auxílio do próximo. Isso deixa a minha consciência tranqüila. Por mais cansaço que eu sinta, estou em harmonia comigo mesmo ao lembrar disso.

— Dentro dessa doutrina, como você acredita que será o futuro daquele que tem condições e não faz caridade?

— Primeiro ele vai lamentar muito ter perdido a oportunidade. Segundo ele terá um futuro, provavelmente, cheio de queixas. Ele pode ser aquela pessoa que não encontra oportunidades, não é bem atendido pelos outros, tudo para ele é difícil, pois a vida vai lhe oferecer, naturalmente, as dificuldades que ele provocou ou negou aos outros quando deixou de servir. Saiba, Margarete, a caridade não é somente oferta de dinheiro e bens materiais, a maior caridade é dar de si, do seu trabalho, das suas mãos... — Breve pausa e lembrou: — Na Bíblia há uma frase do apóstolo Paulo em uma carta aos Coríntios que é mais ou menos assim: "entre a fé, a esperança e a caridade, a maior destas é a caridade"[12].

Um pouco desalentada, Margarete afirmou, sincera:

---

[12] N.A.E.: A frase original no texto bíblico é: "Agora, pois, permanecem estas três, a fé, a esperança e a caridade; porém, a maior destas é a caridade." — Paulo – I Coríntios, 13:13.

— Eu não tenho muito ânimo. Às vezes, vou lhe confessar, até o odor me incomoda.

— Não se esqueça de que você poderia estar no lugar deles e não gostaria de deixar de ser atendida por capricho daquele que seleciona pela aparência ou pelo perfume. Se não está bom, faça alguma coisa para mudar.

— Como?

— Ensine-os! Você é inteligente. Prepare um método de ensiná-los higiene pessoal. Faça uma campanha arrecadando material de higiene: sabonete, creme dental, desodorante, xampu, pente e tudo mais. Selecione a quantidade que deve ser distribuída, evitando desperdício. Monte uma espécie de aula ou exposição rápida e fale sobre a importância da higiene para a saúde e para a apresentação perante os outros. Mostre com alegria o quanto é agradável estar perto de alguém limpinho. Dê-lhes incentivo. Ensine-os a acabar com o pedículo.

Henrique sorriu aguardando a pergunta:

— O que é isso?!

— É aquele famoso inseto parasita que vive sugando o sangue nas cabecinhas, por aí, a peste da pediculose, mais conhecido como piolho.

— Ah!!!... — reclamou a jovem, exibindo repugnância.

— "Ah!!!..." Por quê? — arremedou-lhe Henrique. — Se eles têm isso, pode ter certeza de que não é porque querem, e você, como uma pessoa mais instruída, pode realizar o grande desejo deles: livrá-los dessa praga! Você estará me ajudando, Margarete, e contribuindo para a saúde de muita gente. No começo é difícil, mas se tiver boa vontade encontrará, em breve, outras companheiras, até no meio desses assistidos, que a ajudarão muito. Acredite.

— Será que consigo?

— Você tem saúde, braços, pernas e boca. Peça forças a Deus em prece sentida que as idéias virão junto com a boa vontade porque o trabalho está aí esperando-a.

Ciente de que a noiva não estava muito animada devido à amizade de Isabel que a influenciava, Henrique considerou:

— Tenha ânimo! O tempo não vai parar porque você não se adianta! Sua consciência irá cobrá-la, um dia, por tudo o que deixou de fazer. Tenho certeza de que, nessa tarefa, só quem irá acompanhá-la serão as amizades verdadeiras. Convide suas colegas.

A moça não comentou nada, mas entendeu.

— Vou chamar a Rose — lembrou Margarete. — Ah! Esqueci. A faculdade lhe ocupa todo o tempo disponível. E... sei lá. Às vezes acho que a Rose está ficando diferente comigo. Somos tão amigas...

— Será que ela não está com ciúme pela companhia da Isabel?

— Eu gosto tanto da Rose! Eu não fico atrás da Isabel, é ela quem me procura muito. Como a Rose poderia pensar que eu trocaria sua amizade pela da Isabel? Considero sua irmã como se fosse a minha.

— Então, na primeira oportunidade, diga isso a ela. Creio que Rose se afasta de você por causa da Isabel. Sei que ela deveria superar isso e conseguirá se você cientificá-la de que a quer bem e que ela não deve se afastar por causa de outras colegas.

Margarete sorriu e se animou.

Henrique trazia no registro inconsciente da memória o que aprendeu com seu pai no passado: "Cansaço é a maior riqueza que posso ter diante da pobreza que muitos experimentam na paralisia física ou mental"

O exemplo vivo que deixamos a um filho com a nossa atitude, há de ser assimilado em suas práticas a partir dali. Esse exemplo pode ser bom ou não e, com certeza, seremos responsáveis por ele.

* * *

Cada dia que passava, o senhor Gonçalves piorava devido ao seu problema de saúde.

A insistência de Roberto o fez ir ao médico, que lhe solicitou vários exames, incluindo biópsias que foram realizadas logo após os primeiros resultados.

Antes de levar seu pai para a consulta de retorno, Roberto procurou o médico e professor para saber dos resultados dos exames de seu pai, que tinha em mãos:

— Lamento, Roberto. Diante do que temos aqui... A biópsia exibiu um tecido neoplásico, ou seja, canceroso. Você já sabe que o câncer é o crescimento desordenado e autônomo de tecidos e células por motivos ainda desconhecidos. Uma vez formadas, essas células cancerosas não detêm a multiplicação. Essas formações aqui — indicava o médico —, são os chamados tumores malignos.

— Estou surpreso, mestre Estevão! — Confessou Roberto que logo pediu: — O que mais?

— Além dos pulmões, constatamos focos cancerosos secundários em outros pontos como: na garganta e no tecido da traquéia. O certo é que, quando essa doença é descoberta e combatida, a sobrevivência é mais longa e, hoje em dia, chegamos a atingir a cura.

Você precisará de ajuda, filho — avisou o professor e amigo, pois Roberto era muito bem quisto pelo mestre. — Não sou oncologista atuante, mas vou indicar um. Pedirei que leve esse exames para ele.

— Qual a opinião do senhor?

— Veja, Roberto, preciso falar com um colega para lhe oferecer um parecer mais específico ainda. Diante dos resultados e dos focos que se espalharam, eu estaria mais otimista se descobríssemos antes.

O câncer de pulmão tem relações evidentes com os irritantes químicos contido no cigarro, onde a cancerologia tem provado, com muita certeza, suas agressões.

— Meu pai fumou há muito tempo. Ele não fuma mais.

— Então os poucos cigarros que ele fumou só o predispuseram ainda mais à doença. Roberto, em relação ao câncer, tudo depende da predisposição de cada indivíduo, dos fatores imunológicos. Mesmo sendo o câncer uma doença que não é combatida pelo sistema imunológico; glóbulos brancos ou anticorpos, pois esse sistema tem a função de mobilizar a defesa do organismo, o que pode eliminar os fatores considerados agressivos, ou seja, o que provocaria doenças que debilitariam o órgão pré-canceroso. Há tantos outros fatores desencadeantes em estudo, até poderíamos dizer que a herança de células cancerosas se mantêm inativas até o momento em que os fatores desencadeantes agem, quando então o progresso eclodiria.

— Eu entendi. Só há um fator indiscutível: em se tratando de câncer, quanto mais cedo for descoberto maior a possibilidade de cura.

— Exato, filho. Além do que, quanto mais a pessoa não se predispor aos irritantes que agridem e desencadeiam o processo cancerígeno, maior suas chances ou até ela nem venha a desenvolver a doença. Mas nem por isso vamos ficar aqui lamentando. Encaminharemos seu pai ao tratamento mais adequado o quanto antes. Precisamos primeiro falar com ele e esclarecê-lo.

Roberto ficou abatido.

— Obrigado, mestre. Não sei como agradecê-lo... não tenho como pagá-lo... só posso dizer: obrigado. Disse o estudante oferecendo um sorriso triste.

— Irei cobrá-lo, Roberto. Poderá me pagar me oferecendo a oportunidade de ver um diploma com seu nome. Vai me dar muita satisfação! Aí eu direi que valeu a pena! Acompanho, desde o ano passado, a sua luta. Sei das suas dificuldades. Sabe, para me formar, enfrentei problemas semelhantes aos seus, mas, consegui. Vendo-o agora, é como se eu estivesse vencendo pela segunda vez. Vibro muito com a sua garra.

O jovem sorriu, respondendo:

— Mais uma vez, obrigado, mestre. Tenho que confessar que já não estava sendo fácil, agora com esse problema do meu pai, não sei o que vai acontecer, porém o auxílio moral e material de pessoas como o senhor, que acredita em alguém, impulsiona-me, fortalece-me... crio forças, sabe Deus como. Muito obrigado.

* * *

O senhor Gonçalves entrou em tratamento médico. Ele revoltava-se com o que lhe ocorreu. Isso, de certa forma, prejudicava ainda mais o seu estado clínico.

Roberto se sobrecarregava de tarefas e preocupações.

Sempre era o alvo das críticas de seu irmão, que lhe cobrava o auxílio financeiro para com a família, pois tinha vários gastos com seus estudos.

No início do terceiro ano de faculdade, Roberto foi dispensado do emprego na clínica de análise onde trabalhava.

Esse fato o desestruturou financeira e psicologicamente.

Seu desempenho nos estudos começou a diminuir e até sua saúde se abalara.

Distúrbios orgânicos como a gastrite passou a castigá-lo.

Rose procurava compreendê-lo na falta de tempo para com ela, mesmo assim estava sendo difícil, pois o senhor Gonçalves ficava em casa para se tratar e, devido a isso, ela não queria ir à casa do namorado. Por essa razão, Roberto haveria de se desdobrar para estudar e ir até a casa da namorada.

Em uma aula de laboratório, Roberto começou a passar mal. Tentou resistir, mas o castigo físico foi mais forte.

Logo em seguida, acordou na enfermaria da Universidade com o mestre e amigo ao lado.

Muito prestativo, o professor Estevão lhe informou o ocorrido e qual medicamento que havia recebido.

Com visível abatimento, Roberto mal sorriu com a brincadeira do mestre.

— Você tem muitos amigos, Roberto! Não faltaram candidatos para examiná-lo e medicá-lo! — comentou o professor ironicamente.

— Creio que já estou bem. Posso me levantar? — pediu o estudante.

— Vamos esperar que o soro acabe.

Pouco depois, o professor Estevão observou:

— Eu sei o que está acontecendo, filho, mas quero ouvir de você.

Estafado, Roberto fechou os olhos querendo ganhar tempo e forças.

Suspirou profundamente e anunciou:

— Vou deixar a faculdade. Não agüento mais.

Sua voz embargou enquanto as lágrimas sentidas correram dos cantos de seus olhos.

— Não posso levar isso em frente. Estou me suicidando... É tudo um sonho impossível. Desempregado há três meses, nem tempo para procurar trabalho eu tenho. Minhas reservas econômicas estão acabando e, mesmo com a ajuda que recebo para o tratamento do meu pai com os remédios e médicos, está faltando para a manutenção na minha casa.

Meu irmão não leva a sério o serviço no armazém. Minha mãe, além de não entender de negócios, tem de cuidar da minha irmã e do meu pai. Quando não, da minha tia também.

Vou deixar a faculdade e tocar o armazém que atualmente é a única fonte de renda da família. Não posso ficar pensando só em mim.

Depois de alguns minutos de silêncio, o mestre amigo argumentou:

— Filho, você está no terceiro ano. Se suportou até aqui...

— Mestre Estevão, qual a saída que eu tenho?

— Você já me disse que o pai da sua namorada é médico e que o estava ajudando.

— Ajudando e muito! Com os estudos, principalmente. Mas e minha família? Já estou tendo dificuldades pessoais até com minha alimentação; um dos principais motivos da minha gastrite. Eu só tenho essa alternativa. Até que cheguei longe demais. Vou trancar a matrícula e tocar os negócios do meu pai.

— Será que o pai da sua namorada não poderá ajudá-lo um pouco mais?

— É incabível eu pedir mais ajuda do que ele me oferece.

Depois de breve pausa, o mestre pediu:

— Você me permite tentar ajudá-lo, Roberto?

— Como?! — perguntou o estudante desconsolado.

— Deixe-me tentar e confie em mim. Você não tem nada a perder. Para começar, pode me dar o número do telefone do pai da sua namorada?

— O que o senhor vai fazer?

— Já pedi. Confie em mim.

Depois de um telefonema, o doutor Estevão procurou pelo pai de Rose na clínica ortopédica.

— Muito prazer! Eu sou Davi.
— Roberto, sempre que pode, fala muito em você. Ele o tem como ídolo. Eu o acompanho desde o primeiro ano e tenho de confessar: é meu aluno predileto e o mais dedicado.
— Além de muito esforçado — reconheceu o pai de Rose. — Temos de admitir que dificilmente alguém chega aonde Roberto chegou diante de tantas dificuldades que enfrenta. Creio que foi você que encaminhou e o acompanha com a saúde do pai?
— Foi um fato lamentável e que o está abalando muito, interferindo no seu desenvolvimento.
— Soube que Roberto perdeu o emprego? — perguntou o doutor Davi.
— Sim, eu soube. Foi esse o motivo que me fez tomar liberdade para vir falar com você. Perdoe minha intromissão, mas sei que Roberto namora sua filha e que você o tem ajudado muito. Foi ele mesmo quem me contou.
— Ajudo no que posso e quando comenta suas necessidades. Às vezes Roberto é muito reservado. Por favor, estou preocupado. O que quer me dizer a respeito de Roberto?
— Você sabia que ele quer deixar a faculdade?
— Deixar a faculdade?!!! Agora?! Na metade do curso?!!! — Indignou-se o pai de Rose, levantando-se e andando, vagarosamente, pela sala de um lado para outro dizendo: — Não posso acreditar que Roberto pense em fazer isso!
Nesse momento a porta da sala se abriu e o doutor Oliveira entrou repentinamente. Ao vê-lo com alguém na sala, reconsiderou:
— Desculpe-me! Pensei que não estivesse mais com pacientes.
— Entra, Oliveira — pediu o doutor Davi, rapidamente, antes que o amigo saísse. — Esse é o doutor Estevão, professor na faculdade de Medicina. Ele é mestre do Roberto, meu futuro genro.

Após as devidas apresentações, os dois médicos se cumprimentaram e o dono da clínica não pôde deixar de perceber a expressão fisionômica do amigo. E de certa forma, curioso para saber o que aquele professor fazia ali, perguntou:

— Aconteceu alguma coisa, Davi? Posso ajudá-lo?

— O Estevão me procurou para falar sobre o Roberto. Mil coisas passaram em meus pensamentos, menos uma: o Roberto quer deixar a faculdade. Estou em choque. Você sabe o quanto eu estimo e admiro esse menino. E agora ele quer desistir! Isso é o mesmo que morrer na praia depois de atravessar o oceano a nado! Pensei que o Roberto fosse suportar. Eu apostei nele!!!

— Desculpe-me, Davi — interrompeu doutor Estevão. — Não é culpa do Roberto, é a necessidade.

O professor começou a contar as dificuldades que Roberto enfrentava com os fatores financeiros da família e que seu irmão não ajudava na manutenção, trabalhando muito mal no armazém.

— Até a saúde dele está abalada. Vem tendo vertigens, alimenta-se mal...

Oliveira, que se interessou pelo assunto, perguntou:

— Vamos ser objetivos... Como você acha que Roberto pode ser auxiliado?

— Eu vim aqui pedir ajuda — disse o professor amigo, que foi examinado com grande expectativa pelos colegas. — Sozinho eu não tenho condições de ajudar meu aluno, mas se alguém somar auxílio...

— Como? — perguntou o pai de Rose.

— Estou querendo adotar a família de um aluno de medicina. Primeiro temos que admitir que é inconcebível esse moço trabalhar e estudar. Isso nem pensar! Nem sei como ele chegou até aqui! Segundo, se a família estiver necessitada, Roberto não ficará tranqüilo e terceiro, creio que para ele não será conveniente ficar morando naquela casa. Ele deveria ser poupado disso.

Sabem como é... a doença do pai, a implicância do irmão... isso tiraria sua atenção. Roberto é um excelente aluno, mas os abalos emocionais... Eu sei que você já o ajuda, Davi, mas se pudesse... Pretendo também ir conversar com dois outros professores a respeito e...

— Não! — afirmou o doutor Oliveira, convicto. — Que isso fique só entre nós. Esse tipo de assunto vira fofoca em um campus universitário. Não podemos criar constrangimentos para Roberto! Eu posso ajudar a família dele, só não tenho como alojá-lo.

— Eu não sabia que a família passava por dificuldades! — confessou o doutor Davi. — Pensei que o irmão do Roberto estivesse cuidando dos negócios do pai. Sem dúvida que vou procurar ajudá-lo. Lógico!

— Então vejo que nós três juntos poderemos sustentar essa situação sem comprometer os estudos dele.

— Sem dúvida! — concordou o dono da clínica. — Até eu que o conheço pouco o Roberto, não só simpatizo muito com ele, como também o admiro demais! Vou ajudá-lo sim! Podemos até alugar um apart-hotel para ele morar enquanto estuda.

— Ficaria muito caro — lembrou o doutor Davi, pensativo.

— Eu banco! — afirmou o dono da clínica.

— Creio que Roberto ficaria muito isolado. Ele está acostumado à família... Ele é um rapaz amoroso e percebo que gosta de ter companhia. — lembrou o pai de Rose.

— Mas se ficar morando naquela casa, não terá condições de estudar! — garantiu o doutor Oliveira. — Será melhor que more sozinho.

— Eu não tenho condições de recebê-lo no momento — declarou o professor Estevão. — Temo, inclusive, que Roberto estranhe. Há de se sentir deslocado. Como vai se acostumar, de repente, com outra família?

— Creio que Ana não irá se opor. Ela gosta muito dele. O problema é o espaço. Até hoje meus dois filhos dormem no mesmo quarto. Mesmo assim, vou falar com Ana. Veremos o que se pode fazer.

— Ótimo! — disse o professor satisfeito, estampando um largo sorriso. — O principal está resolvido, que é a situação financeira da família e os estudos desse moço garantido. Vocês não imaginam como estou aliviado. Obrigado!

— Sou eu quem lhe agradece, Estevão! E a você também, Oliveira! Não sei como vou retribuir!

— Pode deixar! — garantiu o dono da clínica. — Depois de formado, nós faremos o Roberto trabalhar um ano de graça para cada um de nós! — brincou ele. — Isso corresponde aos anos que faltam para terminar!

Os três médicos sentiam-se satisfeitos com a solução.

No dia seguinte, Roberto, que ainda não sabia dos resultados, estava em sua casa excessivamente preocupado com sua situação.

Sua gastrite o consumia.

A mãe aconselhou que se deitasse a fim de aguardar o efeito do remédio.

Rose telefonou e soube por dona Nanci que o namorado não estava bem, por isso resolveu ir vê-lo.

Pela preocupação com Roberto, Rose superou o medo de ir à casa dele mesmo sabendo que seu pai estaria lá.

Haviam arrumado as acomodações para o senhor Gonçalves na sala, em frente à televisão que o distraía.

O pai de Roberto perdeu completamente a robustez que possuía. A doença o consumia e o tratamento quimioterápico o abatia ainda mais.

O senhor Gonçalves andava com apoio, havia perdido os cabelos e sua voz saía muito fraca.

Ao chegar à casa de Roberto, Rose ficou alterada quando viu que precisava passar pela sala onde o doente estava.

Ela parou à porta e ficou observando-o a certa distância.

Com voz rouca, quase sussurrando o que dizia, o senhor Gonçalves avisou:

— Entra, menina. Vem aqui.

Rose deu alguns passos e, por educação, perguntou:

— O senhor está bem?

— Nada está bem — respondeu ele com dificuldade. — Deus virou as costas para mim. E você, Rose, por que nunca veio me ver? Parece que foge de mim!

— Não senhor. É falta de tempo. Eu estudo e... — alegou ela em sua defesa.

— Não é não, menina. Você tem medo de mim.

Uma crise de tosse o atalhou, e Rose apiedou-se daquela alma.

Em seguida ele passou a gemer quase involuntariamente.

Ela o deixou e foi à procura de Roberto.

Ficou decepcionada quando não o encontrou no quarto e voltou para a cozinha a fim de encontrar dona Nanci.

— Ela foi até a casa da minha tia — avisou Pedro que acabava de chegar.

Rose ficou inquieta. Não era de seu agrado ficar a sós com o irmão de seu namorado.

Se voltasse para a sala, encontraria com o senhor Gonçalves, o que a deixava em pânico.

Rose decidiu ir para o quintal nos fundos da casa.

Pedro acelerou os passos, alcançando-a. Colocando-se a sua frente, segurou-a pelos braços perguntando com tonalidade baixa no volume da voz, parecendo intimar:

— Qual é o problema, Rose? Por que foge de mim?

— Solte meus braços! — exigiu ela mesmo com medo.

— O que o Roberto tem? Gosta dele só por que é o exibido da família?! A vítima que todos admiram? O menino prodígio?

— Solte-me! — agitou-se ela, tentando escapar. — Você está me machucando! Vou gritar!!!

— Grita! Vai! Quero ver quem vai acreditar em você.

— Largue-me, Pedro!

— Só o Roberto quer ser o tal! Eu sou sempre o lixo da família!

Apertando os braços da moça, Pedro a levou para fora da cozinha sob uma cobertura que servia de lavanderia.

Quando percebeu que Rose iria gritar, Pedro a pressionou contra a parede e tapou-lhe a boca com a mão. O grito foi abafado e Rose agitou-se tentando fugir.

Segurando agora na garganta da jovem, o irmão de Roberto começou a apertar-lhe o pescoço dificultando sua respiração, fazendo com que Rose perdesse as forças.

— Uma burguesinha como você não se interessa por alguém como eu, não é? Por quê? Você tem vergonha de mim? Mas é capaz de correr atrás de alguém como meu irmão sem ter vergonha de dar uma de fácil?! Vadia!

Com a voz fraca, Rose pedia, implorando em um sussurro:

— Você está me machucando... solta... estou sem ar...

— Se gritar, eu a mato — ameaçava Pedro, entoando a voz de maneira sinistra e maldosa, pressionava Rose contra a parede. — Estou cansado de ser o resto da família!

Pedro passou a dizer coisas sem sentido. Ele estava perturbado. Laçou uma volta dos cabelos da jovem na outra mão, puxando-os com violência na altura da nuca. Forçou-lhe a cabeça para trás, impedindo com a dor, qualquer movimento.

Ela segurava a mão que ele lhe apertava o pescoço, tentando soltar-se. Um pânico tomou conta de Rose que começou a chorar, sentindo suas forças se esvaírem.

Devido à falta de oxigênio, ela perdeu os sentidos.

Pedro passou a rir. Enquanto a segurava desfalecida, procurava arrastá-la para um corredor lateral da casa.

Nesse instante, Roberto, muito abatido, apareceu à porta da cozinha e, percebendo a movimentação no quintal, saiu a fim de observar melhor.

— O que você está fazendo aí?!

Perguntou ele aproximando-se do irmão quase não acreditando no que via.

Pedro ria desgovernadamente. Largou Rose, que caiu no chão, e passou a agredir Roberto que se curvou no primeiro soco recebido na altura do estômago.

Vendo seu irmão caído, Pedro saiu como se nada houvesse acontecido.

Quando se recuperou, Roberto tentou despertar Rose que recobrava vagarosamente os sentidos. Entrando em crise emocional, a jovem chorou muito.

Percebendo que a namorada não conseguia se controlar, Roberto telefonou para o doutor Davi pedindo para ele vir buscá-la com seu carro.

6
Médiuns

Na casa da namorada, Roberto contou o que aconteceu.
— Perdoe-me, senhor Davi. Eu saí por poucos minutos. Tinha ido até a farmácia buscar um remédio e... quando voltei... eu não sabia que Rose estava na minha casa.
— Está tudo bem, Roberto. Já passou — dizia o pai de Rose um tanto magoado. — Nunca mediquei qualquer um dos meus filhos com calmantes, mas hoje foi preciso. Ela está mais tranqüila, e creio que ficará melhor.
— Sinto-me tão mal com tudo isso! — confessou Roberto. — Nem sei como encará-lo. Confiou em mim e... — comentava ele, abaixando a cabeça envergonhado, alinhando os cabelos com os dedos.
— Não se torture. Não foi culpa sua.
O senhor Davi não gostou do acontecido, mas compreendeu que Roberto não havia contribuído para a ocorrência.
Decidindo mudar de assunto para melhorar a expressão do moço e surpreendê-lo com notícias boas, decidiu contar:
— Deixe-me lhe dar um bom remédio para gastrite. Seu professor, o Estevão, conversou comigo a respeito de suas dificuldades. Não há condições de você continuar estudando sob a pressão

psicológica que enfrenta na sua casa. Por essa razão, sua família receberá toda a assistência necessária de que precisar, você não terá de deixar seus estudos para cuidar dos negócios do seu pai. Conversei com a Ana, sabemos de quanto sossego e harmonia você precisa ter num ambiente para poder estudar e se concentrar na tarefa. Por isso gostaríamos que se mudasse para cá o quanto antes. Desculpe-me, Roberto, mas você terá de dormir na sala. Arrumaremos uma cama e... creio que ficará confortável. É só para dormir mesmo. Para estudar, você pode usar minha escrivaninha no canto da sala. Creio que vai se fartar nos livros que há ali, como já sabe. Até porque a do quarto de Rose, ela e o Henrique usam. Vou falar com seus pais e explicarei tudo de modo que eles aceitem e compreendam a solução.

O médico deu um sorriso e ficou no aguardo de uma resposta.

Muito sério, Roberto emudeceu. Diante do silêncio, o pai de Rose perguntou:

— O que você me diz?

Com voz pausada e fisionomia triste, Roberto respondeu:

— Eu acabo de dizer que meu irmão intimidou sua filha agredindo-a e o senhor me oferece um lugar para eu morar tranqüilo, para eu poder estudar sem me preocupar com trabalho. Oferece o sustento da minha família, o que inclui meu irmão... Meu Deus! Eu não posso aceitar!

O senhor Davi ficou surpreso, não esperando aquela reação de Roberto. Ponderado, o médico respondeu:

— Eu não vou considerar o que ouvi, Roberto. Não posso aceitar um não como resposta. Sei que minha oferta não é das melhores, mas é o que está ao meu alcance.

Roberto ficou em silêncio. Abaixou o olhar e fitou o chão com expressões indefinidas.

— Eu esperava que você fosse mais forte, Roberto. Forte ao ponto de vencer o orgulho que tem. Eu o considero como um filho, e nós temos uma família a preservar! — diz o médico oferecendo-lhe o mesmo apoio que lhe deu no passado.

— Orgulho? Não sou orgulhoso, senhor Davi.

— É sim filho. Você quer conseguir tudo sozinho. Quer ajudar a todos mas não admite ser ajudado. Sei que tudo o que realiza é de coração, não exibe com orgulho o que faz, mas não aceita ser auxiliado quando necessita. Vejo, até com relação aos estudos, que só me procura ou ao Henrique quando não tem alternativa. Sabe, Roberto, muitas vezes fazemos caridade quando damos a oportunidade dos outros nos servirem no que precisamos. Não é correto a ajuda vir para acomodação preguiçosa de uma pessoa. Não é isso o que ocorre com você no momento, seu caso é de necessidade. Auxiliando-o, possibilitaremos outros serem ajudados por você mais tarde. Cuidado com o orgulho, filho.

— Não é isso, senhor Davi — defendeu-se o moço. — Só não acho justo o senhor assumir um problema que não é seu.

— Roberto, nós o consideramos muito. Fora isso, acompanhamos seus esforços para chegar onde está. Pensei que não passasse do primeiro ano de faculdade. Sei, por intermédio do Estevão, que ele e outros professores o admiram muito. Até o Oliveira que o acompanha por meus comentários e o vê bem pouco, sente-se impelido a ajudá-lo e com o maior prazer. Gostaríamos muito que nos desse essa oportunidade de servir com satisfação.

— Senhor Davi...

— Por favor, Roberto. Aceite. Se você só tinha uma opção e pediu a Deus uma alternativa, eis a sua chance, filho!

Roberto estava confuso, sua vontade de terminar o curso superior era imensa, entretanto ele não gostava de incomodar ninguém.

— Eu o tenho como um filho. Por favor, Roberto, aceite — pediu o pai de Rose parecendo implorar.

— Está bem — aceitou Roberto para a tranqüilidade do médico, que respirou aliviado.

Aproximando-se dele, o senhor Davi o abraçou satisfeito com um largo sorriso no rosto, dando-lhe o apoio para que se erguesse, a fim de estabilizar-se e unir-se devidamente com Rose, com a consciência tranqüila.

Se no passado distante ele havia apoiado uma união ilícita entre os dois, num passado mais recente ele ajudou ambos a se recomporem com um comportamento digno. Viria ser ele agora a criatura a apoiar aquelas duas almas queridas a unirem-se com qualidade superior de vida.

Retornando até sua casa, Roberto, acompanhado do senhor Davi, não sabia como falaria aos pais a decisão tomada.

Muito ponderado, o pai de sua namorada tomou a iniciativa de explicar a situação.

— Então o senhor pode perceber que dessa forma Roberto estará amparado e sua família também.

— Por que está fazendo isso, doutor? — perguntou o senhor Gonçalves.

— Consideramos muito o Roberto e, dentro das nossas possibilidades, queremos ajudá-lo. Seria lamentável vê-lo desistir de tudo, depois de tanta luta.

Irritado, o pai de Roberto não compreendia porque o outro filho não ajudava na manutenção da casa.

— Quero saber o que Pedro está fazendo naquele armazém?! Sem vergonha, que não quer trabalhar! — desabafou o homem.

— Talvez ele não tenha tanta experiência — tentou defender o médico.

— Não deve protegê-lo, doutor! Pedro nasceu e foi criado ali. Como pode falar que ele não tem experiência? Agora, quando mais preciso dele, o safado nem pra ajudar o irmão que precisa terminar os estudos, pra ser gente e não um bicho feito ele! E ainda grita e briga dentro de casa, tirando o sossego de todos.

Olha, doutor, a gente é o homem da casa quando tem saúde. Sem isso, eles pisam em cima de nós! — desabafou ele com modos rudes.

— Então o senhor concorda com o apoio que daremos ao Roberto?

— Meu filho já provou que é homem quando decidiu levar em frente, sem minha ajuda, tudo o que fez até agora. Não posso aceitar que ele fracasse na vida ou fique empoeirado atrás de um balcão só porque o safado do Pedro é covarde. Pode levá-lo! — disse o homem com modos brejeiros. — Sei que o senhor vai cuidar dele melhor do que eu, principalmente agora... Ele merece.

— Obrigado, senhor Gonçalves.

— Eu é que tenho de agradecer, doutor. — Voltando-se para Roberto, aconselhou: — Mesmo que seu irmão te perturbe e até te agrida, como já fez, enfrente o Pedro!

— Sem entender, o médico perguntou:

— " o agrida?" Como assim?

— O Roberto não contou, não?

O médico olhou para Roberto, e seu pai continuou:

— Depois que o Roberto começou a estudar, o Pedro, que não quer nada com a vida, começou a implicar com ele. É inveja, eu sei. Meu outro filho não tem iniciativa, doutor. Ele é preguiçoso. Só que começou a incomodar o irmão, destruindo algumas coisas dele, desaparecendo com livros, ofendendo o coitado. Até da sua filha o Pedro fala! Eles andaram se "pegando" aqui dentro de casa depois que o Roberto foi mandado embora do serviço.

Roberto, que esta estava com a cabeça abaixada, assim ficou, com certeza, por vergonha.

— O Roberto não contou isso pro doutor?

— Não, senhor. Eu ignorava isso — confirmou o médico calmamente.

— Sabe... agora que estou em casa, fico observando: parece que meu filho mais velho está meio louco. Não fala coisa com coisa, age de modo estranho...

— Pai, vamos deixar isso para lá? Por favor — pediu Roberto.

— É verdade, Roberto! Por que você não conta pro doutor que ele vive dizendo que quer te matar? — insistia o enfermo mesmo com a voz rouca. — Essa semana mesmo, o Pedro disse que vai matar você e sua namorada! — Voltando-se para o médico, completou: — Eu acho que o Pedro não está bem porque vive falando que Rose estragou a vida dele.

— Pai! Por favor! — indicou Roberto.

— Espere, Roberto. Deixe-o contar.

— É verdade, doutor. Pedro mal conhece a moça e diz que sua filha tirou o sossego dele e que já sofreu muito por ela. Parece alucinado.

— Sabe o que é, senhor Davi — argumentou Roberto —, percebi que meu irmão andou bebendo. Talvez seja o efeito do álcool que o anima a dizer isso.

— Não se preocupe, Roberto. Creio que quando você sair daqui e Pedro não o vir mais, tudo isso vai passar.

— Mas tomem cuidado — alertou o pai do moço —, o Pedro pode ir procurá-lo! Ele nunca gostou de você. Eu sei que seu irmão vai reclamar muito pela oportunidade que está tendo.

Roberto pegou suas coisas, arrumou sua mala e foi para a casa do doutor Davi, prometendo a sua família que iria visitá-los com freqüência.

Ao chegarem à casa do médico, Ana informou que Rose não estava bem.

— E ela acordou aos gritos, Davi. Aqueles sonhos tornaram a se repetir. Rose vê, em seu sonho, uma casa em chamas enquanto ela está deitada inerte em uma cama.

Indo vê-la, o pai amoroso perguntou:

— O que foi, filha? O que está acontecendo?

Chorando a jovem contou sobre o sonho e, em dado momento, ela comentou:

— E quem ateou fogo na casa, foi o Pedro!

— Filha, esse sonho, com a presença de Pedro nele, pode ser devido ao que aconteceu hoje à tarde.

— Não, pai! Eu vejo quando o rapaz, nesse sonho, coloca fogo na casa. É o Pedro! Depois eu vejo o Roberto me tirando daquele lugar. Estou muito queimada. Ele me leva para um lugar diferente... vejo o senhor e o Henri também. — Em pranto novamente, ela continuou: — Não quero sonhar pai... me ajuda! Eu fico achando que vou estar num incêndio a qualquer momento!

Apiedado, o homem a abraçou.

Roberto continuou parado à porta sem dizer nada.

Esses pesadelos começaram a incomodar Rose quase todas as noites. Ela resmungava ou até acordava todos da casa com gritos de desespero.

A cada dia, a jovem sentia-se mais envergonhada principalmente pela presença de Roberto.

— Rose, minha filha — aconselhava o pai —, acredito que seria muito bom você fazer um tratamento espiritual.

— Outra vez, pai?! — comentou ela. — Ah! Parece que não tem efeito...

— Se está assim com esses tratamentos, ficaria pior sem eles. Posso garantir! O seu estado de aceitação e fé, auxiliará muito sua recomposição. Não bastam só os passistas lhe aplicarem os passes se a sua casa mental, ou seja, as idéias que você tem na mente não fizerem parte do nível de vibrações que aqueles fluidos possuem.

Jesus sempre dizia: "A sua fé te curou". Quanto ao tratamento espiritual, este não irá resolver se você não mudar a sintonia das suas idéias. Porque você atrai as companhias encarnadas de acordo com os seus trajes, sua fala, seu comportamento, e assim também é com os desencarnados. Estarão ao seu lado os espíritos que gostam do seu tipo de pensamento, opiniões e comportamento.

— Está bem. Eu vou! Mas não será fácil! Começaram os estágios...

— As dificuldades são boas, Rose. Elas testam as nossas resistências. Temos como exemplo desse tipo de perseverança Jesus. Procure chegar mais cedo amanhã e passe pelo departamento de orientação e encaminhamento para conversar com a pessoa indicada.

— A mãe trabalha na desobsessão. Ela pode colocar meu nome para o tratamento, não é?

— Não. Naquela sala de entrevista existe, no plano espiritual, um tarefeiro que qualifica todos os seus dados e as suas necessidades. No instante do seu tratamento espiritual, esses dados recolhidos no dia da entrevista, ou melhor, essa sua "ficha", vamos chamar assim, é trazida para que você receba o envolvimento necessário no que precisa e o irmãozinho espiritual que a acompanha seja chamado para esclarecimento.

— Como esse espírito é chamado para o esclarecimento?

— Você passa pelo departamento de orientação, conversa com a pessoa que lhe indica qual o tipo de passe que você vai receber e a quantidade, de acordo com o seu caso.

Quando você é chamada ao passe de tratamento espiritual, o magnetismo desse passe pode envolver o espírito que a incomoda e este fica no aguardo da sessão de desobsessão. Esse irmão espiritual se desliga de você mais rapidamente de acordo com a atenção que você presta na palestra evangélica, de conformidade ao seu comportamento, seus pensamentos, enfim, com a sua reforma interior, para melhor, em todos os sentidos.

Veja filha, um caso é diferente do outro. Estou generalizando e simplificando para que você entenda.

Nem sempre é no primeiro passe ou no primeiro tratamento que se resolve o problema obsessivo. A solução depende muito da fé e da atitude mental que a pessoa em tratamento passa a ter. E as palestras evangélicas ajudam imensamente essa transformação para melhor.

Se a pessoa se reformar, mudar a sua maneira de pensar, não desejar o mal alheio, não cobiçar, não fizer comentários sobre a vida dos outros, mudar seus hábitos comportamentais, ficar mais calma, buscar ambientes tranqüilos e menos agitados, entrar em prece com Deus e procurar auxiliar os outros companheiros com trabalhos úteis, essa pessoa há de ser muito feliz com os resultados obtidos.

Quanto mais praticarmos o que Jesus ensinou, mais rápido seremos socorridos.

— E o que acontece com aquele espírito perturbado, isto é, quando ele chega ao trabalho de desobsessão? — perguntou Rose, curiosa.

— A sessão de desobsessão ou o chamado trabalho de desobsessão, é algo muito sério. Para isso tem que haver dia e horários que são rigorosamente cumpridos.

O local sempre deve ser o de uma Casa Espírita com um orientador, que é o dirigente do trabalho, munido de todas as escolas[13], muito equilíbrio e bom senso, não pode possuir vício algum, tem de possuir um nível moral incontestável em suas prá-

---

[13] Nota da Médium: O termo utilizado "escolas", se refere aos cursos oferecidos nas casas espíritas para um estudo bem esclarecedor da Doutrina Espírita. Além disso, tem o caráter de ampliar os conhecimentos e as práticas para cada candidato a trabalhador ou colaborador, treinando-os para adquirirem e testar suas aptidões para áreas específicas. No caso do dirigente, que é uma atividade de alta responsabilidade, o número de cursos é extenso, porém necessários ao indivíduo que se encarregará de exercê-la. Este deve lembrar-se de que "a quem muito é dado, muito será exigido". O encargo moral e espiritual desse tarefeiro é imenso, uma vez que ele responderá por cada ato e pensamento.

ticas diárias, isto é, seguir os ensinamentos de Jesus, pois quem orienta e ensina deve, primeiro, dar o exemplo. Esse orientador necessita ter equilíbrio em seu lar para que não haja argumentos que abalem o trabalho e sua vida, bom senso é essencial, amor e honestidade em todos os sentidos. Ele não pode ter personalismo e a humildade precisa vigorar sempre.

— E os médiuns que trabalham na desobsessão? — tornou Rose.

— Os médiuns tanto da desobsessão como dos trabalhos de passes ou de sustentação devem ter não só todas as orientações das escolas de educação mediúnica, como também equilíbrio, bom senso, não podem ter nenhum vício. Necessitam adotar a prática da boa moral e do que foi ensinado por Jesus. Amor e respeito ao trabalho que desenvolvem, humildade e caridade, pois esse tarefeiro é quem vai auxiliar o doutrinador no socorro do espírito necessitado. O trabalho de um médium é muito importante. O equilíbrio e o bom senso desse tarefeiro é primordial, não só para o trabalho de desobsessão, mas principalmente para que sua missão seja bem desempenhada. A educação do médium não o deixa passar pelo ridículo de exibir aos outros o que não existe, só porque ele quer chamar atenção.

— Como assim? — perguntou a filha, querendo entender.

— Tem médium que se sacoleja, fala alto, grita, adota um comportamento durante a incorporação que não existe.

— Como assim, "não existe", pai?

— Seria bom você estudar sobre o comportamento dos médiuns, Rose. *O livro dos Médiuns* é um bom começo.

— Ah, pai! Dê-me uma noção rápida. Como o médium exibe o que não existe?

— O médium, para aparecer ou chamar a atenção dos colegas ou dos demais, inventa o que não ocorre, ou seja, ele é o instrumento que serve de mediador entre os dois planos, nesse caso, sendo ele o encarnado e o responsável por aquele corpo perante Deus, é ele quem vai "prestar contas", vamos dizer assim, de tudo o que ocorre com aquela matéria que lhe foi confiada aos seus cuidados.

Não tem como um espírito desencarnado tomar conta do corpo do médium e lhe contorcer o corpo, a face, os olhos, sacudir-se todo, gritar e tudo mais, se o médium não deixar.

Normalmente o médium sabe o que está acontecendo, apenas não quer interferir deixando o espírito agir, acreditando que isso seria adulterar a comunicação. Quem faz isso, é o médium sem escola mediúnica porque, quando se conhece todo o processo da incorporação e comunicação dos espíritos, ele não vai querer se sentir envergonhado por ser um médium que ignora as verdades espirituais.

É só raciocinarmos: se o espírito encarnado tem todos os liames ligados ao corpo de carne, como um outro espírito desencarnado pode dominar totalmente aquele corpo sem que o "dono" possa interferir?

Existe médium inconsciente, mas isso é raríssimo. Além do que, existem leis naturais que não o deixam inconsciente se a comunicação for de um espírito sofredor. Com estudo, esse medianeiro pode tomar consciência do que ocorre sim.

É compreensível a inconsciência do medianeiro quando acontece a comunicação de um mentor que tenha muito entendimento e evolução espiritual a fim de saber e se responsabilizar sobre o que está fazendo, isso tudo para facilitar e garantir o seu trabalho. Essa condição de mediunidade aparece, quando se trata de missão do médium, de muita tarefa, e não de trabalhos reservados que fiquem no anonimato. Existem também alguns casos de possessão, mas isso é algo incrivelmente raro! Acontece só com espíritos inferiores.

— O quanto raro são os casos de possessão de um espírito?

— Eu diria que... a cada século teremos dois ou três casos. Os casos de possessão não são para todas as manifestações mediúnicas, mas sim para a incorporação de um obsessor e perseguidor pessoal daquele medianeiro em particular. Todos os espíritos que dão comunicação pelo médium não têm posse do corpo. Isso não existe. O médium pode e deve dominar a impulsividade. Esse assunto nos é ensinado em uma das obras da Codificação Espírita, o livro *A Gênese*.

— Pai, e se o médium começar a narrar idéias como se ele fosse o espírito comunicante? O que acontece?

— Ele pode enganar o dirigente do trabalho, mas não engana a Deus nem a própria consciência. Se o médium fizer isso, só estará tomando o tempo do trabalho, além do que o dirigente geralmente conhece o problema de quem está sendo tratado, e o médium não. Se ele vir que esse trabalhador espiritual está oferecendo uma comunicação que não diz respeito àquele caso ou que o médium está enganado, deve atender normalmente e em seguida deixará outro médium trazer a comunicação adequada ao caso.

— Mas o dirigente não vai dizer ao médium que estava errado?

— A princípio não. Veja, Rose, o socorro às vezes tem de ser ao encarnado doente. Porém se as comunicações desse tipo persistirem, o médium deve ser chamado em particular para ser orientado. Se ele for vaidoso, orgulhoso ou fascinado, não vai aceitar as orientações.

— Tem médium que percebe o erro que comete?

— Lógico! Há médiuns tão bons que chegam ao dirigente e dizem que acreditam que a comunicação que deram não está de boa qualidade, solicitando até um tratamento espiritual.

— Ele precisa ser afastado do trabalho da área espiritual?

— Nem sempre. Às vezes ele fica só na sustentação ou até fazendo sua tarefa normalmente.

— Fala-se tanto em animismo. O animismo é prejudicial a um trabalho de desobsessão?

— Filha, existem os médiuns mercenários, ambiciosos, de má-fé, egoístas, invejosos e os sérios, modestos, devotados e seguros. É muito importante estudar e observar. O médium é um interprete que pode ser bom ou mau quando há um espírito se comunicando por ele. Portanto, quando não há espírito na comunicação, é chamado de animismo. Vamos analisar: o médium anímico é aquele que não é interprete de espírito algum e apresenta a comunicação como se fosse.

Primeiro em estado sonambúlico ou estático a alma do médium goza de certo grau de liberdade. Quando o animismo ocorre na sessão de desobsessão e o médium, em vez de dar a comunicação do espírito sofredor, traz a sua manifestação como sendo de um irmão necessitado, ele deve ser socorrido igualmente, pois também é carente de esclarecimento. Ninguém, em sã consciência, há de querer ou gostar de ser sofredor.

Mas, se esses tipos de passividades anímicas persistirem, a fim de o médium sentir-se em destaque, o que é percebido pela qualidade das mensagens, esse médium deve ser orientado e até afastado do trabalho, pois, se essas comunicações continuarem e ninguém fizer nada, o médium estará atrapalhando a tarefa, tirando a oportunidade do trabalho dos companheiros e do socorro aos espíritos sofredores.

— E nas comunicações que não forem de um espírito sofredor?

— O espírito do médium pode ter grande conhecimento e elevação, até inconscientes, podendo ele, nesse estado de transe mediúnico, passar uma comunicação valiosa e que agregue conhecimento e desperte o desenvolvimento dos demais. Não há problema se isso ocorrer positivamente. Não podemos esquecer que o médium também é um espírito.

— E se o médium interfere na comunicação de um espírito evoluído?

— Filha, o médium só será um mau intérprete, e o espírito responsável pela comunicação, falada ou escrita, não vai se incomodar, porém há de procurar um novo intérprete que simpatize com ele e lhe seja fiel.

Isso ocorre também quando um espírito inferior procura um médium devotado e seguro e lhe passa mensagens dizendo que são de grande valor, que têm de ser divulgadas a todos, pois são de boa qualidade. O médium fiel vai analisar a mensagem e deve verificar que ela pertence a um espírito de terceira ordem e da décima classe, um irmão que precisa aprender muito ainda. Nesse caso, o médium responsável detém o que lhe foi passado. Logicamente esse espírito não vai acompanhá-lo mais e outro, provavelmente mais evoluído, ocupará o seu lugar.

— Pai, e no trabalho de desobsessão, como orientam o espírito?

— Um orientador vai conversando com ele através de um médium de incorporação que vai permitir a sua palavra.

— Precisa do médium para essa conversa?

— Normalmente é o espírito quem mais precisa desse contato com os fluidos do encarnado. Além disso, como é que o orientador vai saber se o espírito está presente ou não? Se o espírito aceitou ou não o que lhe foi esclarecido? É preciso o médium para permitir chegar ao plano físico a opinião daquele irmão.

— E daí?

— Daí que o espírito vai contar o que o aflige. Geralmente comenta por que perturba a pessoa e o que o faz ficar ao lado dela, incomodando-a. Depois de uma conversa ou de várias, o espírito aceita ser socorrido.

— O que faz um espírito nos incomodar?

— Prazer, quando o espírito gosta de ver o desespero e o sofrimento dos outros. Ignorância, quando se trata de um espírito sofredor que incomoda e não sabe que o está fazendo. Vingança, quando a criatura decide fazer justiça por si própria e não aguarda a vontade de Deus. Geralmente é isso. Mas, com certeza, a obsessão ocorre porque a pessoa não se transforma para melhor, não muda as suas atitudes, os seus pensamentos e os seus desejos. Elas chegam a atrair outros espíritos que vibram na mesma faixa em que ela se encontra. Por isso, mesmo socorrendo um espírito e a pessoa sentindo-se bem, não demora muito e ela precisará de mais tratamento porque atraiu outro.

Não quero com isso dizer que não precisamos de tratamento espiritual, ou melhor, de assistência espiritual como é correto dizer. Eu mesmo sou uma pessoa que saio de um tratamento e, sem demora, entro em outro. Isso me faz ver que preciso me aperfeiçoar. Quando eu sinto um incômodo espiritual que se manifesta em desânimo intenso com o meu serviço, por exemplo, eu corro para o Centro Espírita e peço que me indiquem a assistência adequada ao meu caso. Mas não fico de braços cruzados, procuro mudar meus pensamentos, desenvolver tarefas novas e criativas, converso sobre coisas produtivas e procuro conviver com colegas que me dêem ânimo e muito mais. Se me sinto irritado em casa com vocês ou mesmo se discordo muito de sua mãe, começo a vigiar minhas atitudes, frear o desejo impulsivo de explosão emocional ou opiniões fortes. Isso tudo junto com o tratamento espiritual, claro.

— E você melhora, pai?

— Sempre! Porque eu tenho consciência de que o espírito sempre vai procurar atingir meu ponto fraco, onde eu não estou equilibrado.

— Como é feito o socorro desse espírito?

— Depois de ele contar o que o aflige, o orientador vai procurar envolvê-lo com amor, esclarecer que somos espíritos em evolução e quanto mais insistirmos no erro de prejudicar e incomodar alguém, mais dores provocaremos em nós mesmos, pois somos responsáveis pelo que fazemos os outros sofrerem. Nem sempre um espírito aceita orientação e socorro na primeira vez, há casos em que o encaminhamento leva tempo, mas a cada tentativa temos um resultado bem positivo. Quando ele aceita a ajuda, tarefeiros espirituais o envolvem carinhosamente, levando-o para um local adequado ao seu estado e compreensão espiritual, onde ele receberá atenção, esclarecimento e socorro.

Normalmente a pessoa que ele assedia espiritualmente sente um alívio incrível, dependendo do caso, e se recompõe rapidamente.

Rose muito atenta, comentou:

— Já ouvi falar de casos em que o espírito socorrido volta porque o encarnado sente sua falta.

— É verdade. O encarnado acostumou-se tanto com o incômodo espiritual que se vê atrapalhado quando não o tem mais. Geralmente trata-se de pessoas que gostam de exibir seus sofrimentos, suas dores, seus problemas para que os outros lhes dêem atenção e se preocupem com elas.

Isso é perigoso porque na próxima reencarnação essa pessoa, que deseja todos se preocupando com ela, realmente vai conseguir um jeito de chamar a atenção de todo o mundo. Exatamente como ela queria!

Roberto estava parado à porta ouvindo toda a explicação do senhor Davi.

Não resistindo, ele pediu:

— Posso ir ao Centro Espírita com vocês? E, quem sabe, fazer esse tratamento. Interessei-me, isto é, se não precisar ser sócio ou coisa assim!

O senhor Davi não deteve o riso. Esclarecendo ao rapaz, combinaram o dia que melhor poderia lhe convir.

* * *

Henrique e Margarete empenharam-se num belo trabalho assistencial.

A noiva do médico começou a se envolver tanto com a tarefa que não havia tempo para outros afazeres inúteis.

Isabel não quis lhe fazer companhia e seguiu sua vida, encontrando amigas do seu nível.

Rose e Margarete não se largavam. Agora a noiva de Henrique não saia da casa dele, primeiro por causa do irmão que morava lá, depois pela amizade que cultivava com Rose.

Henrique estava decidido a se casar com a irmã de Roberto e estudava a possibilidade de comprar uma casa.

— O que o senhor acha, pai? — perguntou ansioso o jovem médico.

— É um bom investimento.

— Sabe, pai, às vezes dá um medo... não me sinto seguro.

— Já ouvi essa história de medo quando você entrou na faculdade, quando o Roberto entrou na faculdade, Rose... Enfim, com medo e tudo temos de tomar uma decisão, filho. Há quanto tempo vocês namoram?

— Ao todo, quatro anos. Sendo três de namoro e um de noivado.

— Tem sorte do pai de Margarete não implicar com você.

— Coitado. O homem está muito mal, o senhor sabe. Passa mais tempo no hospital do que em casa.

— É, eu sei. Vi como ele estava quando o visitei na semana passada. Essa doença é uma expiação difícil.

— Os trabalhos aos assistidos do Centro têm tirado a atenção de Margarete com a doença que consome o pai. Se não fosse isso, creio que ela estaria aos prantos.

— Já ouvi alguém dizer: "A mente no bem ocupada, a bênção lhe será dobrada". Não adianta desespero. Margarete deve procurar prover ao pai todos os cuidados amorosos, fora isso, estender tarefa produtiva a fim de se manter ocupada com coisas úteis, pois assim conseguirá transmitir vibrações equilibradas. Pensar muito em um problema ou numa enfermidade pode desarmonizar alguém.

Nesse instante Ana abriu a porta. Rubra pelo calor e exausta de cansaço, a mulher cumprimentou o marido e o filho com beijos e atirou-se no sofá. Sentada, tirou as sandálias sem se dar ao trabalho de se curvar.

— Tomara que não tenha vento! Estou um pó!
— É melhor o cansaço do que o repouso na doença.
Brincando, Ana concluiu:
— Sabe, às vezes eu acho que, em outra encarnação, eu fui uma madame, talvez uma daquelas francesas que ficavam aguardando serem servidas à cama com o desjejum trazido em uma bandeja de prata polida com belíssimas porcelanas inglesas.

Eu devia deslizar nas escadarias de uma mansão muito austera e viver num ambiente principesco. Devia ter à minha disposição muitos criados bem treinados que me serviam e me amavam...

Acho até que eu dormia após as refeições do meio-dia a fim de garantir o descanso da cútis maravilhosa...

Aproximando-se da esposa, abraçou-a com carinho e beijando-a com ternura, o médico brincou em meio a um doce sorriso:

— E eu devia ser o príncipe que lhe satisfazia todos os desejos!

— Com certeza, meu bem! Você era o príncipe que me fornecia essas luxurias e me incentivava à preguiça... porque, nesta vida, estou trabalhando por tudo o que deixei de realizar para desfrutar os privilégios do descanso! — dizia Ana sorrindo, colocando uma tonalidade suave e irônica na voz. Recompondo-se, tornou a falar da realidade com outro tom de voz: — Hoje, no hospital, não tive folga. Foi uma emergência atrás da outra. ...não deu tempo para eu ir almoçar! Os médicos levam os elogios, mas os enfermeiros... pobres coitados, nunca são lembrados. A caminho de casa, dentro daquela condução ma-ra-vi-lho-sa! — dizia ela pausadamente, ironizando com separação silábica. — Fiquei, em pensamento, trabalhando na pilha de roupa que tenho para passar, nas camas que hoje nem arrumei, e, com certeza, a Rose também não! Tenho até de fazer o jantar antes de ir para o Centro!...

Levantando-se, sem perder o humor em nenhum momento, Ana saiu para a realização de alguma tarefa perguntando em tom de brincadeira:

— Onde estão os meus criados que me serviam e me amavam?!... O que foi feito dos meus vestidos principescos?!... da minha mansão?!... do meu sono de beleza?!... do meu descanso?!...

O esposo e o filho seguiram para a cozinha, procurando ajudá-la em alguma coisa, enquanto ela continuava a comentar:

— Já que eu tenho liberdade com a Elizabete, não perdi a oportunidade e outro dia eu falei para ela: vocês estão em excelente situação financeira e...

— Que Elizabete, mãe?

— A esposa do Oliveira! Daí eu disse: Bete, aproveite a mordomia e trabalhe nesta vida para não ter de fazer dobrado na próxima como eu!

— Ela voltou a freqüentar o Centro? — perguntou Henrique.
— Não a vejo.
— Ah! Voltou sim. Bete passou por aquele período em que o tarefeiro abençoado precisa aprender com as experiências

amargas aí fora para depois voltar à casa espírita valorizando o trabalho e dedicando-se, mais do que nunca, com humildade, compreensão e amor. Isso é normal e surpreendente!
— Ana, deixe-me interrompê-la — pediu o marido enquanto secava a louça que a mulher lavava. — O Henrique está pensando em comprar uma casa e... bem... ele já namora e noiva há quatro anos. É tempo demais enrolando a moça!
— Ah! Que maravilha!!!
A expressão da mãe foi incomum, e Henrique reparou, mesmo sem comentar nada a princípio. Ana continuou:
— Tomara que o Roberto se forme logo e se case com a Rose. Assim estarei realizada!
— Por que, mãe?
— Por quê?! Meu trabalho será reduzido em sessenta por cento! Além disso, terei lugar para passear nos fins de semana. De receber visitas, passarei a fazê-las! Isso não é ótimo?!
— É sério, mãe! — exclamou Henrique.
— Mas eu estou falando sério, filho. — informou a mãe atenta à conversa e ao serviço. — É hora de você tomar uma decisão na sua vida. Vai esperar mais o quê? Eu sei que o medo e a insegurança vai fazer você pensar, mas uma hora ou outra terá de se decidir: ou você casa com a Margarete, que é uma boa moça, ou você a deixa livre para que ela siga a própria vida sem se prender a você.
Sabe, Henrique, no começo eu a considerava um pouco menina demais, mas, com o tempo, como a Margarete evoluiu, cresceu!
— É verdade! — concordou o pai. — Ela ficou madura. Isso porque se empenhou em trabalhos que mostram a realidade da vida, sem fantasias.
— Vá em frente, filho. — aconselhou a mãe. — Realize sua vontade e procure ser feliz.

— Vocês podem ir comigo ver a casa?

— Seria bom você levar a Margarete também. Afinal, será ela a vítima! Terá de conhecer o seu local de clausura! — brincou a mulher, rindo.

Roberto, que acabava de chegar, ouviu somente a última fala de Ana e ficou sem entender.

Todos riram e lhe contaram sobre o que estavam falando.

Ele ficou satisfeito com o rumo da situação compartilhando da alegria que reinava.

Ana deixou o jantar pronto e logo correu para tomar um banho, pois ainda teria de se arrumar para ir à Casa Espírita.

Enquanto seguia apressada para seu quarto, Ana saiu proferindo em tom de brincadeira:

— Queridas criadas, preparem o meu banho! Deixem as águas perfumadas com sais aromáticos!... Não se esqueçam dos óleos hidratantes!...

Seu esposo sorriu e pendeu com a cabeça negativamente não acreditando no que ouvia.

Ana, mesmo após cumprir suas tarefas diárias, buscava e encontrava dentro de si ânimo e disposição para realizar trabalhos de caridade com amor, procurando sempre levar harmonia a eles.

Suas dificuldades na vida jamais serviram de empecilho para que ela deixasse de ir à Casa Espírita a fim de aproveitar a oportunidade de trabalho que lhe era ofertada. Além do que, após servir dignamente, Ana retornava ao lar realizada e refeita, pois o trabalhador de Jesus é o primeiro a receber suas bênçãos.

7
Desobsessão

Naquela noite, Ana chegou ao Centro Espírita para realizar sua tarefa no trabalho de desobsessão.

Essa Casa Espírita adotava a norma de ser essa uma tarefa reservada somente aos trabalhadores específicos da área espiritual.

O ambiente era calmo. Os médiuns, que ali estavam, permaneciam em absoluto silêncio e em prece harmonizando-se, preparando-se antes da tarefa.

A sessão teve início com a leitura e breve explicação do livro *O Evangelho Segundo o Espiritismo*.

Maravilhosa prece foi o que deixou o ambiente impregnado de bênçãos com fluidos balsâmicos dos pensamentos sinceros e amorosos de quem a vivificava.

A dirigente e orientadora do trabalho de desobsessão ia indicando a assistência:

— Vamos pedir a Jesus, nosso irmão maior, que nos permita envolver com imensurável amor o terceiro assistido da noite de hoje. Que possamos nos concentrar em seu nome... nesse irmão que anseia pela bênção de Deus.

O grupo de médiuns ficava disposto em círculo. Todos sentados. Intercalavam-se com um médium de incorporação e um médium de sustentação.

A tarefa de sustentação é muito honrosa e importante. Ela exige equilíbrio, harmonia e bom senso do tarefeiro em todos os sentidos. Esse trabalho consiste em ficar no silêncio da prece e sem se deixar envolver pelo sono ou por incômodos espirituais que tentarão lhe influenciar os pensamentos. A sustentação é um dos fatores mais importantes para que um trabalho de desobsessão tenha êxito.

Nenhuma manifestação ocorria. O silêncio era absoluto.

Subitamente, Ana passou a receber, através da vidência, imagens de cenas estranhas: uma gigantesca casa, um casal discutindo... uma mulher chorando... Tudo confuso, a princípio.

Não demorou e uma outra médium deu a comunicação do espírito que se afinava com as imagens recebidas por Ana.

— O que estou fazendo aqui? — perguntou o espírito através da médium. — Que lugar é esse?!

— Aqui é uma casa de oração. O querido irmão pode considerá-la como sendo um pronto-socorro para aqueles que se sentem fatigados e insatisfeitos.

— Eu não sou homem!!! — vociferou a médium. — Quero sair daqui!!!

— Perdoe-me, querida irmã. Com toda certeza nós não vamos prendê-la aqui. Este é um lugar que respeita a vontade do Criador Universal, e uma das leis de Deus é a consciência de cada um ter o direito de fazer o que quiser. Mas antes eu gostaria que a companheira me prestasse um favor. Gostaria que me ouvisse um pouco. Você pode? — pedia a orientadora com inenarrável gentileza e verdadeiro amor nos sentimentos e na entoação de voz.

— Estão me segurando!

— Ninguém a está segurando. Olha, você acredita em Deus?

— Não sei. Ele me abandonou! — reclamava o espírito. — Eu vivo no inferno.

— Minha irmã, ninguém fica confinado no inferno. Veja, se você estava no inferno, como veio parar aqui? Como você mesma pode sentir, este local oferece tranqüilidade, atenção e orientação. Você pode abrir o seu coração e, na medida do possível, nós vamos procurar esclarecê-la.

— Que lucro eu terei? O que recebo em troca? — perguntou o espírito desconfiado.

— Você terá a tranqüilidade de sua consciência. Não há benefício melhor do que estarmos na paz de Deus.

— Isso não é lucro! — tornou a irmã sem entendimento.

— Eu quero ir embora! Quero ir embora!!! — gritou o espírito através da médium.

Nesse instante, alertando a médium para que essa dominasse, com classe, a postura e a educação mediúnica, pois a gentil dirigente sabia que não havia necessidade de aumentar o volume da voz para se fazer entender. A amável tarefeira alertou de uma forma geral:

— Vamos todos, em prece, sustentar a assistência a essa companheira e vigiar a educação mediúnica, em nome de Jesus.

E voltando-se ao espírito socorrido, argumentou:

— Você poderá ir embora, minha irmã. Porém antes, eu gostaria de esclarecê-la.

— Eu não quero o seu esclarecimento. Eu tenho esse direito.

— Mas é lógico que tem — afirmou docemente a tarefeira.

— Então eu não sou obrigada a ouvi-la — afirmou o espírito.

— Claro que não. Mas sabe, preciso de um favor seu. Sou alguém que trabalha para Jesus e, quando abracei essa tarefa, decidi que todos os irmãos que viessem para conversar comigo a fim de serem esclarecidos, eu iria ter paciência, amor e procurar levar a ele a orientação que Jesus nos deu. Por isso, minha querida, gostaria que me deixasse fazer o meu trabalho. Preciso que me ajude. Depois sim, você pode ir embora. Por favor?...

A honrosa tarefeira não desanimava. Ela não queria perder a oportunidade de socorrer aquela companheira. Porém sabia que não deveria insistir muito para não cansar aquele espírito e se iludir com uma falsa aceitação que ele pudesse ter, só por estar entediado de tanta insistência.

Com verdadeira atenção, entoando agradável carinho na voz, pediu:

— Antes de ir, você pode me ouvir?
— Fala, vai! — respondeu o espírito com desdém.
— Você já ouviu falar de Jesus?
— Já.
— Esse mestre querido veio nos esclarecer e socorrer. Ele nos disse: "Bem-aventurados os que choram, pois serão consolados". Jesus promete compreensão aos aflitos do mundo e lhes garante o socorro e o conforto através dos seus ensinamentos. Mas para esse alívio nos envolver, querida irmã, é necessário darmos atenção à conveniência de determinados acontecimentos. Nada é por acaso, e muitas coisas dependem da nossa vontade.

— Eu não sofro porque quero! — alertou aquele espírito através da médium. — Eu sofro porque ele me traiu... ele nem lembra de mim... Você sabia que ele me esqueceu já naquela época?!...

Aquele espírito narrava como se a dirigente do trabalho soubesse do que ela estivesse falando e o que solicitava.

É lógico que todo espírito manifestante para esse tipo de assistência e socorro espiritual, é um irmão queixoso que, por falta de conhecimento, incomoda o encarnado que está sendo auxiliado na assistência espiritual, conhecido como tratamento espiritual.

O termo "tratamento espiritual" não é correto, uma vez que o Espiritismo não cura ninguém. O que há em uma casa espírita é a assistência espiritual aos encarnados e desencarnados, dando a ambos o entendimento de como ficarem saudáveis espiritualmente e, então, prosperarem. A assistência espiritual consiste em ofertar a orientação e o entendimento do que podemos fazer em nossas vidas para não mais experimentarmos as torturas que nos afligem, ensina-nos a reforma interior necessária para nos religarmos a Deus tendo fé, amor e praticando a caridade. A partir daí sim, o que merecermos, receberemos na medida certa e de acordo com as possibilidades. Não sabemos a que temos direito.

Por essa razão, o dirigente de uma tarefa, como é a da desobsessão, tem que possuir muito equilíbrio e harmonia. É imprescindível o conhecimento doutrinário e, porque não dizer, o domínio deste. Esse tarefeiro da área espiritual deve enriquecer-se muito sobre idéias e noções de diversos assuntos e ter a sabedoria da existência espiritual em condições inúmeras, bem como saber dos seus motivos para analisar rapidamente o estado consciencial em que o espírito se encontra a fim de auxiliar o seu entendimento e socorro. Além disso, saber expor e defender as teses do Evangelho de Jesus e da Codificação com bondade, amor e dentro do bom senso.

Por incontáveis vezes, esse dirigente será colocado à prova por inúmeros espíritos que hão de querer testá-lo e desclassificá-lo até revertendo o quadro apresentado, expondo qualquer assunto particular da vida desse dirigente que possa desmoralizá-lo perante todos: encarnados e desencarnados ali presentes. O espírito pode relatar a desarmonia que há em seu lar e dizer que: "primeiro o dirigente deve cuidar de esclarecer e assistir àqueles com quem vive sob o mesmo teto e a si mesmo para depois pensar em esclarecê-lo" ou "que o dirigente tenha boas práticas morais ou de caridade, deixe seus vícios para depois ir ensiná-lo" e tantas outras alegações o espírito poderá fazer.

Esse trabalho não é fácil e exige muito do tarefeiro, a começar a humildade.

Além disso, o dirigente de um trabalho desse tipo deve dispor de delicadeza com as palavras para não ferir ou magoar o irmão que se apresenta.

Ter extrema discrição para não expor a pessoa a quem esse espírito está vinculado.

Habilidade com o pensamento para que este disponha de argumentos de defesa verdadeiros a fim de entender o queixoso, compreendendo o que ele reivindica sem acusá-lo, sem aprofundar-se em detalhes, algumas vezes, desnecessários.

Por essas e tantas outras razões, a amorosa tarefeira esclareceu:

— Eu sei que a querida companheira não sofre porque o quer. Porém o remédio para todos os males é a atenção, a compreensão e a prática dos ensinamentos de Jesus.

— Eu já rezei e ninguém me ouviu!

— Ah, Jesus ouviu sim. Mas se nós não nos sentimos aliviados com uma prece, precisamos buscar, dentro de nós, a resposta para sabermos a origem dos males que nos torturam. Aí vamos analisar e descobrir que "se houvesse feito ou deixado de fazer tal coisa, não estaria em semelhante condição".

— Você está me acusando?

— Não. Não a estou acusando. Nem sei o que a querida irmã fez para sentir-se assim. Mas sei o que pode fazer para deixar de sofrer.

— Eu vou acabar com eles! — dizia o espírito em tom de desequilíbrio. — Vou acabar... Ele me traiu!

— Não traiu não, minha irmã. Ele nem sabe que você existe.

— Eu quero ir embora — pedia o espírito.
— Minha querida, você não se sentiu um pouquinho melhor aqui? Veja, nesses minutos em que conversamos, pôde sentir um ambiente melhor à sua volta, não é verdade?

O espírito ficou em silêncio e a dirigente tornou ainda mais amável.

— É lógico que sentiu. Então as preces que você fez foram atendidas. Você sentiu o alívio que desejava em sua consciência. Essa é a sua oportunidade de melhorar.

— Agora eu não quero.

— Está certo. Mas eu fico feliz em ouvi-la dizer que não quer "agora", isso significa que vai querer futuramente.

Você vai poder ir, minha irmã, porém antes deixe-me fazer uma prece a Jesus, por você, por favor?

— Eu quero ir embora.

— Assim que eu terminar a prece, minha querida.

A dirigente, que estava em pé, ergueu o corpo curvado a fim de facilitar o diálogo. E, como se aquela sala não possuísse teto, ela ergueu a cabeça "olhando para o céu" e soltou a voz macia, entoando-a com inenarrável amor e harmonia, fazendo cada palavra vibrar com sentimentos verdadeiramente puros.

— Queridos irmãos, encarnados e desencarnados, aqui presentes. Vamos pensar em Jesus, o médico das almas, para pedirmos o envolvimento sublime à querida irmãzinha que se encontra aqui. Todos juntos, num só coração, vamos acompanhar e viver essa prece:

"Mestre querido, que sempre estendeu suas dadivosas mãos a todos os enfermos das almas, aos cegos dos Seus ensinamentos porque negaram a praticá-los, aos doentes do coração por cultivarem o orgulho e a vaidade de não admitirem se modificar e aos enfermos acamados na falta

de iniciativa que se acomodam diante de tantos ajustes a fazer.

Mestre querido, que nos ampara na hora justa, acenda Sua luz no entendimento da nossa irmã para que ela possa converter os seus sentimentos em amor, porque se hoje ela não o faz, Querido Amigo, é porque ainda não O compreendeu.

Acrescenta-lhe no coração a generosidade verdadeira, o alívio do bálsamo da paz e o vigor de se empenhar pelas próprias forças, equilibrando-se e sustentando-se em Seu amor para saber como agir.

Senhor! Suplicamos suas bênçãos de caridade e compaixão a essa irmã querida que não deseja mais repousar na insegurança nem na dor.

Que a partir de agora, Senhor, possa ressurgir para ela um entendimento e um envolvimento novo, repleto dos benefícios de Suas bênçãos. Mas acima de tudo, que seja feita a vontade do Pai."

O amor reconfortante de todos, misto ao desejo do bem, fez com que, na espiritualidade, aquela irmã pudesse se comprazer de um alívio sem igual.

Suas lágrimas correram, mas seu coração ainda se enrijecia pela falta de compreensão.

Você está melhor, minha irmã? — perguntou a dirigente bondosa.

— Eu quero ir embora. — pediu o espírito mais brandamente.

— Quer mesmo? Veja, você se sentiu melhor.

— Mas eu quero ir.

— Tenho certeza de que a querida irmã se sentiu tão aliviada que não vai esquecer de Jesus e vai desejar sentir Suas bênçãos novamente. Por essa razão, eu pedirei para que retorne, na próxima semana, para conversarmos a fim de que a companheira se deixe envolver pelo amor e pela compreensão. Está bem?

— Não sei.

— Ah, sabe sim. Eu sei que você vai pensar muito e vai decidir voltar. Então vai com Deus, minha irmã. Que Jesus a ampare e ilumine a jornada.

A dirigente, fiel tarefeira de Jesus, despediu-se do espírito com júbilo, dando a esperança de ser recebida "de braços abertos" quando desejasse mais esclarecimentos.

O espírito não respondeu a nada e se retirou, enquanto a dirigente conduzia outra prece em benefício da recomposição do assistido encarnado.

No final dos trabalhos, antes de irem embora, alguns dos tarefeiros se despediram e Ana esperou até que a maioria se retirasse. Aproximou-se da dirigente e pediu:

— Míriam, por favor?

— Sim, Ana. O que foi?

— Em um dos tratamentos, durante a comunicação de um irmão, eu tive uma vidência de cenas sobre fatos passados.

— Isso é normal, Ana.

— Sim, eu sei. Primeiro que é difícil eu ter isso, segundo eu parecia estar envolvida nos acontecimentos da vidência, de alguma forma, porém eu não me via.

— Talvez seja porque hoje iniciamos o tratamento espiritual da Rose e do Roberto.

— Eu creio que vi também o pesadelo que minha filha tem. Não é um desequilíbrio ou uma neurose de Rose pelo que ocorreu nessa vida, é algo do passado. Rose tem pânico de um acontecimento do passado, entende? Por isso os tratamentos de psicanálise surtiram um efeito parcial, dando-lhe força de vontade, e, quando pensamos que tudo está bem, há uma recaída.

— Ana, vocês já procuraram consultar um psicólogo ou psicanalista que seja espírita ou simpatizante do Espiritismo? Eu acho que é possível sim passar por um pânico de um acontecimento de uma vida passada. Em todo caso, um bom profissional poderá nos dar melhores orientações.

— Só podem ser situações conflitantes de vidas passadas, Míriam. Minha filha nunca teve problema até conhecer o pai do namorado e...

— E?... — perguntou a dirigente interessada.

— Sabe como é, Míriam. Tenho medo de comentar o que acho que observei através da vidência.

— Ficará entre nós — prometeu a amiga. — Conte-me se isso a fizer segura, além do mais essas informações poderão me ajudar com o tratamento desse espírito e, se eu achar que você não está certa no que entendeu sobre a vidência que recebeu, procurarei conduzi-la.

— Eu não me lembro mais qual foi o tratamento, mas antes dele iniciar, eu comecei a receber imagens de uma casa muito grande. Sei, pelo estilo e pelas roupas, que se trata do século passado. Tudo indica que havia riqueza e conforto.

Uma mulher discutia com seu marido. Por ciúmes, acusava-o, aos gritos, de traição.

Não sei dizer por que, mas me parece que esse homem era médico e... acho que era o Roberto, namorado de minha filha hoje. Tenho certeza de que essa mulher não era a Rose.

As cenas eram rápidas, mas pude perceber que esse médico era muito calmo e atencioso, porém sua mulher queria conseguir tudo aos gritos.

Depois eu vi esse homem, que é o Roberto, conversando com uma outra mulher que, aí sim, é a Rose, entende?

Míriam pendeu com a cabeça positivamente e Ana continuou:

— Eles conversavam muito e havia uma grande amizade entre ambos.
Depois surgiram dois homens. Um, muito elegante e gentil, que acompanhava o Roberto, e o outro parece que é parente da Rose. Parece que...
— Que?...
— Não sei dizer. Acredito que esse homem que acompanha a Rose deva ser o pai do Roberto hoje, o senhor Gonçalves. É aquele homem que eu lhe disse que está muito doente.
— Sim, eu sei de quem se trata. E daí? — interessou-se Míriam.
— Esse homem agredia impiedosamente a Rose, mas ninguém via. A vida que ela levava era um terror! Creio que ele era marido dela.
Havia um pouco de amizade entre esse homem que eu vi, como sendo o senhor Gonçalves, e o Roberto.
O homem elegante, um verdadeiro cavalheiro, que acompanha o Roberto, eu não sei dizer quem é...
Nesse momento, uma outra médium que estava parada ao lado escutando a narração, pronunciou-se:
— Desculpe-me a intromissão, mas eu também vi o mesmo que você, Ana. Acredito que esse homem educado e elegante é o pai desse Roberto nessa época antiga e, atualmente, ele é o Davi.
Ana ficou surpresa e a médium confirmou.
— Pude observar também um outro jovem. Esse creio que é o Henrique. Ele, hoje, é quem aproximou as duas famílias para que todos se encontrassem novamente.
— Você conhece o Roberto, Maria? Ou mesmo o pai dele?
— perguntou a dirigente para a médium que chegou relatando o que viu.
— Não. Quem são?

— O Roberto é o namorado da minha filha e irmão da noiva do Henrique — explicou Ana, perplexa, mas sem se exaltar.

— Puxa! — admirou-se a própria médium, salientando: — E o Henrique, nessa época, também foi filho do Davi e, logicamente, irmão do Roberto. É o Henrique também, quem mantém os laços que ligam essas duas famílias no passado, pois ele namora uma jovem que, talvez, seja, filha desse homem bravo com a Rose.

— Mas a Rose me pareceu nova demais para ser a mãe daquela moça! — acreditou Ana. — Rose até parecia ser filha desse homem.

— Mas você viu como essa jovem trata a Rose como sua mãe?

— Não importa — explicou a dirigente. — Sabemos que a Rose tinha atenção e carinho por parte de uma moça que namorava um rapaz, Henrique, e este tinha um irmão, o Roberto. Rose era casada com um homem bem mais velho e tinha amizade com o Roberto, irmão do Henrique. Certo? Mas continuem, e daí?

— Houve um incêndio e Rose estava nele! — contou Maria, a outra médium.

— É o sonho repetido que Rose tem! — alertou a mãe. — E o Roberto a tira desse incêndio, não é? — perguntou Ana.

A médium ficou em dúvida e explicou:

— É. Mas eu também a vi, Ana. Você estava no meio desse incêndio ajudando o Roberto.

— Pode ser que todos vocês viveram juntos nessa mesma época — explicou a dirigente.

Ana salientou verdadeira:

— Que engraçado! Eu não me vi em nenhum momento. Vi a Rose sendo tratada e depois inválida. Aí tudo fica um pouco confuso.

— Eu posso garantir que a vi, Ana. Vi o socorro da Rose e depois ela sendo levada para a mansão. Não vi mais aquela mulher que chorava no começo, que é o espírito que se comunicou hoje. Também não vi nenhum romance entre ela e o Roberto. Mas o marido da Rose ficou enfurecido porque apareceu um rapaz que o ficava envenenando com sugestões sobre um suposto romance entre Rose e Roberto até... — contou a médium Maria.

— Eu sei. Até o marido matar os dois — esclareceu Ana com voz triste.

— E a esposa do Roberto, a mulher que aparecia chorando no início? — tornou Míriam.

As médiuns se entreolharam, indicando negativamente com um movimento de cabeça.

Míriam, experiente, concluiu:

— Bendita mediunidade! Geralmente quando algo é revelado, não é só a um médium e podemos recompor os fatos como peças de um enorme "quebra-cabeça".

— O que você vai fazer, Míriam? — perguntou Ana.

— Vou saber se outro médium pode dizer algo porque, se for o que pensamos que o espírito assistido hoje é a antiga esposa do Roberto, ficará mais fácil procurar envolver e esclarecer essa irmã. Isso significa que, além do trauma que Rose traz de uma experiência ruim, ela tem um espírito que lhe auxilia o sofrimento, sugestionando ou mostrando-lhe os sentimentos sofridos dessa vida passada.

— Faz sentido, Míriam — lembrou Ana. — Minha filha sempre foi uma pessoa normal. Ao encontrar o Roberto e seu pai, hoje, Rose encontrou também essa companheira espiritual sem instrução. Ela julga Rose sua rival e lhe provoca essas perturbações através dos sonhos.

— Tudo indica que seja isso. Mas não vamos julgar. Realizaremos nosso trabalho em nome de Jesus.

— Porque não pergunta para a Lia se ela viu algo. Ela também é vidente! — propôs a médium Maria.

Ana ergueu o pescoço à procura da companheira e, encontrando-a, chamou.

Lia se aproximou e Míriam perguntou se ela poderia ajudá-la.

Maria era boa médium, mas com pouca experiência e bom senso foi narrando o caso que ela e Ana observaram através da mediunidade.

— Ah, eu vi sim. — afirmou Lia.

— Então nós não sabemos o que aconteceu com a mulher dele — terminou Maria.

— Eu vi que o Roberto — contava a médium Lia —, nessa vida passada, levou a outra mulher, a Rose, para freqüentar o mesmo teto onde vivia com sua esposa. Depois os dois viveram um romance e, mesmo com a esposa implorando, ele não se importou em humilhá-la. Foi essa esposa ciumenta que ateou fogo na casa onde Rose recebia o amante, Roberto.

— Eu não vi nada disso — disse Ana com certa amargura, sentindo a falta de verdade.

— Pouparam você, Ana. Talvez por ser a mãe de Rose hoje. Mas eu vi os dois vivendo, na frente da esposa dele, um largo romance. A esposa, para se vingar, contou ao marido da Rose, o qual matou os dois como vocês viram.

Com remorso, a esposa do Roberto se matou.

Por isso esse espírito se sente traído. Ele a enganava, e ela não lhe perdoou. Razão pela qual os persegue até hoje.

A dirigente do trabalho não disse nada, mas agora tinha uma idéia do ocorrido.

Lia, por portar vaidade, deixou prevalecer seu animismo para criar idéias irreais sobre os fatos. Não queria admitir, perante as companheiras, que não lhe permitiram receber a vidência completa dos fatos. Desejava chamar a atenção e ser considerada a melhor médium por sempre saber de tudo.

Só que com isso, poria em risco um trabalho de esclarecimento e socorro, induzindo outra tarefeira ao erro.

Lia era uma séria candidata a, futuramente, ser uma pessoa que muito iria se iludir ou induzir-se facilmente ao erro, além de correr o risco de chamar a atenção dos outros como realmente deseja.

A educação mediúnica ensinará um médium a se equilibrar, e o bom senso dele vai qualificá-lo como um bom ou mau intérprete do que ocorre na espiritualidade.

Devido ao seu comportamento, conhecimento e fidelidade, esse médium será o alvo de atenção de espíritos evoluídos que necessitam de um trabalhador fiel.

Se não houver conhecimento, comportamento adequado e fidelidade no que apresente, ele será rodeado de espíritos levianos e irresponsáveis, que querem enganar a todos.

O médium deve refletir sobre o que vai narrar a respeito de sua vidência ou clarividência para não se ridicularizar. Orientando os demais, quando lhe for possível e necessário, com a verdade.

Nem tudo o que observamos e recebemos da espiritualidade pode ou deve ser relatado. Primeiro deve perguntar a si mesmo: no que isso ajudará alguém? A quem ajudará? Será que minha análise de ajuda aos outros será realmente benéfica? O que foi observado precisa, realmente, ser divulgado ou estarei fazendo esse anúncio para alimentar meu orgulho e minha vaidade?

Todas essas coisas devem ser muito bem pensadas. A responsabilidade mediúnica é imensa.

O médium não possui nada do que se orgulhar.

Grande mediunidade indica muitos débitos, muito a se refazer e se aperfeiçoar.

Ele deve lembrar que seu animismo é prejudicial, quando altera os fatos com falsas verdades, e poderá não ficar em boa situação perante os companheiros quando surgir outro médium que relate a verdade. O que, com certeza, ocorrerá.

8

Educação

O irmão de Roberto, Pedro, começou a ter um comportamento cada vez mais estranho. Quase que abandonava por completo a higiene pessoal, cuidando-se somente depois de sua mãe insistir muito.

O armazém do senhor Gonçalves praticamente havia acabado. Somente alguns ébrios se juntavam a Pedro para beber.

Havia ocasiões em que o filho mais velho do senhor Gonçalves dormia no armazém por não ter condições de voltar para casa. Ele bebia em demasia.

Enquanto isso, Roberto aproveitava todas as oportunidades que lhe eram oferecidas e os benefícios que lhe ofertavam.

— É meu último ano. Quero "fechá-lo com chave de ouro!" — dizia Roberto entusiasmado. — Está sendo difícil cumprir os estágios e tudo mais, porém valerá a pena.

— Pode ter certeza, Roberto — incentivava Henrique. — Quando paro e penso como foi sacrificado para mim, principalmente o último ano! Sabe... sinto-me capacitado... realizado!

— Não vejo a hora!... — sonhava o estudante.

— Quais seus planos? — tornou Henrique.

— Nem terminei, mas... Penso em abrir uma clínica. É claro que preciso de especialização, dinheiro...

— Aceita um sócio? Só que nas mesmas condições! Estou quase terminando a residência!

— Aceito com o maior prazer! — exclamou Roberto.

— Sociedade em quê? — perguntou o doutor Davi, que acabava de chegar.

— Em uma clínica médica. — informou o filho.

— Especializada em?... — tornou seu pai.

Henrique, com semblante risonho, idealizou:

— Bem, Roberto me disse outro dia que pretendia fazer especialização em "cardio". Então teremos um cardiologista! Eu, "dermato". Já temos um dermatologista! Podemos até já ter um ortopedista, não é pai?!

Seu pai sorriu e ironizou:

— E o "dinheirista" para bancar tudo isso, quem será?

Sem que nenhum dos dois esperasse, Roberto respondeu:

— Dinheiro, especificamente falando, ainda não sei como virá. Mas sei que, se nos dedicarmos com fé, bons e verdadeiros propósitos "Deus irá nos bancar."

O pai de Rose sorriu, aproximando-se deles e os abraçando, concluiu:

— Então vamos conseguir sim, de algum jeito! Porque eu creio que temos fé e bons propósitos.

Henrique, mesmo brincando, considerou:

— Bem... podemos até contar com a enfermeira Rose, a auxiliar de enfermagem, dona Ana, e a recepcionista, Margarete!

— Não brinque, Henrique! — avisou seu pai sorrindo. — Eu sinto que isso ainda vai dar certo!

— Não estou brincando, pai! É sério mesmo!

* * *

Roberto, sempre que podia, visitava sua família.

Seu pai foi internado, e como para Deus não há coincidência, e sim a necessidade misericordiosa do reajuste, Rose trabalhava no mesmo hospital em que ele estava.

Por falta de vaga e oportunidade, aquela enfermeira padrão aceitou a função, não tão menos meritória de elogios, como auxiliar de enfermagem.

Aos poucos, a jovem se forçava para vencer o medo de se aproximar do pai de seu namorado, pois haveria de lhe dispensar os cuidados profissionais.

Sempre que o senhor Gonçalves a via, procurava, mesmo com dificuldades pela voz que mal podia sussurrar, puxar alguma conversa.

Rose se detinha e lhe ofertava toda a atenção.

Sem saber o que falar para confortá-lo, Rose fazia o enfermo lembrar da resignação do Mestre Jesus.

Falou-lhe também sobre as provas que um espírito experimenta quando encarnado a fim de aprender com a dificuldade e não mais cometer erros.

Devido a difícil prova do câncer que lhe corroia o corpo e o pensamento, aquele homem sofrido pedia a morte.

— Sabe, senhor Gonçalves, seria bom o senhor se ver como um pessoa forte e resistente que, apesar de todas as dores, de todo o quadro clínico que apresenta, não se veja doente e sim como um espírito perfeito, pois somente seu corpo sofre. Acredite em Deus e peça-Lhe forças. Temos a eternidade pela frente, e Deus não vai nos deixar sofrer eternamente.

Com extrema dificuldade, o pai de Roberto perguntou quanto tempo ele ainda sofreria.

— Se o senhor crer, deixará de sofrer agora. Mesmo se continuar a sentir as dores do corpo. As dores são do corpo físico e até o corpo físico não nos pertence, ambos são empréstimos temporários para nossa evolução. Não podemos maltratar nosso corpo, mas se nos prendermos muito ao sofrimento passamos a ter dores em demasia. Experimentamos as dores sim, porém podemos assumir um estado de consciência em que acreditamos na saúde do nosso espírito, que não adoece. Isso é acreditar em Jesus. Isso nos dará certo alívio.

Ouvindo a futura nora, o senhor Gonçalves perguntou onde ela aprendeu a falar assim.

Após ela explicar que fora no Evangelho, ele perguntou se Rose poderia ler o Evangelho para ele aprender mais.

A partir de então, pelo fato de Rose trabalhar à noite e não haver tanto movimento, ela passou a levar consigo o livro *O Evangelho Segundo o Espiritismo* para lê-lo e explicá-lo ao senhor Gonçalves, que parecia aliviar-se mais com essa experiência do que com os medicamentos.

Até outras companheiras de enfermagem se achegavam para ouvir a leitura e a explicação de Rose.

Admirada com determinadas ocorrências em seu trabalho, a jovem relatava em sua casa fatos curiosos.

— Então eu passei a ler e explicar, e a Alda só ficava ouvindo, prestando uma atenção!... Daí que, após esses meses, a Alda me disse que nunca ouviu alguém explicar tão bem os ensinamentos de Jesus como estava ali naquele livro. Disse ela que nem mesmo o pastor da igreja que ela freqüenta esclarecia tão bem.

— E aí?! — interessou-se Henrique com grande expectativa.

— A Alda não viu a capa do livro, claro, porque estava encapado. Sabe, na hora, eu gelei! — explicava Rose. — Nem sabia o que fazer.

— Devemos respeitar a crença dos outros, Rose — lembrou-lhe o pai. — Porém temos de esclarecê-los com bondade e amor quando houver interesse.

— O que você fez?! Qual a reação dela?! — insistiu seu irmão.

— Não houve reação. — afirmou Rose.

— Como não?! — tornou Henrique e sua mãe, ao mesmo tempo.

— Eu disse a ela assim: "Já que você gostou, vou lhe dar um de presente."

Henrique deu-se um tapa na testa, atirando-se para trás, largando-se no sofá a fim de expressar com exagero sua incredulidade na simplicidade de sua irmã.

Roberto e o pai de Rose começaram a rir e Ana preocupou-se:

— Filha, você não falou que se tratava do livro O Evangelho Segundo o Espiritismo?

— Eu falei pela metade, mãe.

— Como falou pela metade? Não entendi!

— Eu disse que aquele livro era O Evangelho Segundo as explicações de muitos que se dedicaram a analisar e expor o que Jesus ensinou através de parábolas, só que de um modo prático e fácil para nós entendermos nos dias de hoje. Eu disse que aquele era o Evangelho de Jesus, nada além disso e só o que havia de especial eram as explicações e pronto. Ah! Não tenho tempo, mãe. Compra um Evangelho para eu dar à Alda?

— Se ela mencionou "pastor da igreja", ela é evangélica! — afirmou a mãe.

— Talvez, Ana, tenha chegado a hora da moça aperfeiçoar os conhecimentos evangélicos que possui. Compre o livro para a Rose lhe dar — pediu o senhor Davi.

— Eu concordo com o senhor Davi. Sabem qual a minha opinião? A ignorância sufoca a multidão com os seus pecados — acrescentou Roberto.

— Bela filosofia, Roberto! — ressaltou Henrique. — É sua mesmo?

— Acho que sim — respondeu ele. — Se eu não criei com meu animismo, alguém me "soprou nos pensamentos".

— Explique-se melhor, Roberto. Como filosofou que "a ignorância sufoca a multidão com seus pecados?"

— Na minha opinião, para alguns é importante outros serem ignorantes, pois desconhecendo os fatos como eles são, verdadeiramente, aqueles que dominam podem lhes manipular as idéias e induzi-los ou manobrá-los como bem queiram. Não conheço muito sobre o Espiritismo. O que sei vem de informações que tenho sobre o que vocês comentam e o que ouço nas palestras, as quais comparo com as raras oportunidades que tenho para ler a respeito. Porém o que já aprendi é que o Espiritismo não determina um "líder" um "senhor absoluto" que rege como sendo o doutrinador ou sacerdote.

— Temos Jesus como sendo o nosso exemplo maior, Roberto — explicou o senhor Davi. — O que aprendemos através do Espiritismo é alicerçado no que Ele nos ensinou e no que os Espíritos, participantes da codificação, trouxeram para nos esclarecer.

— Sim, eu sei — continuou Roberto. — Eu me refiro a um líder encarnado que determine o que os outros devam realizar em suas vidas. A Doutrina Espírita coloca a todos no mesmo patamar de igualdade e, sem exigir nada, expõe todos os conhecimentos. Cada pessoa, de acordo com a sua determinação e boa vontade, vai adquirir e utilizar esses conhecimentos para mais rapidamente evoluir. Porém qualquer um, de posse desses conhecimentos e com bom senso, pode ensinar os demais. É esse revezamento de expositores que fará as pessoas aprenderem a raciocinar.

— É verdade — concluiu Henrique. — Na Doutrina Espírita, os ensinamentos não se baseiam na fé, mas em estudo e reflexão. Tudo possui base científica. As pessoas têm de pensar e repensar, isso é filosofia, só que é uma filosofia simples de ser acompanhada.

O doutor Davi, não resistindo, também esclareceu:

— A Doutrina Espírita, através do seu metódico processo de estudo e ensino, faz-nos religar com o Criador Universal porque nós só evoluímos a partir do momento em que mudamos nossas práticas, nossos hábitos, nossos vícios. E nós só mudamos isso quando compreendemos. E compreendemos quando aprendemos através do estudo. Assim de posse da livre escolha, decidimos mudar. Essa mudança nos religa ao "Princípio da Criação": Deus.

Podemos concluir que cada um a seu modo e por razões diversas, quer se ligar a Deus porque só assim se sente protegido, amparado, confortado. Mas enquanto não se reformar, manterá uma grande distância do Criador.

— Senhor Davi, corrija-me se eu estiver errado — pediu Roberto. — Desde os tempos mais remotos o ser humano procura se religar com Deus.

— Exato.

— Devido ao nível de evolução e entendimento das pessoas, fazem-se necessárias diversas seitas e credos, até para impor certos limites. Mas as criações anímicas como mitos, superstições e outros não nos liga a Deus, certo? Quem disser que esta ou aquela religião nos liga a Deus, não sabe o significado da palavra religião, não é isso?

— Exatamente, Roberto. As criações anímicas como mitos, superstições, cultos, cerimônias e crenças não nos ligam a Deus. O que nos faz ir ao encontro do Criador, é a nossa fé em Seus desígnios, é a permanência dos nossos pensamentos no bem e na compreensão verdadeira. O que nos faz sentir Deus, são as nossas ações, as atitudes que tomamos baseadas sempre no que Jesus Cristo ensinou.

Religião, religar-se a Deus, é a consciência tranqüila, é não desejar o mal nem tecer comentários denegridores de ninguém porque Deus não o faz, mesmo sendo o pai daquela criatura que você amaldiçoou e criticou em seus pensamentos.

— Eu penso o seguinte — afirmou Roberto: — a falta de conhecimento leva a pessoa ao medo porque aquele que desconhece os processos naturais das coisas invisíveis aos olhos humanos, vai acreditar no primeiro que aparecer apresentando uma opinião com veemência. E aqueles que apresentam essas opiniões sem bases sólidas e sem bom senso criam medos, mitos, cultos, ritos em torno do sobrenatural. Ora o sobrenatural não existe. Se houve um Criador tudo o que há no universo, o que existe são fenômenos que ignoramos o processo e os meios pelos quais eles ocorrem. Então, em torno da ignorância de muitos, alguém tece uma idéia anímica que não foi contestada pela maioria que normalmente não pesquisou, pensou ou investigou, idéia essa que é inatingível e inconcebível pela razão e pelos fatos verdadeiros e pelo raciocínio lógico.

— Roberto — interrompeu o dono da casa —, se lembrarmos dos processos de causa e efeito, conhecidos por alguns como processos cármicos, veremos o quanto são importantes os diversos tipos de religiões e pessoas.

Roberto se calou pensativo e começou a refazer suas reflexões.

Lembramos que, enquanto as idéias separativistas vigorarem, quando sustentamos o nome de determinada crença, indicando-a como sendo a mais ideal, estamos sendo injustos, pois esquecemos que ela pode ser ideal para quem está naquele nível evolutivo.

Ser católico ou protestante, espírita ou muçulmano, não importa. Antes de qualquer coisa, devemos nos preocupar em sermos Cristãos nas pequenas práticas diárias e no amor dispensado, incondicionalmente, a qualquer irmão, até em pensamento.

A religião não faz de um homem um grande espírito, mas Deus nos faz todos irmãos. Não considerar um irmão, não respeitá-lo, é desrespeitar ao Pai Celeste porque nem Ele o faz.

E as atitudes cristãs, diante das mínimas e mais diversas ocorrências diárias, fará, sem dúvida, muita diferença para sua evolução.

— É Roberto — disse Henrique quebrando o silêncio —, existem religiões primitivas e religiões superiores. As religiões superiores são aquelas que proporcionam estudo e reflexão, cabe a cada um decidir e escolher. No passado, para você ver o quanto era importante que as pessoas permanecessem ignorantes a fim de serem dominadas que houve períodos na história do mundo em que a educação foi proibida porque o objetivo principal da educação é dotar o ser humano de conhecimentos capazes de impulsioná-lo às transformações materiais e espirituais. A educação, o conhecimento, aumenta o poder e a capacidade de qualquer criatura. Haja vista, que em determinado período, quando o Império Romano foi destruído pelos bárbaros e as escolas públicas praticamente desapareceram, houve uma obscuridade intelectual que durou séculos. Quando surgiu o renascimento escolástico no setor educacional, época em que o interesse maior voltou-se para os problemas espirituais, a autoridade de alguns clérigos que tornaram a crença inquestionável, inibia a reação do povo sem instrução, pois esses não sabiam como agir nem o que reivindicar.

— Certo — tornou Roberto —, mas houve aqueles que conseguiram se educar mas muitos deles protestaram. Porém dentro desses protestos, surgiram divergências e com a educação abrindo fronteiras, aumentando a visão do povo e mostrando categoricamente o que eles poderiam conquistar, o domínio inquisidor deixou de existir a partir daí.

— Porém, Roberto — lembrou o doutor Davi —, podemos ressaltar que a liberdade de expressão, depois de 1834, ou seja, após a Inquisição, fez o povo desejar novos estilos de vida. Houve um movimento para que a educação na Europa não se dissimulasse como ocorreu em Atenas, na Grécia, e até em Roma. Houve movimentos de irradiação de cultura em diversas Universidades Européias. Certo?

— Certo senhor Davi — tornou Roberto. — Os conhecimentos existentes se unificavam e ganhavam vulto e a sistematização da teologia, a qual fazia parte dos melhores currículos, completava a tarefa dos escolásticos. Foi o estudo aprofundado da teologia que se organizou num sistema filosófico, fazendo muitos se libertarem do domínio dos poderosos na Europa. Sabe, às vezes, penso que hoje, se a teologia integrasse de forma mais intensiva os cursos universitários, ajudando o aluno organizar suas concepções filosóficas, isto é, pensar e repensar sobre opiniões já formadas, teríamos profissionais de melhor qualidade.

— Será, Roberto? — ponderou o homem.

— Creio que sim. Veja, foi nesse período, isto é, depois que a opressão e a inquisição acabaram, no século XIX, que as mentes começaram a estudar, ganharam conhecimentos e os colocaram em prática. Foi a partir da época em que se permitiu os estudos, a educação para todos, que surgiram as invenções como o automóvel e o trem. Houve a revolução industrial, o que seria mais correto dizer: a evolução industrial. Até os estudos científicos se desenvolveram depois dessa época, pois as mentes estavam livres e instruídas. Antes as mentes eram oprimidas.

— Hoje deveriam adaptar adequadamente a juventude desde o lar — reconheceu Henrique —, mostrando a importância de se instruir, educar e amar incondicionalmente a tudo, a começar pelo país. Os pais e responsáveis poderiam dispor de opiniões culturais e informais que, indiretamente, visam a estreitar os laços sociais de amor à Pátria, de respeito a esse país, as pessoas, pois fazendo parte da sociedade, ofertam a ela as vibrações do que pensam e acreditam.

Você já teve a oportunidade de conversar com um britânico ou com qualquer outro europeu? — Sem esperar por uma resposta, Henrique continuou: — Por mais que os governantes de seus países cometam erros, dificilmente eles tocam no assunto. Eles não vibram negativamente pelo próprio país através de um comentário desairoso. Tomemos como exemplo a Inglaterra, rainha dos mares, dominou e domina várias colônias guianas e tendo-as submissas a si de forma até arbitrária e inquisidora. A Inglaterra dominou sob opressão e sangue muitos povos. A Escócia, país que faz parte do Reino Unido, por exemplo, tem tristes recordações desse domínio. Mas os ingleses idolatram o seu país, não lembram os erros cometidos, as violências. Vejamos a França, mesmo esse país tendo sido o palco da Inquisição, esqueceram-se dos problemas passados e a reconstruíram como se nada houvesse acontecido.

Nosso povo precisa parar de reclamar e agir melhor, começando pelos pensamentos que cultivam pelo nosso país. Se está ruim, com as nossas críticas, ficará pior.

— Um dia, filho, sei que seremos cobrados: "O que fizestes do país grande, pacífico e maravilhoso que te confiei?" Ao nos defendermos, diremos: "Mas eu não era político, não era governante, a culpa foi deles." E então nova pergunta nos surpreenderá: "Nem uma vibração de amor e de esperança você pôde ofertar ao seu país? Ao povo? Aos governantes? Só conseguistes emitir vibrações de queixa e críticas? O que fizestes com o seu talento de pensar e acreditar que lhe foi ofertado?"

— É senhor Davi — disse Roberto. — É mais fácil as pessoas serem catastróficas do que ofertarem bondade e amor nos pensamentos. Podemos perceber que o sucesso e a audiência são para as tragédias do dia-a-dia. Ninguém ressalta uma atitude nobre para que esse feito sirva de exemplo. Ninguém gosta de oferecer ensino, esperança e consolo porque o sofrimento dos outros dá audiência na mídia. Muitos ficam na expectativa dos noticiários trágicos para se alimentarem dos venenos amargos, impregnando com vibrações ruins seus lares e suas mentes ou preferem se deixar enganar, ocupando o tempo com as ilusões inúteis de programas sensuais que nem instruções trazem. Depois essas pessoas reclamam: "Como vou aprender isso ou aquilo? Não tenho tempo!"

— Mas, quando as tragédias invadem suas vidas — comentou Rose —, essas pessoas culpam o governo e correm para uma casa de oração, encontrando tempo para Deus!

— Filha, não critique — corrigiu-a o pai, muito ponderado com uma inclinação gentil na voz.

— Perdoe-me a franqueza, senhor Davi — confessou Roberto. — Mas a verdade é essa que Rose falou. Além do mais, as pessoas não dispõem de tempo quando estão nos períodos de bem-aventurança, ou seja, nas calmarias para adquirirem conhecimento e informações, porém, nos momentos de desespero, estarão sem conhecimento, em todos os sentidos, e acabam se deixando iludir por alguém que se posiciona à sua frente "falando bonito" e com eloqüência, isto é, falando de modo persuasivo, que leva à convicção, e devido à cegueira do momento difícil, haverá engano e muita desilusão.

— As pessoas devem tomar muito cuidado com as idéias dos outros. Devemos, nós mesmos, analisar os fatos — tornou o dono da casa. — Uma pessoa muito persuasiva, que com facilidade consegue convencer aqueles que não possuem conhecimento, pode levar muitos à loucura, ao suicídio e à destruição pessoal. De tempos em tempos, os noticiários nos mostram tragédias coletivas e individuais desse tipo.

— Bem lembrado! — ressaltou Roberto. — Uma pessoa que tem o "dom da palavra", a facilidade de prender a atenção de todos, que convence com firmeza, pode provocar destruições como Hitler fez.

Apesar de não ter nada de "ariano", Hitler convenceu toda a nação alemã sobre a pureza e a inteligência dessa raça. Afirmava ele que todos alemães eram superiores. Sem raciocinar, todos acreditaram.

— Não se esqueça, Roberto, de que Hitler não foi o mandante de tudo, muitos generais usaram o seu nome.

— Mas, Henrique, se juntássemos todos os generais alemães, não dariam um décimo de todo o exército alemão, e se o exército cumpriu ordens, é porque aceitaram a idéia, e se concordaram com tudo, é porque possuíam a ignorância sobre a Natureza divina: suas causas e efeitos, além da vaidade e do orgulho.

Os nazistas aceitaram um líder, no governo, que os alimentava o orgulho e lhes oferecia, através de "palavras bem empregadas", a vaidade de pureza da nação alemã. De certo isso não ocorreu de imediato, alguém deve tê-los alimentados por longos anos antes disso acontecer.

— Será que é só isso, Roberto? — refletiu o doutor Davi.

— Eu tenho várias opiniões, o senhor quer ouvir?

— Roberto — insistiu o médico experiente —, se voltássemos ao passado, veríamos que milhares de cristãos foram massacrados por leões em arenas, queimados vivos em estacas só por prazer dos governantes e de milhares de sádicos. Mais à frente, temos os inquisidores que torturavam as vítimas no período do Santo Ofício. Esses espíritos que usaram de crueldade com o semelhante, com certeza, foram os mesmos sacrificados nos holocaustos alemães. Às vezes eu me pergunto se não foi um meio deles se depurarem?

— Mas será que Deus não deu também o livre-arbítrio para aqueles que sacrificaram as pessoas nos holocaustos da Segunda Guerra Mundial? Veja o que havia lá, senhor Davi, câmaras de gás, fornalhas para queimar gente viva, meios de dessecação de homens, mulheres e crianças sem anestesia ou piedade. Com certeza, aqueles generais e soldados tiveram a opção de escolher o que fazer e, infelizmente, preferiram agir como agiram: com crueldade. Ninguém nasce para matar. Ninguém nasce para torturar.

— Então me explique, Roberto. Como um grupo de espíritos necessitados de provas tão tristes como essas, poderiam aprender a não sacrificar se não tivesse havido quem praticasse a crueldade?

— Perdoe-me, mais uma vez, senhor Davi, estou expondo minha opinião particular. Deus é inteligente. Haveria Ele de usar processos naturais. Se aquele povo tivesse sido poupado pela livre escolha dos líderes de não praticarem a crueldade, com certeza, ocorrências naturais haveriam de reuni-los, pouco a pouco, em incêndios onde muitos são queimados vivos, outros grupos experimentariam os terremotos onde os desmoronamentos os sufocam ou os esfacelam como no esquartejamento pelos leões. Há ainda o ataque isolado de animais, como cães, que vemos hoje em dia ocorrerem com facilidade.

A opção que eles fizeram foi infeliz, por acreditarem serem os únicos puros, inteligentes e a raça perfeita.

É um grande exemplo para a humanidade ver o quanto é prejudicial e perigoso aceitarmos e nos deixarmos guiar por alguém, sem analisarmos ou termos conhecimentos profundos sobre os verdadeiros objetivos.

Jesus nunca agrediu com palavras, ações ou acusações, a ninguém. Nunca foi político, como tantos o são.

Em nome de uma fé cega, alguns se deixam guiar e vibram sem ter conhecimento.

Roberto calou-se.

Tomando a palavra, o senhor Davi decidiu orientar:

— Roberto, meu filho, eu entendi as suas intenções, mas não critique atos ou religiões. Pense bem no que está falando e procure fazer parte dos cristãos, que se fortalecem, orientam e trabalham sem tomar partido. Creio que senti em você uma ponta de crítica. Trabalhe pela união. Críticas, às vezes, destroem quando acreditamos que somos os únicos certos, puros como muitos fizeram. Dizer que somos os únicos perfeitos é afirmar o orgulho e ressaltar a vaidade. Silencie e trabalhe.

Mais uma vez Roberto ficou pensativo, refletindo nas sábias palavras.

Após alguns segundos de silêncio, Rose observou sensatamente:

— "Amai-vos e instruí-vos" essa é a máxima, além de "Bem-aventurados os pacificadores".

— Infelizmente as pessoas nem se amam nem se instruem, mas, sem dúvida, agridem-se com julgamentos e críticas sem pacificarem a elas mesmas — acrescentou Ana que até então ouvia calada. — Terão, um dia, que repetir a lição da vida quantas vezes for necessária, até acertarem. Por isso é importante vigiarmos nossos pensamentos e vibrarmos positivamente para tudo e para todos. Não quero com isso dizer que devamos ser submissos e aceitar o que nos for imposto. O que podemos fazer é substituir o que é ruim pelo que é bom e construtivo, e o que está bom, melhorar. A começar pelos nossos próprios pensamentos.

Todos fizeram silêncio e passaram a refletir sobre as palavras de Ana.

Em dado momento, o dono da casa ressaltou animado e com largo sorriso:

— Então vamos nos instruir. Hoje é dia do Evangelho no lar.

Todos, vamos! Já pra mesa da cozinha! — brincou o médico, alegrando o ambiente.

* * *

Os elementos protetores do nosso trabalho, da nossa saúde, da nossa mente, de nós espíritos criados para a eternidade, são os nossos pensamentos.

As idéias dominadoras dos nossos desejos são escolhidas e selecionadas por nós e hão de germinarem conforme a qualidade e nosso empenho.

Quando sentimos mágoa, incompreensão ou ódio, é isso o que temos em nós, como semente, para ofertar ao outro. Sentindo amor, benevolência e compreensão também produzimos o germe desses frutos.

Lembramos que, damos o que possuímos, e a nós é proposto o que merecemos. Aceitar ou não, é nossa decisão.

Somos como uma árvore e proporcionamos resultados à medida das nossas condições, ou seja, oferecemos o fruto bom ou mau, conforme o que nos empenhamos a produzir.

Por isso, quando reclamamos nossos direitos com reivindicações contundentes, amargas ou agressivas, são esses os frutos vinagrosos do nosso ser que damos, como fel a destilar, com a intenção degeneradora do que quer que seja.

Se observarmos contra nós ingratidões, injúrias, injustiças, estaremos recebendo o retorno de tudo o que geramos e causamos um dia.

As fatalidades do mundo não ocorrem porque Deus o quer. Elas existem porque cada um de nós anuncia pensamentos e palavras catastróficas e amargas.

O Pai Celeste nos criou para a eternidade. Criou-nos iguais e perfeitos. Temos o direito de agirmos como quisermos, porém, obrigatoriamente, iremos receber de volta todas as vibrações que exteriorizamos.

Precisaríamos acreditar em um Deus injusto se pensássemos que Ele condenaria qualquer um a penas eternas de sofrimento. Sempre temos condições e possibilidades de regerar, na fonte criadora de nossos pensamentos, boas vibrações e idéias construtivas para o bem de todos, através do desejo e da vontade.

Quando permitimos a formação e a continuação de um pensamento, devemos analisar: aquela idéia, em toda a sua amplitude, pertenceria ao Mestre Jesus?

Se houver beleza no interior de nossas almas, sem dúvida, encontraremos doces encantos onde nossa visão pairar.

A esperança e o amor envolvem e emocionam o coração dadivoso e abençoado que não se queixa, mas sim trabalha... Trabalha em favor do desenvolvimento da maravilhosa e bendita Pátria do Evangelho de Jesus.

Se houver beleza no interior de nossas almas, corporificaremos coragem e concórdia para o bem de nossos irmãos, filhos de Deus, confiados aos nossos cuidados.

Se houver beleza no interior de nossas almas, encontraremos o elemento de bondade para servir com humildade em nome do Pai, que está no Céu.

Se houver beleza no interior de nossas almas, faremos florescer, no futuro, as sementes de fraternidade e mansidão sob o solo da terra a que pertencemos, por vivermos amando e respeitando, seja qual for a nação.

Os pensamentos dadivosos e férteis expandem realizações de amor, vibrações de paz, consolo e esperança.

A caridade está no bom pensamento, seja para quem for.

Somos irmãos perante Deus, nosso Pai.

Uma mente sã não encontra razões para o separativismo, para o preconceito ou para o personalismo. Sempre tem trabalho útil a agregar em conformidade com o benefício de todos, e não somente a seu favor. No entanto a criatura deve ser prudente o suficiente para não se envolver, ou deixar que os seus propósitos se enlacem com os germes degenerativos de qualquer destruição possível, ou fomente discórdia em um grupo pela imposição de suas vontades.

Todos fomos criados iguais e com o mesmo número de oportunidades, através das diversas reencarnações, para alcançarmos a evolução. Facilitar as possibilidades, depende de nós.

Aquele que vê tudo tumultuado, turvo e catastrófico é porque em si prevaleçam ainda essas expressões. A ponto de todos os mansos e prudentes, que diante das tragédias necessárias para as experiências existenciais, manterem-se cautelosos e, com um porvir de esperança, trabalharem ajudando e construindo com ações, palavras de incentivo e pensamentos benevolentes. São os primeiros a serem abençoados e envolvidos, atraindo para junto de si tarefeiros espirituais e mensageiros de Jesus dispostos ao testemunho legítimo do consolo e do amparo.

9

Desequilíbrio

— Míriam, sei que não deveria incomodá-la... mas como ficou a assistência espiritual da Rose e do Roberto? — perguntava Ana para a dirigente da sessão de desobsessão.

— Aquele espírito que se comunicou, como você sabe, compareceu mais duas vezes e não aceitou minhas considerações e esclarecimento, por mais que eu me esforçasse em envolvê-la ofertando entendimento e socorro. Comecei até a pensar que sou eu que não tenho argumentos para convencê-la.

— Não creio que a culpa seja sua, Míriam. Sei o quanto você se esforçou. Mas sinto algo errado... não sei o que é...

— O espírito contou que foi esposa do Roberto e que tinha um ciúme doentio por ele. Falou até que alguém a induzia a pensar que o marido a traía com as pacientes. Por isso ela não quereria que ele fosse médico atualmente e fez o que pôde para desanimá-lo. Durante a conversa, eu disse que a Rose lhe perdoava e o que pudesse ter ocorrido entre as duas, não importava mais. Ela ficou nervosa, irritou-se e não aceitou.

— Eu ouvi. Esse espírito disse que não confiava mais em você porque estava sendo mentirosa, acusando-a de algo que ela não havia feito.

— É, você ouviu, Ana. Ela disse que eu queria vê-la sofrer mais ainda e ficou irritada. Como lamento! Depois disso ela não voltou mais.

— Vou pedir a Rose e ao Roberto para refazerem a assistência espiritual.

— Faça isso, Ana. Será ótimo.

— Miriam, perdoe-me. É difícil para mim dizer isso mas é algo que eu sinto e preciso falar.

— Diga, Ana.

— Se esse espírito voltar para ser atendido, não pense mais no fato dele ter incendiado a casa ou levado o marido a matar o casal, talvez o fato tenha ocorrido de outra forma.

— Mas eu não disse nada disso ao espírito durante a comunicação.

— Mas pensou e a envolveu acreditando que ela foi culpada pelo incêndio e pelo homicídio do marido e da mulher.

— Você quer dizer que o espírito "leu" meus pensamentos e que essa história não é verdadeira, por essa razão ela se irritou?

— É sim. Talvez a história não seja bem como nos foi mostrada. Agindo e pensando que o espírito é culpado pelo que não cometeu, ela não confiará em você.

Míriam parou e ficou pensativa, depois concluiu:

— Então é isso o que dificulta o entendimento dessa irmã para que aceite o socorro. Obrigada, Ana. Vou agir diferente se Deus me der outra oportunidade.

* * *

Rose agora trabalhava no turno da manhã.

Ela fazia companhia ao senhor Gonçalves que apreciava sua presença.

A jovem enfermeira não se incomodava mais em ter de ficar perto do pai de Roberto. Ela se acostumou.

Rose parecia ser a única a entendê-lo. Apiedava-se dele, pois o pobre homem já não falava mais.

Para distrai-lo, a jovem o informava sobre as novidades.

— Não diga que lhe contei, hein! Quando eles vierem falar para o senhor, finja que é surpresa, tá?

Com os olhos brilhando de emoção, mesmo suportando tantas dores, ele pendia com a cabeça positivamente ficando na expectativa.

— A Margarete e o Henrique vão marcar o casamento para junho. Já compraram a casa e estão mobiliando aos poucos... Não vejo a hora! Adoro casamentos!

Novamente o homem balançou a cabeça em sinal de aprovação, mostrando contentamento.

— Bem... agora tenho de ir. Suas visitas já devem estar aí. Mas lembre-se — pediu Rose tratando-o com a animação de uma pessoa sem problema —, não conte nada do que eu lhe disse, hein!

O enfermo ofereceu um leve sorriso achando graça na expressão jovial de Rose.

Ela se retirou e não se apresentou durante o horário de visitas porque verificou que Pedro estava na sala de espera.

Naquele dia, Roberto também foi visitar seu pai.

Ao cumprimentar o irmão, o jovem médico não recebeu resposta alguma. Pedro o ignorou.

O irmão de Roberto estava estranho, inquieto e em silêncio.

Andava de um lado para o outro como se estivesse perturbado, exibindo agitação. Nem falou com seu pai, ficou só observando-o.

Repentinamente decidiu ir embora.

— Já chega né, pai? Eu já vou indo! — afirmou ele com modos estranhos.

O senhor Gonçalves não entendeu e ficou com os olhos arregalados vendo o filho partir.

— Não se preocupe, pai — confortou Roberto. — O problema não é com o senhor, o problema é comigo. Talvez minha formatura e a roupa branca que uso, incomode o Pedro. Eu deveria vir em outro horário, tenho facilidade... Mas pensei em justamente procurar me aproximar do meu irmão. Pensei que agora, com mais tempo, poderíamos conversar e talvez eu pudesse orientar o Pedro e mostrar coisas positivas que ele não consegue ver.

O velho sinalizou negativamente a cabeça, franzindo o semblante, querendo se expressar.

Roberto não entendia exatamente o que ele queria dizer, mas afirmou:

— Pai, Pedro é meu irmão. Talvez, durante todos esses anos, tenha agido mal deixando-o distante de mim. Sempre gostei de estudar, de me "enterrar" em livros... Na verdade, detestava quando Pedro me criticava. Eu me afastava dele o quanto podia. Hoje compreendo que isso nos tornou rivais. Agora possuindo mais preparo da vida, percebo que devo reverter esse quadro de hostilidade que meu irmão tem por mim. Sinto, de verdade, que desejo me aproximar dele e, quem sabe, Pedro consiga me entender passando a ver o que pode fazer por si mesmo.

O senhor Gonçalves não se expressou mais. Ficou refletindo as palavras de Roberto e observando sua sensatez. Analisou o filho e viu o quanto aquela alma era grandiosa. Tudo o que havia aprendido sobre o comportamento de Jesus, nosso exemplo maior, durante as leituras e as explicações que Rose lhe fazia, indicava que ele estava repleto de razão. Passou a admirar imensamente seu filho.

O arrependimento doía-lhe agora por não poder expressar seu amor e reconhecimento para com Roberto.

O jovem médico, buscando mudar o rumo da conversa e levar ânimo ao pai, procurou mantê-lo atualizado.

— Sabe, pai, a Margarete e o Henrique estão marcando a data do casamento, mas querem segredo. Quando eles vierem contar para o senhor, finja que não sabe de nada.

O enfermo torceu o semblante ao rir. Era engraçado não poder se expressar diante de tanto pedido de sigilo.

— Sabe, pai, eu também estou pensando em me casar — confessou Roberto.

O senhor Gonçalves sinalizou que sim, aprovando a decisão.

— Só que não é com a Rose.

Roberto percebeu seu pai se desfigurar. O homem expressou-se revoltado e se pudesse gritaria com ele.

Vendo a perturbação agitada e nervosa de seu pai, Roberto decidiu esclarecer logo, esboçando um sorriso:

— Calma, pai. Quero me casar com a Rosemeire! O nome da Rose é Rosemeire, tá?

O jovem médico riu mais ainda ao perceber que o pai não gostou de sua brincadeira e se pudesse lhe daria muitas broncas, pois nesse instante, ele franzia o semblante e agitava a cabeça, exibindo-se contrariado enquanto emitia alguns sons querendo se manifestar.

— Está gostando dela, hein pai?! — perguntou Roberto com suave tom de voz.

O enfermo acalmou-se e sorriu, afirmando que sim.

— Eu também gosto muito, muito, dela. Sinto tanta falta da Rose quando não estamos juntos! Sabe, pai, ela me completa. Agora que estou fazendo residência, quase não a vejo, quase não saímos... Às vezes, nem sei como Rose tem tanta paciência para me esperar. E pensar que falta um ano... quase desisto.

Negando o desânimo, o pai balançava a cabeça sinalizando não.

— Eu sei, eu sei! Não vou desanimar. Só gostaria que o tempo passasse logo. Eu amo a Rose, pai. Sabe o que é isso?

Seu pai sorriu e ficou contemplando-o com suave semblante.

Como ele gostaria de dizer ao filho que se sentia arrependido por não ter acreditado nele e tê-lo desprezado.

Aquele pai desejaria que Roberto soubesse o orgulho sadio de vê-lo agora doutor que, a princípio, ele pensou que não passasse de um sonho de menino.

O senhor Gonçalves aprendeu que o impossível não existia e que tudo, com objetivo no bem e saudável aos demais, é conseguido com bênçãos santificantes.

Tentando expressar o que sentia, o doente fitou o filho longamente e com os olhos brilhando, apertou as pálpebras junto com a mão de Roberto, que estava entre as suas.

Compreendendo a linguagem universal do amor, Roberto respondeu:

— Eu também o amo, pai. Eu sempre amei. Eu compreendo que era difícil para o senhor entender que eu sentia poder conseguir e chegar onde estou, de alguma forma. Vou lhe confessar uma coisa; até eu achava difícil, cheguei a desistir, o senhor sabe. Mas Deus é grande e me amparou. Por isso não se preocupe, eu o entendo e o amo, pai.

Roberto se abraçou ao pai, quase se deitando sobre o leito hospitalar e ambos choraram, tamanha era a emoção.

O médico pouco se importou com quem pudesse vê-los.

* * *

Logo após a visita a seu pai, Roberto andou pelo hospital conversando com alguns colegas.

Ao encontrar-se com Rose, esta lhe pediu:

— Saio do serviço daqui a uma hora, você pode me esperar. Podemos ir juntos para casa!

Tomando-a pelo braço ao levá-la para outro corredor, o médico afirmou:

— Faço questão de irmos juntos para casa. Tenho uma surpresa para você! — disse ele quase sussurrando.

— O que é?!

— Já disse, é surpresa! — tornou Roberto sorrindo e beijando-a rapidamente. Saindo em seguida, disse: — Espero você na recepção.

— Roberto?!!! — zangou-se Rose em tom de brincadeira, mas curiosa.

— Não adianta! — respondeu ele alegre enquanto se afastava. — Se eu contar deixará de ser surpresa! Contenha-se meu bem!

Rose consumia-se, tamanha era a curiosidade que sentia. Uma hora era tempo demais.

No horário marcado, muito ansiosa, ela aguardava pelo namorado com expectativa.

Ao chegar, Roberto a beijou e ambos saíram sorridentes.

— Aonde você vai? — perguntou ela, ao ver que Roberto a conduzia no sentido oposto do caminho que costumavam seguir.

— Venha comigo — pediu ele com suave expressão. — Preciso ir até ali.

— Onde?

O médico não respondeu e a levou para o outro lado.

Repentinamente, Roberto parou e perguntou:

— O que você acha?

Ao ver o automóvel para o qual Roberto apontava, Rose deduziu, eufórica:

— Você comprou um carro?!!!

O namorado respondeu com um sorriso, e ela se atirou em seu pescoço.

Exibindo sua alegria, Roberto a girou, gargalhando junto com ela.

— Eu não disse que um dia eu teria um carro?!
— Que lindo, Roberto! Que bom!
— Viu?! Eu falei que íamos vencer. E vamos conseguir muito mais! Esse é o começo. E não é só! Veja!

Nesse momento ele tirou do bolso uma pequena caixinha, dizendo:

— Vamos ficar noivos?
— O que é isso? — perguntou ela, enquanto abria a pequena caixa.
— São as alianças. O que acha de ficarmos noivos?
— Aqui?!...

O jovem médico não segurou a risada e admitiu:

— Se quiser... Mas eu pensei que seus pais e minha família deveriam participar. O que você acha de avisá-los antes?

Com os olhos embaçados de felicidade, Rose o abraçou com ternura, beijando-o com carinho.

Pedro, irmão de Roberto, interrompeu-os inesperadamente, perguntando:

— E aí?...

Roberto se assustou e, surpreso, comentou:

— Eu não o vi, Pedro. Que susto!
— Os pobres foram esquecidos por você, não é Roberto?
— Como assim?! Não estou lhe entendendo...

Rose, abraçada ao namorado, ficou a seu lado. Ela sentia medo e um tremor passou a correr-lhe pelo corpo, porém nada manifestou e ficou ouvindo as reivindicações do futuro cunhado.

— Eu preciso de grana! — solicitou Pedro com modos rudes.
— Tenho coisas pra pagar.
— Desculpe-me, Pedro. Se você trabalhasse como deveria... Vejo que o armazém está abandonado. Sei que já virou até bo-

teco. Se você se empenhasse, não teria dinheiro só para pagar o que precisa como também sustentaria a casa como o pai sempre fez. Nossa família, incluindo você, vem sendo mantida por amigos. Somente agora é que começo assumir alguns encargos para comigo e ainda não estou estabilizado.

Depois de gargalhar, Pedro esclareceu:

— Sempre dando uma de vítima, não é Roberto?! Já tem até carro e diz que não está estabilizado!

Pedro ironizava o irmão com deboche, indicando o veículo com desdém.

— Veja, Pedro, nesse momento, um carro é para mim uma necessidade. Fui favorecido por um amigo para adquirir um carro e terei de pagá-lo. Sou médico residente e...

Pedro o interrompeu com palavras abruptas:

— Pro inferno, Roberto!!! Não venha agora jogar seu título pra cima de mim!!! Se você é gente, eu também sou! Somos filhos da mesma mãe!

Depois que Pedro passou a usar um linguajar de baixo valor moral, inflamando-se com seu irmão. Roberto o interrompeu com firmeza, dizendo:

— Não estou disposto a ouvir suas revoltas nesses termos, Pedro. É melhor você se acalmar antes de conversarmos. Quanto ao dinheiro, sinto muito, não posso ajudá-lo. A mãe e nossas irmãs não passam nenhuma dificuldade. Minha consciência está tranqüila.

Sem que o jovem médico esperasse, Pedro passou a agredi-lo.

Rose tentou interferir entre eles pedindo calma e, num instinto de defesa, tentou proteger Roberto.

Em dado momento, Pedro simplesmente se afastou olhando assustado para Rose que caía lentamente.

Roberto percebeu e a amparou, chamando-a com desespero:

— Rose! O que foi, Rose?! Por favor! Fale! — gritava o médico.

Enquanto duas lágrimas compridas corriam de seus olhos, a moça tentava balbuciar algo, mas sua voz não era ouvida por ninguém.

Rose agarrou-se na camisa de Roberto, que não conseguia encontrar nela nenhum sinal de ferimento aparente, nenhum machucado.

Pedro saiu às pressas e fugiu.

Roberto a pegou nos braços, com dificuldade, e a levou para dentro do hospital com urgência.

— Doutor Roberto!!! — assustou-se a atendente ao vê-lo carregando a noiva. — O que foi?!

— Uma maca, depressa!!! — gritou ele.

Ao colocar Rose sobre a maca, Roberto reparou uma pequena mancha de sangue em sua camisa.

Ele não conseguia saber de onde vinha o sangue.

Ao lado da maca em movimento, empurrada por um enfermeiro que a levava para o setor de emergência, Roberto procurava o local do ferimento.

— O que houve?! — perguntou um cirurgião, ao vê-lo entrar no setor.

— Não sei! — respondeu Roberto. — Ferimento pequeno que não localizei! Há pouca hemorragia! Ela não fala... está em choque... começou a tossir sangue nesse instante! Pressão arterial baixa e respiração fraca...

Rose passou a tossir, expelindo sangue muito vivo. Enquanto era passada para outra maca, Roberto gritou:

— Pulmão! Há um ferimento no pulmão! O orifício é pequeno. Provavelmente com estilete!

Os médicos começaram a agir rapidamente.

Mesmo nervoso, Roberto auxiliava os cirurgiões.

— Deu sorte de estarmos aqui — comentou um deles. — Saímos agora de uma cirurgia no setor três.

Outro, porém, observou:
— Roberto, não quer aguardar lá fora? Você está tenso.
— Obrigado. Prefiro ficar. Estou bem.

Durante a briga entre os irmãos, Rose colocou-se de entremeio e Pedro, portando um estilete, tinha a intenção de ferir Roberto e, ao tentar golpeá-lo, atingiu a namorada do irmão nas costas, perfurando seu pulmão.

A arma utilizada era de aço fino e contundente provocando uma perfuração estreita. Quando retirada, o orifício estrangulou o fluxo sangüíneo, não ocasionando grande hemorragia.

Por isso, foi difícil encontrar o ferimento.

A cirurgia durou horas.

Ao terminar, Rose inspirava cuidados e observações rigorosas. Ela foi para o Centro de Terapia Intensiva.

Roberto manteve-se controlado durante todo o tempo, só ofereceu resistência para deixá-la no C.T.I.

— Vamos, Roberto — convidava um colega de profissão.

— Ela ficará bem e receberá todos os cuidados necessários e até dobrados. Rose é muito querida por todos nós.

Roberto não dizia nada e demonstrava indecisão.

— Você precisa avisar a família e registrar a ocorrência do que aconteceu — sussurrava o amigo, orientando-o.

Atendendo ao pedido, Roberto se retirou.

Na sala dos médicos, um companheiro lhe servia um café e se candidatava dizendo:

— Eu vou com você para registrar a ocorrência. Não vi como ocorreu, mas testemunhei sua entrada no setor de cirurgia e confirmo seu auxílio durante a intervenção cirúrgica. Será difícil Roberto, mas eu acredito que você tem de registrar queixa na polícia.

— Mas é o irmão dele, Guilherme! — avisava outro médico. — Como ele pode entregar o próprio irmão, assim, a sangue frio?! Podemos dar um jeito, aqui, entre nós. Rose vai ficar bem!

— Se Roberto não fizer o registro, e surgir algum problema futuro, ele pode ser acusado por lesão corporal ou tentativa de homicídio. Ninguém viu o irmão dele. Suponhamos que Roberto não preste queixa acusando o irmão e, de repente, aparece alguma testemunha denunciando o ocorrido, ele será indiciado como cúmplice e ainda terá agravante. A carreira dele pode estar encerrada antes de começar.

— Vamos deixar como está. Eu colaboro — insistiu o colega.

Roberto, até então calado, se manifestou:

— Não. Eu tenho de prestar o registro da ocorrência. Tenho uma obrigação moral para comigo mesmo. Depois para com a família dela e para com a própria Rose. Todos precisam saber o que aconteceu.

— É seu irmão, Roberto! Pensa bem!

— É minha consciência, Raul.

— Você está agindo corretamente, Roberto — apoiou o doutor Guilherme. — Vamos lá agora mesmo, eu vou com você.

Raul, o outro colega que queria induzi-los ao erro, deixou a sala e Roberto aproveitou sua ausência para desabafar.

Apoiando o rosto com as mãos e os cotovelos sobre os joelhos, curvando-se, o jovem médico parecia estar em crise emocional.

— Meu Deus! Como é difícil!

— Calma, Roberto — consolou o amigo com suave afago fraterno nas costas.

Puxando outra cadeira para sentar-se ao lado de Roberto, Guilherme falou:

— Eu sei o que sente... mas terá de enfrentar.

— Guilherme, eu amo a Rose. Adoro aquela família até... até mais do que a minha, sangue do meu sangue, não porque eles, praticamente, adotaram-me. É algo que não sei explicar, entende? Depois de tudo o que fizeram por mim, como eu posso chegar e dizer que eu brigava com meu irmão e a Rose foi ferida com um estilete ou algo assim, houve perfuração no pulmão e ela, depois de ser operada, está no C.T.I., inspira muitos cuidados e ainda corre risco de morte. Como vou dizer isso?! Diga! O senhor Davi foi mais do que um pai para mim! Olha agora como eu retribuo! Parece que nunca consigo tomar conta da filha dele! Meu irmão já agrediu a Rose antes. O que eu faço, Guilherme?!

— Comece a agir. Vamos, eu o acompanho. Iremos primeiro registrar queixa, certo?

Nesse instante a porta se abriu e Raul, o outro médico, entrou oferecendo:

— Trouxe-lhe um calmante. Você precisa.

Educadamente, Roberto recusou e saiu com o outro colega para tomarem as providências necessárias.

Na casa do senhor Davi, o médico estranhou Roberto chegar sem a companhia de sua filha e acompanhado de um amigo.

A fisionomia do jovem médico exibia preocupações e tristeza. Roberto não perdeu tempo. Assim que entrou, explicou:

— Tenho uma notícia muito desagradável, senhor Davi.

— O que houve, Roberto?

— Rose está no C.T.I. do hospital onde trabalha. Ela passa bem, mas inspira cuidados. Teve de sofrer uma cirurgia de emergência devido a uma hemorragia pulmonar provocada por um ferimento com objeto pontiagudo, provavelmente, um estilete...

Roberto se transfigurou. Ele começou a passar mal e tentou chegar até o sofá, agarrando-se nos móveis.

Amparado pelo pai de Rose e pelo amigo, ele sentiu-se ensurdecer e sua visão ficou turva.

Sentado, esperou o mal-estar passar.

O pai de Rose não sabia o que fazer. O homem sentiu-se atordoado, porém foi resistente e manteve-se extremamente calmo.

— O que sente, Roberto? — perguntou o senhor Davi preocupado.

— Estou bem — respondeu o jovem médico com a voz enfraquecida. — Sinto-me melhor.

Roberto não conseguiu se controlar. Ele entrou em crise de choro incontrolável. Sentando-se a seu lado, o pai de Rose o abraçou com grande esforço para conseguir manter as emoções.

Voltando-se para o doutor Guilherme, que ele já conhecia, perguntou:

— Como aconteceu isso, Guilherme? Houve algum assalto?

Com forte expressão na voz, Roberto não deixou o amigo explicar e falando com as palavras entrecortadas pelos soluços e lágrimas, esclareceu:

— Foi meu irmão, senhor Davi! Foi o Pedro! Eu mostrava... mostrava o carro para a Rose... eu disse para o senhor que queria fazer surpresa... Estávamos no estacionamento do hospital e eu lhe dava isso...

Roberto tirou a caixinha de alianças do bolso e colocou-a com força sobre a mesa, provocando certo barulho, dizendo em seguida:

— Estávamos alegres! Ela estava feliz!... Falávamos sobre o noivado!... — uma crise de choro o atalhou. — Aquele desgraçado!!!

Roberto se levantou exibindo um estado emocional muito agitado, nunca visto antes.

— Se alguma coisa acontecer à Rose... — comentou Roberto, detendo as palavras finais.

O senhor Davi forçava-se a exibir tranqüilidade, mas seus sentimentos eram indescritíveis.

Uma idéia de revolta passou-lhe pela mente. O pai de Rose pensou em agredir Roberto com palavras, pois confiou a ele sua única filha. Deu-lhe apoio em todos os sentidos e, agora, era essa a retribuição que recebia. Pensou em expulsar Roberto daquela casa, alegando que ele não era digno de confiança. Mas o sábio homem dispensou aqueles conceitos. Lembrou-se da passagem do O Evangelho Segundo o Espiritismo "Amai, pois, ao vosso próximo; amai-o como a vós mesmos, pois já sabeis, agora, que o desgraçado que repelis talvez seja um irmão, um pai, um amigo que afastais para longe. E, então, qual não será o vosso desespero, ao reconhecê-lo depois no mundo dos Espíritos" Capítulo XIII — item 9 — A caridade Material e a caridade Moral.

Sua compreensão para com Roberto seria sua caridade moral que nada custaria. O senhor Davi sentia que Roberto, de alguma forma, era um filho querido.

Primeiro procurou harmonizar-se, depois, ponderado, o pai de Rose decidiu brandamente:

— Vou até o hospital.

Roberto parecia transtornado, com uma expressão indefinida no olhar.

Subitamente, sem dizer nada, ele abriu a porta e saiu.

— Roberto!!! — gritou o pai de Rose.

— Vou atrás dele — avisou o amigo que o acompanhou até ali.

Roberto não foi alcançado, e seu colega retornou avisando o ocorrido.

— Ele se foi, Davi! Não consegui detê-lo!

— Vamos tentar alcançá-lo. Estou nervoso para dirigir, Guilherme. Você pode?

— Deixa comigo. Vamos!

Já no carro, os médicos acreditavam que Roberto tivesse ido até a casa de sua família à procura do irmão.

— Ele esteve aqui, seu Davi — informava dona Nanci. — Perguntou pelo Pedro e quando eu disse que ele não chegou, o Roberto saiu novamente. Ele estava sozinho num carro.

— Se ele voltar, procure segurá-lo aqui, por favor.

— O que está acontecendo?

— Agora estou com pressa. Mais tarde eu volto para conversarmos, certo? Desculpe-me dona Nanci.

Depois de deixar a casa do senhor Gonçalves, eles foram até o armazém onde, provavelmente, Pedro e Roberto estariam.

Nenhum dos dois foi encontrado.

— Fim da linha, Guilherme! Não sei mais onde podemos procurá-lo. Estou preocupado demais com minha filha. Por favor, leve-me até o hospital.

— Certo. Vamos! — concordou pacientemente o companheiro.

Já no C.T.I., por ser médico, foi concedida, com facilidade, a entrada do pai de Rose no setor.

— Como lhe disse, Davi. O quadro clínico é estável. Ela é forte. Vai se sair bem dessa! — sussurrava o doutor Guilherme.

— Foi você quem a operou?

— Sim. Com o auxílio do Raul e do Roberto, inclusive. Não acreditei que fosse se manter tão tranqüilo e eficiente quando se apresentou na sala de cirurgia. Ele manteve o controle todo o tempo. Estranhei seu comportamento impulsivo há pouco.

— Estou preocupado. Roberto se acusa por tudo isso. Nunca o vi assim.

— Até onde eu sei, Davi, ele vem enfrentando situações difíceis com esse irmão e com a família. Talvez ele esteja no limite.

— Por isso me preocupo. Quem nunca perdeu o controle, quando o faz sem ninguém por perto... Onde será que está?

* * *

Naquele momento, o jovem médico procurava por seu irmão nos lugares mais prováveis. Não o encontrando, passou a circular com o carro sem destino fixo.

Seus pensamentos estavam confusos. Roberto não sabia o que fazer.

Depois de algum tempo, decidiu voltar para o hospital e saber como estava Rose.

* * *

No centro espírita, era dia da sessão de desobsessão.

Ana já estava há algum tempo na Casa Espírita, por isso não sabia o que havia ocorrido com sua filha.

Mais tarde, quando chegou a vez da assistência espiritual de Roberto, demorou para que houvesse a manifestação de algum espírito para ser socorrido.

A médium procurava se conter ao máximo, mas podia-se perceber que o espírito comunicante chorava e sofria muito.

— Eu não sei o que fiz... — dizia o espírito através da médium.

— Boa noite, minha irmã. Em que podemos ajudá-la? — perguntou a dirigente Míriam com dedicada atenção.

— Eu me arrependi! Eu não queria fazer aquilo, mas foi tão fácil...

— Se a irmã me contar o que fez, será melhor para que possamos esclarecer.

— Ninguém acreditava em mim. Nem você! — dizia o espírito. — Todo mundo dizia que eu teria feito alguém matá-la, e era mentira! Eu quis me vingar e fazer o que vocês disseram que eu havia feito! Na hora da briga, não precisei falar mais de duas vezes para aquele homem golpeá-la. Ele fez o que eu mandei muito rápido. Eu acho que ela vai morrer... — disse o espírito socorrido, chorando em seguida.

— Minha irmã...

O espírito a interrompeu e pediu:

— Deixe-me falar?

A dirigente aguardou que ela continuasse, e assim o espírito o fez:

— Depois da briga, não fiquei satisfeita e resolvi torturá-lo. Ele ficou louco quando pensou em perdê-la... Um desespero irracional o dominou foi aí que decidiu se vingar. Eu fui atrás dele. Ele saiu sem rumo e parou num lugar. Lá ninguém podia ver, mas havia um bando de espíritos arruaceiros aguardando o boteco abrir. Eles me viram e eu pedi que me ajudassem... Esses espíritos queriam aventura e confusão.

Alguns resolveram me acompanhar junto com ele, quando foi embora.

Os espíritos arruaceiros falaram que poderia deixar com eles. Eu não sei como, mas eles influenciaram um outro motorista que estava meio embriagado.

Tudo foi rápido... eu não queria isso! Eu não queria nada disso!

Ao mesmo tempo em que o espírito comunicante narrava seu drama, Ana podia acompanhar cenas, às vezes confusas, que lhe eram permitidas através da vidência.

Ana se fez firme e não se descontrolou.

A dirigente, portando indefinível gentileza, argumentou:

— Todas as vezes que tentamos agir sozinhos, podemos cometer erros que a justiça Divina não cometeria. Porém, querida irmã, o Pai Celeste é misericordioso e sabe envolver a tudo e a todos dando-nos conforme o merecimento. Cabe a nós deixarmos a natureza agir.

— Eu tenho que ajudá-lo agora! Eu me arrependi!

— Se quer ajudá-lo, minha irmã, pode fazê-lo, sim. Vai ajudá-lo muito se aceitar o convite dos companheiros espirituais que estão aqui presentes. Eles sim fazem parte da tarefa de socorro aos irmãos que carecem por compreensão e buscam auxílio.

— Eu me arrependi!

— O arrependimento sincero é uma forma de amor.

— Eu não quero sofrer!... Já sofri tanto noutra época por eu ter matado meu filhinho e me suicidado quando o abortei. Sofri muito, não quero mais... — dizia o espírito com voz lamuriosa.

— Querida companheira — tornou a dirigente mais amável —, você errou por não saber, se aprender, não vai mais errar. Além disso, você não necessitará sofrer. Pode reverter tudo o que provocou. Se você estudar, aprender e se dedicar a trabalhos honrosos, você será mais útil do que sofrendo. Ajudando e esclarecendo há muitos outros é uma forma de vivermos a misericórdia de Deus que prefere nos ver como criaturas úteis a nos ver como sofredores. Pense nisso, minha querida, renove-se de vontade e amor.

— Eles vão ficar bem?

— Com certeza Deus não desampara ninguém, acredite. Aceite o convite do tarefeiro espiritual que a levará para um local adequado às suas necessidades.

O espírito aceitou o socorro e se foi.

Míriam teceu uma linda prece e pediu a Deus seu amparo de misericórdia a todos que houvessem sentido qualquer incômodo pela ignorância daquela irmã.

Solicitou, com carinho, vibrações amorosas aos assistidos encarnados onde quer que eles estivessem.

Tarefeiros da espiritualidade recolheram as generosas vibrações doadas pelos irmãos encarnados e as direcionaram a Roberto e Rose, tão necessitados.

No final dos trabalhos, Míriam pediu, em oração, bênçãos aos médiuns para que estes se fortalecessem e resistissem à vaidade, ao orgulho e à ambição. Que eles pudessem ter consciência de que, qualquer que fosse a informação que revelassem de forma irresponsável, sérias conseqüências poderiam ocorrer e algum irmão se prejudicaria com isso. Além de tudo, ele seria responsável mais do que qualquer um por quaisquer danos.

Ao ser encerrada a tarefa, Ana sentia-se amargurada. Ao vê-la sair às pressas sem se despedir, Míriam a alcançou, perguntando:

— Ana, você está bem?

— Tenho de ir embora, Míriam. Eu não sei o que aconteceu!

— Calma, você não pode sair assim. Espere um pouco. Eu a levo para casa.

Lia, a médium que deu as informações incorretas para a dirigente dos trabalhos, aproximou-se delas perguntando:

— O que foi, Ana? O que aconteceu que a deixou tão nervosa assim? Você tem de manter o equilíbrio!

Ana, por mais educação e classe que possuía, perdeu o controle e a acusou:

— Se não fosse por sua irresponsabilidade! Por seu orgulho! Por sua presunção e leviandade como médium, o socorro daquela irmãzinha já teria ocorrido e os assistidos encarnados não estariam com prejuízo algum hoje. Você é uma infeliz, Lia!

— Acalme-se, Ana. Por favor! — pedia a dirigente.

— Você está louca?! — revidou Lia.

— Fale baixo, Lia. Parem vocês duas! — decidiu Míriam muito firme. — Aqui não é hora nem local para isso. — Voltando-se para Lia, pediu: — Por favor, venha conversar comigo na próxima semana. O assunto é sério.

— Mas... — tentou argumentar Lia.

— Por favor, Lia. Na próxima semana. Agora não. Vou levar Ana para casa. Creio que temos um problema sério por aqui.

Ana não disse mais nada. Somente as lágrimas compridas expressavam seus sentimentos.

O senhor Davi já havia retornado para sua casa, quando a esposa e a dirigente dos trabalhos espirituais chegaram.

O homem começou a contar o que ocorreu:

— Estive com Rose por longo tempo. Ela está sob efeito de sedativos, mas passa bem. Só que o Roberto... ele...

— Por favor, Davi! — implorou Ana aflita.

— Aconteceu assim: quando eu ia saindo do hospital, ao passar pela portaria, a recepcionista me chamou informando que havia um telefonema do hospital vizinho avisando que Roberto se envolveu num acidente de carro. Fui até lá. Pude vê-lo, mas...

— Pelo amor de Deus, Davi!...

— Calma, Ana. O Roberto estava inconsciente. Ele fraturou... está muito machucado e... bem... houve um traumatismo craniano... Há um coágulo... — A voz do médico embargou. Ana abraçou-se a ele em pranto sentido. Passados alguns segundos, ele se recompôs e prosseguiu: — Fiquei em choque quando o vi. Nem o examinei. Outros colegas estavam providenciando um neurocirurgião e a remoção para o setor... Talvez tenha que ser submetido a uma cirurgia. Decidi voltar para casa a fim de avisar a todos. Como vê, estou de saída agora e vou para lá. Preciso acompanhar Roberto. Se ele tiver que ser operado, será ainda hoje. Quero estar perto dele.

Abraçada ao esposo, Ana chorava muito.

Vendo-a mais calma, o doutor Davi pediu:

— Por favor, Ana. Procure se conter para que eu possa ficar tranqüilo, pelo menos com você. Fique aqui. Espere Henrique chegar. Ele e a Margarete não devem demorar. — Voltando-se para Míriam, pediu: — Pode ficar com Ana até Henrique chegar?

— Claro! Vou telefonar para meu marido avisando que estou aqui.

— Obrigado, Míriam. É que eu preciso realmente estar com esse filho do coração. Isso é muito importante.

— Eu quero vê-los!... Meus filhos...

— Eu jamais mentiria para você, Ana. Rose está bem. Amanhã poderá vê-la. Quanto ao Roberto, estarei com ele e vou mantê-la informada.

— Vou com você, Davi — insistiu a esposa.
— Fique aqui, Ana. Por favor.
— Venha Ana, sente-se aqui. Ficarei com você. Vamos nos unir em prece, seremos mais úteis — sugeriu a amiga.

Ana se fez dócil e aceitou.

Após se despedir e beijar a esposa, o médico foi para o hospital onde Roberto estava internado.

No caminho pensou como ele estaria se sentindo se houvesse dito a Roberto tudo o que lhe passou pelos pensamentos.

Com certeza, se culparia, pois acreditaria que Roberto havia perdido o controle emocional por ter recebido dele tamanha negatividade e, por esse motivo, desorientado, envolveu-se no acidente.

* * *

A humildade e o estudo são indispensáveis para um médium, e qualquer outro componente de um grupo de trabalho espiritual, pois adquirir conhecimento significa elevação.

Com a história do mundo, podemos ver o quanto a ignorância, a não aceitação da realidade e o personalismo detiveram a evolução da raça humana.

Como criaturas conscientes, hoje, devemos admitir que o conhecimento, o estudo, junto ao bom senso e a autocrítica é imprescindível para obtermos resultados satisfatórios em nossa tarefa.

Se o estudo é importante para o nosso sucesso material e intelectual na vida por que haveria de ser diferente para com a nossa evolução espiritual?

Uma das primeiras coisas que a humildade nos faz compreender é que a mediunidade não depende da vontade da pessoa e a responsabilidade de um médium é imensa.

Querer, pretender ser médium ostensivo, atuante em trabalhos é impossível não sendo o encarnado portador de determinados atributos e missão a realizar. Uma vez que ao espírito encarnado tal tarefa já lhe é definida antes do reencarne.

Lembramos que a mediunidade é dependente dos amigos da espiritualidade que se predispõem a amparar, guiar e sustentar a tarefa do encarnado com essa missão.

Devemos ainda salientar que a elevação dos espíritos que auxiliam em tais trabalhos, depende do nível moral que o encarnado cultiva, da educação mediúnica que este se propõe a adquirir e preservar, da humildade e da harmonia.

Quem quiser ofertar a comunicação de espíritos sem ter tal tarefa mediúnica, corre sério risco de se ligar com espíritos que também não tenham essa missão e por ignorância, vaidade ou orgulho, querem se ressaltar "provando o contrário", mostrando ou exibindo seus trabalhos através do envolvimento[14] a esse irmão encarnado, que não tem a tarefa mediúnica, passam-lhe sugestões que pela falta do atributo mediúnico específico desse encarnado, a mensagem chega, só que com erros sérios, sem propósitos de ensinamentos cristãos, maquiada, às vezes, com personalismo, equívocos que induzem a práticas errôneas, vaidade ou orgulho.

Todos, como espíritos encarnados, podem desenvolver tarefas na seara de Jesus sem que tenham de ser especificamente com a mediunidade, através do trabalho valoroso do auxílio direto ao necessitado.

Não há nada que privilegie um médium. Ele está normalmente trabalhando tal qual outros irmãos em refazimento para alcançar a evolução.

---

[14] N.A.E.: Envolvimento não depende do grau de mediunidade, qualquer um pode ser envolvido. O envolvimento ocorre em nível de pensamento, de espírito para espírito, de desencarnado para encarnado.

Também não basta somente ser médium. Necessita, imensamente, evangelizar-se, reformar-se e instruir-se intelectual e doutrinariamente a fim de auxiliar primeiro a si mesmo, e segundo os amigos espirituais que o assistem, elevando o nível de seu trabalho, selecionando a qualidade e o valor dele. Precisa ser maduro e alicerçado na humildade, sempre preparado para se transformar intimamente para melhor.

Não só o médium ostensivo[15] mas a todos os médiuns componentes de um grupo de trabalho espiritual, deve-se exigir maturidade, educação e lucidez para não se iludirem nem mistificarem.

Para isso é indispensável, por parte de todos os membros, a informação, o mínimo de conhecimento intelectual e a constante busca de nível de instrução a fim de elevar-se nesse campo também e, principalmente adquirir o conhecimento doutrinário para que todos fiquem cientes e responsáveis do que se deve realizar e como fazê-lo corretamente.

O estudo em grupo é importante para que se esclareçam as dúvidas e se desfaça a opinião individual que, por ventura, não foi bem refletida.

Para que um trabalho mediúnico tenha êxito, diríamos que é indispensável a preparação doutrinária de todos.

A harmonia, os bons pensamentos de todos os componentes do grupo é importante.

A fim de que tenham êxito em tarefas espirituais, é fundamental a qualidade e a quantidade satisfatória de conhecimento intelectual e doutrinário e a busca constante de aperfeiçoamento neles. Isso nos reforça a salientar que as escolas doutrinárias merecem destaque, elas são primordiais aos tarefeiros para eles adquirirem conhecimento, técnica e educação. Nunca sabemos de tudo. A fé pode ser absoluta, mas a ciência evolui e a filosofia é ampla, sempre há o que aprender.

---

[15] N.A.E.: Médium ostensivo é aquele que traz as mensagens e as comunicações.

Somente querer não é suficiente. Precisamos de bom senso para analisar, autocrítica, flexibilidade de aceitação sem se deixar enganar, sensibilidade sem se iludir.

Boa vontade e desejo intenso sem conhecimento, sem escola, sem estudo levam ao erro, ao engano ou até ao misticismo.

Para tudo na vida precisamos adquirir conhecimento, instrução e estudo, especializando-nos para estarmos preparados sempre.

Como já dissemos, se o estudo é primordial para nosso sucesso material e intelectual, por que haveria de ser diferente para com a nossa evolução espiritual?

Não deixemos que o nosso brilho ofusque pela ignorância, pela falta de conhecimento ou pelo personalismo, como ocorreu com muitos irmãos no passado que se viram com intensa falta de instrução, devemos nos instruir com amor, pois somos criaturas capazes de evoluir, sempre.

O ideal é buscarmos tarefas que nos são afins ao nosso nível e capacidade, principalmente, no que diz respeito a mediunidade e trabalhos espirituais de uma forma geral.

Querer realizar, boa vontade e até empenho sem conhecimento, sem harmonia, autocrítica, humildade, disciplina, sensibilidade e amor não têm valor.

Sensibilidade não é melindre. A sensibilidade associa-se ao bom senso para se identificar os próprios defeitos e as inaptidões pessoais, respeitando e aperfeiçoando os atributos que se possui.

No que diz respeito à mediunidade e aos trabalhos espirituais, em todos os sentidos, nunca devemos ocupar o lugar que almejamos ou nos julgamos capacitados sem estarmos preparados.

Lembremos que o Mestre Jesus já nos ensinou quanto a isso:

"Quando por alguém for convidado às bodas, não te assentes no primeiro lugar para que não aconteça de haver outro convidado mais digno do que tu. E, vindo o que te convidou a ti e a ele, diga-te: Dá o lugar a este; e então, com vergonha, tenhas de tomar o derradeiro lugar. Mas, quando fores convidado, vai e assenta-te no último lugar para que, quando vier o que te convidou, diga-te: Amigo, sobe mais para cima. Então terás honra diante dos que estiverem contigo à mesa...

Porquanto qualquer que a si mesmo se exalta, será humilhado, e aquele que a si mesmo se humilha, será exaltado."

10

Reconciliação

— Como você mesmo pode ver, Davi — informava o neurocirurgião. — As primeiras radiografias exibem nitidamente o traumatismo. Ao ser trazido para cá, realizamos novos exames de tomografia axial do cérebro e... veja você mesmo — dizia o médico encaixando o exame no negatoscópio[16] e apontando para que ambos examinassem juntos. — Podemos perceber um grande coágulo acentuado bem aqui... Comparamos com o exame anterior e como vê, nesse segundo, o coágulo aumentou de tamanho. Não poderíamos perder tempo. Sem chances!

Ativamos o centro cirúrgico para submeter Roberto a uma cirurgia. A área era delicada e procuramos apressar, pois, pelo que observamos, ele corria perigo de morte, o coágulo aumentava de tamanho.

Um último exame foi realizado para observarmos melhor a área de risco e nos guiarmos durante a cirurgia. Veja... está aqui! — mostrava ao colega. O neurocirurgião estendeu o exame novamente no aparelho, exclamando: — Sumiu! — declarou com largo sorriso.

---

[16] N.M.: Negatoscópio: aparelho de iluminação destinado a facilitar a visualização dos negativos radiológicos.

— Como?! — intrigou-se o doutor Davi.

— Repetimos o exame em outros ângulos. Olhe você mesmo! Não há coágulo! — Após deixar o companheiro analisando, o doutor Ciro comentou: — Se você crê em Deus, Davi, agradeça-O. Fizemos mais três exames, só por teimosia! O resultado foi o mesmo. Além do mais, as primeiras tomografias foram realizadas com equipamentos distintos um do outro.

Informou o neurocirurgião, sorrindo satisfeito ao ver o colega comparar os exames com zelo e atenção.

— É isso mesmo, Davi! Não procure falhas. Sabe... nunca me acordaram no meio da noite para uma cirurgia de emergência e eu voltei para casa tão cedo. Essas cirurgias demoram... minha mulher nem vai acreditar! Você precisa "limpar minha barra, hein!" — brincou o médico enquanto o doutor Davi erguia os exames contra a luz, observando-os minuciosamente.

— Creio que agora é com você, Davi. Roberto está todo quebrado. Seria bom "cobri-lo de chumbo" — recomendou o doutor Ciro a fim de que Roberto fosse protegido com o avental de chumbo —, ele já recebeu grande carga radioativa por hoje. Você sabe... na emergência não há tempo para esse "luxo". A vida é mais importante! Um segundo significa muito tempo.

— Obrigado, Ciro! Sou muito grato pelos seus cuidados.

— Não fiz nada. Agradeça a Deus.

— Já estou agradecendo. Sabe me dizer se Roberto está consciente?

— Não sei não. Vamos lá! Quero ver novamente esse sujeito sortudo! Também vou passar e dar uma olhada nos outros feridos para ver se algum colega precisa de ajuda — dizia o doutor Ciro direcionando-se junto com o amigo para o setor onde Roberto estava.

— Os outros feridos no acidente foram trazidos para cá também? — perguntou o doutor Davi.

— Sim, foram. Eu soube que no outro carro tinha cinco rapazes bem jovens. Um morreu na hora, o outro morreu logo ao dar entrada e os outros três estão muito mal.

— Como foi, Ciro? Você sabe me dizer como aconteceu o acidente?

— Fui chamado em casa para realizar uma cirurgia de um colega. Nem sabia que era seu futuro genro. Quando cheguei e analisava os primeiros dados, havia um policial aqui. Não sei se entregando ou recolhendo alguns dados. Interessei-me em ouvi-lo rapidamente. A história era a de sempre! Já viu!... Sexta-feira à noite... barzinho com jovens muito agitados à procura de grandes emoções, bêbados ou drogados... Então cinco rapazes saem de lá, segundo testemunhas, faziam verdadeiros malabarismos sob quatro rodas. Quem testemunhou, disse que Roberto estava parado no semáforo vermelho e o outro veículo o acertou em cheio. Os dois carros capotaram. Soube que o carro de Roberto ficou com as quatro rodas para cima.

Dos jovens socorridos, há um dos pais na recepção. Ele está implorando para salvarmos o filho que ele condenou. Pobre homem.

— Condenou?! Como assim?!

— Condenou quando não deu orientação, atenção, carinho e procurou preencher suas ausências presenteando o filho com carro e dinheiro.

Ao passar pelo luxuoso saguão de espera naquele andar do hospital, a recepcionista indicou:

— Doutor Davi? Aquele senhor o aguarda. Ele é pai do rapaz que dirigia o carro que colidiu com o do seu filho.

A recepcionista estava mal informada quanto ao grau de parentesco entre Roberto e o médico, porém ele não a corrigiu.

— Ele quer falar comigo?

— Sim senhor. Alguém deve tê-lo informado de que o doutor Roberto é filho de um médico e ele não vê a hora do senhor chegar.

Nesse instante o senhor, muito bem trajado, aproximou-se.

O médico pôde perceber que ele trazia dois discretos seguranças consigo.

O doutor Davi o levou para longe da recepção a fim de que conversassem mais tranqüilamente.

— Doutor, por favor — pediu o pai em desespero. — Salve meu filho! Eu sei que seu filho está muito ferido, mas o Júnior é meu único filho, doutor! Sei que pode me compreender. Tenho medo... sabe... Os médicos são amigos...

— Por favor, senhor — esclareceu o doutor Davi. — Acredite, os médicos daqui são todos muito competentes. Tudo será feito por seu filho. Eu não faço parte da equipe médica deste hospital. Além disso, sou ortopedista e, pelo que eu sei, seu filho precisa dos cuidados de um neurocirurgião. Este é um bom hospital e...

— Júnior é meu único filho, doutor! O senhor tem mais filho, não tem? — perguntava o homem agoniado. Mesmo em desespero continha o volume da voz, quase abafada, como se tivesse vergonha do que estava fazendo.

— Senhor, um filho é um filho. Sejam os que tenham nossa linhagem genética ou espiritual. Não lhe deveria contar, mas sabe, hoje mesmo, minha filha foi ferida e se encontra correndo risco de morte, internada no C.T.I. de outro hospital, aqui perto. Quando eu estava lá, vendo-a, soube que esse meu filho do coração, envolveu-se num acidente de carro. Não sei lhe dizer com qual notícia eu sofri ou me preocupei mais.

Ambos são meus filhos! Eu compreendo o que quer dizer, entendo sua dor. Mas procure pedir a Deus que envolva seu filho. Aproveite esse momento para reformular os cuidados, a atenção e a educação que vai passar a lhe ofertar daqui por diante.

No momento, o que está ao meu alcance são as preces, e eu vou fazê-las. Posso lhe garantir. Sou Cristão e, com certeza, não só o seu filho, mas também todos os outros rapazes serão incluídos em minhas orações a fim de que Deus os envolva com as melhores bênçãos, como a meus filhos também necessitados.

O homem ficou calado e deixou de se agitar.

O médico pediu licença para se retirar e prometeu voltar para que pudessem conversar melhor. Ele queria ver como estava Roberto.

O doutor Davi juntou-se ao amigo que ainda o aguardava e seguiu.

* * *

O jovem médico, que sofreu o acidente, teve várias escoriações e precisou ficar imobilizado, a começar pelo pescoço, perna e braço.

Ele ficou sob o efeito de sedativos, só recobrando os sentidos pela manhã.

Ao despertar, Roberto logo identificou Henrique a seu lado.

As dores eram intensas. O corte, efeito de uma pancada, deixou seu supercílio inchado, o que lhe fechou o olho.

O rosto, muito intumescido, exibia as marcas do violento acidente. Sentia que até para falar doía.

— Roberto, você pode me ouvir? — perguntou Henrique atencioso ao vê-lo despertando.

— Pos-so... — sussurrou ele com dificuldade.

— Você tem noção do que aconteceu? Lembra-se de tudo?

— E... e... a... Ro-se? — perguntou o jovem médico com extrema dificuldade.

— Que ótimo! Se você lembrou da Rose, deve estar bem! — disse Henrique em tom de brincadeira. — Meu pai está lá com ela. Telefonei há pouco e ele disse que Rose está bem. Recobrou

a consciência, mas fala com dificuldade. Perguntou por você...
— Henrique sorriu e esclareceu: — Meu pai não contou sobre o seu acidente. Ele não quer preocupá-la. Eu disse a ele para informá-la de que você precisou fazer parte de uma emergência em um hospital próximo. É só não falar que você é o paciente que precisa ser atendido.

Roberto ameaçou um sorriso inibido pelas dores.
— Como se sente, Roberto?
— Mui-ta dor... minha cabeça... vai... explodir. Quero... ver... a Rose.
— Creio que será mais fácil ela vir visitá-lo.
— Rose... está.... bem.... mesmo?...
— Está sim. Eu não mentiria para você. Fique tranqüilo.

Depois de algum tempo, Roberto confessou pausadamente, sussurrando, parecendo estonteado.
— Se algo acontecer a Rose... eu me mato...
— Não diga isso, Roberto. Vocês vão ficar bem.
— Vou matar... o Pedro...
— Vou procurar alguém para medicá-lo. Algo leve que amenize sua dor-de-cabeça.
— Não...

Henrique se fez de surdo e o deixou. Voltou em seguida com um enfermeiro que, atendendo as orientações do médico do setor, sob sugestão de Henrique, aplicou um medicamento analgésico em Roberto para aliviá-lo.

* * *

Ao completar três dias de internação hospitalar, Roberto recebeu alta.

Sua principal preocupação era Rose e sua estada como médico residente.

— O que faço, senhor Davi?

— Calma, Roberto. Você não tem condições de fazer residência assim, filho!

— Preciso tirar o gesso do braço, pelo menos! Não quero! Não posso perder essa residência e ter de começar tudo novamente!

— Filho, calma. Desespero nunca solucionou nada! Contenha-se, Roberto. Vamos ver como estará daqui a uns quinze dias.

Roberto manteve a calma mesmo contrariado.

— Ah!... ia me esquecendo! — disse o doutor Davi. — Seu carro teve perda total. Sorte que o outro veículo tinha seguro. Você receberá outro carro de volta.

— O carro nem mesmo estava pago... — lembrou Roberto.

— E os rapazes envolvidos, como estão? — interessou-se o jovem médico.

— Ontem mesmo telefonei ao pai daquele que estava dirigindo. Aquele homem que me procurou no hospital, sabe?

— Sei...

— Ele me disse que o Júnior está se recuperando. Não sei se você soube, mas ele teve de sofrer uma cirurgia para drenarem um coágulo que se formou e aumentava. Semelhante ao que identificaram em você e, sem explicações clínicas, desapareceu.

Roberto sorriu e comentou:

— Olha o prejuízo! Rasparam toda a minha cabeça. Como estou ridículo! Sabe... eu estava lembrando... logo após a cirurgia da Rose, um colega me trouxe um calmante. Ainda bem que eu o recusei! Poderiam me acusar de dirigir sob o efeito de entorpecente!

Ana chegou à sala com um prato de refeição. Sentou-se ao lado de Roberto para ajudá-lo a se alimentar, pois um de seus braços estava com gesso e o outro imobilizado com faixas, devido ao estiramento, ruptura dos ligamentos da articulação da mão e escoriações sofridas.

Vendo-a empenhada, Roberto perguntou:

— A senhora não foi trabalhar hoje?!

— Não. Só assim para eu tirar férias.

Roberto riu antes de aceitar o talher com a refeição e brincou:

— Tirou férias, mas continua no mesmo trabalho, não é?

— Bem... — decidiu o doutor Davi —, tenho de ir. Antes de trabalhar, vou passar no hospital para ver a Rose.

— Eu vou mais tarde — informou Ana. — Vou esperar a Margarete chegar para ficar com o Roberto.

— Não se preocupe comigo, dona Ana.

— Imagina se eu o deixarei sem companhia, Roberto! Veja seu estado! Deixá-lo só é prejuízo certo! — respondeu Ana bem humorada. — Não quero ter mais trabalho. Quando Rose voltar, montaremos uma verdadeira enfermaria aqui!

— Puxa! Eu gostaria tanto vê-la... — lamentou Roberto.

— Ela também quer vê-lo. Pior que não acredita nas nossas informações! Você viu! Tivemos de arranjar um telefone para Rose conversar com você. Senti-me envergonhada vendo os colegas dela arranjando um jeito de facilitar o telefonema, enquanto ela chorava. Por outro lado, vi o quanto ela é querida e como eles a compreendem. Você precisa ver os cuidados dispensados a Rose.

— Imagino!... — sorriu Roberto, sonhando em ver sua querida, o complemento que o alimentava com forças para seguir firme em seu ideal.

* * *

Foragido, Pedro, não era encontrado por ninguém.

Com o passar dos dias, Rose recebeu alta hospitalar e voltou para casa. A alegria presenciada entre ela e Roberto, encantava a todos.

— Minha Rose! — dizia ele, estendendo-lhe os braços mesmo imobilizados. — Minha querida, Rose. Há quanto tempo!

Ambos se abraçaram. Choraram e sorriram.

Ela estava fraca e apresentava grande abatimento. Mas os cuidados e a atenção a fizeram recuperar novamente a saúde.

Após tirar o gesso, Roberto voltou às atividades normais.

Seu esforço lhe valeu como grande impulso.

* * *

Uma simples recepção marcou o noivado de Roberto e Rose.

— Se marcassem o casamento para o início do ano, eu e a Margarete adiaríamos o nosso por mais alguns meses e casaríamos no mesmo dia! O que você acha? — Voltando-se rapidamente para a noiva, Henrique perguntou: — Você aceita, não é Margarete?

— Claro! — concordou ela. — Já pensou que legal?! Vamos, Roberto, não fique assim!

— Não sei... — dizia Roberto indeciso. — Eu mal terei terminado a residência e... não temos casa... estou sem dinheiro. É muita loucura. Não podemos.

— Morem aqui! — convidou Henrique. — Depois que eu me casar, o quarto ficará livre para você e a Rose. Depois vocês compram ou alugam uma casa!

— Talvez não seja o correto, Henrique — alertava Rose. — Seria melhor termos algo que nos pertencesse. Não é tão fácil assim.

— Pensem bem vocês dois. Mas seria tão bom se casássemos juntos! — sonhava Henrique. — Vou dar essa sugestão para a mãe.

* * *

Em outro dia...

— Henrique — dizia Ana —, eu sei que o Roberto é muito esforçado. Mas nós estaremos exigindo muito dele, só pelo gosto de se casarem no mesmo dia. Segue seu caminho, filho. Deixe a sua irmã...

— Mãe, eu gostaria tanto de dividir com eles a minha felicidade. A senhora entende?

— Sim Henrique. Mas você concorda que não podemos interferir? Se Roberto e Rose quiserem se casar e morar aqui até se estabilizarem, vamos aceitar com o maior prazer. Porém não vamos forçar para que Roberto não se sinta obrigado, não é?

— Está bem. — concordou Henrique sem satisfação.

Após a saída do filho, o senhor Davi observou:

— Se eu tivesse condições, bancaria tudo para eles, mas...

— O que conseguimos com sacrifício damos muito mais valor, Davi — acrescentou Ana.

* * *

No hospital, Roberto é solicitado na recepção.

— Doutor Roberto — explicava a atendente —, aquele senhor está ali, esperando-o há horas. Eu expliquei que o senhor acompanhava uma cirurgia e não tínhamos previsão do horário do término, se ele não quereria deixar o número do telefone para que o senhor o procurasse. Mas não. Ele insistiu em esperá-lo.

— Obrigado — agradeceu o jovem médico com extrema educação. — Vou ver o que ele quer.

Aproximando-se do senhor, ele apresentou-se:

— Sou Roberto. O senhor queria me ver?

— Então é você?! — admirou-se o senhor. — Sempre nos desencontramos. Eu estive falando com seu pai desde o acidente.

— Com meu pai?! — estranhou o médico.

— Sim. Ele é uma excelente pessoa. Que educação! A princípio fiquei em choque com o que ele me falou. Mas aquele homem me deu uma lição de vida! Meu filho passa bem. Ele está fazendo fisioterapia para se recuperar. Agora ele está sentindo, pela própria experiência, quantos amigos lhe restaram.

— Desculpe-me, senhor. Eu ainda estou confuso. O senhor é o pai do Júnior, um dos rapazes envolvidos comigo no acidente?

— Sim! Sou eu mesmo. Foi difícil encontrá-lo, doutor. Não imaginava que tinha uma aparência tão jovem. Geralmente imaginamos os médicos com idade avançada. Bela carreira! Como a de seu pai! Ele deve ter muito orgulho.

— Meu pai?...

— É! Enquanto você estava internado, eu falei com ele e lhe pedi que ajudasse a salvar meu filho. Seu pai me disse que era ortopedista, que não poderia fazer muito. Mas disse que iria orar pelos filhos que estavam internados: você e sua irmã, e que nessa prece pediria por meu filho também. Ele me contou sobre sua irmã. Ela está bem?

Roberto deu um singelo sorriso e respondeu:

— Sim. Rose está bem.

— Então, depois, quando eu conversei com o "neuro" que operou meu filho, ele me disse que só um milagre salvaria o Júnior. Lembrei-me de seu pai. Como ele me ajudou a ter forças! Porque mais tarde ele voltou a conversar comigo e me sensibilizei muito. Falou-me de coisas que eu nunca havia pensado.

Depois, estive bem ocupado com os negócios e com o tratamento do Júnior.

Conversei com seu pai por duas vezes e senti que ele não se animou em me pôr em contato com você.

— Talvez...
— Eu entendo! Por favor, não se justifique. É que eu talvez não tenha me expressado direito.
— O que o senhor deseja?
— Ajudar!
— A quem? — perguntou Roberto muito sério.
— Esse é o problema. Eu não sei. Tenho medo de ser enganado... então pensei: seu pai é um homem íntegro, tenho certeza que você puxou a ele...
— Espere, por favor — interrompeu Roberto educadamente.
— Deixe-me esclarecer. Talvez ele não lhe contou, mas não seu filho legítimo...
— Ah! É sim, doutor Roberto! Pode não ser filho de sangue, mas é seu filho legítimo do coração.

Roberto sorriu e o deixou terminar.

— Sou empresário e gostaria de iniciar alguma coisa, entende? Seria fácil ajudar as instituições existentes. Mas eu quero algo novo! Por isso o procurei! Você ou mesmo seu pai são criaturas muito boas. Podem ter idéias, mas precisam de apoio financeiro para pô-las em prática! Em que posso ser útil?

O jovem médico ficou surpreso. Aquela proposta foi inesperada.

— O senhor tem certeza do que está me pedindo? Quando iniciamos um trabalho desse tipo, não podemos parar. O fracasso com pessoas carentes é algo que provoca sérias conseqüências.

— Tenho absoluta certeza. Pretendo regularizar tudo em documentação para que não haja dúvidas.

— Certo. Prefiro que seja assim. Veja, eu e meu cunhado fazemos o atendimento a pessoas carentes a cada quinze dias. Estou com dificuldade devido a minha residência, mas essa acabará logo. Com o tempo, pretendo dedicar-me mais. Atualmente nós conseguimos alguns medicamentos por influência junto aos laboratórios. Porém existem casos em que alguns pacientes precisam de tratamento prolongado e caro, muitas vezes indo além do poder aquisitivo deles.

Não podemos bancar ou conseguir doações prolongadas. A princípio é essa a dificuldade que temos. Depois, se o senhor quiser realmente ajudar, podemos conseguir uma assistente social a fim de legitimar os casos com visitas aos assistidos enquadrando as necessidades. Não será difícil encontrar dois ou três odontologistas para servirem como nós em trabalhos voluntários. Só que daí precisaremos de materiais... Bem, senhor, serviço não falta!

— Local! Vocês têm um local?!

— Nós nos acomodamos na sede de um Centro Espírita. Mas é pequeno, precisamos de mais salas.

— Você me deixou muito satisfeito! — disse o homem, estendendo a mão com um cartão e completando: — Por favor, pegue. Coloque tudo isso no papel e me procure. Vou acionar meu advogado. Em breve teremos um bom centro de assistência social! Estou muito feliz.

— Deixou-me feliz também! Irei conversar com meu cunhado, depois vamos procurá-lo.

— Desculpe-me pelos modos, doutor. Mas é que estou com pressa.

— Então sou eu quem pede desculpas, por estar em uma cirurgia, tive de fazê-lo esperar.

O homem abraçou fortemente Roberto, que estava até aquele momento muito surpreso. Ele quase não acreditava.

* * *

Em casa, ao contar o ocorrido, ouviu a lamentação do senhor Davi:

— Quando esse homem me disse que tinha uma proposta para nos fazer, eu tive receio. Dificilmente alguém nos propõe coisas boas. Que pena eu não lhe ter dado atenção.

— O que o senhor acha? — insistiu Roberto.

— Não temos nada a perder. Apresente a proposta ao Henrique e coloque as idéias no papel — incentivou o médico animado.

— O Guilherme tem um irmão odontologista. Vou falar com ele! — empolgou-se Roberto.

Quando soube, Henrique ficou animadíssimo com a notícia.

Começaram então a relacionar os planos em um papel a fim de apresentá-los ao empresário.

* * *

Lia, a médium que, perdendo o equilíbrio, induziu à dirigente da área espiritual ao erro, não foi mais ao Centro Espírita nem atendeu ao pedido de Míriam para procurá-la.

— E então, Míriam. A Lia não voltou mais?

— Não, Ana. Procurei falar com ela por telefone, mas... ela não quis me atender...

— A culpa foi minha — lamentou Ana. — Não deveria tê-la acusado como fiz. Mesmo estando nervosa, eu deveria ter contido aquelas palavras.

— Lia é orgulhosa e não admite quem aponte seus erros. Se ela fosse humilde, aceitaria conversar conosco e não possuiria tanto personalismo e vaidade. O que Lia fez foi muito perigoso.

Os médiuns precisam ser cautelosos. Informações erradas tanto prejudicam a solução de um problema como é nocivo a eles mesmos. Muitos espíritos dos quais ou sobre os quais os médiuns irresponsáveis criam idéias e relatam, passam a persegui-los e obsedá-los.

Sabe, Ana, já vi muitos companheiros com excelentes qualidades mediúnicas, falirem, desequilibrarem-se, em todos os sentidos de suas vidas, e até enlouquecerem só pelo fato de haverem atraído a atenção de irmãos espirituais de baixa elevação, e isso ocorreu porque o médium teceu comentários sobre o que alguns espíritos não fizeram, ou os médiuns disseram o que não ocorreu. Como isso é perigoso. Os médiuns nem imaginam!

— É verdade, Míriam. Sem contar que futuramente eles terão de harmonizar tudo o que desarmonizaram.

— No momento, o médium nunca consegue imaginar que uma pequena alteração dos fatos tenha conseqüências tão sérias, tão perigosas. Mas a vida ensina. Quanta perseguição obsessiva e sofrimento poderiam evitar para eles mesmos.

Os médiuns responderão o que quiserem, e os dirigentes de trabalhos espirituais também. Haveremos, um dia, de ter de prestar contas sobre o que fizemos com as criaturas que nos enviaram e nós não encaminhamos corretamente, não esclarecemos como deveríamos.

***

Com o passar dos dias, a saúde do senhor Gonçalves entrava em estado crítico.

— Ele está nos aparelhos, Roberto — informava o médico ao filho do enfermo. — Se desligarmos...

— Por favor, não — pediu Roberto, sentido e firme.

— Roberto! Você é médico! Sabe que não haverá jeito. Estaremos só alongando o sofrimento.

— Se mesmo com os aparelhos ele está vivo, é porque ainda tem o que experimentar. Isso me dói, mas... — disse Roberto com o olhar perdido, observando seu pai que estava quase irreconhecível agora.

— Não entendi o que quis dizer — tornou o colega.

— Desculpe-me. Pensei alto. Por favor, não desligue os aparelhos.

— Certo. Você manda.

— Posso ficar a sós com ele? — pediu o filho entristecido.

O colega saiu e, ao ficar sozinho com seu pai, o jovem médico passou a conversar com ele.

— Faço uma idéia do que é ficar aí preso, sem se mexer, ouvindo, sofrendo... — sua voz embargou e lágrimas caíram. — Sei que, de alguma forma, o senhor pode me ouvir.

Obrigado, pai! Obrigado pela vida que me deu, pela família que me proporcionou, pelas situações difíceis que me serviram de desafios e me fizeram um homem forte.

Pode parecer ironia da minha parte, mas creia, não é. Eu lhe sou grato pelas vezes que tentou me desestimular, isso me fez ter certeza de que iria conseguir, em qualquer circunstância, encontrar em mim estímulos para alcançar meus objetivos. Sou o que sou, graças ao senhor.

Certa vez o chamei de rude. Perdoe-me. Hoje vejo que, se não fosse esse homem rude que o senhor me pareceu, eu teria perdido a humildade, seria orgulhoso, vaidoso, detestável...

Roberto segurava na mão dele, enquanto as lágrimas corriam-lhe pelo rosto, molhando a camisa.

— Eu amo o senhor, meu pai.

Aproximando-se do rosto cansado do velho Gonçalves, Roberto o beijou longamente com muito carinho.

— Eu acredito em outras vidas. Quero um dia poder estar mais tempo com o senhor. — Rindo em meio ao pranto, o médico comentou: — Quem sabe ainda nessa... Pretendo ter muitos filhos... bem... não sei... preciso falar com a Rose.

Roberto forçou novamente um sorriso que se fechou e transformou-se em choro por alguns minutos.

Passado o auge da forte emoção, suspirou profundamente, recompôs-se um pouco e falou:

— Fique tranqüilo, meu pai. Fique com Deus.

O jovem médico deixou o C.T.I. com lágrimas copiosas e compridas a banhar-lhe o rosto.

No corredor, indo a seu encontro, Rose o deteve.

— Roberto! O que foi?

Ele abraçou a noiva e chorou sem medo ou vergonha.

Mesmo lhe fazendo companhia nas lágrimas, Rose o guiou até uma sala que oferecia mais privacidade.

Ela pediu a uma auxiliar que lhe trouxesse água.

Cerca de quinze minutos depois, antes que a companheira chegasse com a água, o médico do setor entrou na sala anunciando:

— Sinto muito, Roberto.

Foi o suficiente para ele entender. Secou as lágrimas e ninguém o viu chorar mais.

Roberto tirou de si toda a mágoa que, um dia, reservou contra aquele companheiro. Decidindo renascer como seu filho a fim de reverter os sentimentos amargos, conseguiu trabalhar-se em amor, perdoando e sendo perdoado.

O espírito Gonçalves guardou consigo o exemplo do jovem médico: a melhor lição que poderia assimilar com a lei do retorno, a depuração, o alívio aos incômodos de sua consciência. Ele seguiu em paz.

Pedro, o irmão mais velho de Roberto, respondia ao inquérito em liberdade.

No dia do enterro, ao ver que seu irmão compareceu no velório, Roberto e Rose se retiraram sem serem vistos.

O jovem médico decidiu evitar contato com seu irmão para prevenir qualquer problema.

* * *

Henrique e Margarete adiaram o casamento por inúmeros motivos. Um deles era o esforço que todos faziam para montar uma clínica particular.

Conforme o sonho de Henrique, Margarete era recepcionista e Ana auxiliar de enfermagem.

Rose decidiu ficar com o emprego no hospital onde agora ocupava a função correspondente a seus estudos.

O doutor Davi, para não abandonar o amigo que sempre lhe serviu como a um irmão, atendia duas vezes por semana na clínica do doutor Oliveira.

— Não vou admitir que me cobre a consulta ou esse eletro. Ouviu Roberto?

— Fique quieto — pedia pacientemente —, não consigo examiná-lo com tanto barulho.

O doutor Oliveira incomodava, intencionalmente, o exame que o colega realizava.

Ergueu o corpo, arrancou uma das "chupetas" que se prendia no seu peito para realizar o eletrocardiograma e se mexia. Era quase impossível examiná-lo.

Roberto sabia que o amigo fazia aquilo de propósito, por isso manteve a calma.

Mas na terceira vez que o amigo embaraçou o exame, alertou:

— Se me atrapalhar novamente, eu vou atender outro paciente. Está me dando mais trabalho do que as crianças!

Após terminar, o doutor Oliveira perguntou:

— Estou bem, não estou?!

— Sim, está — afirmou Roberto. — Por que me procurou?

— Para infernizá-lo! Claro! O Davi não lhe contou que eu adoro fazer isso?!

Roberto sorriu e argumentou:

— Nem que eu viva cem anos, vou poder pagar-lhe, senhor Oliveira. A propósito, não lhe paguei nem o carro que me financiou!

O doutor Oliveira, que foi auxiliado no passado, guardava em si, de forma inconsciente, a vontade de retribuir, sem egoísmo, e ajudando-o no que podia, o amigo fiel com grande sentimento de prazer. Mais sério, confessou:

— A satisfação que tenho em ter investido em causa útil, é o pagamento que tenho, Roberto. Estou sabendo sobre o trabalho que vocês estão realizando e, quando quiser me pagar o carro, contribua, com o mesmo valor em dinheiro, ao projeto que vocês vêm desenvolvendo. Sinto-me envolvido nesse trabalho por ter apostado em você. Precisam de alguma coisa?

— Mão-de-obra! Quer se juntar a nós?

— Creio que sim!

— Iniciamos não só do trabalho de assistência médica e odontológica, mas também temos dois advogados que oferecem orientação e encaminhamento a quem nos procura para causas cíveis. No entanto nossa "menina dos olhos" é a área de assistência social que oferece desde a orientação mais simples e básica de higiene pessoal até encaminhamento para empregos.

— O que eu poderia fazer?

— Margarete, que nos auxiliava nesta tarefa, teve de deixá-la, foi obrigada a deixar também a entrega das cestas básicas, orientação sobre higiene pessoal... Há outras companheiras que auxiliam, mas essas precisam de um "braço forte". Quer a tarefa?

— Quero! — animou-se o doutor Oliveira.

— Pegue com a Margarete as orientações e veja o dia. Comece quando quiser! Boa sorte!

— Vou falar com a Elizabete. Com certeza ela vai se animar! — Dando outro rumo à conversa, o doutor Oliveira perguntou:
— E o casamento, Roberto? Pensei que eu fosse ser o padrinho!

— Ah! Eu e a Rose já estamos pensando nisso.

— Só pensando?! Você está é enrolando a moça!

— Não! — defendeu-se Roberto. — Eu adoro a Rose. Mas montar essa clínica ficou caro. Temos muitas dívidas... Eu e a Rose não temos onde morar... Estou vendo a hora de eu ser despejado da casa do senhor Davi. Como vê, o combinado era eu morar lá até me formar e... veja só como estou abusando... Mas a verdade é que não tenho a mínima vontade de sair daquela casa. Nem consigo pensar nessa possibilidade.

— O Davi o considera como filho, Roberto.

— E eu a ele, como a um pai! Posso lhe garantir.

— Por que não se casa junto com o Henrique e sua irmã?

Roberto sorriu admitindo:

— Já me fizeram essa proposta!

— Será meu presente! — decidiu o amigo repentinamente com ênfase.

— Como?! — perguntou o jovem médico sem entender nada.

— Eu banco o bufê e um sítio para comemorarmos os dois casamentos! Tudo muito bonito!... Durante o dia, ao ar livre!... Temos de negociar com o "Homem" para que não chova. Para mim será ótimo. Viu como sou esperto? Presenteio os filhos do meu melhor amigo com um só presente!!!

Roberto estendeu um sorriso e comentou:

— É algo para se pensar...

— E a família, Roberto. Como está?

— Depois da morte do meu pai, minha mãe vai levando a vida. Como o senhor sabe, ela colocou o imóvel, onde fica o armazém, para alugar. Parece até que já apareceu alguém interessado. Não sei direito. De resto... está tudo bem.

Quando Roberto ia agradecer tudo o que o doutor Oliveira vinha fazendo por sua irmã, o homem atalhou-o com suas brincadeiras e saiu da sala à procura do outro médico.

11

Realizações

Mais tarde, na casa do senhor Davi, como faziam todas as noites sem perceberem, toda a família se reunia animada comentando sobre o dia.

Roberto contou o que aconteceu quando o doutor Oliveira lhe pediu para examiná-lo com urgência, dizendo que passava mal.

— Pensei que fosse sério! — comentava Roberto. — Ele entrou em minha sala com a mão no peito, esbaforido e sussurrando que a pressão arterial estava alta. Largou-se na maca, e de repente foi mudando... não parou de falar. Preocupava-se com o preço da consulta, do exame... o Oliveira é um verdadeiro ator. Fiquei nervoso e preocupado no começo, depois me deu vontade de agarrá-lo pelos colarinhos!

— Eu nunca lhe contei, Roberto?! — relatava o doutor Davi, gargalhando. — O Oliveira perturba quem ele pode! Você não imagina o que ele já me aprontou. Tem sorte dele só ter lhe feito isso.

— Um dia — contou Rose —, meu pai estava em uma cirurgia ortopédica e sua roupa comum, como dizem... o "paisano", estava no armário. O doutor Oliveira colocou gesso, ainda liquido, nos dois sapatos do meu pai!

— E daí?

— Ele teve que jogar os sapatos fora! Não deu para aproveitar! Não é, pai?

— É. Mas conta direito. Naquele dia, sem motivo algum, o Oliveira me presenteou com um par de sapatos novos e de ótima qualidade. A princípio, eu não sabia quem havia feito de meus sapatos forma de gesso. Desconfiado, procurei o Oliveira. Ele alegou, em sua defesa, que não suportava me ver calçado com aquilo.

— Por quê? Os sapatos eram feios? — perguntou Roberto interessado.

Um coro de mãe e filha gritaram:

— "Horríííveis!!!"

Ana riu e depois afirmou:

— O Oliveira é uma ótima pessoa. Ele pode ser terrível quando brinca, mas tem um coração...

— Eu que o diga! — reconheceu Roberto. — Sabe... além de não ter como agradecê-lo pelo que ele fez por mim, fico até sem graça de vê-lo nos auxiliando até hoje. Como sabem, duas vezes por semana, minha irmãzinha Flora tem fisioterapia em sua clínica, gratuitamente. Além disso, o senhor Oliveira faz questão que a ambulância a busque em casa e a leve de volta. Eu já disse que posso cuidar ao menos do transporte. Mas ele faz questão.

— Não se intrometa — alertou o senhor Davi. — Quando o Oliveira cisma em fazer uma coisa...

— Após sair da sua sala, Roberto — contou Margarete —, o doutor Oliveira saiu à procura do Henrique.

— É sim. Ele me procurou e contou sobre seu presente duplo de casamento. Disse que você aceitou!

— Eu?!!! — admirou-se Roberto.

Ana e o marido começaram a rir.

— Eu disse que iria pensar! — revelou Roberto.

O senhor Davi trocou olhares com sua esposa. Ana, então, decidiu afirmar o convite que Roberto desejava ouvir:

— Casem-se e venham morar aqui. Será um prazer para todos nós.

Roberto não conteve o impulso.

Segurou o rosto de Ana com ambas as mãos, apertando-o com carinho e beijando-lhe a testa com ternura.

— A senhora é uma mãe para mim! — exclamou Roberto comovido.

Brincando, Ana advertiu sorrindo:

— Mas iremos aceitá-los aqui por pouco tempo, viu?!!!

— Obrigada, mãe — disse Rose, abraçando-a também.

— E eu?!!! — reclamou o dono da casa. — Não mereço nada? Afinal essa casa também é minha!

Roberto o abraçou de imediato. Não fugindo o olhar marejado pela emoção, afirmou:

— O senhor é um pai para mim!

— Eu o tenho como um filho, Roberto — afirmou o médico.

— Aliás — tornou Roberto —, eu soube que andou se passando por meu pai!

— É... — a voz do senhor Davi embargou pela emoção ao tentar se justificar.

Novamente, Roberto o abraçou firme respondendo:

— Eu sei. Não tente se explicar, meu pai!

Disfarçadamente ambos choraram.

* * *

Naquela noite o insistente toque do telefone fez Roberto se levantar atordoado para atendê-lo. Ele dormia na sala e era quem estava mais próximo do aparelho.

— Alô...

Era Margarete, sua irmã, que depois de narrar o ocorrido, pediu:

— "Venha logo, Roberto! Por favor! Não sabemos o que fazer!"

Ana se levantou e ao encontrar com Roberto em pé, exibindo espanto, indagou:

— O que aconteceu, Roberto? Quem era?

— Minha irmã, dona Ana. Margarete contou que o Pedro brigou com minha mãe ao saber que o imóvel do armazém fora alugado. Irritado, Pedro foi para lá como faz todas as noites. Agora...

— O que aconteceu, Roberto? Diga!

— Por falta de pagamento da conta, o imóvel está sem energia elétrica. Para ter iluminação, Pedro se servia de um lampião...

Roberto exibia a voz trêmula pelo nervosismo. Ele respirou fundo e completou:

— Agora o imóvel está em chamas. Os bombeiros estão no local, mas não conseguem encontrar meu irmão... as chamas estão altas.

Todos acordaram e, solidários, foram até a casa de dona Nanci.

Logo pela manhã, com as chamas abafadas e somente a fumaça escapando pelos escombros, o corpo de Pedro foi encontrado carbonizado.

O filho mais velho do senhor Gonçalves, embriagado, não reparou quando acidentalmente esbarrou no lampião e, devido ao seu estado, não conseguiu se defender das labaredas que tomaram grandes proporções rapidamente.

Há inúmeras formas de não se sofrer experimentando o que provocou: quando nos empenhamos com amor, boa vontade e fé em tarefas que ajudem, orientem, eduquem e salvem outros companheiros.

Pedro poderia não viver essa dolorosa expiação.

Somos mais úteis quando trabalhamos para que outros aprendam.

A princípio, ao saber do ocorrido, Rose ficou nervosa, mas decidiu acompanhar Roberto.

Ao deparar-se com o resto de incêndio, a moça começou a chorar.

Roberto havia de ajudar a família e Ana, para não deixar que a filha fosse mais um problema para ele, decidiu levá-la embora.

A mãe dedicada não a recriminou pelos sentimentos vivos que exteriorizava.

Ela lembrou-se dos pesadelos da filha e da vidência que teve sobre a experiência de Rose no passado.

Recordou que Rose afirmava ter sido Pedro quem colocou fogo na casa, em seu sonho.

Pedindo desculpas à mãe de Roberto, Ana avisou que precisava cuidar da filha e não poderia ficar ali. Procurando um meio de ajudá-los, levou Flora consigo. A garota não estranhou, pois havia se acostumado muito com Rose e até a distraiu.

* * *

Com o passar dos tempos, Roberto decidiu alugar uma casa e, ao informar a notícia...

— Não posso admitir isso! Não mesmo, Roberto! Vocês disseram que iriam morar aqui!!!

— Mas será melhor... — tentava ele se justificar, entoando amabilidade na voz, pois percebeu que Ana se alterava e já estava quase chorando.

— O Henrique já vai embora!... Se bem que eles vão morar aqui perto, quase ao lado... Mas vocês!!! Veja só, a casa é alugada!

Ana não deteve as lágrimas, reclamando enquanto chorava:

— Vocês não podem fazer isso comigo...

Roberto sorriu emocionado. Aproximando-se dela, abraçou-a acalentando-a num embalo. Ele piorou o estado emocional de Ana ao dizer com carinho:

— Não chore, minha mãe.

Ana chorou com vontade.

Depois de se recompor, a senhora o beijou por todo o rosto, entre lágrimas e risos.

Com suaves gestos, acariciando-lhe a face, ela confessou:

— Não sei por que... mas sempre quis ouvir isso de você, meu filho! Pode me chamar assim quando quiser.

* * *

Em outro dia, enquanto conversava com seu pai, Rose se preocupava:

— Mas pai, se a mãe não quer que eu saia desta casa agora, quando é que vou sair?! Se tivermos um filho então!... No princípio a mãe concordava em sairmos daqui, mas agora...

— E se reformarmos a casa, Rose? Não é uma boa idéia? Apesar de ter "alergia" à construção, concordo.

— Não sei, pai. E o Henrique?

— Seu irmão nunca foi egoísta. Principalmente com você. A propósito, percebo que o Henrique e a Margarete fazem tudo por você, Rose. — Sorrindo, lembrou: — Recorda daquela irmã que você sempre quis ter?!

— É mesmo né, pai? — sorriu Rose com a lembrança. — Você também percebeu?

— Não há como não perceber. — Depois de breve pausa... — Pensaremos na possibilidade de uma reforma. É a melhor solução. Guarde o dinheiro que gastariam com o aluguel.

— Vou falar com o Roberto — concordou a filha pensativa.

* * *

Naquela noite, Roberto chegou em casa repleto de novidades.

— Quando acabou a cirurgia e eu ia saindo, encontrei com quem?!

Todos o olhavam com grande expectativa e ele continuou:

— Meu professor da faculdade! O mestre Estevão!

Os olhos do médico brilhavam tamanha era sua emoção.

— Ele estava conversando com o Ciro...

— O "neuro"? — perguntou o senhor Davi.

— Sim. Aquele que iria me operar. Deus me livre! — exclamou Roberto.

— Ciro é um excelente profissional, Roberto — reconheceu Henrique.

— Claro que é! Tanto que, se ele não o fosse, teria me "talhado" já com os primeiros resultados que tinha nas mãos. Deus me livre de uma cirurgia e ainda na cabeça! Mas sabem, o mestre Estevão quis saber das novidades e eu lhe contei tudo. O Ciro estava ao lado ouvindo e se animou quando eu falei do trabalho no Centro Espírita.

Foi aí que descobri que o Ciro freqüenta uma casa espírita com toda a família. Eles desenvolvem um trabalho assistencial, mas não têm grandes proporções ainda. Ouvindo o que eu falava, Ciro se animou.

A esposa do Ciro é odontopediatra. Ah! O nome dela também é Rose! — avisou Roberto, olhando para a noiva. Depois, voltou a comentar: — Bem, o Ciro tem uma irmã e um cunhado que desejam fazer um trabalho semelhante ao nosso e, como estamos estabilizados, pensei que pudéssemos dar uma ajuda para eles.

E mais! O mestre Estevão interessou-se e se propôs a ajudar o Ciro e sua esposa com a "mão-de-obra" e também angariando a atenção de alguns residentes que se interessem pelo trabalho.

— Que ótimo! — alegrou-se Henrique. — Mande-os falar conosco! Precisamos nos reunir e trocar idéias.

— Já fiz isso! — avisou Roberto. — Dei o número do telefone daqui, e o Ciro avisou que a irmã ou o cunhado vai telefonar.

— Como eles se chamam? — perguntou Rose.

— Márcia e Fábio! Se por acaso ligarem, vocês já sabem do que se trata.

Ana, animada, afirmou:

— Aos poucos, vocês vão ver, implantaremos pequenos pontos de assistência e divulgação do Evangelho, ou seja, não só oferecemos o pão para o corpo, mas também o pão para o espírito.

— Não só nas Casas Espíritas, dona Ana. Recebi o convite para clinicar mensalmente em uma igreja católica — disse Roberto.

— Você aceitou? — indagou Rose curiosa.

— Lógico! Decidi parar de criticar e agir como um verdadeiro cristão. Posso realizar tarefas cristãs sem ficar observando ou selecionando a religião do irmão que irá se favorecer. Devo lembrar que esse irmão a quem eu vou ajudar estará me fazendo caridade quando me deixa servi-lo, certo senhor Davi? Serei profissional e não vou me envolver com questões religiosas, respeitando quem quer que seja. Reforma íntima — concluiu Roberto —, é respeitar a opinião alheia sem violentar-lhes a consciência com as nossas idéias próprias e realizando, sempre, a parte que nos cabe. Hoje eu não sei explicar exatamente, mas creio que poderá ser diferente.

— Parabéns, Roberto! Conte comigo quando precisar. Ser um homem de bem é se refazer a cada dia, descobrindo que todos somos, antes de mais nada, irmãos perante Deus. Religião, religar-se com Deus, é isso o que está fazendo — acrescentou o dono da casa.

* * *

Numa tarde de outono, o céu alaranjado era de uma beleza inenarrável! O sol suave envolvia a tudo ofertando um colorido especial com seus últimos raios.

Lindos arranjos com lírios brancos, envoltos em laçarotes perolados com puxados de véus brancos no mesmo tom, enfeitavam belos vasos de porcelanas que ficavam sobre as colunas, em estilo romano de pequeno porte, que formavam um corredor e se ligavam, uma à outra, pelos laços do enfeite.

No centro desse corredor, um tapete de veludo vermelho beijava a verde relva, agraciando-a lindamente como um toque especial.

Ao som de um lindo noturno de Chopin, executado por uma pianista especialmente contratada pelo senhor Oliveira, o senhor Davi surgiu no fim do corredor e, com os braços entrelaçados, exibia uma noiva de cada lado.

Rose e Margarete, por capricho e questão, vestiam-se iguais. Elas usavam lindos vestidos alvos, bordados à mão com minúsculas pérolas que compunham o corpete e o barrado.

Flores naturais de laranjeira enfeitavam o arranjo nos longos cabelos das moças de onde iniciava a grinalda salpicada de pérolas e minúsculas florezinhas delicadas. Dali, descia com um véu farto, ultrapassando o barrado do vestido e sobrecaindo na sua longa cauda, que se arrastava pelo chão.

Um belíssimo buquê natural de lindas orquídeas brancas tremulava nas mãos das lindas noivas.

Não conseguindo conter a emoção, até porque, por conduzir as noivas, era-lhe difícil secar as lágrimas, o senhor Davi as deixava rolar em sua face.

Ele estava encantado com o acontecimento. Realizava um sonho secreto, até para ele mesmo nos dias atuais.

Era um espetáculo maravilhoso para quem os acompanhou!

Um arco repleto de flores alvas servia de portal ao cenário principal, improvisado ao relento, e tendo como teto a decoração celeste ofertada pelo Pai Criador.

Sob o arco, Henrique e Roberto emocionavam-se felizes diante de tudo e de todos.

Ao receberem as respectivas noivas com um beijo na testa, os noivos se posicionaram em frente ao juiz de paz que faria o casamento.

Após brincar um pouco com os noivos, o juiz confessou estar muito emocionado e envolvido com todos de alguma forma.

Ele não só realizou a cerimônia, como também declarou em público seus desejos particulares de bênçãos e ainda insistiu brincando na pergunta:

— Têm certeza que vocês quatro não são irmãos? Porque eu não consigo saber quem é irmão de quem! Vocês são muito parecidos!

Apesar de rirem o tempo todo, as lágrimas banhavam o rosto de Rose e Roberto que pareciam não só estarem concretizando o sonho de suas vidas, como também perpetuando o desejo sincero de duas almas que há muito se buscavam em completa perfeição e harmonia de consciência.

O senhor Oliveira, um dos padrinhos, ao ver os noivos preocupados, não conseguiu esconder por muito tempo as alianças que "furtou" de seus bolsos.

Com um sorriso maroto, declarou ao entregá-las:

— Desculpem-me. Não resisti!

Todos riram e no final da cerimônia, após beijarem as noivas, essas provocaram grande desordem ao anunciarem que jogariam os buquês. Depois dos atropelos para pegarem os suvenir, todos voltaram-se para a bela mesa de comestíveis, que centralizava dois lindíssimos bolos.

Ao cair da noite, os noivos dançaram num palco especialmente improvisado e com iluminação abundante.

Foi um dia encantador com fortes emoções para todos.

Estafados, mas repletos de alegrias e realizações, seguiram em viagem de lua-de-mel dali mesmo.

* * *

Bem mais tarde, com o passar dos anos, vamos encontrar Rose e Roberto acalentando nos braços a primeira filha do casal, para a qual deram o nome de Estela.

Margarete e Henrique, nessa mesma época, já tinham dois filhos.

Ana, Rose e Margarete se revezavam para tomar conta das crianças a fim de que nenhum trabalho assistencial fosse prejudicado.

A família se entrosava tão bem que quem não os conhecesse, não saberia dizer quem era mãe e filha, filhos ou pai.

Após um dia exaustivo, exibindo cansaço, ao se deitar, Roberto perguntou:

— Minha mãe esteve aqui?

— Qual delas? — perguntou Rose com ironia.

Roberto sorriu e completou:

— Uma eu sei que não sai daqui. A outra vem, de vez em quando.

— Certo! Certo. As duas estiveram aqui.

— Será que Estela já dormiu? — tornou ele.

— Dormiu sim.

— Rose, semana que vem faremos três anos de casados!

— É mesmo! — admirou-se a esposa. — Parece que foi ontem! Que sonho!... — disse ela, esboçando suave sorriso de satisfação.

— Falando em sonho... Na noite passada eu tive um sonho estranho.

— Sonhou com o quê? — perguntou ela.

— Sonhei com meu pai.

— Qual deles? Você chama meu pai de pai.

— Sonhei com o senhor Gonçalves.

— Recorda-se de tudo o que sonhou? — insistiu Rose.

— Quase. Eu o via emocionado e pedindo uma chance para se reconciliar conosco. Meu pai dizia que desejaria aprender a ser como eu e que... bem... disse que só eu poderia ensiná-lo.

— Engraçado! Algumas noites atrás, sonhei com ele também! Mas nesse sonho ele era pequenino e eu o pegava no colo. Ele ria muito. Eu o abraçava e dizia que poderia pegá-lo no colo sem deixá-lo cair.

— Eu o abracei também! Logo depois, eu o vi sendo levado. Tentei ir atrás, mas aí... acordei.

— Se tivermos um filho, vamos chamá-lo de Roberto Gonçalves Neto?

— Ah... não! — rejeitou Roberto. — Ninguém o chamaria de Roberto. Ele seria o "Neto".

— Ninguém lhe chama de Júnior!

— Porque chamavam meu pai de Gonçalves. O que você acha de chamá-lo de Renato?

— Ah! Sabe, o Júnior do acidente?

— Rose, pare de chamá-lo de "Júnior do acidente". Esse apelido já está se espalhando. Ele pode não gostar. Mas o que tem o Júnior do acidente?

Rose sorriu e comentou:

— Ele está se envolvendo com a assistência social. Esse mês foi ele quem ajudou a levar as cestas básicas que os assistidos doentes não podem ir buscar. Sabe... parece que ele e a Beatriz estão quase namorando.

— Estive hoje com o Fábio — lembrou Roberto. — Ele me disse que a Márcia viria procurá-la.

— Ah! Veio sim! Ela esteve aqui para planejarmos uma campanha assistencial. A Márcia trouxe o Gabriel. Como ele está lindo! Brincou o tempo todo com a Estela. Eles se dão tão bem!...

— Ela trouxe o outro filho deles?... Como se chama mesmo?...

— André!

— Isso! O André.

— Ela disse que o sogro levaria o André para passear em algum lugar. O sogro mora com eles, e o pai dela também. Nós conversamos tanto! Ela me contou algumas situações difíceis pelas quais passaram. Nossa! Foram tantos problemas. A Márcia me disse que foi o Fábio quem a fez conhecer a Doutrina Espírita. Sabia que ela tinha um irmão que se chamava Roberto também?

— O Fábio me disse alguma coisa, falou-me que ele já desencarnou.

— É verdade. Sabe, pelo que me explicou, a Márcia deu uma verdadeira mudança em sua vida, em sua personalidade. Fiquei impressionada com suas experiências. Eles passaram por um período de obsessão seriíssimo! Teve de fazer renúncias e, buscar conhecimento Espírita a fim de manter o equilíbrio. O Fábio lhe deu muito apoio. Ela chegou bem próximo de praticar o suicídio. Vendo-a hoje... ninguém diria que já viveu tanta pressão.

* * *

Quase um ano depois, Rose e Roberto recebem, com imenso amor, Renato. Provando que a Lei do Retorno não se faz só para os acertos com os débitos amargos do passado, mas principalmente, para que todos sigam, com laços de amor, um caminho repleto de esperança e harmonia.

Como espíritos criados para a eternidade, em busca do aperfeiçoamento e da bondade, por excelência, em seu mais alto grau, podemos desde já, e mesmo diante das dificuldades, experimentar, ainda aqui, a felicidade e o verdadeiro amor.

Fim.
Schellida

Paranormalidade, Animismo e Mediunidade.

O texto a seguir foi psicografado pela médium Eliana Machado Coelho, através do espírito Schellida, no centro espírita durante o trabalho mediúnico reservado para este romance. Por ser considerado importante, tendo em vista tratar-se de um assunto inerente ao tema do livro, para o aprendizado daqueles que se interessarem pelo aprofundamento do assunto ele foi incorporado a esta obra.

A título de orientação convém trazer o que o espírito Schellida nos esclarece a fim de nos instruirmos, tirando as dúvidas sobre o que foi narrado na história.

O texto a seguir é nota da autora espiritual.

A doutrina Espírita surgiu na França, a partir da publicação de: *Le Livre des Esprits* (O Livro dos Espíritos) em 1857, codificado por Allan Kardec pseudônimo do professor: Hippolyte Léon Denizard Rivail.

O Livro dos Espíritos é a obra básica do Espiritismo, onde foi explicado o propósito, não só da Doutrina Espírita, como também da existência e da evolução humana.

Nesta obra, explica-se o que é proposto no Espiritismo em sua crença e prática, após justificativas cabíveis, a fim de não haver confusões com seus adeptos, muitas vezes, confundindo as pessoas.

As principais práticas espíritas são: o estudo da codificação, a reforma íntima e a caridade.

O estudo é o ponto mais marcante dessa doutrina, para que não sejamos ignorantes dos fatos da vida.

Não se pode conceber um espírita com fé cega, mais sim com a fé raciocinada por meio de estudos que o esclareça, pois o Espiritismo se ampara na Ciência, tirando o véu do mistério e da ignorância através das explicações científicas. Amparando-se na Ciência, ele a acompanha.

Falamos nisso para explicarmos alguns termos que viemos utilizando ao longo deste romance e, a fim de não violentar-lhes as idéias, convém trazer orientação a todos.

A parapsicologia, que constitui um ramo da psicologia, propõe-se a estudar as ocorrências alheias à normalidade conhecida e vivida, ou seja, a paranormalidade.

Podemos dizer que paranormalidade é o nome que a ciência oferece, e que na Codificação encontramos como animismo.

Animismo é algo daquele ser, daquele espírito encarnado e não se relaciona, exclusivamente, aos espíritos desencarnados.

A paranormalidade ou animismo é algo que a própria pessoa cria ou produz sejam: idéias próprias de acontecimentos que nunca existiram no presente ou no passado ou até "lembranças inconscientes" de fatos passados que realmente ocorreram.

Cabe ressaltar que essas idéias próprias podem surgir como: a solução para um problema ou como uma mentira que mistifica uma situação, complicando-a.

O animismo ou paranormalidade, que é algo criado pela própria pessoa, também denomina as causas de efeitos físicos ou mentais, pois tais fenômenos se ligam às funções psíquicas da criatura e não a sua mediunidade.

A parapsicologia estuda esses fatos, fazendo críticas e desmascarando falsos acontecimentos, sustentando e amparando as ocorrências verdadeiramente comprovadas, mesmo que essas sejam, aparentemente e a princípio, extraordinárias.

Com o estudo podemos notar que tais fatos considerados anímicos ou paranormais são explicáveis por funções psicológicas conhecidas.

Esses acontecimentos, normalmente tratados pelo nome de fenômenos quando comprovados pela parapsicologia, são incluídos no campo da psicologia geral como é o caso da hipnose.

A parapsicologia estuda os fenômenos que se relacionam à percepção extra-sensorial, ou seja, é o estudo de uma percepção que não ocorre pelos cinco sentidos humanos (que normalmente todos temos). Esses estudos abrangem, por exemplo, a telepatia, que é a transmissão de informações pelo pensamento de um indivíduo a outro, a distância, sem que haja nenhum tipo de contato ou meio de comunicação conhecido para que a informação chegue. Temos também, como outro exemplo, a clarividência e a clariaudiência, que é a apreensão[17]. A pessoa é capaz de apreender a imagem, a idéia, podendo até, se for médium, "sentir" os fatos, descrevendo, em detalhes, o que experimenta. Mas, para isso, não é necessário demonstrações exibicionistas com alardes durante a apreensão, tais como gemidos, gritos, respiração alterada, etc. Assim como na mediunidade.

Outro atributo anímico estudado pela parapsicologia é a psicocinese, função ou interferência de uma pessoa sobre a maté-

---

[17] N.A.E.: É a apreensão e não o recebimento, pois quem recebe, recebe de "alguém". Já apreensão é tomar posse, assimilar por conta própria, de uma imagem ou som que uma pessoa faz através de um estado psicológico, consciente ou inconsciente, em que vê e sabe o que ocorreu ou o que ocorre, exatamente ou parcialmente, em lugar distante, com fatos que desconhece e não tem ligação.

ria, através de seus desejos e vontade de querer mover o objeto com o pensamento, sem nenhuma ação física ou de contato.

Essas ocorrências anímicas ou paranormais são raras e também fáceis de serem forjadas. Todavia estudos sérios poderão desmascarar ou comprovar a autenticidade anímica de uma pessoa.

No caso do animismo, não há a ação dos espíritos na obtenção do efeito, pois essa é produção da pessoa, da criatura encarnada.

Os espíritos podem acompanhar, ou melhor, contemplar e até vibrar, mas não interferem. Se houver interferência do plano espiritual, deixa de ser animismo e passa a ser mediunidade.

As vibrações dos espíritos ocorrem geralmente quando a pessoa se propõe a realização de ocorrências anímicas para brincadeiras e assuntos frívolos.

Cabe lembrar que esses espíritos vibradores são levianos e brincalhões e, com o tempo, passam a se afinar com quem se propõe a essas ações desnecessárias. Todos serão responsabilizados.

A mediunidade necessita da interferência e do auxílio dos espíritos para que os fatos ocorram. Por essa razão, nem sempre os efeitos acontecem quando o médium quer, principalmente quando se lida com espíritos dotados de entendimento, evolução e responsabilidade, pois existem leis a serem respeitadas que o encarnado até ignora, mas eles, espíritos evoluídos, respeitam. Mas os espíritos levianos, quando podem se manifestar, não tomam esse cuidado.

Já o atributo anímico, uma vez que é de livre vontade do indivíduo (porque o "adquiriu" ou "conquistou"), pode ser experimentado sempre que houver disposição, porém é de total responsabilidade da pessoa.

Como é o caso da vidência (efeito de visão <u>recebida</u> por um médium através de sua faculdade mediúnica pelo favorecimento de espíritos desencarnados), que pode ou não ser "interrompida" pela vontade dos espíritos de acordo com o comportamento moral do médium e a envergadura do espírito que o favorece.

Na clarividência (efeito de visão *apreendido* pela pessoa através do seu animismo ou paranormalidade), não há interferência dos espíritos nem na apreensão dos fatos ou imagens, muito menos na divulgação ou comentário deles. Porém, como na vidência, a interrupção dessa faculdade anímica há de ocorrer, sempre, quando o indivíduo agride leis naturais. Ciente ou não, ele será responsável pelo que fizer com esse atributo, em maior ou menor intensidade, de acordo com o caso.

Podemos dar como exemplo também a psicocinese, que ocorre com uma pessoa que tenha esse atributo anímico (ou atributo paranormal) e com um médium de efeitos físicos.

Na psicocinese, a pessoa que tenha o atributo anímico provoca o efeito da movimentação ou levitação do objeto com o seu desejo psíquico, já o médium de efeito físico deseja (ou não, em alguns casos) provocar a ocorrência, só que ele tem o auxílio dos espíritos, ou melhor, o médium de efeitos físicos cede fluidos aos espíritos para que esses realizem a movimentação do objeto.

Se houver confirmação do animismo ou, como é chamado, da paranormalidade, não é correto chamar essa pessoa de médium. Apesar de que ele pode o ser também.

Como não é correto chamar um médium de paranormal, pois o médium é o medianeiro entre o plano espiritual e físico e, no caso da mediunidade, há espíritos auxiliando.

No animismo, a pessoa pode não só criar efeitos sobre objetos, apreender informações através da telepatia, clarividência, clariaudiência, etc, como também pode criar estórias ou trazer informações de histórias pertenentes ao seu passado como se ela fosse um espírito desconhecido naquela ocorrência, ou melhor, a pessoa fala como se trouxesse a psicofonia de um espírito desencarnado que narra um fato, porém esse espírito é ela mesma, não se tratando de um espírito desencarnado.

Essas comunicações são muito comuns.

É a mensagem ou o pedido de socorro do próprio espírito encarnado, que também merece tratamento tanto quanto o espírito desencarnado.

Miscigenado a esse tipo de comunicação anímica, podemos ter o perigoso personalismo, ou seja, a vaidade da pessoa misturada ao animismo, que pode virar fascinação.

As comunicações anímicas em trabalhos mediúnicos podem ser prejudiciais.

Se a comunicação anímica for admitida como sendo a mensagem de um mentor, esse "mentor" (que é o próprio espírito encarnado), pode dar orientações erradas a fim de se favorecer ou favorecer um grupo de amigos.

Se a comunicação anímica for admitida como sendo o socorro para um espírito desencarnado (que é o próprio espírito encarnado), poderá haver o socorro da própria pessoa que dá a comunicação, pois ela estará trazendo a narração de sua história, de suas mágoas, de suas decepções passadas e que merece ajuda e orientação tanto quanto os demais.

Porém havendo constantes manifestações anímicas de sofredores, deve-se desconfiar também de personalismo, pois a própria pessoa pode querer (até inconscientemente) se destacar com a apresentação de melhor mediunidade do que os outros companheiros, ou seja, essa pessoa quer dar a maioria das comunicações para apresentar trabalho e ser respeitada pelos colegas. Isso é prejudicial às atividades do grupo, uma vez que tira a oportunidade tanto dos outros médiuns trabalharem quanto dos espíritos a serem socorridos.

Geralmente o médium que usa o animismo, a fim de dar o maior número de comunicações de sofredores ou de mentores, apresenta falta de educação mediúnica, podendo estas serem: gestos bruscos, voz alterada ou até gritos, transformação do semblante, respiração forte, entre outros. Tudo a título de se destacar.

Schellida.

Levamos o livro espírita cada vez mais longe!

Av. Porto Ferreira, 1031 | Parque Iracema
CEP 15809-020 | Catanduva-SP

www.**lumeneditorial**.com.br
www.**boanova**.net

atendimento@lumeneditorial.com.br
boanova@boanova.net

17 3531.4444

17 99257.5523

Siga-nos em nossas redes sociais.

@boanovaed

boanovaeditora

CURTA, COMENTE, COMPARTILHE E SALVE.
utilize #boanovaeditora

Conheça outros
livros da médium

Acesse nossa loja

Fale pelo whatsapp